"十四五"职业教育国家规划教材

"十二五"职业教育国家规划教材
经全国职业教育教材审定委员会审定

"十三五"职业教育国家规划教材

数字传媒设计与制作（第4版）

主 编 王正友

SHUZI CHUANMEI
SHEJI YU ZHIZUO

重庆大学出版社

内容提要

本教材以数字传媒设计与制作过程为基础构建学习项目，以完成岗位工作任务为主线编写各任务内容。全书共分为10个模块，分别为数字媒体的编辑与创作、图文数字化处理、数字传媒界面色彩设计、数字图像处理、数字音频制作、数字视频与编辑、二维动画交互设计、MG动画设计与制作、三维图文动画设计与制作、数字传媒交互设计。教材内容贴近职业实际，按照工作主线提取不同的能力目标，合理分配到31个情境教学，84个工作任务中，主要培养学生在数字传媒设计与制作中分析问题、解决问题的能力。

本教材打破一贯到底的单一叙述方式，采用任务引领模式，每个模块下的工作情境由不同的模拟制作任务和独立实践任务组成，这些模拟制作任务都是典型且实用的案例。

根据以学生为主体，以教师为导向的教学需要，本书不但在教材网站上配备模拟任务和独立实践任务的素材和制作效果、电子课件等资料，还提供网络互动教学平台，为学生学习和老师授课提供更多帮助。

图书在版编目(CIP)数据

数字传媒设计与制作 / 王正友主编，--4版.-- 重庆：重庆大学出版社，2022.1(2023.7重印)

ISBN 978-7-5689-3156-4

Ⅰ.①数… Ⅱ.①王… Ⅲ.①数字技术—应用—传播媒介—高等职业教育—教材 Ⅳ.①G206.2-39

中国版本图书馆CIP数据核字(2022)第027648号

数字传媒设计与制作
(第4版)
主　编　王正友
策划编辑：尚东亮
责任编辑：陈　力　　版式设计：尚东亮
责任校对：关德强　　责任印制：张　策
*
重庆大学出版社出版发行
出版人：饶帮华
社址：重庆市沙坪坝区大学城西路21号
邮编：401331
电话：(023) 88617190　88617185(中小学)
传真：(023) 88617186　88617166
网址：http://www.cqup.com.cn
邮箱：fxk@cqup.com.cn (营销中心)
全国新华书店经销
重庆长虹印务有限公司印刷
*
开本：787mm×1092mm　1/16　印张：22.5　字数：522千
2011年9月第1版　2022年1月第4版　2023年7月第5次印刷
ISBN 978-7-5689-3156-4　定价：78.00元

本书如有印刷、装订等质量问题，本社负责调换

版权所有，请勿擅自翻印和用本书
制作各类出版物及配套用书，违者必究

第4版 前 言

当前，全国各职业院校正在风风火火地进行职业教育人才培养模式和课程改革，“校企合作、工学结合”“模块教学法”“任务驱动法”和“项目教学法”等先进的人才培养模式和教学理念越来越被大家认同。在教学实践中，笔者发现适合数字传媒设计与制作方面的相关配套教材几乎没有，这为教师的有效教学和学生的高效学习带来了不便。

基于对职业教育发展的理解以及就业市场对数字传媒设计与制作的技能要求，笔者所在的学校在全国高职高专印刷与包装类专业教学指导委员会支持下，历时1年多对本教材进行了修订与完善，将相关软件版本进行了提高，并根据专家反馈意见，结合党的二十大会议精神，更新了全书案例，使教材更符合立德树人的目标，并引入了美丽中国、红色印迹等工作任务，以使课程思政更鲜活、更直观。

一、本教材开发的指导思想

在广泛调研了目前高职院校中使用的数字媒体技术相关教材基础上，本着高职院校常态教学应强调学生技能为主，笔者提出了独具特色的教材开发指导思想：技能为主、理论为辅、情境典型、任务实际。

二、本教材的创新

1.以项目为载体，以模块化和任务驱动方式设计教学任务

《数字传媒设计与制作》教材围绕“工作过程”主线，以“能力本位”为主旨，通过情境教学，培养学生的职业技能与职业素质，每个情境由不同的工作过程、完整的模拟制作任务和独立实践任务组成。

每个情境的开始部分对本情境应掌握的能力目标、知识目标提出了明确要求，强调“能用什么做什么”。每一个任务通过任务背景、任务要求、重点难点、素材来源、操作步骤详解、知识点拓展和职业技能知识点考核部分引导。这些情境下所选用的典型任务是目前就业市场上较为通用的职业技能。

2.培养职业技能为抓手

在编写本教材的过程中，笔者分析了数字传媒行业的典型职业技能，在设计教学任务时贯彻了以下基本原则：所举案例不仅要符合职业就业市场的需要，而且制作过程要容易掌握，以实现效果最佳。培养学生不但要知道怎么做，而且要又快又好地做。

3.以人为本，培养学生可持续发展

笔者在每个模拟制作任务后设计了相关知识点拓展，通过这一环节，可进一步巩固对知识点的掌握，并促进技巧的熟练化，以满足个性化的发展需求，使每位学生都有较大的发

展空间。

本教材的编写得到了国家印刷教学指导委员会、上海理工大学出版印刷与艺术设计学院、上海出版印刷高等专科学校、安徽新闻出版职业技术学院、江西新闻出版职业技术学院等相关高职院校教师，上海盘石广告传播有限公司、图萌（上海）科技有限公司、上海麟锐文化传媒有限公司校企合作单位的大力支持，编写队伍由教学或应用开发一线的资深人员组成，也有来自上述企业的资深工程师。

本书的编写由张俊负责模块01、徐东负责模块02、耿燃负责模块03、谭斯琴负责模块04、胡悦琳负责模块05和模块08、李果负责模块06、王正友和肖澎负责模块07、张波、钱成悦和吴鑫婧负责模块09，王正友负责模块10，上海盘石广告传播有限公司、图萌（上海）科技有限公司和上海麟锐文化传媒有限公司作为校企合作单位提供了职业情境下的真实案例，案例以实际工作任务及其目标过程为依托，对教材内容进行细化、整合，在教材框架、内容编排、语言描述、选用例题等方面，力求和高职学生的认知发展规律一致，确保优质教材进课程。

本教材的编写参考了一些相关资料和出版物，在此不一一列举，编者在此向这些资料和出版物的作者表示由衷的感谢。

本书既可作为高职院校相关课程教学的教材，又可作为各类、各层次学历教育和短期培训的选用教材，也可作为数字传媒设计与制作工作人员的参考用书。

本书的项目实例素材和完成效果、教学资料均可从重庆大学出版社网站下载。欢迎相关行业人士、教师和读者对本书提出宝贵的改进意见。主编联系方式：wangzy59@163.com。

编　者

目录

数字传媒设计与制作

模块 01

数字媒体的编辑与创作

目前，互联网的普及推动了数字媒体的发展，全球互联网用户人数已超过 40 亿，渗透率达到 42%。数字媒体是指以二进制数的形式记录、处理、传播、获取过程的信息载体。这些载体包括数字化的文字、图形、图像、声音、视频影像和动画等感觉媒体，以及表示这些感觉媒体的表示媒体等，通称为逻辑媒体，以及存储、传输、显示逻辑媒体的实物媒体。以数字技术为基础的互联网媒体诞生后，人们又习惯地称其为新媒体。随着数字媒体的发展，媒体不再仅是互联网和 IT 行业的事情，而将成为全产业未来发展的驱动力和不可或缺的能量。

以数字技术作为支撑的自媒体在信息时代迅速发展。作为数字媒体发展的最新阶段，自媒体较传统媒体不同的特征已然凸显，也正是因为具备了这些特征，使得其在传播上拥有了独特的优势。同时，各种数字媒体形态的迅速发展也遇到种种瓶颈，中国这个拥有最大互联网用户群体的市场正成为国际数字媒体巨头的必争之地。数字媒体的发展通过影响消费者行为深刻地影响着各个领域的发展，消费业、制造业等都受到来自数字媒体的强烈冲击。

Web 2.0 的出现引发了一场新的媒体变革，一个被称为自媒体的时代应运而生。自媒体依托于互联网技术，扎根于普通公众，在传播媒介、传播渠道、受众、反馈等各方面与传统媒体大相径庭。自媒体带给了用户更大的话语空间与自主权，用户可以自由地构建自己的社交网络等。自媒体成为大众张扬个性、表现自我的最佳场所。

广告制作、平面设计、媒体艺术、会展设计、数字出版、电脑编辑、影视动画、印刷图文等相关专业可以根据专业的特点，对本模块的内容进行选择性教学。

素材+完成效果

情境 01　走进数字媒体艺术

人们的生活离不开各种各样的媒体，它们是我们表达、传递、接收信息的媒介。随着信息技术的发展，数字媒体越来越普遍地走入人们的日常生活中。数字媒体技术作为信息技术与媒体文化相结合的产物，涉及的研究内容多、关键技术深、应用领域广、人才需求大。

本情境立足于培养初学者对数字媒体艺术的兴趣，帮助初学者了解该领域的基本知识，循序渐进地体验和掌握常用的基本技能，为进一步学习数字媒体技术打下基础。情境设计以“贴近生活、注重实用”为设计理念，关注专业理论与实践技能的有机结合，强调“做中学、学中做”，力求让学习者能够学以致用。

数字媒体艺术作品区别于以往传统的艺术形式，有学者认为它的一大特点是拥有消解力量——消解传统媒体（电视、广播、报纸、通信）之间的边界，消解国家之间、社群之间、产业之间的便捷，消解信息发送者与接收者之间的边界等，其所呈现的特征主要有：

①表现形式多样化和主动化。

②传播内容海量化。

③传播渠道交互化。

④受传者个性化。

⑤传播速度实时化。

⑥传播效果智能化。

本情境通过分析数字媒体艺术作品分类，探究具体的应用艺术形式及应用技巧，揭开了数字媒体的神秘面纱，可培养用户对数字媒体的学习兴趣。

【能力目标】

1.树立正确的世界观、人生观、价值观，自觉践行社会主义核心价值观。

2.有较高的人文素养、审美能力和严谨务实的艺术作风。

3.了解数字媒体领域的基本理论与方法，并掌握一定的创新创业基础技能。

4.掌握设计创意、表达、沟通、加工的基本方法。

【知识目标】

1.掌握数字媒体艺术作品形式和基础知识。

2.了解数字媒体艺术作品的基本特性和基本设计工具。

3.能够运用艺术、人文社会科学的理论与方法观察和认识设计问题，具备一定的艺术人文素养。

【学时分配】

4 课时(授课 2 课时,实践 2 课时)。

◎ 模拟制作任务

任务 1　了解数字媒体发展

【任务背景】

数字化是媒体的发展方向,数字媒体作品是指以数字科技的发展和全新的传媒技术为基础,将人类理性思维和艺术感觉巧妙融合于一体的艺术作品。数字媒体艺术作品拥有其独特的个性,由于作者并不是作品最终成型的决定者,每一位参与者都拥有独立的个性和理解力,他们的参与作品的发展变得不可预知,基于对作品结果的不确定性这一特征,因此每个人都可以参与并改变作品本身的发展方向。

【任务要求】

从表现形式和技术的角度来展示数字媒体作品,引导读者从应用方式、应用形式、应用内容及应用承载媒介 4 个角度对新兴的数字媒体进行思考。

【任务分析】

数字媒体技术的发展使得艺术形式发展为构建于数字技术平台之上,以 0 和 1 为最基本的信息单位,基于信息技术表达来传递艺术思考和人文信息的一种方法。数字媒体艺术既使得艺术形式成为虚拟的存在,或者说是一种特殊形式的存在,也使得艺术表现的想象与创造在信息技术的支持下得到充分解放。通过与观众、听众等参与者进行身体上、心理上、思维上的交互,直接带给参与者艺术的享受。这种形式使得艺术平台化、载体化,参与者本身成为艺术的一部分。

【重点、难点】

1.了解数字媒体艺术的表现形式和分类。

2.了解不同数字媒体技术的基本特点。

【技术要领】数字媒体就是以数字化的方式,通过计算机产生、记录、处理、传播与获取的信息媒体。

【解决问题】艺术品的创作已不再拘泥于传统的静态模式,具有实时性、动态性、交互性的数字媒体艺术模式已成为艺术发展的必然趋势。

【素材来源】\模块 01\情境 01\任务 1\素材\1-1 剧照原图.jpg 等。

【完成效果】\模块 01\情境 01\任务 1\完成效果\1-2 增加背景后效果处理图等。

▶ 分类欣赏

01.数字图像

数字图像(Digital Image)又称数码图像或数位图像,是二维图像用有限数字数值像素的表示。数字图像是由模拟图像数字化得到的、以像素为基本元素的、可以用数字计算机或数字电路存储和处理的图像。

数字图像可以由许多不同的输入设备和技术生成,例如数码相机、扫描仪、坐标测量机、机载雷达、地震仪等,也可以从任意的非图像数据合成得到,例如数学函数或者三维几何模型,三维几何模型是计算机图形学的一个主要分支。

数字图像处理(Digital Image Processing)是用计算机对图像信息进行处理的一门技术,是利用计算机对图像进行各种处理的技术和方法。利用数字图像处理主要是为了修改图形,改善图像质量,或是从图像中提起有效信息。另外,可以利用数字图像处理对图像进行体积压缩,便于传输和保存。如图 1-2 所示,该图使用了图像处理手段,使原图(图 1-1)实现了传统方式不能实现的效果。图 1-2 利用 Adobe Photoshop CS 软件修正图 1-1,首先通过校色调整原图明暗和对比度,其次通过增加特效图层实现更有意境的艺术效果。

图 1-4 是借助图像处理软件 Adobe Photoshop CS 对图 1-3 所示原图图像的明暗、色调、对比度进行加工处理,将在较差拍摄环境情况下拍摄的照片修正为一幅明亮、同时富有艺术效果的商用图片。

图 1-1　剧照原图

图 1-2　增加背景后效果处理图

图 1-3　建筑物原图

图 1-4　建筑物校色修正图

图 1-6 是一幅通过图像处理软件 Adobe Photoshop CS 将图 1-5 所示的素材图像合成的图像,该图像使用像素质量并不高的摄影原图,分别从整体色调、空间景深以及视错觉的海派老宅屋檐与远方的天际线建筑进行设计创作。图像处理软件等的普及打破了传统艺术的学科边界,降低了艺术创作的专业性,预示着艺术平民化。

（a）素材1　　（b）素材2

图 1-5　建筑物原素材

图 1-6　处理后的效果图

02.数字动画

数字动画（Digital Cartoon）是指运用计算机等数字设备作为主要制作工具完成的动画。数字动画相比于传统动画有许多优点，在画面表现力、题材范围、制作工艺等方面具有得天独厚的优势。数字动画继承了数字技术的许多特征，其中虚拟性是其中一个较为重要的特征，而这个特征正是数字动画优势的根源。数字动画比较常见的形式有二维动画和三维动画。

二维动画是对手工传统动画的一个改进，即将事先手工制作的原动画逐帧输入计算机，由计算机帮助完成绘线上色的工作，并由计算机控制完成记录工作。二维数字动画在表现传统动画的基础上，有更多的灵活性，更具动画效果，其最终成果不仅可以是影视作品，也可以是网络动画、游戏动画或者计算机演示动画。相对于制作工艺而言，数字动画因有计算机的参与，大大简化了工作程序，方便快捷，提高了效率。

图 1-7 是一组表情包设计作品，由成语“动如脱兔”想象而来。在城市忙碌的生活中，每个年轻人都像只兔子，为生活奔波。拧在一起的耳朵代表内心的压力；兔子脸上的黑眼圈象征年轻人的疲惫；眼角多出来的小圆圈表达了年轻人偶尔的欲哭无泪；而大大的眼睛、粉色的身体代表着年轻人对未来的希冀。

图 1-7　二维动画《兔蹦跶》表情包

三维动画软件是一款帮助艺术家创作三维图像、动画、电影的软件，通过这款软件，艺术家可以创作出立体形象，并能够设计立体形象的动作姿态、表情与神态，进而创作出鲜活的形象。三维动画是在计算机中建立一个虚拟的世界，设计师在这个虚拟的三维世界中首先按照要表现对象的形状、尺寸建立模型以及场景，然后根据要求设定模型的运动轨迹、虚拟摄影机的运动路径和其他动画参数，最后按要求为模型赋上特定的材质，并打上灯光。当这一切完成后就可以让计算机自动运算，生成最后的画面。由于其精确性、真实性和无限的可操作性，目前被广泛应用于医学、教育、军事、娱乐等诸多领域。在影视广告制作方面，三维动画可用于广告和电影电视剧的特效制作（如爆炸、烟雾、下雨、光效等）、特技（撞车、变形、虚幻场景或角色等）、广告产品展示、片头飞字等。

图 1-8 是由环球影业及 Illumination 娱乐公司制作，克里斯 · 雷诺德和皮埃尔 · 科芬执导 3D 系列动画片《神偷奶爸》海报。该动画片中的人物、场景是通过三维软件虚拟出来，完成了实拍不能完成的镜头，塑造了一些可爱的卡通人物形象，深受观众的喜爱。《神偷奶爸》系列影片在电影史上都取得了很好的成绩。

图 1-8　《神偷奶爸》系列海报

03.数字视频

数字视频(Digital Video)就是以数字形式记录的视频,是和模拟视频相对的。数字视频有不同的产生方式、存储方式和播出方式。比如通过数字摄像机直接产生数字视频信号,存储在数字带、P2 卡、蓝光盘或者磁盘上,从而得到不同格式的数字视频,然后通过 PC,特定的播放器等播放出来。图 1-9 所示为“启影”大学生电影节片头和单片通过摄像、三维和后期剪辑技术的完美融合,展现了大学生电影节获奖作品的青春时代感,通过视频和音频的冲击,让观众得到了美的享受。

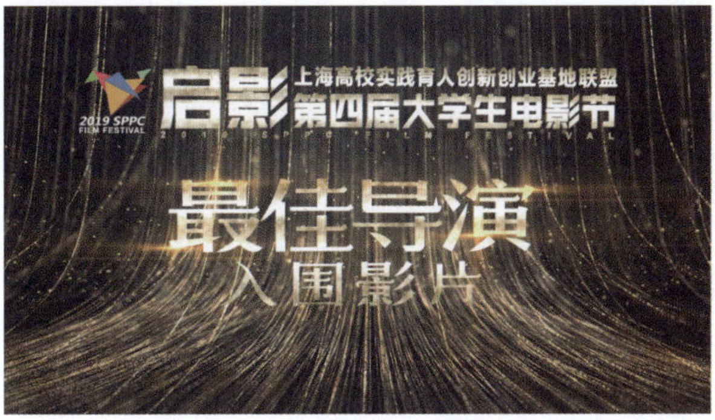

图 1-9 “启影”大学生电影节片头

04.自媒体技术

集合以上各种数字媒体技术的优势,自媒体在数字技术的发展下应运而生,在各大热门 App 应用中,带有自媒体性质的移动终端应用下载率都居高不下。这些应用软件结合了即时通信和移动社交的特点,而且能够支持文字、图片、语音、视频等交互功能,为用户信息的沟通和发布形式增添了趣味性,使用户黏性不断增强,进一步拓展了数字媒体技术的外延。

大部分门户网站都不约而同地在 2016 年推出了吸引自媒体入驻的开放平台计划。平台角色逐渐从原创为主过渡到原创精品和分发优质的自媒体内容。互联网巨头们把目光集中到了自媒体这个应用领域。图 1-10 所示为初代门户网站转型或以公众号开始起步的自媒体,其中微信推出公众号,新浪、今日头条、搜狐、网易等门户网站也纷纷推出公众号平台,自媒体发展进入公众号时代。

新浪微博 微信公众平台 头条 今日头条 你关心的 才是头条

图 1-10 初代门户/公众号自媒体

随后,综合视频网站开始搭建自媒体平台,短视频社区兴起,UGC 内容获关注;电台类自媒体活跃,视频直播探索。视频直播兴起,电商等富媒体平台正在成为新的自媒体载体。诸如 bilibili、抖音、淘宝、爱奇艺、网易云音乐等,如图 1-11 所示。

bilibili 淘 iQIYI 爱奇艺

图 1-11 新生代自媒体平台

◎ 知识点拓展

01.自媒体的概念

自媒体是区别于传统媒体的一种新兴形式。也就是说，只要你愿意，人人都可以成为媒体。自媒体的“自”，一方面表示的是人人都可以发声，都可以借助互联网平台发表自己的言论和观点。另一方面表示的是自媒体人拥有更大的话语空间和自主权。这些都是传统媒体时代不可想象的。

自媒体具有平民化、自主化、普泛化等特征，降低了公众进入信息传播领域的门槛。自媒体打破了时间与空间的限制，将信息传播由单向转至多向非线性传播，改变了以往电子媒介传播的原有状态。

02.自媒体的分类

自媒体按不同的分类方法可分为多种，这里介绍两种主流的分类方法。

1)按运营者划分

按照运营者划分，自媒体可分为个人自媒体、类商业自媒体和传统衍生自媒体。

(1)个人自媒体

个人自媒体的使用使每个人都成为一座流动的基站，即每个人都可以使用自媒体发布和接收信息。

(2)类商业自媒体

类商业自媒体使得企业能够更好地进行产品的宣传和企业形象的维护，及时与用户沟通，拉近企业与消费者之间的距离。

(3)传统衍生自媒体

按照自媒体载体平台分类可以分为社交网络、通信工具、资讯门户、视频媒体、音频媒体等，新平台类型也在不断崛起。

2)按表现方式划分

按照表现方式划分，自媒体可分为图文自媒体、音频自媒体和视频自媒体。

(1)图文自媒体

图文自媒体是目前自媒体主流的表现形式，主要以文字形式展示内容，其实用性较强，典型的代表有果壳、知乎、头条号、网易新闻等。

(2)音频自媒体

音频自媒体主要为书籍、情感、资讯等内容的传播，较为适用于快节奏与碎片化的生活场景，典型代表有蜻蜓 FM、猫耳、凯叔讲故事等。

(3)视频自媒体

视频自媒体以搞笑类、严肃类等内容传播为主，具有直观且生动的优势，这也是近年来年轻人关注最多，资本方争夺最为激烈的一种自媒体形式，典型代表有 B 站、抖音、小红书以及各种直播类软件。

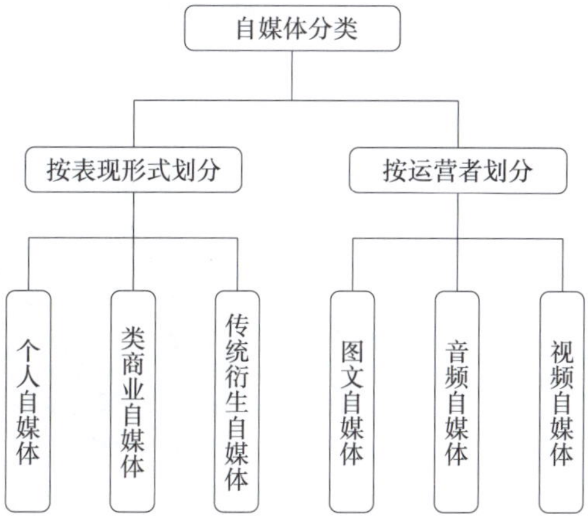

图 1-12 自媒体分类

03.自媒体的发展趋势

自媒体行业经历了博客、微博、微信公众号到真人直播等形式的多元化发展历程，2016年自媒体行业受到资本市场强势关注，进入高速发展阶段。

中国自媒体行业起步于 2002 年，历经探索期、萌芽期、成长期，现已进入高速发展期。收益与传播平台的持续创新发展，自媒体内容逐步走向内容专业化、形式多元化、视频社交化的方向。在行业监管日趋严格的背景下，自媒体行业竞争愈发激烈，拥有原创能力和 IP 延伸能力的自媒体，将会脱颖而出，优先占据市场份额，如图 1-13 所示。

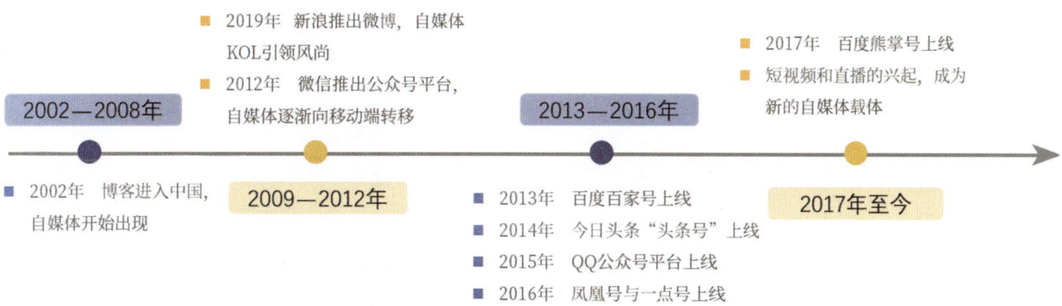

图 1-13 中国自媒体的发展趋势

（1）探索期（2002—2008 年）

2002 年博客进入中国，“中国第一批冲浪者”通过博客进行交流互动。此阶段自媒体通过个人网站、BBS 论坛等平台发布信息。

（2）萌芽期（2009—2012 年）

伴随着智能移动终端的日渐普及，以及微博、今日头条、微信公众号平台等自媒体平台的相继出现，为自媒体内容的传播提供了载体，进而促进了自媒体行业的萌芽。自媒体的载体相继诞生，共同打破了传统媒体的话语垄断权，同时将传统的信息传递由单向传播转至裂变式传播。

（3）成长期（2013—2016 年）

自 2013 年开始，门户网站、新闻分发龙头企业纷纷切入自媒体领域，推出自媒体聚合平台,自媒体的传播载体愈发多元化。媒介的持续创新发展,助推了自媒体行业蓬勃发展。2015 年,直播成为传媒产业的风口,用户通过实时观看直播,发送弹幕与主播进行互动交流,进而提高资讯的传播效率,进一步推进了自媒体发展,行业步入快速成长期。

(4)发展期(2017 年至今)

2017 年,短视频行业迅速崛起,造就了一批自媒体的运营者发展。同时,伴随着自媒体平台的持续迭代,自媒体逐步转向内容专业化、形式多元化,视频社交化等方向,行业门槛逐步提高,在自媒体市场同质化现象愈发严重以及行业竞争愈发激烈的状况下,自媒体急需差异化发展,精细运营将成为自媒体行业下一阶段的发展主调。自媒体通过积极探索自身的优势,创造出了更具价值、更有识别度的内容,进而增强了自身内容竞争实力,优先获得行业份额。

04.自媒体的"新"特征

以数字科技作为支撑的自媒体在信息时代迅速发展。作为数字媒体发展的最新阶段,它较传统媒体不同的特征已然凸显,也正是因为具备了这些特征,使得其带给了用户更大的话语空间与自主权,用户可以自由地构建自己的社交网络等。相比于传统媒体,它们将所有用户连接在一张巨大的网络中,拥有着其他媒体形式无法比拟的优势与特点。

(1)平民化与自主性

自媒体的传播主体多为普通民众,没有过强的功利性,更少有预设的立场和偏见。热映电影《我和我的家乡》中,有一个专题《天上掉下个 UFO》便是介绍了生活在贵州农村的村民们,通过网络直播介绍并销售家乡特产的故事,这种媒体形式在传统媒体格局下是无法想象的。

(2)个性化与多元化

自媒体背后的用户不论是个人还是团体,其传播的内容都带有强烈的个人独特风格。自媒体的"自"特质决定了其传播内容多元化的特点。前有成为"最多订阅量的 YouTube 中文频道"纪录保持者,凭借国风美食类短视频一炮走红,甚至有人称其为举一人之力向西方媒体展示了整个中国的"李子柒"、后有快手上各种脑洞大开,却毫无实用性发明的搞笑发明家"手工耿"。他们都通过自媒体这个传播平台向世界传递出各自个性且多元化的人格魅力。

(3)即时性与时效性

在自媒体上传播信息的主体是所有公民,这也就是说信息的发布者除了专业记者、公众账号外还可以是草根民众,自媒体允许人们在任何时间、任何地点进行信息的采集和发布。现在任何地方发生地震,人们在几秒钟之后的微信朋友圈就会看到多位好友信息,不出 10 min,权威的官方媒体账号也会第一时间发布公告。在一些新闻事件尤其是突发性的事件传播方面,自媒体用户的传播时效性领先于传统媒体。

05.自媒体常用术语

①粉赞值——粉赞值也称关注率,粉赞值越大,代表对应账号吸粉能力越强;粉赞值=粉丝数/点赞数。

②大 V——在社交、资讯等网络平台上十分活跃、拥有众多粉丝且具有个人认证的用户。

③网红经济——指通过社交平台聚集大量社会关注度，进而形成庞大的粉丝和定向营销市场，将粉丝转化为购买力的一种新经济模式。

④MCN—Multi-Channel Network，是一种多频道网络的产品形态，将专业生产内容联合起来，在资本的有力支持下，保障内容的持续输出，从而最终实现商业的稳定变现。

⑤KOL—Key Opinion Leader，关键意见领袖，是营销学上的概念，通常被定义为拥有更多、更准确的产品信息，且为相关群体所接受或信任，并对该群体的购买行为有较大影响力的人。

◎ 独立实践任务

任务 2　在自媒体平台创建一个账号

【任务背景】

随着自媒体平台逐渐进入大众的生活，大学生们拥有一个自己的自媒体账号变得稀松平常。自建一个自媒体账号并加以维护不仅能向公众展示自己的学习和工作趣闻，同时也可以为将来创业，以及垂类账号的变现提前做好准备。

【任务要求】

根据对应垂类上线一个自媒体平台账号，制订 1 个月的短视频投放计划，包含视频主题，时长，人员分工，拍摄地点，拍摄时间安排等。可从抖音、快手、视频号、B 站、微博、腾讯、爱奇艺、优酷等平台选择其一，亦可多平台分发。

1.设定 3 个账号关键词。

2.完成以上短视频的拍摄脚本，内容原创。

3.单条短视频 30 s~5 min；投放数量不少于 6 条，且总时长不低于 15 min。

图 1-14　可供选择的自媒体平台

【技术要领】账号垂直分类，关键字、脚本撰写、短视频拍摄。

【解决问题】解决学习者对个人特长和自媒体账号间需求的分析应用能力。

【素材来源】无。

情境 02 自媒体视频剪辑与制作

如果说传统媒体是一个高冷的“白富美”，那么，自媒体就是一个温柔可人的“邻家小妹”，它没有传统媒体的高门槛、高标准和权威性，取而代之的是一种大众化、平民化、个性化的全新面貌，逐渐被大众慢慢熟知到最后完全着迷。说得再简单通俗一点：我们平时在今日头条上看到的文章、视频，朋友圈看到的别人转发的文章，快手上看到的视频、直播，在喜马拉雅上听到的音频节目等，都是由无数的自媒体人创作出来的。

本情境充分考虑广大初学者的不同学习背景和基础，在自媒体视频剪辑与制作的内容设置上做到“广而不难”，涉及的都是该领域的必备知识，更是现代数字生活中常用的基本技能，“学以致用”是设置本任务的基本愿景。

自媒体不断发展壮大，更是让很多人看到了创业的先机，也让很多原本很普通的人开始了自己的创业之旅，并在短时间内实现了自我价值的极大飞跃。以自媒体的制作为主线，开展案例教学：知识阐述注重语言通俗化，力求提纲挈领；技能教学注重精确演示，案例设计由浅入深。不同专业的教师可以开展专题授课，既能精准把控教学内容的科学性，也能为学习者提供更多样的学习体验，使本课程的学习不再单调枯燥。

本情境利用自媒体平台——微博、B 站、抖音视频剪辑软件等，引导学生更加深入地掌握自媒体作品创作方法。

【能力目标】

1.培养学生认识自媒体作品产生的基本思路。

2.培养学生分析问题和实践操作的能力。

【知识目标】

1.了解市场上常用的几类自媒体软件。

2.熟练掌握自媒体视频工具的剪辑功能。

【学时分配】

4 课时（授课 2 课时，实践 2 课时）。

◎ 模拟制作任务

任务 1 利用自媒体剪辑工具制作短视频

【任务背景】

上海的一名大学生因为对网络上的短视频极其感兴趣，于是萌生了自己创建账号拍摄发布短视频的想法，看到网络上美轮美奂、各有特色的短视频作品，却又苦于没有学过剪辑技巧，一时乱了阵脚，不知从何入手。

当我们也想制作属于自己的短视频而无从下手时，应该怎么办呢？现在视频剪辑已经不再局限于电脑制作了，自媒体创作已经得到飞速发展。如果我们能够熟练掌握移动端剪辑软件的使用，那么，解决简单的剪辑问题自然也就轻而易举了。

【任务要求】

使用自媒体剪辑软件剪映制作短视频，并发布在自媒体 App 上。

【任务分析】

使用剪映自媒体软件，利用现有图片和视频制作一款好物推荐的短视频，通过增添软件内的媒体导入、文字智能识别以及背景音乐攻克难关，给自己的短视频增加视觉和音乐效果，使其最终起到推广产品、促进销售的效果。

【重点、难点】

1.分割剪切素材。

2.视频画面与口播的匹配度。

【技术要领】移动端设备下载移动剪辑软件，如剪映，VUE Vlog；在制作图片短视频的过程中，视频、图片的选取和音乐是关键，尽量选择质量较高的素材；按照素材在视频中出现的顺序添加至时间轴；在软件下方添加特效和滤镜，导出之后选择适当的音频文件。

【解决问题】使用移动端自媒体软件制作简单的短视频。

【素材来源】无。

【完成效果】\模块 01\情境 02\任务 1\完成效果\1.mp4。

操作步骤

1.将所需要的素材准备好放入一个文件夹。

2.启动剪映 App，单击“开始创作”按钮，如图 1-15 所示。

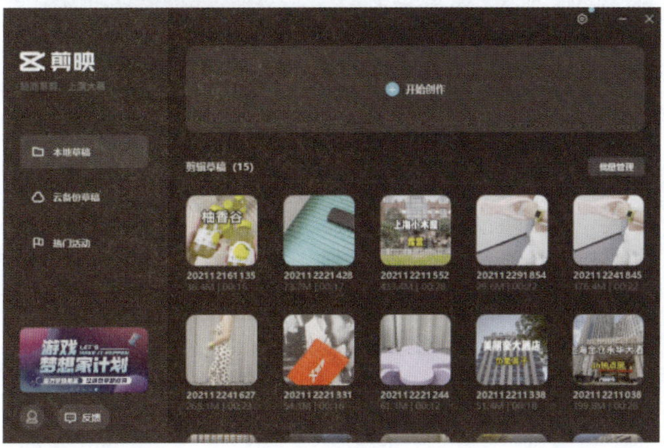

图 1-15　开始创作

3.进入后可以看到一个素材面板、播放面板、素材轨道,如图 1-16 所示。

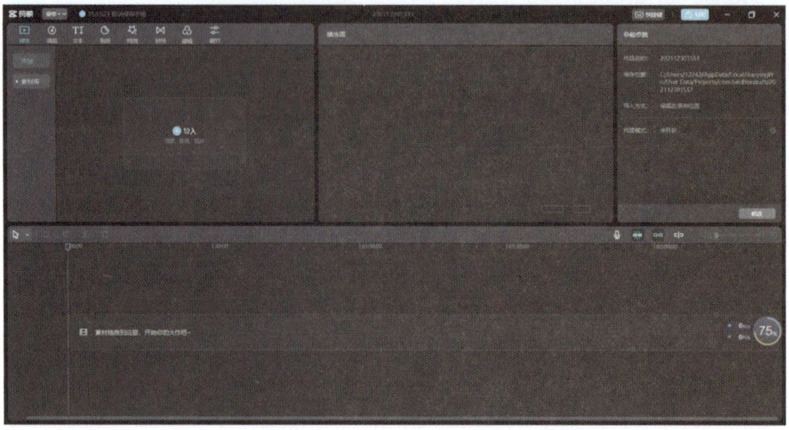

图 1-16　剪映面板

4.在任务栏中点击媒体可以看到素材面板有导入字样,如图 1-17 所示。

图 1-17　导入素材

5.选择自己喜欢的素材导入,素材面板的右上角有一个图标可以选择是以列表还是宫格的形式呈现素材,如图 1-18 所示。

图 1-18　切换素材呈现形式

6.将鼠标放在素材条上,点击可以在播放器上观看此素材,同时素材条的末端会出现一个加号,如图 1-19 所示。

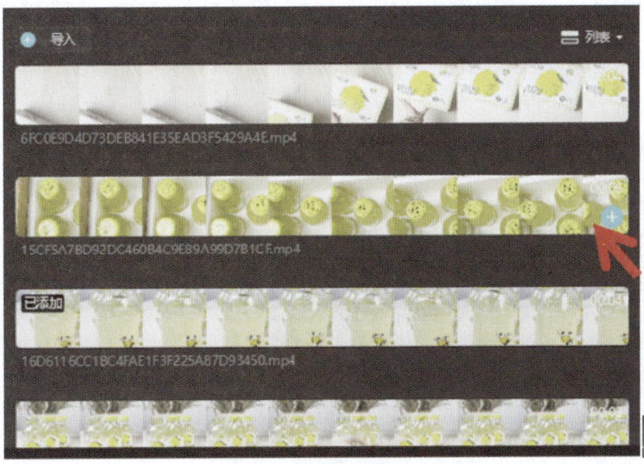

图 1-19　拖动素材

7.在需要这条素材时，点击加号，此素材会出现在轨道上，如图 1-20 所示。

图 1-20　点击加号增加素材

8.将需要的素材全部筛选完，并且都加入轨道中，就可以开始剪切素材了，这时，在轨道内有一根竖着的光标，当拖动它时，它的上端会变为实心，同时播放器内的视频也会跟着光标的移动而发生改变，如图 1-21 所示。

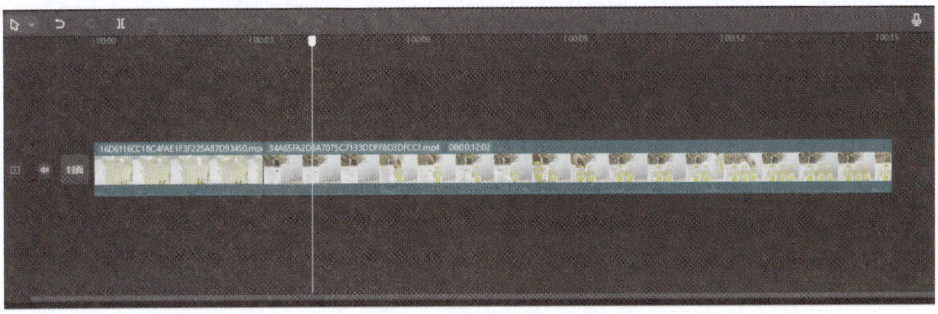

图 1-21　拖动光标可以快速浏览视频

9.如有不需要的素材时，选中此素材，将光标线移动到不需要素材的最后 1 s，如图 1 -22 所示。

10.点击轨道面板左上角的分割键（或者可以使用快捷键“Ctrl+B”），再选中不需要的素材鼠标右击选择删除，也可以选中素材，按“Delete”键，如图 1-23 所示。

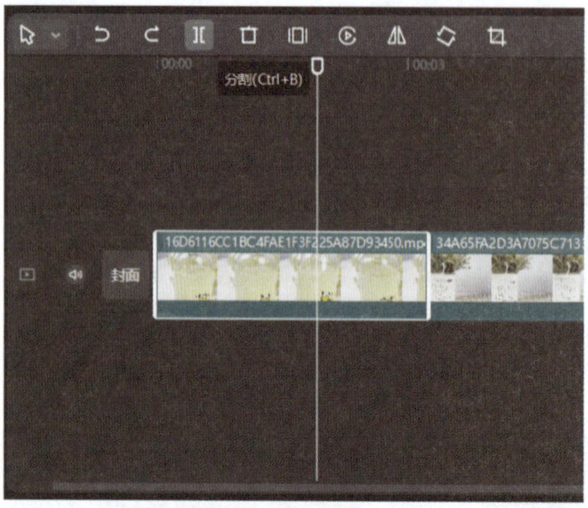

图 1-22　移动光标至不需要的内容

图 1-23　点击分割键

11.所有的素材都剪切完毕，在素材面板内导入提前准备好的录音，如图 1-24 所示。

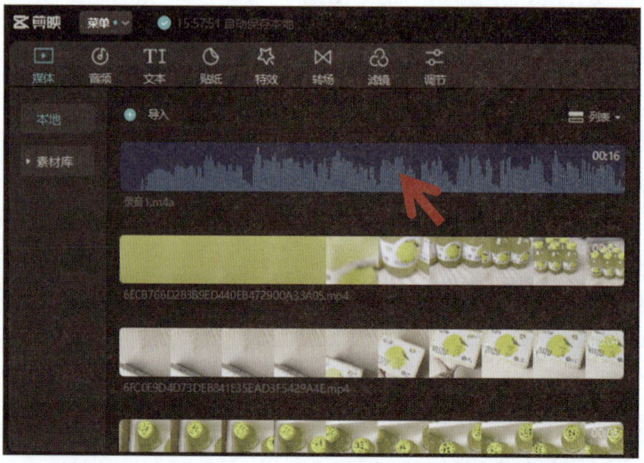

图 1-24　导入提前录制的音频

12.将录音的素材加入轨道内，放置在视频素材的下方，剪切方法重复前面步骤即可，如图 1-25 所示。

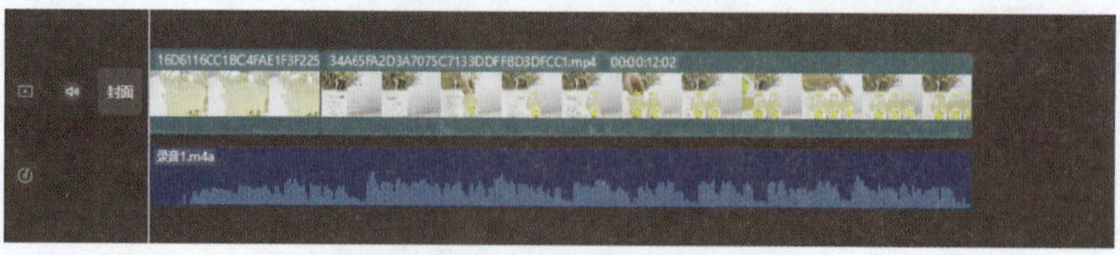

图 1-25　导入音频

13.利用剪映的自动添加字幕功能增添字幕。找到任务栏中的“文本”按钮，选择左边的智能字幕，系统会自动识别录音内的文字，同时轨道内出现文字的轨道（因为是智能识别，所以点击一个文字条就可以统一改全部的文字），如图 1-26 所示。

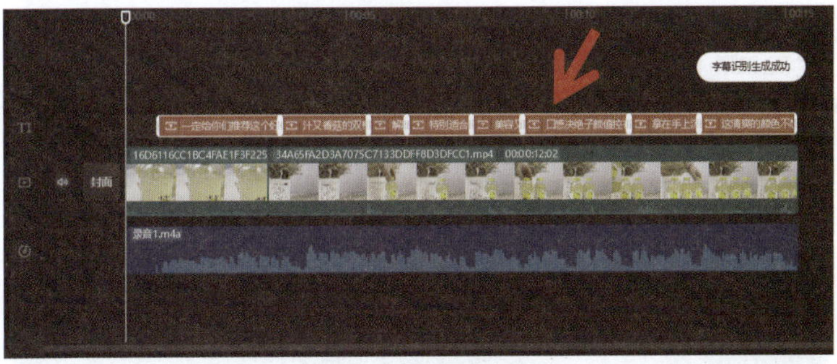

图 1-26　自动添加字幕

14.点击字幕就可以在播放器右边的面板中进行修改，剪映同时提供字体的颜色、大小、样式等的编辑功能，如图 1-27 所示。

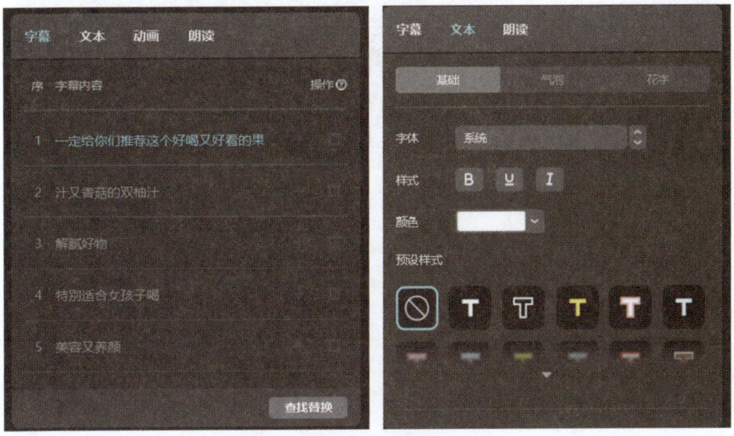

图 1-27　编辑修改文字

15.如果文字与画面不符或者不对齐，可以直接在轨道内拖动文字字条。

16.在任务栏中选中音频，会有不同风格的音乐素材供选择。每一段音乐右下角都会出现加号，点击即可加入轨道中，如果音乐时长和视频不匹配，剪辑方法同视频剪辑方法，如图 1-28 所示。

图 1-28　音频剪辑

17.所有的视频、音频、文字剪辑完成后，点击右上角的导出，导出文件的格式常规为mp4，此外分辨率、码率、编码、格式和帧率等参数也可根据视频的使用场景自行调整，如图1-29所示。

图 1-29　视频导出界面

◎ 知识点拓展

剪辑时必要的 3 种方法

01.动作剪辑

剪辑点选择在大动作转换的瞬间、剪辑点选择在画面主体的动静转换处、剪辑点选择在动作的间歇点或者完成点、剪辑点选择在主体在画面中消失的瞬间、剪辑点选择在镜头出现黑画面的瞬间、出画入画是剪辑的最好时机、主体动作的分切剪辑（分解法、变景剪辑法、错觉法）。

02.情绪剪辑

以人物的心理情绪为基础，根据人物情绪，选择其喜怒哀乐等外在表情的表达作为剪辑点。

03.节奏剪辑

节奏剪辑点是指没有人物语言的镜头，以事件内容发展进程的节奏线为基础，人们可以根据内容表达的情绪、气氛以及画面造型特征来灵活地处理镜头的长度与剪接。

◎ 独立实践任务

任务 2　剪映 App 制作“好物推荐”短视频

【任务背景】

自媒体的变现途径有多种，常见的有广告变现、直播变现、付费专栏等形式。针对自媒体平台的初阶玩家，利用短视频进行好物推荐不失为一种起步易、收入稳的好方法。这类自媒体短视频一般时长在 15 s以内，通过夸张的情节或者小故事吸引观众观看，产品链接随后提供。

【任务要求】

利用手边的常用物品制作“暖手宝推荐”短视频，拍摄熟练后可以通过下述任务所述形式创建个人账号，进行商品推广，获取自媒体的日常变现能力，如图 1-30—图 1-32 所示。

图 1-30 拍摄包装盒

图 1-31 拍摄打开包装盒

图 1-32 增加字幕，配上 BGM

所有的视频、音频、文字剪辑完成后，导出成 mp4 文件格式视频。

【技术要领】在制作图片短视频的过程中，视频、图片的选取和音乐是关键。
【解决问题】使用移动端自媒体软件制作简单的短视频。
【素材来源】\模块 01\情境 02\任务 2\素材\系列条件 4 个。
【参考效果】\模块 01\情境 02\任务 2\参考效果\完成效果.mp4。

职业技能知识点考核

1.单选题

(1)数字图像又称数码图像或数位图像，________不属于数字图像的扩展名。

A.jpg　　B.bmp　　C.avi　　D.gif

(2)数字媒体技术的主要特性有________。

①多样性　②集成性　③交互性　④实时性

A.①②③　　B.①②④　　C.②③④　　D.全部

(3)小红去海岛度假，准备拍摄 Vlog，应该选择________帧的制式进行拍摄。

A.24　　B.25　　C.30　　D.50

(4)在 Premiere 的时间轴面板中,________可以复制素材。

A.按住 Alt 键拖动素材　　B.按住 Ctrl 键拖动素材

C.按住 Shift 键拖动素材　　D.按住 Ctrl+Alt 键拖动素材

(5)数字媒体中的媒体信息是指________。

①数字、文字　②声音、图形　③动画、视频　④图像

A.①　B.②　C.③　D.全部

(6)数字媒体技术未来发展的方向是________。

①内容过剩,文章阅读量将继续下降　②优质原创内容+运营的价值更凸显

③视频异军突起,流量红利诱人　④小程序成为新风口

⑤监管逐步跟上,政策规范增多　⑥新媒体人才发展跟不上行业速度

A.①②③　B.①②④　C.①③④　D.全部

(7)基础的剪辑功能包括________。

A.剪辑　B.转场　C.音乐　D.字幕

(8)下列不属于社交类手机自媒体应用的是________。

A.QQ　B.腾讯新闻　C.微博　D.微信

2.多选题

(1)自媒体按不同的分类方法可分为很多种类,按照运营者划分,一般可以分为________。

A.个人自媒体　　B.类商业自媒体

C.传统衍生自媒体　　D.视频自媒体

(2)以下文件属于视频文件格式的是________。

A.wav　B.mp4　C.avi　D.wma

(3)以下对于自媒体的发展趋势,描述正确的是________。

A.中国自媒体行业起步于 2002 年,历经探索期、萌芽期、成长期,现在正处于萌芽期

B.微博、今日头条、微信公众号平台等自媒体平台的出现将传统的信息传递由单向传播转至裂变式传播

C.自媒体的成长期(2013—2016 年)直播成为传媒产业的风口,用户通过实时观看直播

D.自媒体的发展期开始,短视频行业迅速崛起

(4)下列属于自媒体社交应用的有________。

A.微博　B.快手　C.网易云音乐

D.微信　E.爱奇艺　F.bilibili

(5)在 Premiere 中,关于序列的说法正确的是________。

A.新建序列时,可以直接从剪辑命令新建序列

B.要打开嵌套序列,需要将其拖至时间轴面板

C.将多个剪辑进行序列嵌套,可以为其添加整体效果

D.将嵌套序列拖至“源面板”,可以对其进行修剪

3.简答题

(1)简述数字媒体的特点。

(2)分析传统媒体和自媒体的优劣和各自的发展方向。

模块 02

图文数字化处理

图文数字化处理，是泛指将平面媒体进行数字化的处理技术。在数字传媒作品设计过程中，由于受某些条件限制，没有拍摄的可能和需要输入大量文字的时间，只有一些静态图片资料和印刷的报刊和期刊作为素材。但只要处理得当，也能产生视频动画的效果。比如，对已数字化的图文进行平移缩放，可以产生类似摄影机镜头运动的效果，再配合滤镜、遮罩等的综合运用，可以获得出乎意料的视觉效果。

图文展示是数字传媒作品中最常见的一种表现形式，通过本模块中设计的文字稿、反射稿、透射稿，培养学生进行图文数字化的职业技能与职业素质，为数字传媒作品设计提供素材。

广告制作、平面设计、媒体艺术、会展设计、数字出版、电脑编辑、影视动画、印刷图文等相关专业可以根据专业的特点，对本模块的内容进行选择性教学。

素材+完成效果

情境 01 文字稿 OCR 扫描输入与识别

通过扫描仪把一个页面的文字扫描到计算机中，页面上的文字信息就被转化成由微小的储存点（或像素）存储在一个电子文件内。为了把文字转换成可编辑的像素组，图像必须经过字符识别（通常被称为光学字符识别，简称 OCR）。

OCR 的研究始于 20 世纪 50 年代末，从那时起，该技术已得到不断发展和完善。在 20 世纪 70 年代和 80 年代初，OCR 软件的功能还是非常有限的，它只能使用特定的字体和大小。但进入 90 年代，OCR 软件的功能变得更为强大，可以识别几乎所有字体以及严重退化的文件影像。

本情境主要通过使用扫描仪和 OCR 汉字识别技术，实现将文字原稿数字化的目的。

【能力目标】

1.了解扫描仪设备的安装和使用。

2.能够应用汉字识别软件进行文字的数字化。

【知识目标】

1.理解文字原稿数字化的基本方法。

2.理解汉字识别技术的应用。

【学时分配】

1 课时（授课 0.5 课时，实践 0.5 课时）。

◎ 模拟制作任务

任务 1 文字稿 OCR 扫描输入与识别

【任务背景】

公司布置小王将大量重要的纸质文字稿资料通过扫描仪使其数字化，以便于文字稿的使用。

【任务要求】

1.扫描同一纸质文字原稿，选取同一扫描范围、固定扫描分辨率，选择不同的扫描类型，分析其对文字识别的影响。

2.扫描同一纸质文字原稿，以黑白照片方式、选取同一扫描范围、选择设置不同的分辨率，分析其对文字识别的影响。

通过对扫描仪进行适当的参数设置，利用 OCR 汉字识别技术，不仅要将文字稿进行数字化，而且要提高文字识别的准确率。

【任务分析】

根据文字原稿质量，合理设置扫描文字原稿的扫描分辨率等参数，提高文字识别准确率。主要仪器设备为 Microtek ScanMizard 扫描仪、EPSON 扫描仪、HP 扫描仪、PC 计算机。

【重点、难点】

1.扫描仪参数的设置。

2.OCR 汉字识别软件的使用。

【技术要领】扫描分辨率，阈值的设置。

【解决问题】放置好要扫描的文字原稿，设置扫描参数，尤其是阈值。利用 OCR 汉字识别软件进行文字识别。设置文件格式和保存路径。

【素材来源】\模块 02\情境 01\任务 1\素材\文字扫描.jpg。

【完成效果】\模块 02\情境 01\任务 1\完成效果\文字扫描.txt。

操作步骤

步骤一：使用扫描仪

1.打开 OCR 软件（以尚书 OCR 文字识别系统为例）启动扫描仪，如图 2-1 所示。

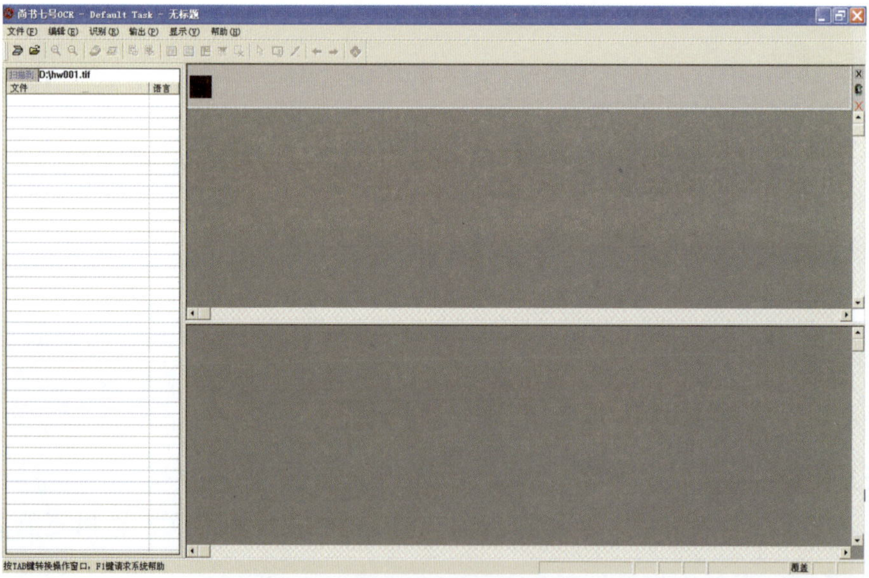

图 2-1　尚书 OCR 文字识别系统

2.选取扫描范围，将“图像类型”设置为“黑白照片或文字”，“分辨率”设置为“300 dpi”（一般选择 300 dpi，分辨率选小了会使识别率降低；但是选得太大并不能有效提高识别率，反而会大幅度加长文件长度，浪费处理时间）。被扫描的文字原稿应尽可能放正。设置完毕后启动扫描，如图 2-2 所示。

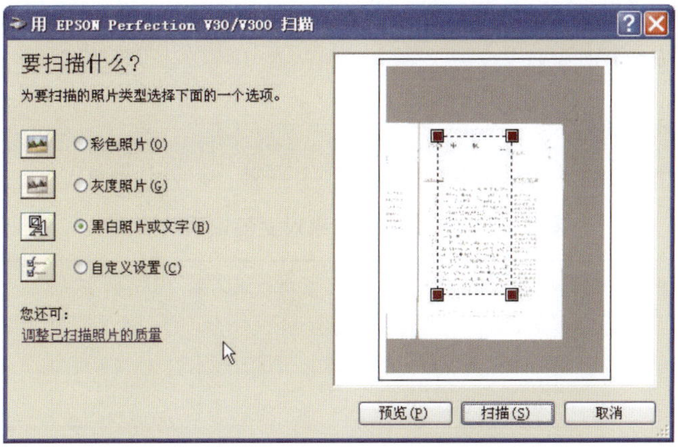

图 2-2　有关扫描参数的设置

步骤二：利用 OCR 识别系统进行文字识别

1.利用 OCR 识别系统的“编辑”菜单，对扫描的图像进行适当纠正，具体可以根据图像的情况选择合适的纠正方法，如图 2-3 所示。

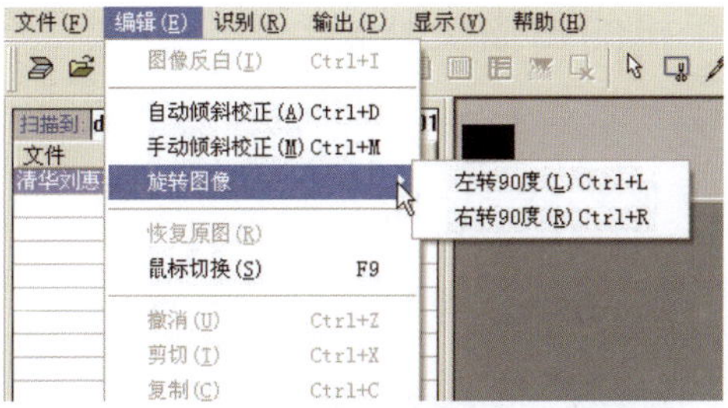

图 2-3　有关扫描参数的设置

2.在“识别”→“版面分析”中选择与所扫描原稿对应的版面类型(如横排、竖排)。

3.选择“识别”→“开始识别”命令，文字识别结果如图 2-4 所示。

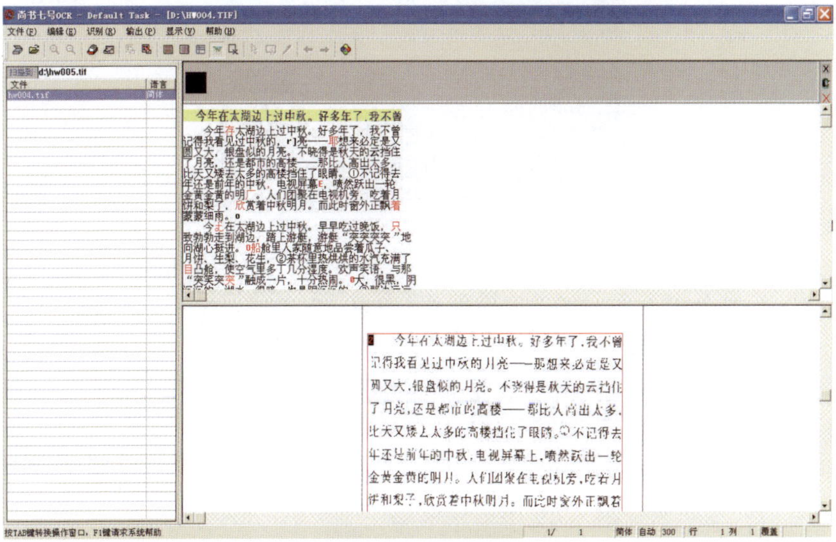

图 2-4　文字识别结果

4.选择“输出”→“到指导格式文件”命令，在弹出的对话框中选择保存路径和文件名“文字扫描”，格式为“文本文件”。

步骤三：扫描质量分析

选择不同的扫描模式、扫描分别率，重复前述步骤，并完成表 2-1。

表 2-1　不同扫描分辨率对文稿识别的影响

实训设备	扫描模式	扫描分辨率/dpi	文件大小	识别效果	合理设置

操作步骤

步骤一：使用智能手机的扫描仪 App

1.使用智能手机（iOS 系统或者安卓系统），到应用市场（App Store）下载手机扫描仪 App，目前手机扫描仪 App 有很多，这里以 CS 扫描全能王为例，如图 2-5 所示。

图 2-5　CS 扫描全能王 App

2.打开 CS 扫描全能王 App，在“扫描服务”中点击“文字识别”按钮（图 2-6），弹出如图 2-7 的文字识别窗口。

步骤二：利用 CS 扫描全能王进行文字识别

1.将智能手机的摄像头对准需要识别的文字，对焦后按下照相机按钮获得图文。可以使用左转或者右转按钮调整图文，并用选择框选择需要识别的文字区域，如图 2-8 所示。

2.点击图 2-8 中向右的箭头进行文字识别，文字识别结果如图 2-9 所示。

图 2-6　CS 扫描全能王的应用

图 2-7　CS 扫描全能王的文字识别

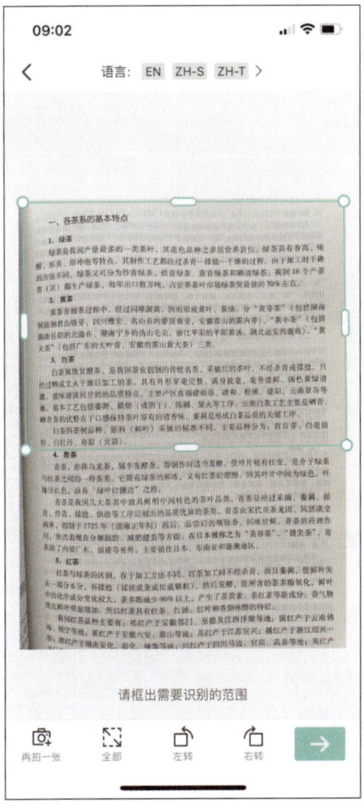

图 2-8　调整和选择需要识别的图文

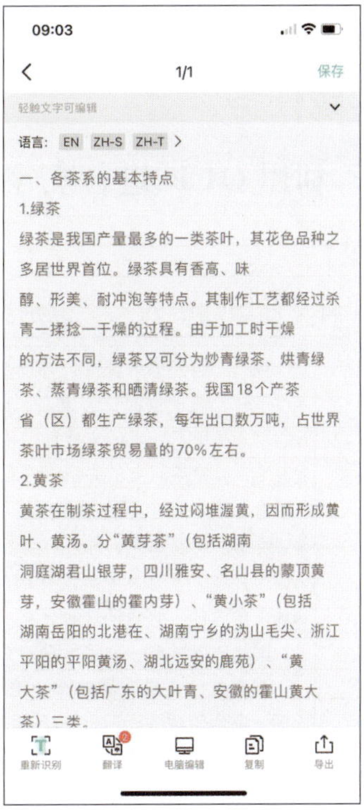

图 2-9　有关扫描参数的设置

3.选择图 2-9 中的“保存”命令，在弹出的对话框中输入文件名后，格式为“文本文件”。点击“完成”命令进行文件的保存。

◎ 知识点拓展

01.文字原稿的扫描参数

一般对文字原稿进行 OCR 识别时，应将文字扫描为“黑白二值”，扫描文字的亮度和对比度对正确识别非常关键。可通过“放大预览”对文稿中的几个文字进行取样扫描，从而对图像的亮度进行更为细致的调节。调节工具为扫描仪工具内的“阈值”（阈值是扫描时黑白的临界点，调整阈值大小关系到扫描图像黑白转换关系，即把原稿上哪部分扫成黑，哪部分扫成白）。对于分辨率，一般 300 dpi 是最佳的分辨率。

02.文字的 OCR 识别

OCR 对原稿的要求是字符清晰、完整，无笔画间断；字符边缘锯齿不明显；文字摆放平行、水平。但原稿的情况差异万千，所以需要在识别前做一些预先处理。比如去除杂点和图像。如文稿中含有图像，OCR 是不能识别的，如果有图像存在，会影响 OCR 的文字部分。可使用“图像的块擦拭”工具将文档中的图像去除，同时将一些杂点去除。另外要注意倾斜校正和正确分栏。由于 OCR 的辨识原理是采用字模的方式进行的，所以一定要注意稿件是否水平。对于版面较复杂的原稿，尽量不要采用“自动切分”。

◎ 独立实践任务

任务 2　利用 OCR 进行文字识别

【任务背景】

利用 OCR 将下面图片中的文字识别出来，并且以 txt 文件保存，如图 2-10 所示。

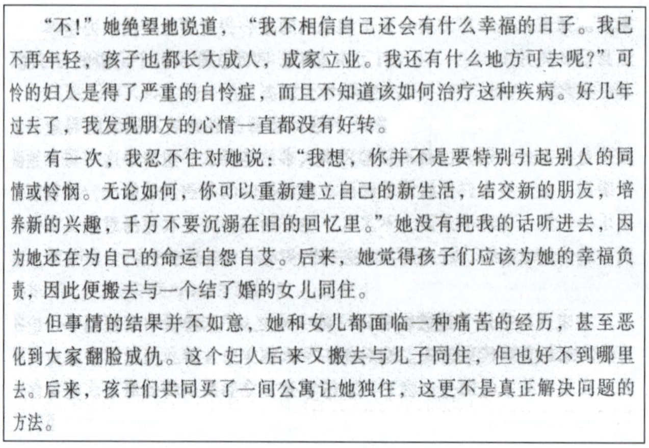
“不!”她绝望地说道，“我不相信自己还会有什么幸福的日子。我已不再年轻，孩子也都长大成人，成家立业。我还有什么地方可去呢?”可怜的妇人是得了严重的自怜症，而且不知道该如何治疗这种疾病。好几年过去了，我发现朋友的心情一直都没有好转。

有一次，我忍不住对她说：“我想，你并不是要特别引起别人的同情或怜悯。无论如何，你可以重新建立自己的新生活，结交新的朋友，培养新的兴趣，千万不要沉溺在旧的回忆里。”她没有把我的话听进去，因为她还在为自己的命运自怨自艾。后来，她觉得孩子们应该为她的幸福负责，因此便搬去与一个结了婚的女儿同住。

但事情的结果并不如意，她和女儿都面临一种痛苦的经历，甚至恶化到大家翻脸成仇。这个妇人后来又搬去与儿子同住，但也好不到哪里去。后来，孩子们共同买了一间公寓让她独住，这更不是真正解决问题的方法。

图 2-10　完成效果

【任务要求】

利用 OCR 汉字识别技术，将文字稿进行数字化，且以 txt 文件保存。

【技术要领】利用 OCR 软件，进行适当设置以提高识别的准确率。
【解决问题】利用 OCR 汉字识别软件进行文字识别。设置文件格式和保存路径。
【素材来源】\模块 02\情境 01\任务 2\素材\图片.jpg。

情境 02　图像原稿的扫描输入

在实际工作中，经常会遇到老照片的扫描。对老照片的扫描和数字化也是保存珍贵照片的一种很好的方式。将照片扫描成数字化文件后，可以将照片保存到计算机并可在屏幕上查看，也可以将照片上传到网上与大家共享。

本情境主要通过使用扫描仪对反射原稿和透射原稿进行扫描，实现将图像原稿数字化。

【能力目标】

1.能够应用扫描仪对反射稿和透射稿图像进行输入。

2.能够按照一定的要求使用数字媒体硬件和软件。

【知识目标】

1.理解反射原稿和透射原稿的基本扫描方法。

2.理解图像参数的调整和设置。

【学时分配】

2 课时（授课 1 课时，实践 1 课时）。

◎ 模拟制作任务

任务 1　反射原稿的扫描输入

【任务背景】

在数字媒体的制作中，经常会遇到各种反射原稿的扫描输入。反射稿包括照片、印刷品、手绘稿以及其他图片等。通过使用扫描仪，将各种不同类型的反射原稿进行数字化。

【任务要求】

将反射原稿通过扫描仪进行数字化输入。

【任务分析】

首先对反射原稿进行分析。针对不同的反射原稿，合理进行扫描仪参数的设置，使得扫描效果达到数字媒体创作的要求。通常先将原稿扫描成 RGB 文件格式，然后再用 Adobe Photoshop 软件进行处理（因为扫描仪自带的图像处理系统，其功能一般没有 Adobe Photoshop 软件专业）。

【重点、难点】

1.反射原稿的分析。

2.扫描仪扫描参数的合理选择。

【技术要领】扫描分辨率等参数的设置，预示扫描。

【解决问题】放置好要扫描的反射原稿，设置扫描参数，进行预示扫描。适当细调扫描参数和图像参数。设置文件格式和保存路径。

【素材来源】\模块 02\情境 02\任务 1\素材\反射稿.jpg。

操作步骤

步骤一：反射原稿分析

1.对需要进行扫描的原稿进行分析。分析的内容包括反射原稿的质量、层次分布、色调、质感、缩放倍率等因素。扫描仪的扫描程序一般提供 3 种扫描方式：黑白、灰度和色彩。其中“黑白”方式适用于白纸黑字的原稿，而“灰度”适用于图文混排文件，“色彩”则适用于扫描彩色照片。因此在扫描之前，应先根据被扫描的原稿，选择一种合适的扫描方式，从而获得较好的扫描效果。

2.清洁原稿和扫描仪的扫描平台，在扫描仪中放置好需要扫描的原稿。

步骤二：进行参数设置和扫描

1.启动计算机和扫描仪。

2.设置扫描仪“模式”为“专业模式”。根据原稿及实际需要，在对话框中设置原稿和格式参数、扫描参数、扫描尺寸和扫描比例参数、图像调整参数等，如图 2-11 所示。

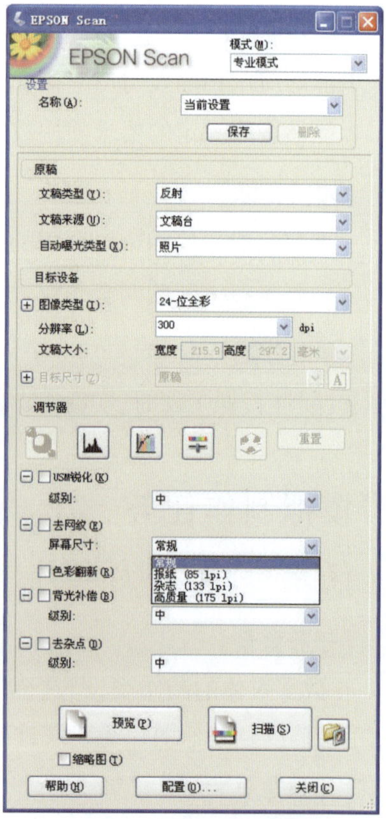

图 2-11　扫描仪参数设置

3.设置好必要的参数后即可开始对原稿进行取景和预示扫描。预示扫描产生的是一个低分辨率图像。在预示扫描完成后，可以利用取景工具在预示图像中根据需要重新取景，如图 2-12 所示。

4.选择好需要扫描的区域后，通常需要对图像进行黑白场定标、层次和颜色校正、锐化和平滑处理等。例如,在图 2-13 所示的“图像调整”对话框中对有关参数进行调整,以达到理想的效果。

(a)预示图像　　(b)选取扫描区域

图 2-12　预示图像和选取扫描区域(虚线框内)

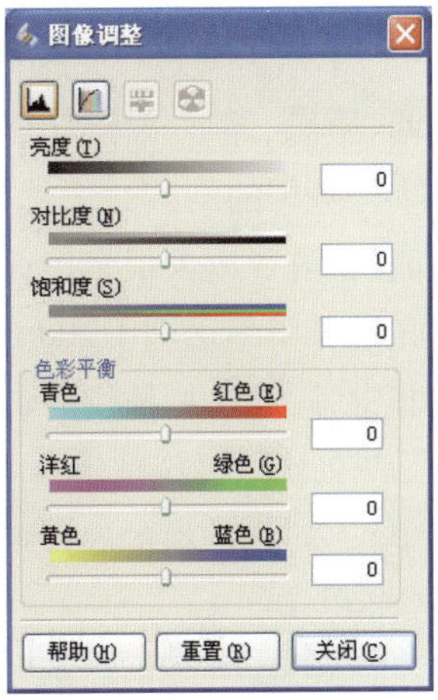

图 2-13　“图像调整”对话框

5.在调整好参数后,设置扫描文件的保存位置和文件名,然后正式开始扫描。

任务 2　透射原稿的扫描输入

【任务背景】

在某天的工作中,小王需要将一张幻灯片的正片扫描出来,作为数字媒体制作中的素材。

【任务要求】

使用具有扫描正片功能的扫描仪。根据数字媒体素材的要求,设置适当的扫描参数,尤其需要注意正片相应的片基类型,避免出现扫描结果偏色等问题。

【任务分析】

首先对透射原稿进行分析。针对正片相应的片基类型,合理进行扫描仪参数的设置,使扫描效果达到数字媒体创作的要求。

【重点、难点】

1.透射原稿的分析、扫描仪扫描参数的合理选择。

2.解决扫描结果偏色等问题。

【技术要领】透射原稿分析,扫描参数设置。

【解决问题】放置好要扫描的透射原稿,设置扫描参数,进行预示扫描。合理进行扫描参数的调整。设置文件格式和保存路径。

【素材来源】\模块 02\情境 02\任务 2\素材\透射稿.jpg。

操作步骤

步骤一:透射原稿分析

1.对需要进行扫描的透射原稿进行分析。分析的内容包括原稿的质量、层次分布、色调、质感、缩放倍率等因素。首先,透射稿件的一个特点是对扫描设备的分辨率要求颇高。本任务中的幻灯片正片,其图像面积较小,所以信息密度很高。如果要想把它打印成 A4 幅面,就需要放大很多倍;这就要求扫描仪具有相当高的光学分辨率,因此一般要求扫描仪的光学分辨率达到 1 200 dpi。其次,透射稿件的密度范围大,也就是图像的亮部和暗部对比非常强,要求扫描仪的色彩位数在 36 位以上。

2.将扫描仪玻璃板擦拭干净,否则扫描出来的图像会有很多黑白点和线(其实是灰尘)。将要扫描的底片摆放在扫描起始线中央,这样可以最大限度地减少由于光学透镜导致的失真。

步骤二:进行参数设置和扫描

1.启动计算机和扫描仪。打开扫描软件,打开“Setup”对话框并出现菜单条。扫描时,选择原稿的“文稿类型”为“胶片”,“胶片类型”为“正片”(不同的扫描仪,菜单会有所不同),如图 2-14 所示。

图 2-14　扫描仪参数设置及其预示扫描

2.进行预示扫描的设置。在对话框中设置原稿和格式参数、扫描参数、扫描尺寸和扫描比例参数、图像调整参数等。预示扫描的分辨率一般设为 300 dpi。

3.设置好必要的参数后即可开始对原稿进行预示扫描,预示扫描产生的是一个低分辨率图像。在预扫描完成后,可以利用取景工具在预示图像中根据需要重新取景。

4.选择好需要扫描的区域后，正式扫描时将扫描分辨率设置为 1 200~2 000 dpi。通常需要对图像进行黑白场定标、层次和颜色校正、锐化和平滑处理等，以达到理想的效果（当然，有些参数今后可以用 Adobe Photoshop 软件来改善）。例如，要标定黑场的位置，如图 2-15 所示，设置框中有两个滴管，黑头的滴管用来设置黑场（图中最暗的地方），白头的滴管用来设置白场（图中最亮的地方）。设置的方法是用它们在图中最暗或最亮的地方单击。可将色阶曲线右边的三角滑块往左拉，直到画面几乎全白，只留下一点深斑，这就是原图中最黑的点。同样，要标定白场的位置，则将色阶曲线左边的三角滑块往右拉，直到画面几乎全黑，只留下一点亮斑，这就是原图中最白的点。也可以在扫描仪控制面板的黑白点设置对话框中设置黑场和白场的色值，如图 2.15 所示。

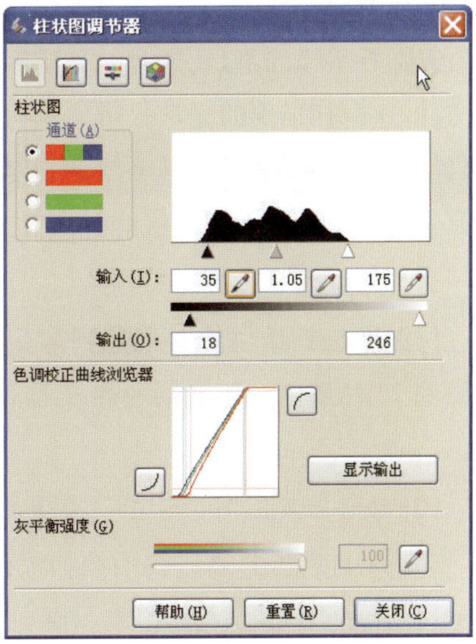

图 2-15　扫描仪黑白点设置

5.在调整好参数后，设置扫描文件的保存位置和文件名，然后正式开始扫描。

◎ 知识点拓展

01.扫描仪常用参数

（1）分辨率

分辨率是指扫描仪在原稿的每英寸长度上可以采集到多少个像素，单位是“像素/英寸（ppi，也经常被记为 dpi）”。扫描仪采集到的每个像素到了图像处理软件（如 Adobe Photoshop）中也是一个像素。扫描时设置的分辨率，取决于想让图像在 Adobe Photoshop 里有多大的分辨率，而这个分辨率通常又是将来印刷时加网线数的 1.5~2 倍。

例如，原稿是彩色反转片，需要的是其中 10 mm×8 mm 的一小块区域，将来要把它印刷成 50 mm×40 mm 的区域，加网线数为 175 lpi。那么应该以多大的分辨率来扫描原稿呢？

首先计算图片在印刷时所需的尺寸下应有多大的分辨率，按加网线数的 2 倍来计算，175×2=350。即在 50 mm×40 mm 的尺寸下分辨率应为 350 dpi。那么，在 10 mm×8 mm 的尺寸下的分辨率就应该为 350 dpi×5，即 1 750 dpi（“5”是放大倍数），这就是扫描 10 mm 宽的原稿时所需的分辨率。

扫描仪的分辨率分为两种：

①光学分辨率：这是扫描仪的感光元件在每英寸中真正能够采集到的像素数量，在这一分辨率下，扫描的图像不会模糊，因为每个像素都来自真实的颜色。

②插值分辨率：当扫描分辨率大于光学分辨率时，扫描仪在真实的颜色之间计算出中间值以弥补采样的不足，这时的分辨率就是插值分辨率。例如用户要求扫描仪以 6 000 dpi 扫描，但这台扫描仪的光学分辨率只有 4 000 dpi，那么在每英寸中多出来的 2 000 个像素，就只能根据那 4 000 个真实的采样像素计算出来。显然，这样处理会造成一定程度的模糊。插值分辨率只反映了扫描仪的计算能力，而非实际的采样能力。

(2)位深度

位深度是扫描仪能够采集到多少种颜色的参数，单位是“位(Bit)”。“n 位”表示能采集到 2^n 种颜色。比如某一台扫描仪是 24 位的，那么它可以采集到 $2^{24}=16\ 777\ 216$种颜色。

(3)动态密度范围

动态密度范围是真正将中档扫描仪和高档扫描仪区分开来的指标，简写为 D_{max}。一般平板扫描仪的 D_{max} 为 3.0~3.7，而胶片扫描仪和滚筒扫描仪的 D_{max} 可达到 4.0。D_{max} 是反映原稿中从最暗处到最亮处色彩变化的幅度，对扫描仪来说，它是能够从原稿中识别的色彩变化的幅度。假如原稿的 D_{max} 是 4.0(从最暗处到最亮处的明度会相差 10^4 倍)，扫描仪的 D_{max} 是 3.0(它所能识别的最暗处和最亮处的明度相差 10^3 倍)，那么，扫描仪所能识别的阶调是原稿的 1/10——它会丢掉原稿的很多细节。这种损失又主要体现在高光和暗部，因为厂家会设计得让扫描仪尽量再现容易被人们注意到的中间调，而把阶调的压缩集中在高光和暗部。

印刷品原稿的 D_{max} 不会超过 1.8，普通相纸的 D_{max} 可达 2.1，那么使用 D_{max}3.0 的扫描仪已经绰绰有余。对于更精细的原稿，例如 D_{max}4.0 的彩色反转片，使 D_{max}3.0 的扫描仪会损失一些图像细节，但在一般的印刷品上也看不出来。如果要制作非常高档的印刷品，原稿又是由专业摄影师拍摄的高品质反转片，则可以委托图片社用高端扫描仪来扫描。

02.图像原稿扫描参数的设置

(1)线条图的扫描

对于线条稿而言，选择扫描色彩模式为“Line Art”，只需考虑区分黑色像素和白色像素的分界线，扫描时应该注意“阈值”的设定，即把原稿上哪些色调的内容扫成黑，哪些内容扫成白，使其在画稿最亮或最暗区域能保留足够的细节。一般以“阈值=50%”为标准值，如果测试扫描图过暗，则增加阈值，这样可将更多的灰边缘转换成白像素。如果测试扫描图过亮，则减少阈值，这样可将更多的灰边缘转换成黑像素。另一个要注意的问题是确定扫描分辨率。线条稿的扫描分辨率应高于连续调图像的扫描分辨率。一般应在 600 dpi 以上才能使输出的线条锯齿很小。如果扫描分辨率太低，则会产生锯齿。

(2)灰度图的扫描

对于某些线条文字，也可以用 256 级灰度扫描，所扫描图像相对于采用 Line Art 模式更光滑，而且对某些边缘处的灰度保存较好，扫入 Adobe Photoshop 软件中后可以视情况把它们调校到黑色。如果原稿为彩色,要想得到灰度图,获得丰富的层次,最好采用彩色扫描方式。因为彩色图饱和度高,层次丰富。如用256级灰度则有可能丢失一些信息。用RGB模式扫描后,再在Adobe Photoshop软件中转为灰度,转换时可以选用某一个通道的信息进行转换。

(3)彩色原稿的扫描

当彩色原稿质量较好时,扫描时只需对各参数进行正确的设置即可。但对有缺陷的原稿则要视实际情况在扫描时进行校正。对一些特殊的原稿要进行特别的处理,如彩报上的彩色图片扫描。彩报用的是新闻纸,所以它有不同于铜版纸印刷的特点。新闻纸空白处的密度值为0.15~0.2,相当于铜版纸上C:3%、M:4%、Y:10%左右网点的总和,因此新闻纸白的地方不白。另外,新闻纸带有灰度且纸质松,油墨扩散大,吸墨性强,油墨的反射率低,所以在最深处即使给100%的K,也仍然不够黑(即密度不够)。总之,新闻纸的反差小,只有1.2左右,这就决定了高光处应该C、M、Y、K四色都小面积绝网,在暗调处四色应用适当的叠印总量(不低于250)来加大反差。彩报不应将层次再现作为重点,应多用原色和间色,重用基本色而少用相反色或补色,使色彩鲜艳明快。对于肤色部分,应少用青版,以免发灰发暗,C、M、Y三色油墨叠印总量也应有意识地相对降低。

(4)印刷品的扫描

许多印刷品存在玫瑰斑和龟纹,扫描后,玫瑰斑和龟纹会更明显。一般扫描仪都有去网功能,去网实质是要将图像虚化。可将龟纹去掉,而得到一个光滑的图像。因此遇到印刷品原稿时,一般要选择“去网纹,Descreen”命令和“USM锐化”命令。扫描时去网,比扫描后在Adobe Photoshop软件中去网效果要好。有的印刷品龟纹很严重,扫描中去网仍不能使图像光滑,需要在Adobe Photoshop中继续去网;有时去网后图像变得太虚,也可在Adobe Photoshop用USM锐化对清晰度进行强调。

(5)透射稿的扫描

透射稿有正片和负片两种。负片和正片扫描的效果有所差别,目前扫描仪对正片的扫描效果要比负片理想,所以选择原稿时最好选择理想的正片,它比反射稿的清晰度要好,层次丰富,色彩鲜艳,而且颗粒细腻,适合于大倍率扫描。

扫描透射原稿时,滚筒扫描仪的扫描效果要比平板扫描仪好。

(6)条码的扫描

同细小文字一样,条码扫描的分辨率要比一般印刷图像的分辨率更高些,保真大于600 dpi。另外扫描色彩模式设为Gray模式比较好,若用线条稿二值图像的话,可能会引起边缘锯齿。

◎ 独立实践任务

任务3 扫描印刷原稿

【任务背景】

印刷原稿的数字化也是经常会遇到的工作,印刷原稿扫描后的效果如图2-16所示。

图 2-16 完成效果

【任务要求】

对印刷原稿的扫描，除了其他反射稿的设置要求外，还要特别注意去除网线。

【技术要领】扫描分辨率等参数的设置，预示扫描。然后进行正式扫描参数的设置。

【解决问题】放置好要扫描的印刷原稿，设置扫描参数，进行预示扫描。适当细调扫描参数和图像参数。设置文件格式和保存路径。

【素材来源】\模块 02\情境 02\任务 3\素材\印刷原稿.jpg。

职业技能知识点考核

1.单选题

(1)分辨率是指扫描仪在原稿的每英寸长度上可以采集到的多少个像素，单位为________。

A.像素/英寸　　B.像素/英尺　　C.位　　D.线数/英寸

(2)位深度是扫描仪能够采集到多少种颜色的参数，单位是"位(Bit)"。如果某一台扫描仪是 24 位的，那么它可以采集________种颜色。

A.2^{12}　　B.2^{36}　　C.2^{24}　　D.2^{48}

(3)利用 OCR 系统识别文字时，要将文字扫描成________图像。

A."黑白二值"　　B.灰色　　C.彩色　　D.黑白

(4)对文字原稿进行 OCR 识别时，扫描分辨率一般设置为________。

A.150 dpi　　B.300 dpi　　C.100 dpi　　D.1 200 dpi

2.多选题

(1)对印刷品原稿进行扫描时，对扫描结果有影响的参数有________。

A.亮度　　B.对比度　　C.分辨率　　D.去网纹

(2)对透射原稿的扫描最好采用________。

A.正片原稿　　B.滚筒扫描仪　　C.负片　　D.平板扫描仪

(3)对文字原稿进行OCR识别时,应将文字扫描为“黑白二值”,对扫描文字结果有影响的参数还有________。

A.亮度　　B.对比度　　C.分辨率　　D.色彩

(4)采用OCR识别时,对原稿的要求是________。

A.字符清晰、完整　　B.字符边缘无明显锯齿

C.文字摆放水平　　D.原稿平整

3.简答题

(1)对反射原稿扫描时,预扫描后的参数设置有哪些?

(2)对透射原稿扫描时,预扫描后的参数设置有哪些?

模块 03

数字传媒界面色彩设计

随着数字化设备的普及，我们接触到越来越多的数字图像，随着人们对审美、设计的需求逐渐提高，客户将会对平面设计类图像提出更多与时俱进的要求，对于相关行业工作者来说，将面临更多全新的挑战。

色彩设计虽然是一种高级的与审美结合的脑力劳动，但它与人们的生活联系得十分紧密。随着时代的发展，人们的审美能力也越来越强，而人眼判断的第一标准就是颜色的搭配。在执行最本质、最基本的东西的同时，我们也需要具有相关的技能，将图像的色彩进行调整和变换。

接下来的内容将通过案例直观地介绍色彩的相关知识和在计算机中表现的方式，数字图像输入输出和使用图像处理软件 Adobe Photoshop CC 进行一些简单的处理。希望有以上问题的同学能够在这里找到答案，并且为进一步学习数字图像编辑奠定基础。

广告制作、平面设计、媒体艺术、会展设计、数字出版、电脑编辑、印刷图文等相关专业可根据专业的特点，对本模块的内容进行选择性教学。

素材+完成效果

情境 01　图像的色彩构成

和谐的图像在色彩上必须有对比。意思是无论在整体构图上、颜色搭配上还是元素的排列上,必须存在对比,没有对比就没有美感,没有对比就不能突出重点,没有对比就没有设计感。色彩分主次、重点要突出、对比须鲜明、整体共和谐是我们处理图像时需注意的要点。

本情境主要引导学生掌握色彩在计算机中的表示方式,掌握如何使用 Adobe Photoshop CC 修改颜色的色相、饱和度和亮度,进而对图像内容进行修改。

通过本情境的学习,掌握计算机中的颜色概念和设置方法,为以后在实际项目中修改图像打好基础,同时为数字传媒作品的色彩设计奠定扎实的基础。

【能力目标】

1.能使用 Adobe Photoshop CC 进行简单图像的色相、饱和度和亮度的调整。

2.能使用 Adobe Photoshop CC 制作黑白、怀旧风格的照片。

3.能使用 Adobe Photoshop CC 更改相片着色。

【知识目标】

1.掌握色彩三要素的基本概念。

2.掌握图像色彩模型。

【学时分配】

2 课时(授课 1 课时,实践 1 课时)。

◎ 模拟制作任务

任务 1　更改图像色调

【任务背景】

数码相片常常需要根据客户要求改变主题或风格,现在要将图片中绿色的叶子改成秋天的黄叶,如图 3-1 所示。

(a)原图　　(b)部分去色　　(c)更改色相

图 3-1　秋天的黄叶

【任务要求】

将图片修改成"秋天的黄叶",改变照片的色调。

【任务分析】

使用图像处理软件 Adobe Photoshop CC 中"色相/饱和度"对话框修改图像颜色。

【重点、难点】

1."色调/饱和度"对话框的使用。

【技术要领】	使用"色调/饱和度"对话框中饱和度滑块调整图像饱和度,使用色调滑块改变图像的色调。
【解决问题】	改变图像的色调。
【素材来源】	\模块 03\情境 01\任务 1\素材\绿叶.jpg。
【完成效果】	\模块 03\情境 01\任务 1\完成效果\绿叶 2.jpg。

2.图像色相调整和饱和度的调整。

操作步骤

步骤一:在 Adobe Photoshop 中打开图像文件

启动 Adobe Photoshop CC,使用快捷键"Ctrl+O"打开位于"模块 03\情境 02\任务 1\素材"目录下的图像文件"绿叶.jpg",如图 3-1(a)所示。

步骤二:调整饱和度

1.使用快捷键"Ctrl+U"或者选择"图像"→"调整"→"色相/饱和度"打开"色相/饱和度"对话框,向左滑动"饱和度"滑块减弱照片中的颜色,可选中"预览",边滑动边查看效果,直到满意为止,这里将"饱和度"设置为"-50",如图 3-2 所示。

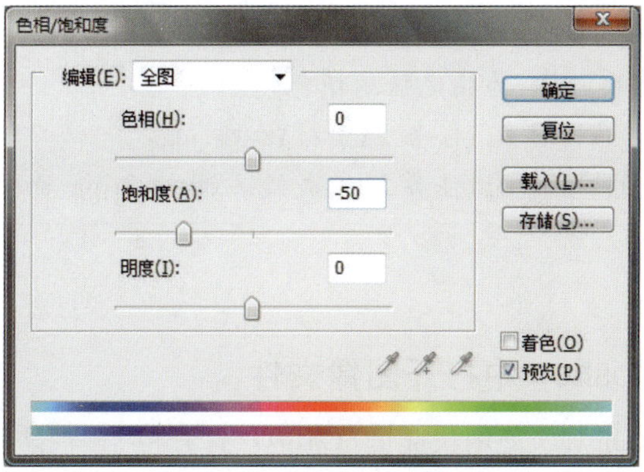

图 3-2 调整饱和度

2.有时使用“色相/饱和度”对话框单纯降低图像饱和度的值，可以制作出“灰暗的彩色”效果，有点老相片的感觉，如图 3-1(b)所示。

步骤三：调整色相

1.在“色相/饱和度”对话框中继续左右移动“色相”滑块，选中“预览”，同时查看效果，直到满意为止，这里将色相设置为“-100”。

2.移动“色相”滑块，可以更改图像颜色进行重着色，效果如图 3-1(c)所示。

步骤四：保存

在 Adobe Photoshop CC 中使用快捷键“Shift+Ctrl+S”或者选择“文件”→“存储为”，将文件以“绿叶 2.jpg”保存，在 JPEG 选项对话框设置相关参数，将“品质”设置为“最佳”。

任务 2 制作黑白照片并为指定物体上色

【任务背景】

如今是多文化创作的时代，摄影作品中的黑白相片更加能凸显对象的线条和结构，明暗对比和阴影，越来越多客户需求将拍摄的彩色照片处理成黑白照片。在图像制作过程中，我们经常会遇到将彩色图像调整成黑白影像的需要，以及将黑白照片中某个指定物体填色的需要。

【任务要求】

将图片修改成黑白照片，并为咖啡上色。

【任务分析】

使用 Adobe Photoshop CC 中“色相/饱和度调整”功能，将一张彩色照片调整为黑白照片。使用选区功能为图片中的指定区域着色。

【重点、难点】

1.“色调/饱和度调整”的使用。

2.图像色相和饱和度的调整。

【技术要领】使用"色调/饱和度调整"调整图像饱和度和色调。
【解决问题】制作黑白图像，为指定区域填色。
【素材来源】\模块 03\情境 01\任务 2\素材\咖啡.jpg。
【完成效果】\模块 03\情境 01\任务 2\完成效果\咖啡 2.jpg、咖啡 3.jpg。

操作步骤

步骤一：在 Photoshop 中打开图像文件

启动 Adobe Photoshop CC，使用快捷键"Ctrl+O"打开位于"模块 03\情境 01\任务 2\素材"目录下的图像文件"咖啡.jpg"。

步骤二：添加色相/饱和度调整图层

单击图层面板底部的"创建新的填充或调整图层"按钮，并从菜单中选择"色相/饱和度"命令，为图像添加一个"色相/饱和度调整图层"，如图 3-3 所示。

步骤三：调整饱和度

在"色相/饱和度"对话框中向左滑动"饱和度"滑块到底，将"饱和度"设置为"-100"，并单击"确定"按钮确认，便可将图像转换为黑白图像了，如图 3-4 所示。

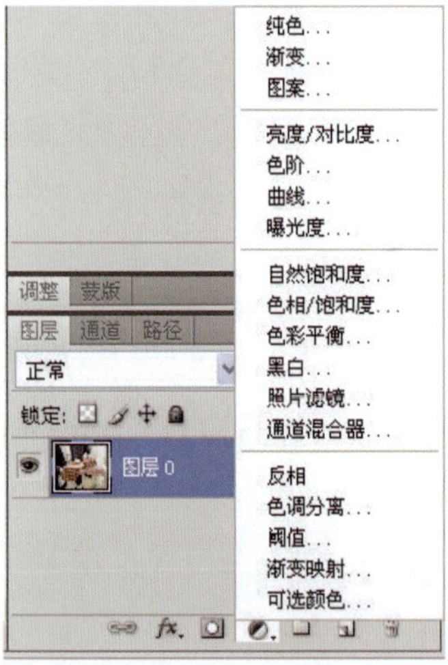

图 3-3 "创建新的填充或调整图层"按钮菜单

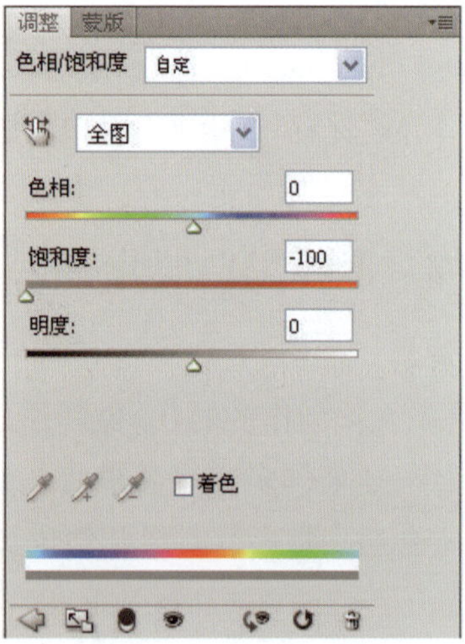

图 3-4 调整饱和度

步骤四：添加色相/饱和度调整图层

在"图层"面板中单击"背景"图层，为图像再添加一个"色相/饱和度"调整图层，单击"确定"按钮。然后将"图层"面板左上角的"图层混合模式"选项设置为"颜色"，如图 3-5 所示。

步骤五：调整色相

双击"图层混合模式"为"颜色"的"色相/饱和度调整图层"，打开"色相/饱和度"对话框，调整"色相"滑块，以得到不同的转换效果。当得到最满意的值时单击"确定"按钮。

步骤六:保存

在 Adobe Photoshop CC 中使用快捷键“Shift+Ctrl+S”,将文件以“咖啡 2.jpg”保存,在“JPEG 选项”对话框设置相关参数,将“品质”设置为“最佳”。

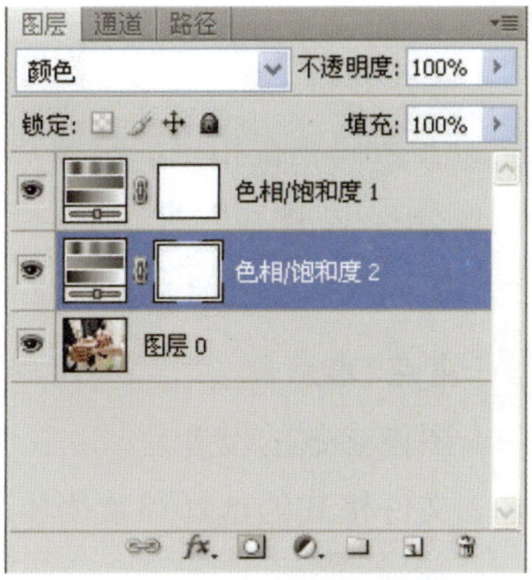

图 3-5　图层面板

步骤七:选择工作区域

1.选中正在编辑的“咖啡 2.jpg”,在“图层”面板中选择“色相/饱和度/”图层。使用快捷键“Ctrl+Shift+Alt+E”盖印图层,会在“图层”面板中创建一个新图层“图层 1”。

2.在“图层”面板中单击选中“图层 1”。右击工具栏中“套索”工具,选择“磁性套索”;在按住“Alt”键同时使用鼠标左键单击工具栏中“套索”工具,或者使用快捷键“Shift+L”选中“磁性套索”工具。并将选项栏中“羽化”值设置为“0”,“宽度”值设置为“10 px”,“对比度”设置为“10%”,“频率”设置为“57”。单击咖啡边缘开始选择,并且沿着咖啡边缘移动鼠标,选中图片中的咖啡。

步骤八:添加色相/饱和度调整图层

1.单击“图层”面板底部的“创建新的填充或调整图层”按钮,并从菜单中选择“色相/饱和度”,为图像添加一个“色相/饱和度”调整图层,创建“色相/饱和度 3”图层。

2.在“色相/饱和度”对话框中选中“着色”,将“色相”调整到符合要求的数值,“饱和度”调整到满意的数值,并单击“确定”按钮确认,对每一杯咖啡的颜色都进行以上操作。

步骤九:添加色相/饱和度调整图层

1.单击“图层”面板底部的“创建新的填充或调整图层”按钮,并从菜单中选择“亮度/对比度”,在已创建好的“色相/饱和度 3”图层上,为图像添加一个“亮度/对比度”调整图层,创建“色相/饱和度”图层。

2.在“亮度/对比度”对话框中,将“亮度”设置为“-20”,“对比度”设置为“30”,并单击“确定”按钮确认。

步骤十:保存

在 Adobe Photoshop CC 中使用快捷键“Shift+Ctrl+S”,将文件以“咖啡 3.jpg”保存,在 JPEG 选项对话框设置相关参数,将“品质”设置为“最佳”。

任务 3　数码图像的拍摄和格式修改

【任务背景】

有时会遇见需要把数码相机拍摄的照片打印出来挂在墙上的情况,那么多文件格式该用哪种格式进行保存?保存时那么多的参数设置会对图像产生什么影响?通过任务 3 来解决这些问题。

【任务要求】

拍摄一组照片上传至计算机,并修改数字图像文件的参数,以最合适的方式保存。同时将数字图像打印输出。分析这些参数会对图像内容产生什么影响。找出最适合打印输出的设置。

【任务分析】

设置数码相机拍摄一组照片,使用数据线传送至计算机。使用 Adobe Photoshop CC 修改图像分辨率、图像尺寸、色彩模式和文件格式,并查看这些修改对图像质量的影响。选出3种图像质量的照片打印输出。

【重点、难点】

1.图像参数的设置。

2.文件格式的选择和数据压缩的设置。

【技术要领】在 Photoshop CC 中使用快捷键"Alt+Ctrl+I"或者选择"图像"→"图像大小"修改图像分辨率和图像尺寸;选择"图像"→"模式"更改色彩模式;"存储为"设置文件格式。

【解决问题】数码图像文件在计算机中的最佳存储方式,找出最适合打印输出的设置。

【素材来源】\模块03\情境01\任务3\素材\原图.jpg。

【完成效果】\模块03\情境01\任务3\完成效果\标准-高.jpg、标准-中.jpg,等多种质量图片。

操作步骤

步骤一:拍摄图像

设置相机拍摄参数,可以选用市面上任意一款数码相机。将"影像品质"设置为"JPEG 精细",实际操作中根据使用相机提供的选项进行设置,"图像尺寸"为"3 872×2 592"。拍摄一张色彩丰富,层次感强的照片。

步骤二:导入图像并更改格式

1.通过数据线或无线方式将图像导入计算机。

2.启动 Adobe Photoshop CC,使用快捷键"Ctrl+O"打开模块03\情境01\任务3\素材目录下的图像文件"原图.jpg"。

3.在 Adobe Photoshop CC 中使用快捷键"Shift+Ctrl+S",将文件以"标准.bmp"保存,在"BMP 选项"对话框设置相关参数,将"深度"设置为"24 位",如图 3-6 所示。

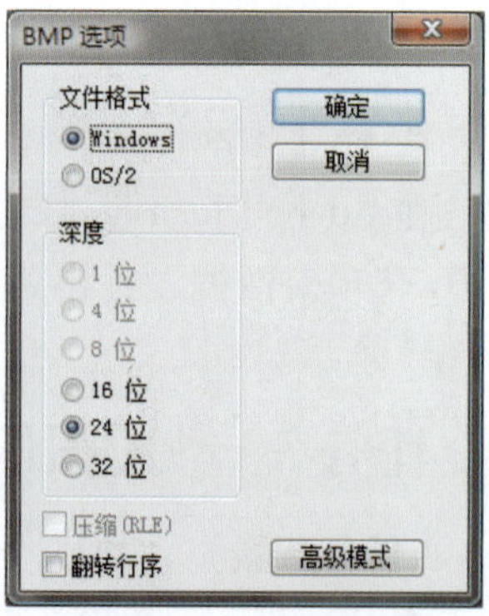

图 3-6　BMP 选项

步骤三:更改图像分辨率并保存

1.在按住"Alt"键的同时用鼠标左键单击"图像状态栏",查看图像信息,"图像分辨率"为"300 像素/英寸""文档大小"为"3 071×3 071""文件大小"为"27 MB"。

2.使用快捷键"Alt+Ctrl+I"或者选择"图像"→"图像大小"打开"图像大小"对话框,选中"缩放样式"选项后,将"分辨率"设置为"150 像素/英寸",可以发现图像的"像素大小"变为"1 535×1 535",如图 3-7 所示。

3.在 Adobe Photoshop CC 中使用快捷键“Shift+Ctrl+S”，将文件以“标准-150.bmp”保存，在“BMP 选项”对话框设置相关参数，将“深度”设置为“24 位”。查看图像状态栏，“文件大小”为“6.74 MB”。

4.根据上述步骤将图像的分辨率改为“72 像素/英寸”，将文件以“标准-72.bmp”保存，在“BMP 选项”对话框设置相关参数，将“深度”设置为“24 位”。查看图像状态栏，“文件大小”为“1.55 MB”。

5.打开“标准.bmp”“标准-150.bmp”“标准-72.bmp”3 个图像文件。按住“Alt”键同时用鼠标左键分别单击 3 个图像的状态栏，查看图像信息，可以发现分辨率越高，像素值越大。

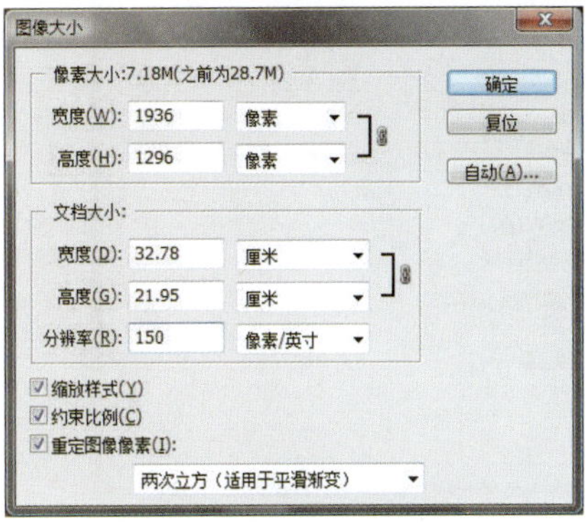

图 3-7　图像大小对话框

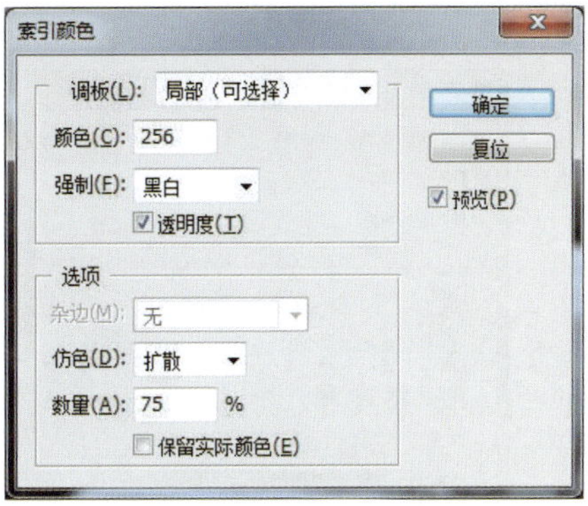

图 3-8　索引颜色对话框

步骤四：更改图像深度和色彩模式并保存

1.打开“标准.bmp”，将文件另存为“标准-16 位.bmp”，在“BMP 选项”对话框设置相关参数，将“深度”设置为“16 位”。

2.重新打开“标准.bmp”，选择“图像”→“模式”→“索引颜色”，将图像的“色彩模式”设置为“索引颜色”，如图 3-8 所示。将文件另存为“标准-索引色.bmp”，在“BMP 选项”对话框设置相关参数，将“深度”设置为“8 位”。

3.重新打开“标准.bmp”，选择“图像”→“模式”→“灰度”，软件会提示“是否要扔掉颜色信息”，单击“是”确认，将图像的“色彩模式”设置为“灰度”。将文件另存为“标准-灰度 8 位.bmp”，在“BMP 选项”对话框设置相关参数，将“深度”设置为“8 位”。再次将图像另存为“标准-灰度 4 位.bmp”，在“BMP 选项”对话框设置相关参数，将“深度”设置为“4 位”。

4.重新打开“标准.bmp”，将图像的“色彩模式”转换为“灰度”。再选择“图像”→“模式”→“位图”，将图像的“色彩模式”设置为“位图”。将文件另存为“标准-位图.bmp”，在“BMP 选项”对话框设置相关参数，将“深度”设置为“1 位”。

5.打开“标准.bmp”“标准-16 位.bmp”“标准-索引色.bmp”“标准-灰度 8 位.bmp”“标准-灰度 4 位.bmp”“标准-位图.bmp”6 个图像文件。通过使用缩放工具对图像内容进行观察发现，在彩色图像中，图像深度越深，画面的色彩越丰富，层次越强。而在灰度图和位图中，层次感会随着图像深度的降低而减弱。

步骤五：更改图像格式

1.打开“标准.bmp”，在 Adobe Photoshop CC 中使用快捷键“Shift+Ctrl+S”，将文件以“标

准.gif”保存，在“索引颜色”选项对话框设置相关参数，将“颜色”设置为“256”，如图 3-9(a)所示。

2.重新打开“标准.bmp”，在 Adobe Photoshop CC 中使用快捷键“Shift+Ctrl+S”，将文件以“标准.tiff”保存，在“TIFF 选项”对话框设置相关参数，如图 3-9(b)所示。

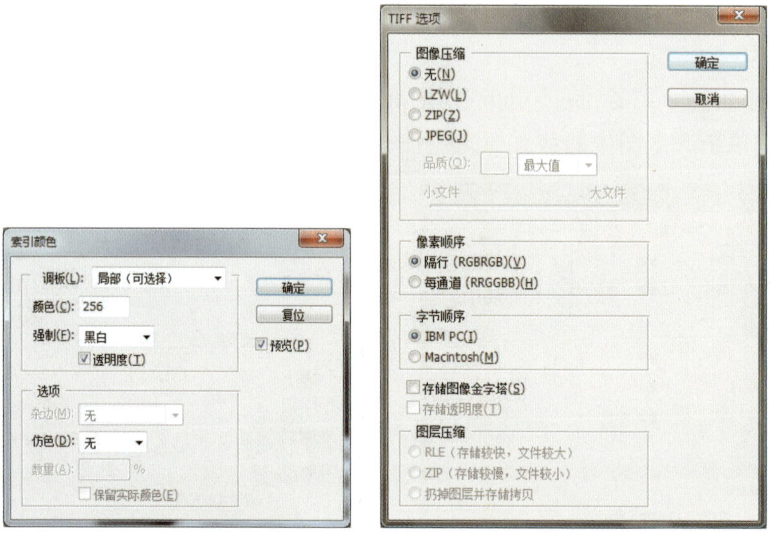

(a)“标准.gif”保存时的对话框　　(b)“标准.tiff”保存时的对话框

图 3-9　保存时的对话框

步骤六：设置不同压缩比保存

1.打开“标准.bmp”，在 Adobe Photoshop CC 中使用快捷键“Shift+Ctrl+S”，将文件以“标准-最佳.jpg”保存，在“JPEG 选项”对话框设置相关参数，将“品质”设置为“最佳”，如图 3-10所示。

2.依次将“标准.bmp”保存为“标准-高.jpg”“标准-中.jpg”和“标准-低.jpg”，“品质”依次设置为“高”“中”和“低”。

3.打开“标准-最佳.jpg”“标准-高.jpg”“标准-中.jpg”和“标准-低.jpg”4 个图像文件。随着图像品质从高到低的变化，文件大小也相应地变小。同时采用最佳品质压缩时，基本上无法察觉压缩后与原图的区别，但采用低品质压缩时，除了人眼敏感的信息数据几乎全部保留下来，大部分数据因为压缩的原因被剔除。

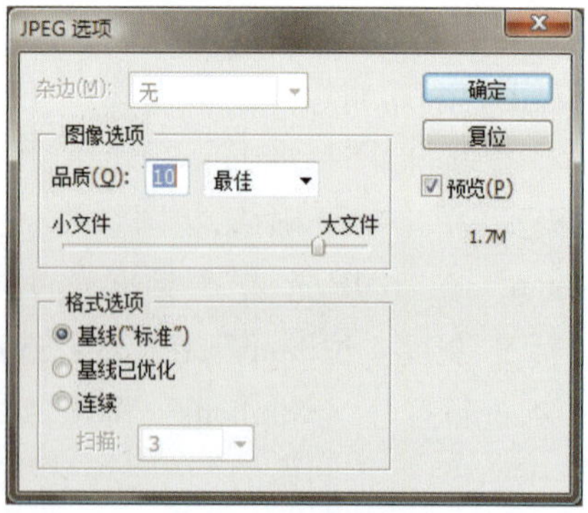

图 3-10　JPEG 选项

◎ 知识点拓展

01.色彩三要素

色彩分为无彩类和有彩类两大色系。无彩色系为无色相感。只有明暗深浅的黑、白、灰系变化。有彩色系不但有明暗不同，而且有色相和纯度的变化，这种色彩的色相、明度和饱和度即为色彩的三要素，也称为色彩三属性。

色相是指色彩的相貌，如红、橙、黄、绿等，是色彩最显著的特征，是不同波长的色光被感觉的结果。

明度是指色彩的亮度、深浅，它决定于反射光的强度。任何色彩都存在明暗变化。其中黄色明度最高，紫色明度最低，绿、红、蓝、橙的明度相近，为中间明度。另外，在同一色相的明度中还存在深浅的变化。如绿色中由浅到深有粉绿、淡绿、翠绿等明度变化。

饱和度是指色彩的鲜艳度，也称纯度。纯度是由色光波长的单一度所决定的，单一波长的色光纯度最高，光谱上所有的色光混合，比例越接近，纯度越低，等比混合则为纯度最低的白色光。单一色相在没有与黑白色或其他色相混合时纯度最高，混合后纯度减弱。

02.色彩的混合与互补

混色分为光的混色（相加混色）和色料的混色（相减混色）以及中性混合。

相减混色指不能发光，却能将照来的光吸掉一部分，将剩下的光反射出去的色料的混合。三原色是品红、黄和青。每两个原色依不同比例混合，可以化为若干间色，其中橙、绿、紫是典型的间色。三原色依一定比例可以调出黑色或深灰色，如图 3-11 所示。

图 3-11　减法混色（左）和加法混色（右）

相加混色把各种比例的三原色——红光、绿光和蓝光，或基本色组合在一起，如图 3-6 所示。三原色光双双混合，又可以混合出黄、青、品红 3 种间色光。一种原色光和另外两种原色光混合出的间色光称为互补色光。例如绿和品红，黄与蓝，红与青，3 组都是互补色光，而互补色光依照一定的比例混合，可以得到白色光，如图 3-11 所示。

03.色相/饱和度

使用“色相/饱和度”命令，可以调整图像中特定颜色分量的色相、饱和度和亮度，或者同时调整图像中的所有颜色，如图 3-12 所示。

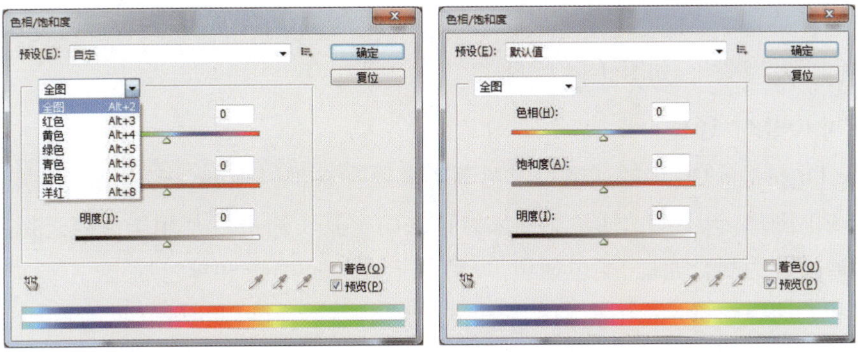

图 3-12　“色相/饱和度”对话框

“编辑”是“色相/饱和度”选择可编辑的色彩范围，它包括“全图”“红色”“黄色”“绿色”“青色”“蓝色”“洋红”。

“色相”是指编辑下拉菜单中的“RGB”和“CMY”。要调整色相，向右拖动“色相”滑块可模拟在色轮上顺时针旋转，向左拖动“色相”滑块可模拟在色轮上逆时针旋转。也可在文本框中直接输入数值，文本框中显示的值也同样反映像素原来的颜色在色轮中旋转的度数。正值表示顺时针旋转，负值表示逆时针旋转。数值的范围为“-180”到“+180”。

将“饱和度”滑块向右拖移可增加饱和度，向左拖移可减少饱和度。颜色相对于所选像素的起始颜色值，从色轮中心向外移动，或从外向色轮中心移动。数值范围为“-100”到“+100”。

“明度”滑块向右拖移增加明度，向左拖移减少明度。数值范围为“-100”到“+100”。

对话框下部左侧的“315/345”“15/45”是指红色色相(R)在色相环上的绝对位置是为345°~15°，从345°~315°的范围是指由红到品红的过渡范围，从15°~45°的范围是指由红到黄的过渡范围。分别对应图3-13上的a，b，c和d 4个滑块。

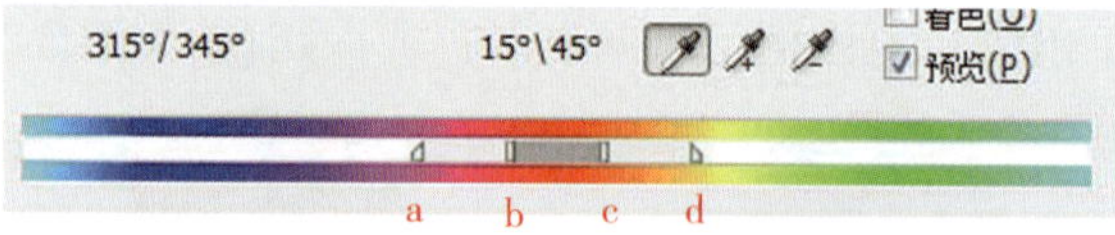

图3-13 “色相/饱和度”调整滑块

滑块“b”和“c”用来调整颜色成分的范围，使不同的颜色位于颜色条的中心。滑块“a”和“d”用来调整颜色衰减量(羽化)而不影响范围。向左或向右移动“色彩范围控制器”改变要编辑的颜色。当使用吸管工具单击一个颜色时，Adobe P hotoshop CC自动计算出该颜色在色相环上的位置并在“色相/饱和度”对话框的下部精确显示其所属的颜色范围和过渡范围的度数，还可以使用“添加到取样”吸管工具、“从取样中减去”吸管工具增加或者排除相似颜色，使拟控制的颜色范围扩大或缩小。

“着色”选项用于通过移动“色相”滑块，将某一种单独的色相或饱和度应用到整幅图像或选区中而抛弃原始图像上的其他色彩，所有的亮度值保持不变，饱和度默认值自动设置为“25%”。

04.明度与亮度

亮度可以通过“图像”→“调整”→“亮度/对比度”打开“亮度/对比度”对话框进行调整。明度调整只是单一地变化图像的明暗度，不改变其他的；而亮度不仅要改变明暗度，图像的色调也会发生变化，如图3-14所示。

05.Photoshop通道

Adobe Photoshop CC中的通道对于初学者来说有点难以理解，打开“通道”调板就可以看见几张灰度图像，但不明白通道是用来做什么的？其实通道就是用于保存选择区域的黑白图像。通道分为复合通道、颜色通道、专色通道、Alpha通道和单色通道。“通道”调板中通道名称和原通道数量是由图像的色彩模式决定的。下面就以比较常见的RGB和CMYK色彩模式的图像为例进行详解。

图 3-14　Adobe Photoshop 中调整亮度和明度效果图

（1）RGB 色彩模式的图像通道

RGB 色彩模式的图像有 4 个颜色通道，分别保存图像的红、绿、蓝的信息，还包括一个综合通道 RGB。分别单击“单色通道”，观察原图可以发现红色在“红”通道中为白色，蓝绿为黑色。绿色在“绿”通道中为白色，红蓝为黑色。蓝色在“蓝”通道中为白色，红绿为黑色。不同的通道都可以用 256 级灰度来表示颜色的强度，图中洋红色包含不同强度的红绿蓝，因此在红绿蓝 3 个通道中显示为不同程度的灰色。黑色像素在所有通道都为黑色。白色像素在所有通道都为白色，如图 3-15 所示。

（2）CMYK 色彩模式的图像通道

CMYK 色彩模式的图像有 5 个颜色通道，分别保存图像的青色、洋红、黄色以及黑色的信息，还包括一个综合通道 CMYK。

图 3-15　RGB 色彩模式的图像通道

图 3-16　CMYK 色彩模式的图像通道

分别单击“单色通道”，观察原图可以发现其通道的变化规律与 RGB 色彩模式正好相反。青色在“青色”通道中为黑色，洋红、黄色为白色。洋红色在“洋红”通道中为黑色，青色、黄色为白色。黄色在“黄色”通道中为黑色，青色、洋红为白色。白色像素在所有通道都为白色。但是黑色像素只在“黑色”通道中为黑色。各个通道中黑色部分吸取与通道颜色相对应的油墨，灰色部分吸取部分与通道颜色相对应的油墨，白色部分不吸取油墨。油墨被印刷在纸张上的同一个位置，最后得到彩色图像，如图 3-16 所示。

◎ 独立实践任务

任务 4　更改图像风格

【任务背景】

水果店为了宣传推广自己家的西瓜，需要展示红瓤西瓜和黄瓤西瓜，但是缺少一张黄瓤西瓜的照片。使用 Photoshop 将提供的西瓜图片修改成黄色果肉。

【任务要求】

使用“色相/饱和度”将图像修改成黄色果肉。

【技术要领】使用“色调/饱和度调整”调整图像饱和度的色调。
【解决问题】使用“色相/饱和度”更改图像风格。
【素材来源】\模块 03\情境 01\任务 4\素材\西瓜.jpg。
【参考效果】\模块 03\情境 01\任务 4\参考效果\西瓜 2.jpg。

情境 02　界面元素色彩搭配

颜色的搭配同样要遵循对比的原则。一般来说，颜色从纯度、明度、色相上产生对比，另有明暗对比、深浅对比、冷暖对比等。颜色的对比很容易激发视觉上的感受，从另一个层面讲，也是一种互相衬托。为了让设计更好地表达主题，人们往往需要用很多相关元素去衬托主题。不仅仅是平面设计中，后期制作、影视制作、音乐等很多艺术形式都是这样。所以赏析无定规，只看自己认同，用自己的认知水平去理解即可。

欣赏、解析、设计界面元素色彩。最根本的是不能偏离主题，只有保证在正确方向的前提下才能创新设计。

本情境主要引导学生了解数字出版物界面设计时色彩搭配的基本原理，运用实例说明色彩对比和色彩调和的方法。

通过本情境的学习，为以后实际项目中界面设计中色彩搭配打下基础。

【能力目标】

1.熟悉色彩对比以及色彩调和在数字媒体设计中的应用。

2.学会使用 Color Scheme Designer 在线配色工具。

【知识目标】

1.了解色彩对比的分类及规律。

2.了解色彩调和的基本原理、种类和相互关系。

【学时分配】

2 课时（授课 1 课时，实践 1 课时）。

◎ 模拟制作任务

任务1 数字媒体中色彩搭配

【任务背景】

色彩是数字媒体设计的重要组成部分。通过不同的样例来体会色彩在数字媒体设计中所起的作用,了解色彩对比和色彩调和的方法和规律。

【任务要求】

通过对样例的分析体会色彩在数字媒体设计中的应用原则。

【任务分析】

通过不同的数字媒体样例来说明色彩对比以及色彩调和在数字媒体设计中的应用。

【重点、难点】

1.色彩对比的种类。

2.初步了解色彩对比在数字媒体界面设计中的应用。

【技术要领】	色彩对比和色彩调和的特征及方法。
【解决问题】	了解色彩在数字媒体界面设计中的应用。
【素材来源】	\模块 03\情境 02\任务 1\素材\口罩.jpg、黑五.jpg、运动鞋广告.png、男孩.jpg。
【完成效果】	请学生从主题的鲜明性、独创性、结构的合理性、色彩的艺术性以及内容的针对性方面进行创新设计。

操作步骤

步骤一:色彩色相的应用

1.在数字媒体界面设计过程中,使用色彩的色相越接近,效果越柔和,越接近补色,则会产生强烈的对比效果。当使用单一色彩来设计时,可以通过改变明度和纯度来弥补同种色相的单调感。

2.图 3-17 所示为“请佩戴口罩”的宣传海报,该页面主色调采用了蓝色,通过保持其色相不变,改变色彩的明度和纯度而形成同种色的调和,从而弥补色相单一带来的单调感,从而使页面更贴合医疗、健康的主题,并且具有审美意义。

图 3-17 “请佩戴口罩”海报

图 3-18 黑色星期五

步骤二:色彩明度的应用

1.明度是指色相的明暗程度,它显示了色相的明暗差别。每一色相都有其自身的光谱明度范围,加入白色会提高明度,加入黑色则会降低明度。明度在色彩的搭配中扮演着重要角色。

2.图 3-18 所示为某家商场黑色星期五打折活动的宣传广告。该设计采取在图片中选用深沉的蓝色墙面作为背景,与明亮的宣传语字母气球形成明度上的对比的方式,以此突出商场的活动标题。

步骤三:色彩纯度的应用

1.光谱中各种单色光是最纯的颜色,可以通过在一种颜色中加入黑、灰、白或者补色来降低纯度。色彩纯度的对比越强烈,色彩越鲜艳,差别越弱,则越显得混浊。

2.图 3-19 所示为某运动品牌官网首页上的广告宣传图,广告中应用了色彩纯度的对比手法。画面中鞋子和衣服形成青色的纯度对比,使鞋子的色彩显得更加鲜艳亮丽。

图 3-19　某运动品牌广告宣传图

图 3-20　男孩旅游广告

步骤四:色彩冷暖的应用

1.色彩分为冷、暖两大色系,色彩的冷暖感觉主要取决于色调,以红、橙、黄为暖色体系,蓝、绿、紫则代表着冷色系,两者基本上互为补色关系。冷暖对比经常应用在食品产品的相关设计上。

2.图 3-20 所示为一家旅游公司的宣传海报中的一例,背景中复杂的楼房和人群和前景红绿穿着的男孩形成冷暖对比,突出主体,活泼感十足,与此家公司“快乐旅途,有你有我”的广告理念非常符合。

任务 2　配色工具

【任务背景】

在数字媒体设计初期,色彩的搭配是一项艰巨且关键的任务,若没有直观的效果演示,前期的创作过程就会比较困难。本任务介绍几种流行的在线配色工具,可以使我们制图中的配色更直观,工作更有效率。

【任务要求】

学会使用 Color Scheme Designer 在线配色工具。

【任务分析】

通过使用 Color Scheme Designer 在线配色工具更有效地完成数字媒体界面的配色。

【重点、难点】

Color Scheme Designer在线配色工具的使用。

【技术要领】Color Scheme Designer 在线配色工具的使用。
【解决问题】更有效地完成数字媒体界面的配色。
【素材来源】\在线配色工具.png 配色样例来自:https://paletton.com/。
【完成效果】\模块 03\情境 02\任务 2\完成效果\mypalette.aco。

操作步骤

步骤一:打开 Color Scheme Designer 在线配色工具

打开浏览器,输入地址 http://colorschemedesigner.com/csd-3.5,打开"Color Scheme Designer 在线配色工具",如图 3-21 所示。

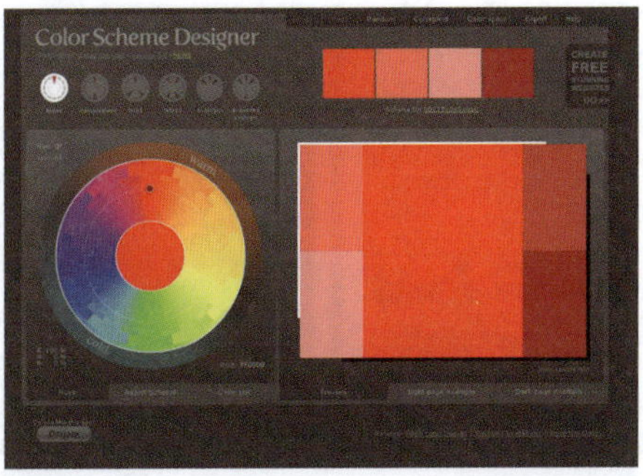

图 3-21 Color Scheme Designer 在线配色工具

步骤二:使用 Color Scheme Designer 在线配色

1."Color Scheme Designer"提供 6 种配色方案,单击选择一种配色方案,如图 3-22 所示。

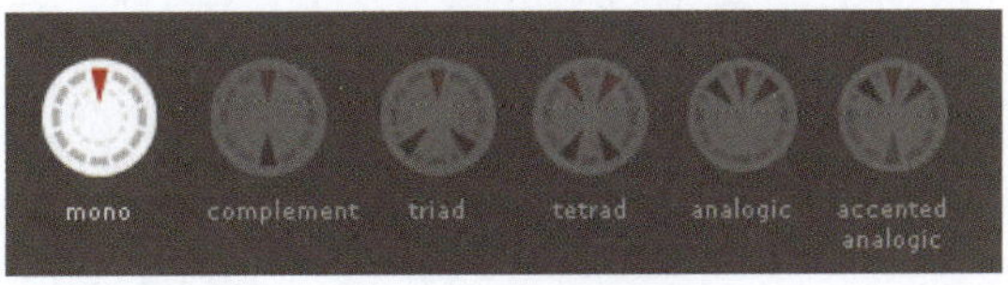

图 3-22 配色方案

2.在色轮上选择一个颜色,确定主色调,这里将颜色设置为#1240AB,如图 3-23(a)所示,单击右下角"RGB"按钮,在弹出的对话框中输入颜色值"1240AB",单击"OK"按钮。

(a)色轮 (b)配色结果

图 3-23 色轮与配色结果

3.“Color Scheme Designer”会自动完成配色，并在右上角显示配色结果，如图 3-23(b)所示。用户还可以进一步调整颜色的亮度、饱和度和对比度，如图 3-24 所示。

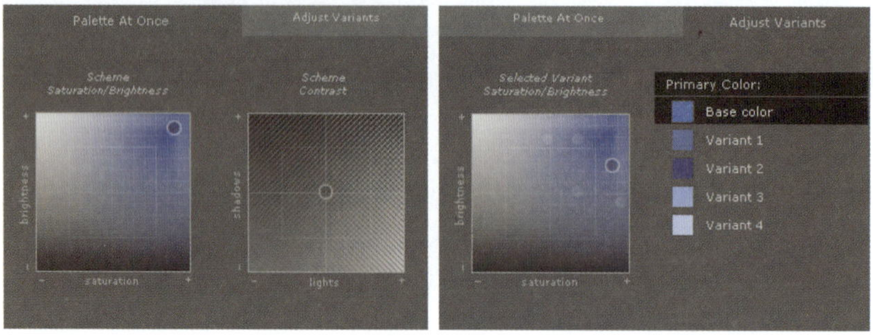

图 3-24　亮度、饱和度、对比度面板

4.“Color Scheme Designer”提供效果预览，可以通过单击页面上“高明度网页演示”按钮预览浅色调网页效果，或单击页面上“低明度网页演示”按钮预览深色调网页效果，如图 3-25所示。

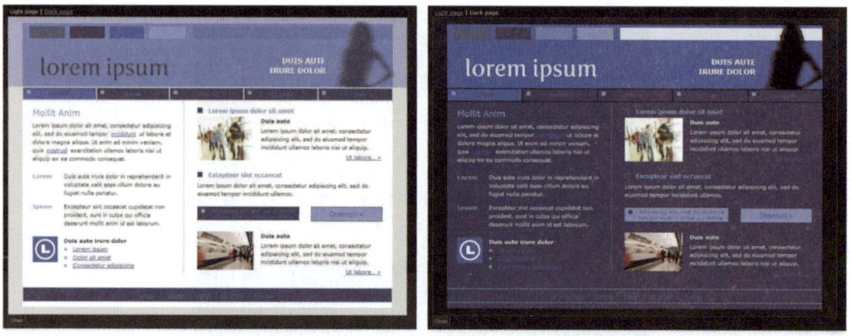

(a)浅色调样板预览　　(b)深色调样板预览

图 3-25　浅色调样板预览与深色调样板预览

步骤三：导出结果

最终的配色方案可以根据用户需求导出成“HTML+CSS”“XML”“TEXT”“ACO”或“GPL”。这里选择“ACO”将文件保存为 mypalette.aco，如图 3-26 所示。

图 3-26　导出配色方案

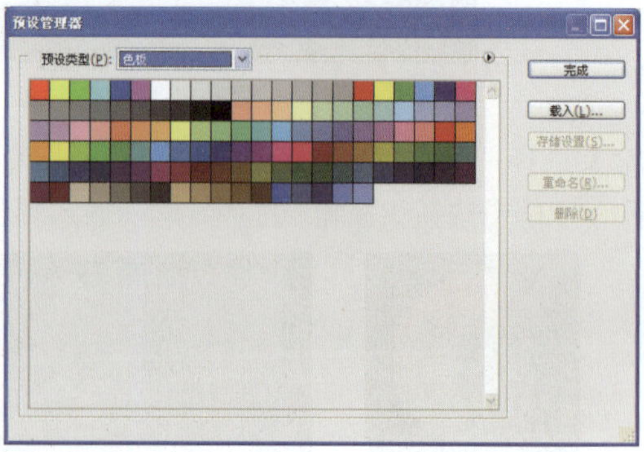

图 3-27　载入色板

步骤四：载入色板

1.启动 Adobe Photoshop CC，选择“编辑”→“预设管理器”打开“预设管理器”面板。将“预设管理器”面板中“预设”类型设置为“色板”。

2.单击“预设管理器”面板上“载入”按钮，选择 mypalette.aco。之前“Color Scheme Designer 在线配色工具”的配色结果就能载入 Adobe Photoshop CC 的色板中，如图 3-27 所示。

步骤五：其他在线配色工具介绍

除了以上介绍的“Color Scheme Designer”以外，还有许多在线配色工具可以帮助设计人员找到更合适的颜色设计方案，“Kuler”就是其中一个。它还有一个特点，可以根据用户上传图片自动生成配色方案，用户可以直接在 Adobe Photoshop CC 中“窗口”→“扩展功能”→“Kuler”使用此功能，如图 3-28 所示。此外“ColorLovers”“ColorRotate”都是很好的在线配色工具。

图 3-28　Kuler 配色工具

◎ 知识点拓展

01.色彩对比

俗话说，红花要有绿叶衬。颜色本身会受到环境色的影响而产生不同的色貌，通常称为“对比效果”。

(1)色相对比

色相对比是指因色相的差别形成的对比，色相对比的强弱，决定于色相在色相环上的距离。色相距离在 15 以内的对比，称为同类色相对比，是最弱的色相对比。色相距离在 15 以上，45 左右的对比，称为近似色相对比。色相距离在 130 左右的对比，一般称为对比色相对比，例如红色和蓝色的百事可乐 Logo 以及红色和黄色的麦当劳 Logo。色相距离在 180 左右的对比，称互补色相对比，是色相强对比，最典型的补色对比是红和绿，黄和紫，蓝和橙。

(2)明度对比

明度对比是指因色彩间明暗程度的差别而形成的对比。如前所述，每一种颜色都有自己的明度特征。因同样的灰色放在黑色背景和白色背景上，黑色背景上的灰色较之白色背景上的亮。

(3)纯度对比

纯度对比是因色彩间纯度的差别而形成的对比，其对比不仅可以体现在同一色相的不同纯度的对比中，也可以体现在不同的色相对比中。

除了以上色彩对比以外，还包括色彩的面积对比、形状对比、冷暖对比和肌理对比。

02.色彩调和

两种或两种以上的色彩合理搭配，产生统一谐调的效果，称为色彩调和。两种以上色彩在配置中，总会在色相、纯度、明度、面积等方面或多或少地有所差别，这种差别必然会导致不同程度的对比。过分对比的配色需要加强共性来进行调和，过分暧昧的配色需要加强对比来进行调和。色彩调和主要有以下几个方面：

(1)同一调和

当两个或两个以上的色彩对比效果非常尖锐刺激时，将一种颜料混入各色中去增加各色的同一因素，改变色彩的明度、色相、纯度，使强烈刺激的各色逐渐缓和，增加同一的一致性的因素越多调和感越强。

(2)近似调和

选择性质与程度很接近的色彩组合，或者增加对比色各方的同一性，使色彩间的差别很小，避免与削弱的对比感觉，取得或增强色彩调和的基本方法，称为近似调和法。调和并非绝对同一，必须保留差别。近似是增强不带尖锐刺激的调和的重要方法。

(3)对比调和

对比调和的方法有提高或降低对比色的纯度；在对比色之间插入分割色如金、银、黑、白、灰等；采用双方面积大小不同的处理方法；或者在对比色之间加入相近的类似色。

(4)秩序调和

把不同明度、色相、彩度的色彩组织起来，形成渐变的、有条理的或等差的有韵律的画面效果，使原本对比强烈、刺激的色彩关系因此而变得调和。使本来杂乱无章的、自由散漫的色彩由此变得有条理、有秩序从而达到统一调和。

◎ 独立实践任务

任务3　使用在线配色工具进行配色

【任务背景】

某儿科诊所为了宣传推广，需要制作一个业务介绍的网站。在制作之前，需要进行界面的配色设计。使用在线配色工具可以使这项工作变得更直观，更高效。

【任务要求】

使用 Adobe Photoshop CC 中的扩展功能 Kuler 为自己的数字媒体出版物配色，并将配色方案添加到 Adobe Photoshop CC 色板。

【技术要领】在线配色工具的使用，Adobe Photoshop CC 色板的使用。
【解决问题】更高效地完成数字媒体界面的配色。
【素材来源】\模块 03\情境 02\任务 3\素材\诊所.jpg。
【参考效果】\模块 03\情境 02\任务 3\参考效果\mypalette.aco。

职业技能知识点考核

1.单选题

(1)当 RGB 模式转换为 CMYK 模式时,下列哪个模式可作为转换的中间过渡模式?________。

A.Lab 模式　　B.灰度模式　　C.多通道模式　　D.索引色彩模式

(2)通过“亮度/对比度”功能进行调整图像,________只是单一地变化图像的明暗度,不改变其他的因素;而________不仅会改变明度,图像颜色的纯度也会发生变化。

A.明度调整;色相调整　　B.曲线调整;明度调整

C.色相调整;曲线调整　　D.明度调整;亮度调整

2.判断题

(1)使用“色相/饱和度”命令可以调整单个颜色的色相、饱和度和亮度值,或者同时调整图像中的所有颜色。　　(　　)

(2)描述颜色的 3 种语言是色相、饱和度和色阶。　　(　　)

3.填空题

(1)色彩的对比是绝对的,色彩的调和是________。

(2)在色相环上,间隔________度的色相对比是中对比,间隔________度的色相对比是最强对比。

(3)当两个同形、同面积的图形涂以相同的颜色时,对比效果________。

4.简答题

(1)色相对比有哪几种表现形式?

(2)同一调和与近似调和有什么不同?

(3)请简析色彩三要素。

模块 04

数字图像处理

图像处理不仅追求图像的色彩表达、明暗对比，更重视图像中各视觉元素不同的形式构成和融合给人造成的不同心理感受，并体现不同主题。人们每天所见到的各式各样的照片以及图像中的各种元素组合都可以用 Photoshop 来绘制。无论多复杂的图形图像都是对基本元素的编辑和组合。

本模块围绕数字传媒的图像处理为核心展开，通过对 Photoshop 相关模块功能的学习和综合实践来掌握数字传媒图像处理的基本制作方法。本模块将会设计特定的情境来引导学生利用所学的基本软件知识和技能完整地体验从基本的元素制作到完整的界面设计的整个过程，从神、形、色、景、光这五大维度来提升图像处理的立体感和力量，轻松掌握各种“举一反三”的创作技能。从画面的感染力到整体版式的表达，通过 5 个经典案例解说前沿的设计技能，将其贯穿整个模块，融合进每个情境之中，引导学生边学边思考，最终学以致用。

广告制作、平面设计、媒体艺术、会展设计、数字出版、电脑编辑、影视动画、印刷图文等相关专业可以根据专业的特点，对本模块的内容进行选择性教学。

素材+完成效果

情境 01 人物图像处理

Photoshop（以下简称“PS”）是 Adobe 公司旗下一款图形图像处理软件，具有强大的图像修饰功能，既能够快速地修复一张破损的老照片又能修复人脸上的瑕疵等。我们在进行此类图像的处理调整中，主要会涉及以下工具：

高斯模糊：高斯模糊是根据高斯曲线调节像素色值，有选择地模糊图像。对于面部瑕疵比较密集，人脸雀斑比较多且毛孔比较粗不够美观的人像，可以使用高斯模糊滤镜去掉面部的雀斑，使皮肤变得相对细腻，可以使人物看起来更加青春靓丽。

表面模糊：表面模糊中模糊半径是所选图层上对象的中心点向外模糊数值的大小而得到的图像。其能在保留边缘的同时模糊图像，对于创建特殊效果并消除杂色或颗粒有显著成效。在人物面部处理中，针对肤色暗淡的问题可以使用表面模糊工具提高面部皮肤亮度，从而使肤色更显明亮。

液化工具：液化工具可以对图像进行例如收缩、推拉、扭曲、旋转等变形处理。也正因此，液化工具可以做到对人物面部轮廓的修饰。

锐化工具：锐化工具是增大相邻像素间的对比度，减小相邻像素之间的亮度。使用锐化工具可以快速聚焦模糊的边缘，提高图像中某一部位的清晰度。在人物面部细节处理中锐化工具的合理应用可以打造有通透感的皮肤质感以使细节更加突出，配合高斯模糊在使人物皮肤既无瑕的同时又保留真实感。

本情境主要引导学生掌握 Photoshop 软件中通道、滤镜的使用方法，以及人物图像的处理。熟悉和掌握滤镜功能能使图像处理得到意想不到的效果。

【能力目标】

1.能够使用和编辑滤镜效果。

2.理解图层及通道的功能。

【知识目标】

1.理解滤镜效果。

2.理解图层及通道的功能。

【课时分配】

4 课时（授课 2 学时，实践 2 课时）。

◎ 模拟制作任务

任务1 人物高级磨皮制作

【任务背景】

一家摄影工作室正在进行拍摄后期工作，由于拍摄环境和人物自身的原因，拍摄出来的人像照片可能存在或多或少的问题，利用 Photoshop 可以对人像照片的各个方面进行处理。人物皮肤的磨皮与美白以及艺术化修饰是其中的重要一环，需要相关设计人员为人物面部进行一些修饰调整，最终效果如图 4-1 所示。

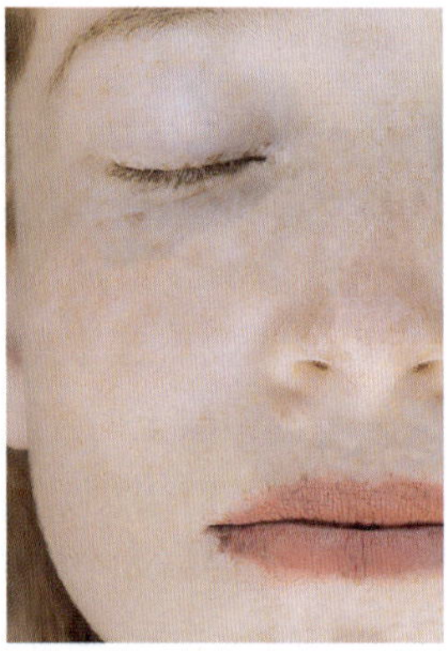

图 4-1 最终效果

【任务要求】

对人像照片进行修饰调整，使被摄人物更美丽。

【任务分析】

人物磨皮的方法很多，考虑到人物面部的瑕疵过多，如果要快速地将其修饰掉的话，通道加滤镜功能是首选的一种方式。

【重点、难点】

1.如何快速地修复人物面部瑕疵。

2.滤镜功能的使用。

【技术要领】滤镜功能的使用。

【解决问题】如何通过通道和滤镜的方式修饰人物面部瑕疵。

【素材来源】\模块 04\情境 01\任务 1\素材\人物磨皮.jpg。

【完成效果】\模块 04\情境 01\任务 1\完成效果\人物磨皮.png。

操作步骤

步骤一：打开文件

1.启动 Adobe Photoshop CC 2020，按“Ctrl+O”键打开素材。

2.双击背景图层，并将图层命名为“人物”。

3.右键单击“复制图层”，并将图层命名为“人物 1”。

步骤二:通道调整

1.选择“通道”找到并选中“蓝”色通道右键单击“复制通道”为“蓝　拷贝”。

2.选中“蓝　拷贝”,执行“菜单栏”中“滤镜”下“其他”“高反差保留”命令,如图4-2设置参数后点击“确定”。

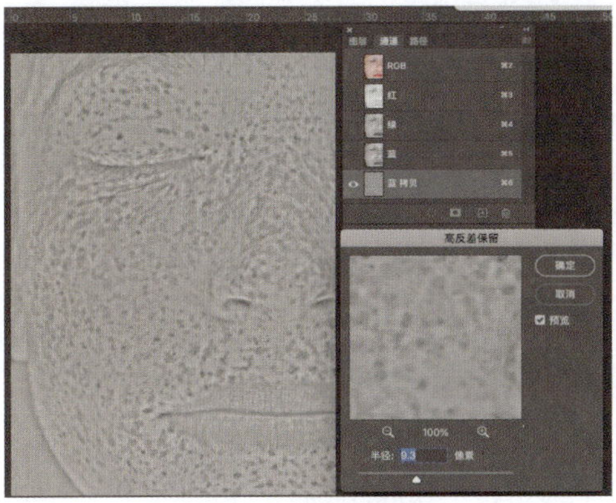

图4-2　参数设置

3.将“前景色”设置为“#9f9f9f”,使用“画笔工具”调整画笔大小,涂抹眼睛和嘴巴的部分,如图4-3所示。

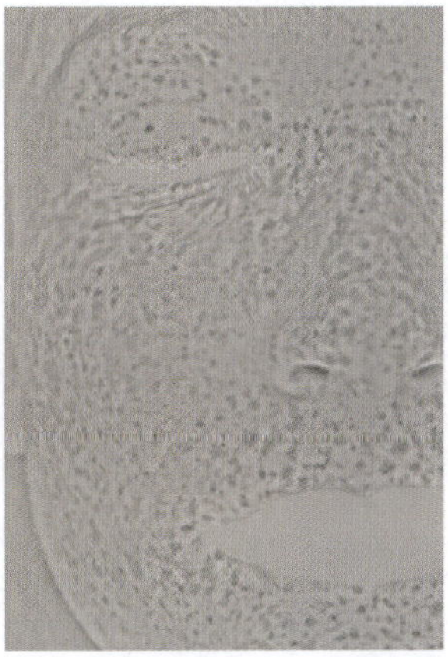

图4-3　使用画笔工具混合涂抹

4.继续编辑蓝色通道,执行“菜单栏”中“图像”下“计算”命令,如图4-4设置参数然后点击“确定”。

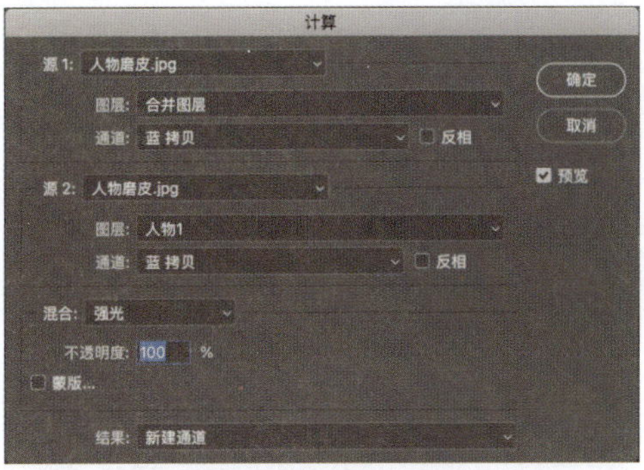

图4-4　参数设置

5.得到“alpha1”通道。选中“alpha1”通道执行前两次的操作，得到“alpha3”通道，如图4-5所示。

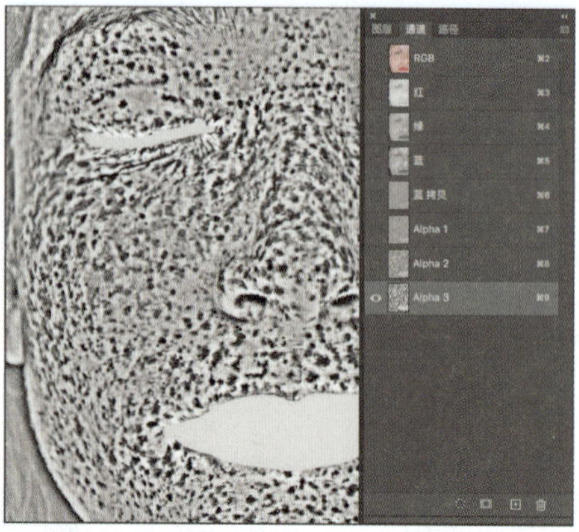

图 4-5　得到通道 alpha3

6.按住“Ctrl”键，鼠标左键单击“Alpha3”通道，可以得到一个选区。

7.执行反选选区命令“Ctrl+Shift+I”，反选选区，鼠标左键单击显示最上方的 RGB 通道将其显示出来，然后切换到图层，如图 4-6 所示。

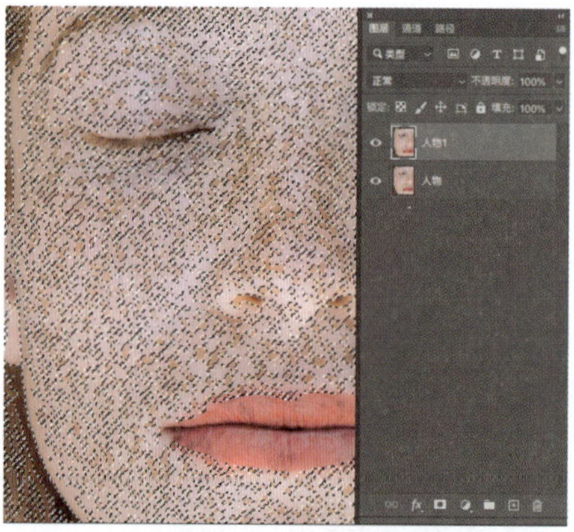

图 4-6　创建选区

步骤三：人像调整

1.在选区激活的情况下创建一个曲线调节层，执行“曲线”命令，然后将曲线的中点向上移动半格，如图 4-7 所示。

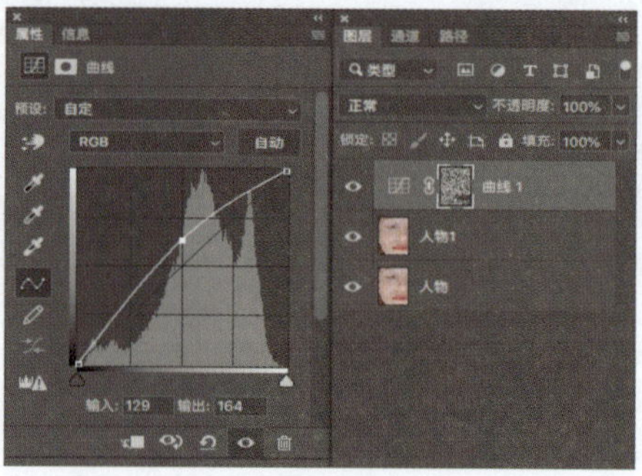

图 4-7　执行曲线命令

2.执行“Ctrl+Alt+Shift+E”命令,将当前可见图层合并复制得到图层1,将“人物”图层复制两次并移动到最顶层,如图4-8所示。

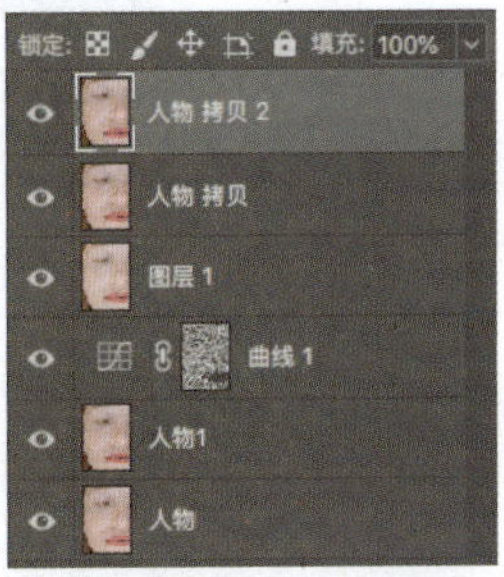

图4-8　调整图层顺序

3.选择“人物　拷贝”图层,执行“菜单栏”中“滤镜”下“模糊”“表面模糊”命令,参数如图4-9所示。

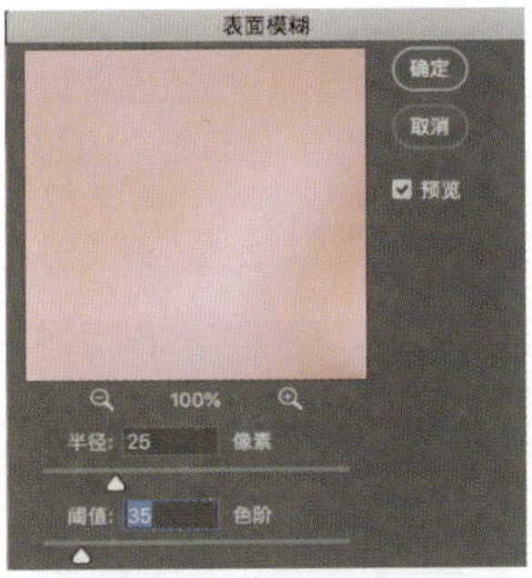

图4-9　参数设置1

4.将“人物　拷贝”图层“不透明度”设置为“60”。

5.激活“人物　拷贝2”图层,执行“菜单栏”中“图像”下“应用图像”命令,如图4-10设置参数并点击“确定”。

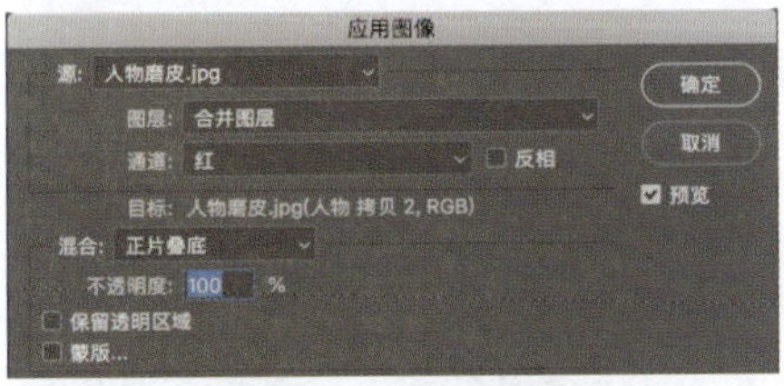

图4-10　参数设置2

6.选中“人物　拷贝2”图层执行“菜单栏”中“滤镜”下“其他”“高反差保留”命令,参数如图4-11所示。

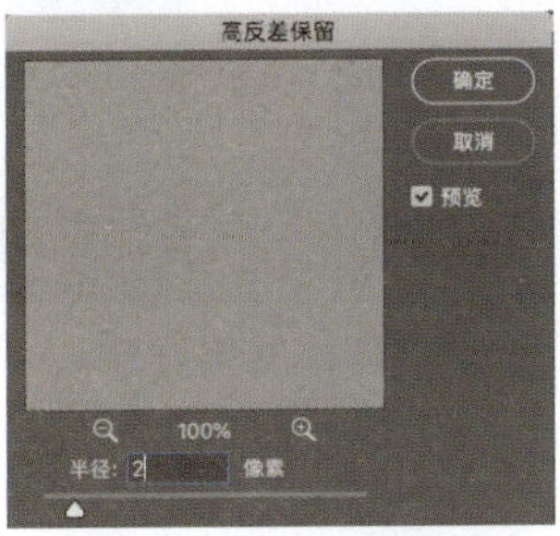

图4-11　参数设置3

7.选中“人物　拷贝 2”图层，设置图层混合模式为“线性光”，得到如图 4-12 所示效果。

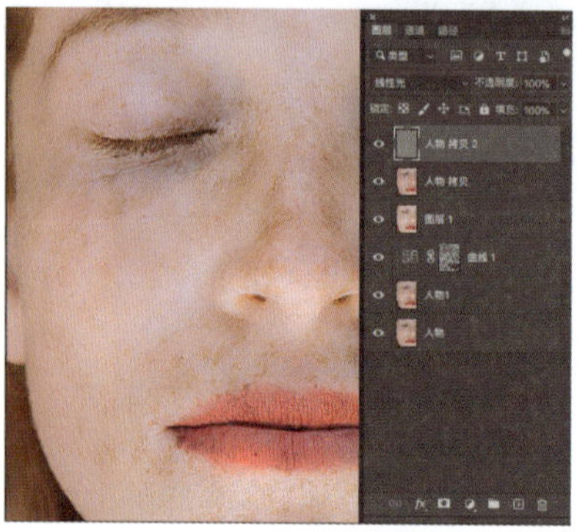

图 4-12　设置图层混合模式

步骤四：追加细节

1.按住“Shift”键然后选中“人物 1”“图层 1”“人物　拷贝”“人物　拷贝 2”这 4 个图层，然后按“Ctrl+G”建立“组 1”。

2.给“组 1”添加一个图层蒙版，并将蒙版填充为黑色，如图 4-13 所示。

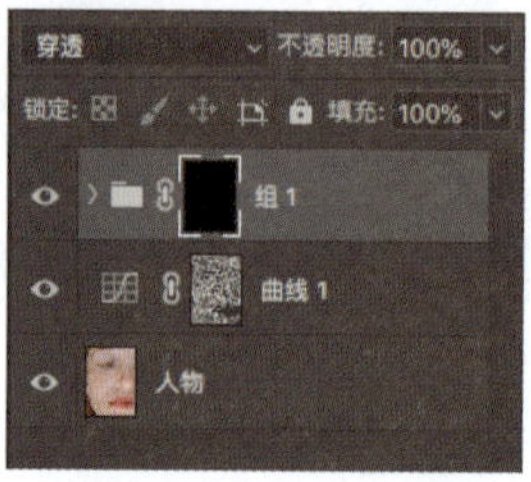

图 4-13　添加图层蒙版

3.选择“画笔工具”，将“前景色”设置为白色“#ffffff”，画笔不透明度为“30%”左右，流量为“67%”左右，然后在蒙版脸部的位置涂抹，使肌肤的效果显露出来，得到效果如图 4-14 所示。

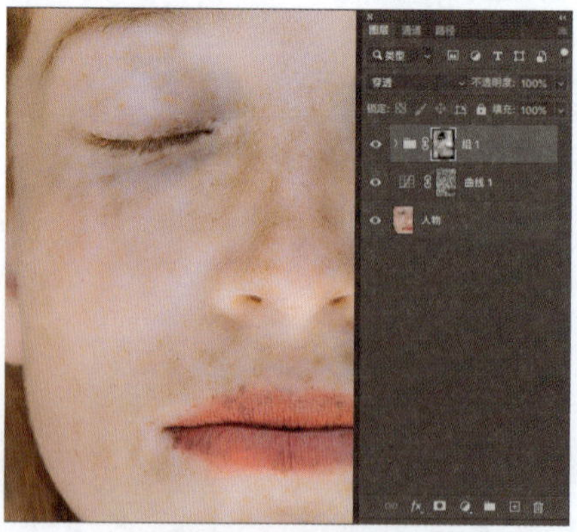

图 4-14　修饰面部

4.新建一个图层，然后选择“工具栏”中“修复画笔工具”，参数设置如图 4-15 所示。将脸部过分明显的瑕疵修复。

图 4-15　参数设置 1

5.按住“Ctrl+Alt+Shift+E”命令盖印图层，然后执行“菜单栏”下“滤镜”中“锐化”“智能锐化”命令，设置参数如图 4-16 所示。

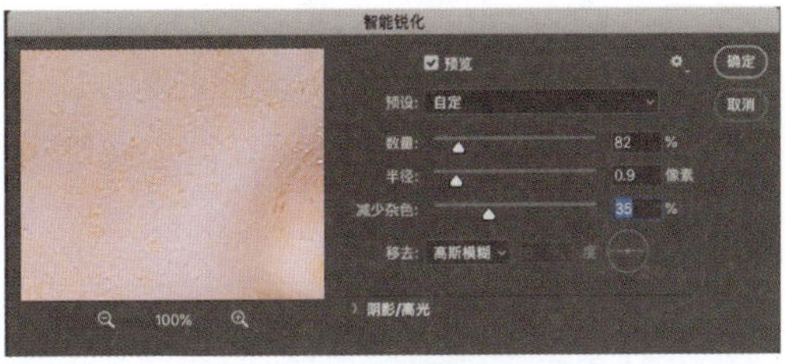

图 4-16　参数设置 2

6.再次盖印图层，得到图层 4，执行“菜单栏”下“滤镜”中“其他”“自定”命令，设置参数如图 4-17 所示。得到效果如图 4-18 所示。

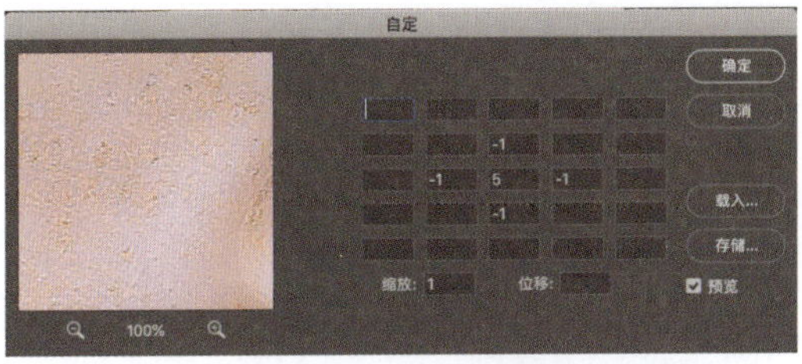

图 4-17　参数设置 3

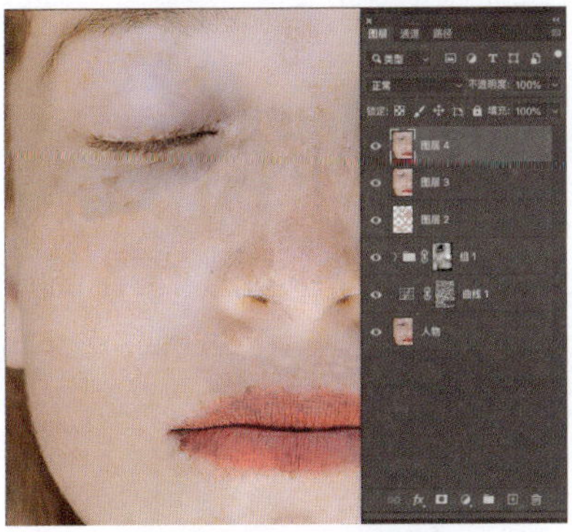

图 4-18　使用滤镜

7.执行“菜单栏”下“编辑”中“渐隐自定”命令，参数设置如图 4-19 所示。

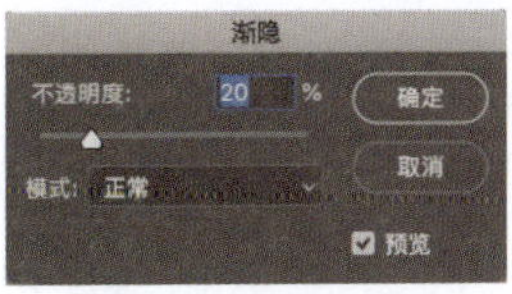

图 4-19　参数设置

8.最后再给图层添加蒙版，填充黑色。使用“画笔工具”设置前景色为白色“#ffffff”在蒙版上涂抹使得部分图层透露出来，对其进行细微调节。得到最终效果如图 4-20 所示。

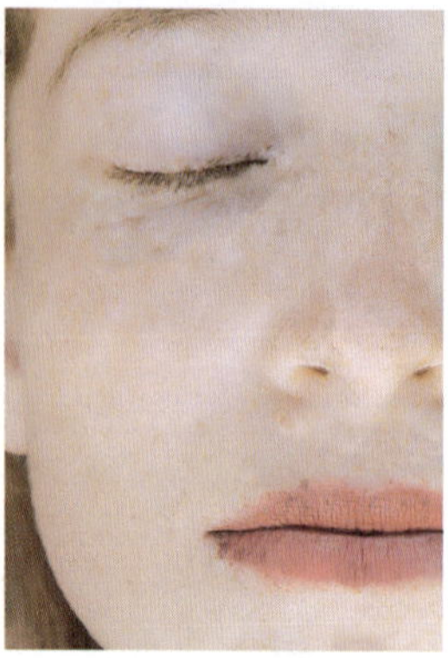

图 4-20 最终效果

◎ 知识点拓展

01.图层概念

可以把图层想象成一张一张叠起来的透明胶片,每张透明胶片上都有不同的画面,改变图层的顺序和属性可以改变图像的最后效果。通过操作图层,使用它的特殊功能可以创建很多复杂的图像效果。

02.图层面板

图层面板上显示了图像中的所有图层、图层组和图层效果,可以使用图层面板上的各种功能来完成一些图像编辑任务,例如创建、隐藏、复制和删除图层等。还可以使用图层模式改变图层上图像的效果,如添加阴影、外发光、浮雕等。另外,可以修改图层的光线、色相、透明度等参数来制作不同的效果。

03.图层类型

(1)背景图层

每次新建一个 Photoshop 文件时会自动建立一个背景图层,这个图层是被锁定的,且位于图层的最底层。如果按照透明背景方式建立新文件,图像就没有背景图层,最下面的图层不会受到功能上的限制。

(2)图层组

图层组可以帮助组织和管理图层,使用图层组可以很容易地将图层作为一组移动、对图层组应用属性和蒙版以及减少图层调板中的混乱。

04.图层混合模式

使用混合模式可以创建各种特殊效果,需要注意的是图层没有“清除”混合模式,Lab 图像无法使用“颜色减淡”“颜色加深”“变暗”“变亮”“差值”和“排除”等模式。使用混合模式很简单,只要选中要添加混合模式的图层,然后在图层面板的混合模式菜单中找到所要的效果即可。在菜单选项栏中指定混合模式可以控制图像中像素的色调和光线,应用这些模式之前应从下述颜色应用角度来考虑:基色,是图像中的原稿颜色;混合色,是通过绘画或编辑工具应用的颜色;结果色,是混合后得到的颜色。

◎ 独立实践任务

任务2 人物面部瑕疵修复

【任务背景】

随着信息时代的发展,智能手机的普及以及各种社交 App 的研发,越来越多的年轻人喜欢在线上交友、分享生活。线上达人安娜就是一位拥有不少“粉丝”的生活博主。在用照片展现生活美好的同时,自然也不能忘记对照片中自己容貌的修饰,以使照片更加美观,为此需使用软件来细微美化一下。

【任务要求】

对人物面部瑕疵进行处理,同时加深明暗层次并细化暗部细节,参考效果如图 4-21 所示。

图 4-21　参考效果

【技术要领】图层样式功能的灵活运用以及充分利用软件本身的素材。
【解决问题】使用滤镜来增强目标效果。
【素材来源】\模块 04\情境 01\任务 2\素材\人物磨皮 2.jpg。
【参考效果】\模块 04\情境 01\任务 2\参考效果\人物磨皮 2.png。

情境 02　图像抠像

抠像功能是 Photoshop 一个重要核心技术,也是 PS 图像处理的一个重难点。本情境的任务就是来探索 PS 中多种不同的抠像工具,做到快速精准地进行抠像。

“抠像”一词是从早期电视制作中得来的。英文称作“Key”,意思是吸取画面中的某一种颜色作为透明色,将它从画面中抠去,从而使背景透出来,形成多层画面的叠加合成。这样在室内拍摄的人物经抠像后与各种景物叠加在一起,形成多种不同的艺术效果。

而在平面图像处理中,很多时候需要从整体图片中对局部进行分离,例如把某个对象从位图画面中提取出来,动作素材使用或与其他位图画面合成,这些都需要运用抠图技术,抠图的本质是更换背景。在抠图之前,首先要仔细观察和分析位图画面的特点、图像区域、图像轮廓形态和背景之间的结合方式,选择一种最合适的抠图方法,从而将不规则的、复杂的物体与背景精确、快速地分离出来。

【能力目标】

1.能够熟练掌握抠像工具。

2.能够针对素材合理运用不同抠像工具。

【知识目标】

1.理解"抠像"的概念。

2.理解各个不同抠像工具的使用方法。

【课时分配】

4 课时(授课 2 学时,实践 2 课时)。

◎ 模拟制作任务

任务 1　风景背景替换

【任务背景】

随着社会的高速发展,许多家庭选择饲养宠物以排解寂寞和孤独,为生活增添色彩。而这些宠物也不仅是日常的玩伴,更是家庭中不可或缺的一员,因此记录爱宠宝贵时光的宠物摄影也随之兴起。本次的任务就是为被摄的爱宠小猫替换背景,使图像画面更为完整美观,最终效果如图 4-22 所示。

图 4-22　最终效果

【任务要求】

为动物照片更换背景,使得被摄主体更美观。

【任务分析】

抠像的方法在 PS 中有很多,例如钢笔工具、快速选择工具、套索工具等。而对于复杂毛发,如何做到快速又精细地抠出主体是本次学习的关键。

【重点、难点】

1.如何快速地抠出主体毛发。

2.图像选区的使用。

【技术要领】图像选区的使用。
【解决问题】如何通过选择面板快速处理复杂毛发抠像。
【素材来源】\模块 04\情境 02\任务 1\素材\动物抠像.jpg。
【完成效果】\模块 04\情境 02\任务 1\完成效果\动物抠像.png。

操作步骤

步骤一:打开文件

启动 Adobe Photoshop CC 2020,按"Ctrl+O"键打开素材"动物抠像.jpg",如图 4-23 所示。

图 4-23　素材动物抠像.jpg

步骤二:抠像

1.选择"选择"找到并选中"主体",执行"选择"中"选择并遮住"命令,将"视图"调整为"叠加",设置参数如图 4-24 所示。

图 4-24　参数设置

2.使用“调整边缘画笔”工具涂抹小猫边缘毛发及胡须的部分，如图 4-25 所示。

图 4-25　涂抹猫咪毛发

3.勾选“净化颜色”，设置数量为“100%”，输出到新建带有图层蒙版的图层并点击“确定”，效果如图 4-26 所示。

图 4-26　抠出猫咪主体

步骤三：调整背景

1.选择一张喜欢的背景图，按“Ctrl+O”键打开“素材”文件夹的“背景.jpg”。

2.按“Ctrl+T”键调整背景大小，得到最终效果如图 4-27 所示。

图 4-27　最终效果

任务 2　花卉表情包

【任务背景】

“表情包”作为一种以图片为媒介传递信息的新型聊天手段，一经出现就在年轻人中掀起一股热潮。它极大地提升了聊天的趣味性,也逐渐渗透到各个年龄层。本次的任务便是为某新媒体运营公司制作一款花卉表情包,最终效果如图 4-28 所示。

图 4-28　最终效果

【任务要求】

对照片主体进行抠像,添加背景和文字制作表情包。

【任务分析】

在 PS 抠像工具中正确选择合适的抠像工具,以达到快速抠像的目的。

【重点、难点】

1.快速地抠出照片主体。

2.图像选区的使用。

【技术要领】图像选区的使用。
【解决问题】如何快速选择照片主体进行抠像。
【素材来源】\模块 04\情境 02\任务 2\素材\花卉.jpg。
【完成效果】\模块 04\情境 02\任务 2\完成效果\花卉.png。

操作步骤

步骤一:打开文件

1.启动 Adobe Photoshop CC 2020,按"Ctrl+O"键打开素材"花卉.jpg",如图 4-29 所示。

2.鼠标左键双击"背景"图层,解锁生成"图层 0"。

图 4-29　素材花卉

步骤二：抠像

1.选择工具栏中"快速选择工具"，调整笔刷大小，点击选择照片中的花朵，如图 4-30 所示。

2.按住"Ctrl+Shift+I"反选选区，删除多余背景。按住"Ctrl+D"取消选区，得到结果如图 4-31 所示。

图 4-30　使用快速选择工具生成选区

图 4-31　反选删除选区

3.使用"钢笔工具"对细节进行处理，抠出花梗，如图 4-32 所示。

4.使用"污点修复画笔"统一阴影，如图 4-33 所示。

图 4-32　抠出花梗

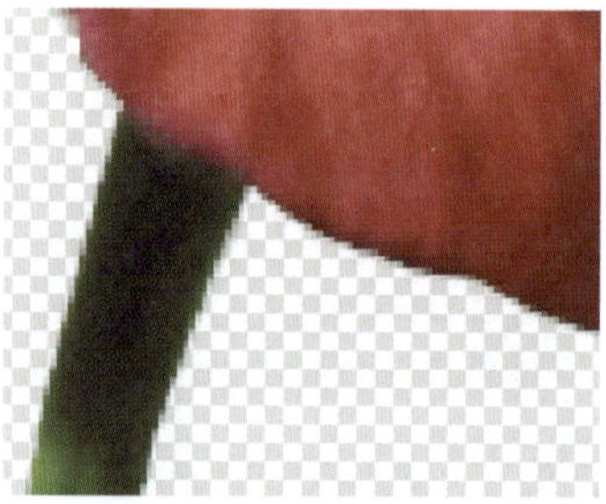

图 4-33　修饰阴影部分

步骤三：调整背景

1.按住"Ctrl+T"键调整花卉大小，使用"裁剪工具"裁剪画布，设置图像为"25 像素×25 像素"，如图 4-34 所示。

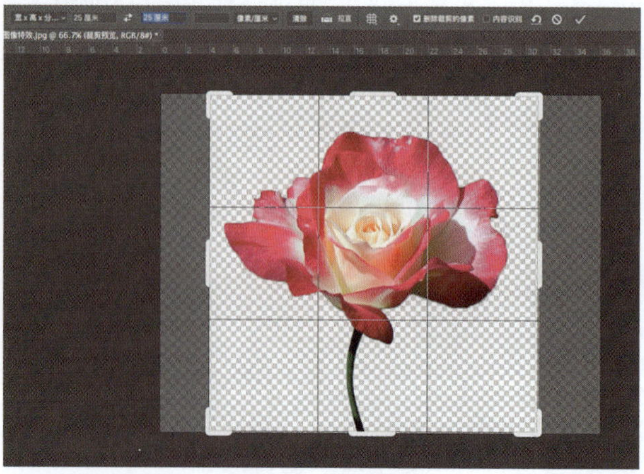

图 4-34　裁剪画布

2.新建图层,使用“渐变工具”填充渐变色,效果如图 4-35 所示。

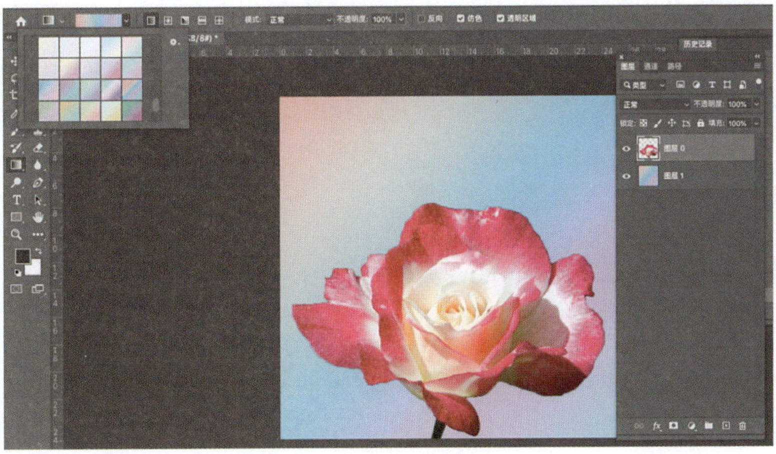

图 4-35　填充渐变色

3.调整细节,使用“横排文字工具”添加文字,最终效果如图 4-28 所示。

◎ 知识点拓展

01.魔棒工具

适用于图像和背景色色差明显、背景单一、图像边界清晰的位图图像。鼠标单击,相近的颜色就会被选中,可在菜单栏中设置容差值,如果容差值小,那么选取的同种颜色范围也相对小一些,容差值大,那么相近颜色也会被选中,范围就大些。魔棒工具主要是通过删除背景色来获取图像,但对人物细节无法完整选择。

02.钢笔工具

钢笔工具是抠图工具里较为精确的抠图方法,但是也是最耗时间的一种。钢笔工具绘制出的线通常称为贝塞尔曲线,通过锚点控制线条的方向,适用于处理轮廓复杂的图像。

使用钢笔工具抠图,首先要手动地将锚点放置在图像边缘,选择“钢笔”工具,并在钢笔工具栏中选择第二项“路径”的图标,然后开始贴近图片边缘绘制路径。因为钢笔工具太规则,没有锯齿,一般抠字体或是一些表面比较平滑的物体时人们通常使用钢笔工具,而对于动物毛发、表面容貌等则不建议使用。

03.套索工具

套索工具组内包含“套索工具”“多边形套索工具”“磁性套索工具”,适用于边界清晰的位图图像,磁性套索工具会自动识别并黏附在图像边界上。边缘模糊的话要仔细放置套索,可将图像放大后再放置,这样就会更精确一点。使用套索工具时注意属性栏里的参数调节,其有助于抠图的完善。当套索封闭后即完成抠图。

04.选择主体

“选择主体”是 Photoshop CC 2018(包含 2018)开始 Adobe Photoshop CC 推出的新功能。使用此命令时工具栏中需要选中“快速选择工具”或者“魔棒工具”,可以通过点击拖曳的方式快速创建选区,适用于颜色相近或背景色单一的图片,以及对比强烈或背景色单一的图片。配合“选择并遮住”调整选区边缘,能快速抠出人物的发丝,并对物体细节做精细化处理。使用“选择主体”工具进行抠图,发丝与背景的对比要强烈,调整边缘画笔工具时要耐心,一点一点地调整。

◎ 独立实践任务

任务 3　图像背景替换

【任务背景】

波斯猫性情温和,聪明敏捷,少动好静,叫声尖细柔美。宠物店为了体现性格温顺、活泼的波斯猫,需要对原有的波斯猫照片纯色背景做替换。

【任务要求】

对边缘毛发较多的样例照片,使用纯色进行背景替换,换底后尽量保证边缘融合,参考效果如图 4-36 所示。

图 4-36　参考效果

【技术要领】使用“抽出”滤镜抠图技法,能够高效及精确抠像,“抽出”滤镜是旧版本 Photoshop 自带的一款滤镜,适用于各种抠图情形,能方便地将图片中需要的主体部分从背景中抠出。但从 Photoshop CS4 开始,Adobe Photoshop CC 不再自带“抽出”滤镜了,可以下载官方的外挂抽出滤镜,并将 Extract-Plus 复制到 Plug-ins 目录下。

【解决问题】使用“抽出”滤镜抠图。

【素材来源】\模块 04\情境 02\任务 3\素材\波斯猫.jpg。

【参考效果】\模块 04\情境 02\任务 3\参考效果\波斯猫.png。

情境 03　图形图像编辑

Photoshop 除了可以修复照片修饰人像之外，其强大的编辑功能也被广泛运用在各种图像创造、图形编辑领域。随着时间从 21 世纪走向 22 世纪，科技的高速发展也在影响着大众的审美走向。现代感、科技感、未来感，越来越多的抽象名词被融入人们生活的各个领域之中。故障艺术、孟菲斯风格、赛博朋克等几何抽象的艺术风格在年轻一代中备受欢迎。

本章选取了“赛博朋克”中的霓虹元素作为案例，讲解图形图像编辑在实际操作中的运用。目前，在各个街边店铺的宣传中，霓虹灯牌几乎是一种店家的必备单品。霓是与虹相对应的一种自然现象。虹俗称彩虹，是下雨天以及在雨后天晴之际，阳光照射在空气中残留的水珠发生折射，散射出七彩光芒。霓虹灯就可以理解为一根电流经过产生光线的玻璃管。制作霓虹元素少不了对色彩的把握，怎样制作出真实且色彩绚丽的霓虹灯管造型就是本章的难点之一。但无论多么复杂的图形都是由简单的元素组合而成，对图像进行合理的分解，化整为零后，每个元素的制作方法其实都大同小异。

本情境的任务是指导学生如何编辑制作复杂的图形，以及在制作过程中如何更好地规划和管理自己的文件。

【能力目标】

1.能够分析和分解复杂的图形。

2.能够使用图层组的功能。

【知识目标】

1.理解为什么要分解复杂图形。

2.理解图层组。

【课时分配】

4 课时(授课 2 学时，实践 2 课时)。

◎ 模拟制作任务

任务 1　制作广告灯牌

【任务背景】

随着科技的高速发展，我们的城市也在不断地发生变化。街上悄然增多的霓虹灯牌不仅是店家宣传、吸引顾客的一种形式，更是这个城市发展的印证。无论是服装店铺还是餐饮店铺，各种行业的街店都会制作并悬挂带有店铺特色的广告灯牌。而赛博朋克也是当下年轻人喜欢的一种艺术风格。现在，一家新兴的游戏公司要制作一个带有赛博朋克风格的广告灯牌，并委托广告公司进行设计，最终效果如图 4-37 所示。

图 4-37　最终效果

【任务要求】

绘制一个广告灯牌,要求简洁明了实用。

【任务分析】

一个广告灯牌本身含有很多复杂的元素,我们当然不可能在一个图层中完成这样一个任务。所以如何灵活地运用 Photoshop 的图层功能,如何更好地分析和分解一个复杂的图形,然后逐个解决是这个任务所要解决的首要问题。

【重点、难点】

1.图层组的运用。

2.元素的处理和排列。

【技术要领】图层组的使用。
【解决问题】如何分解和制作复杂图形。
【素材来源】\模块 04\情境 03\任务 1\素材\路径.ai。
【完成效果】\模块 04\情境 03\任务 1\完成效果\灯牌设计.png。

操作步骤

步骤一:新建文件

启动 Adobe Photoshop CC 2020,按"Ctrl+N"键新建一个文件,参数如图 4-38 所示。

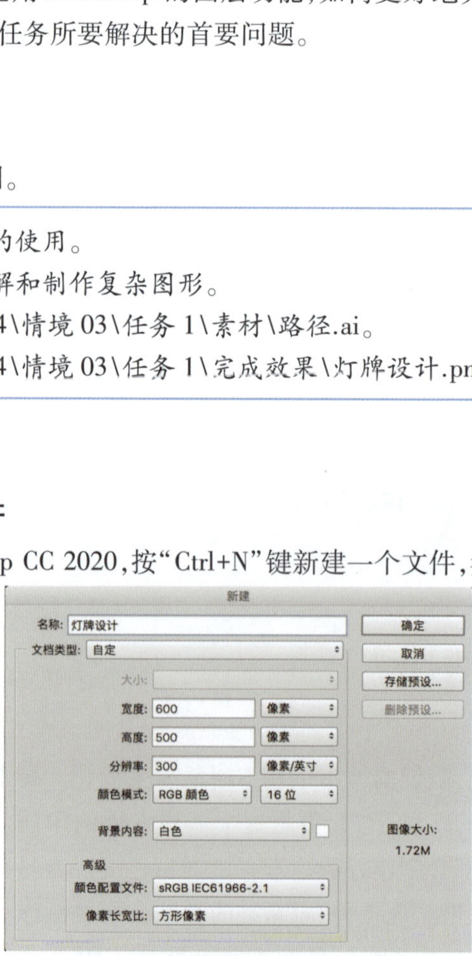

图 4-38　创建画布

步骤二:创建墙体图案

1.新建一个图层,选择“工具栏”中“矩形选框工具”,将“样式”改为“固定大小”并设置宽度为“60 px”,高度为“20 px”,然后在画布上绘制一个小的矩形选区,效果如图 4-39 所示。

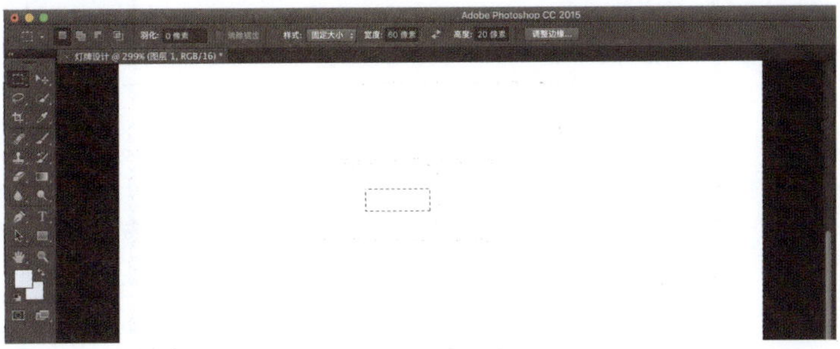

图 4-39　绘制矩形

2.设置“前景色”为黑色“#000000”,执行“菜单栏”下“编辑”中“描边”命令,在弹出的对话框中设置“宽度”为“2 px”,“位置”为“内部”,然后单击“确定”。绘制一个黑框矩形。

3.按住“Ctrl+D”键取消选区,将黑框矩形图层复制两次,然后排列成如图 4-40 所示样式,合并除背景图层之外的图层。

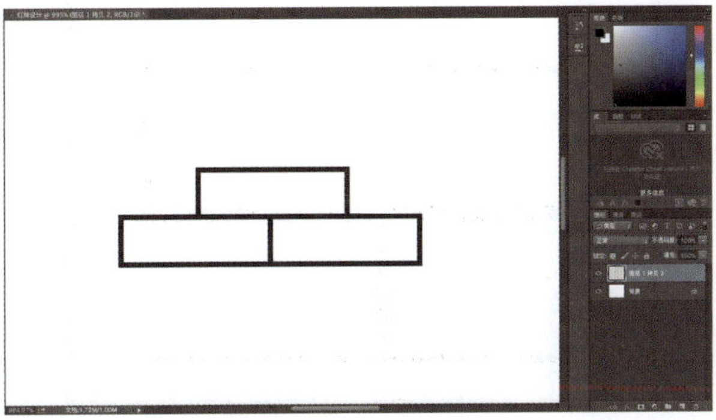

图 4-40　排列矩形

4.添加参考线将图形中间的一块区域围起来,注意参考线都是从黑线框的中心穿过的,放大看的话正好是两个像素的缝隙,如图 4-41 所示。

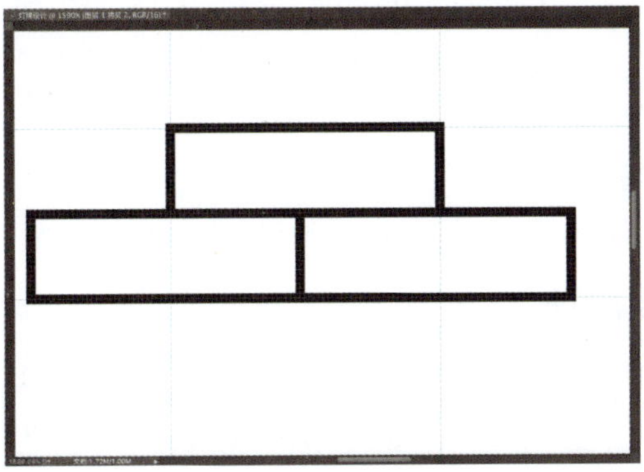

图 4-41　添加参考线

5.选择“工具栏”中“矩形选框工具”，将“样式”改为“正常”，将参考线之外的部分选中并删除，得到如图 4-42 所示图形。

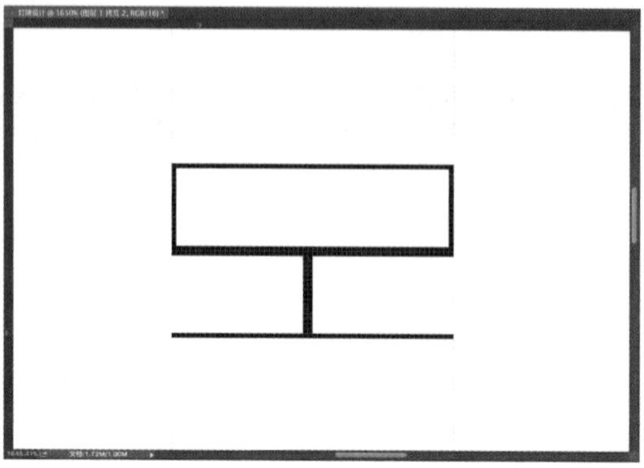

图 4-42　得到图形样式

6.选择“工具栏”中“矩形选框工具”，将绘制图形严丝合缝地框选出来。执行“菜单栏”下“编辑”中“定义图案”命令，在弹出的菜单中填写名称为“砖块”，单击“确定”，如图 4 -43 所示。

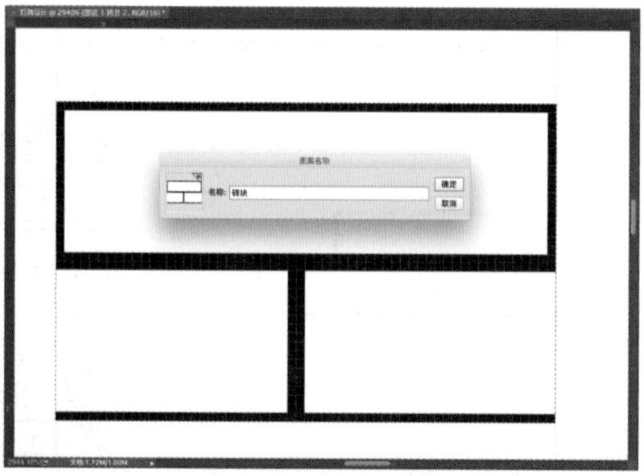

图 4-43　定义图案

此处要注意，如果“定义图案”为灰色的话说明操作有误。“定义图案”命令执行起来要求很严格，主要有以下几点要求：

①选择区只能是矩形，也就是只能用“矩形选框”工具、“单列选框”工具、“单列选框”工具选取的选择区。

②选择区不能被羽化。

③选择区不能进行“旋转”“缩放”等“变换”操作。

所以在选择时尽量一次完成，不要再后续编辑选区，否则会造成命令无法激活。

步骤三：制作墙面肌理

1.将新建的图层删除，文件中只留背景图层。将“前景色”设置为“#33bbb6”，“背景色”设置为“#091e42”。执行“菜单栏”下“滤镜”中“渲染”“云彩”命令，效果如图 4-44 所示。

图 4-44　渲染

2.执行“菜单栏”下“滤镜”中“滤镜库”“艺术效果”“底纹效果”命令,设置“画笔大小”为“40”,“纹理覆盖”为“40”,“纹理”选择“砖形”,“缩放”为“200%”,“凸现”为“39”,“光照”为“上”,选择完毕后确定,效果如图 4-45 所示。

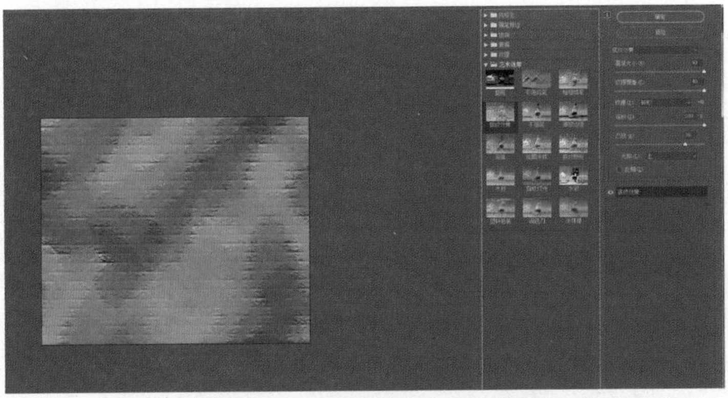

图 4-45　使用滤镜库制作肌理

3.将图层复制一份,选择复制出来的新图层,然后执行“菜单栏”下“滤镜”中“风格化”“查找边缘”命令,点击“确定”,得到如图 4-46 所示效果。

图 4-46　查找边缘

4.继续为该图层添加效果,执行“菜单栏”下“滤镜”中“滤镜库”“艺术效果”“干画笔”命令,设置如图 4-47 所示参数后点击“确定”。

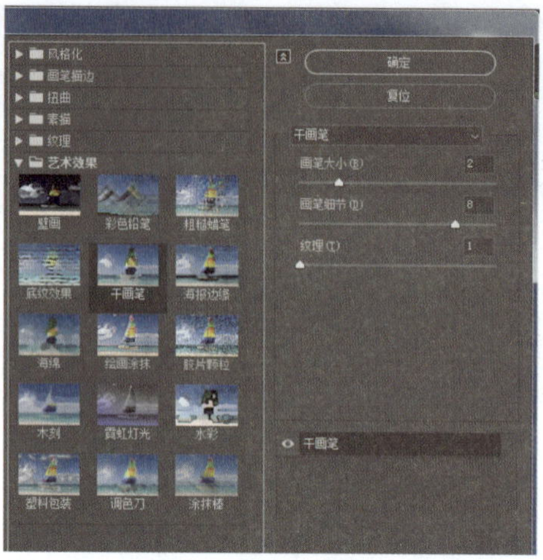

图 4-47　参数设置

5.将该图层的混合模式设置为“正片叠底”,得到如图 4-48 所示效果。

图 4-48　正片叠底

6.选择背景图层,执行“菜单栏”下“滤镜”中“渲染”“光照效果”命令,打开“光照效果”对话框,设置参数如图 4-49 所示,得到基本效果如图 4-50 所示。

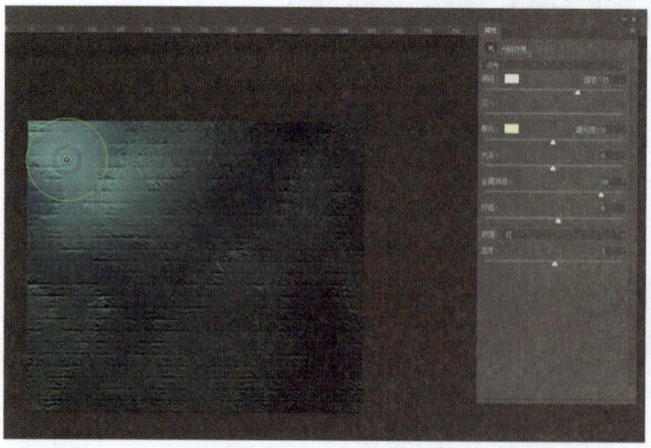

图 4-49　参数设置

图 4-50　基本效果

步骤四:制作砖块纹理

1.在通道面板中新建一个 Alpha 通道,按“Ctrl+I”反相通道,使通道由黑变白,然后执行“菜单栏”下“编辑”中“填充”命令,打开“填充”对话框,设置参数如图 4-51 所示。

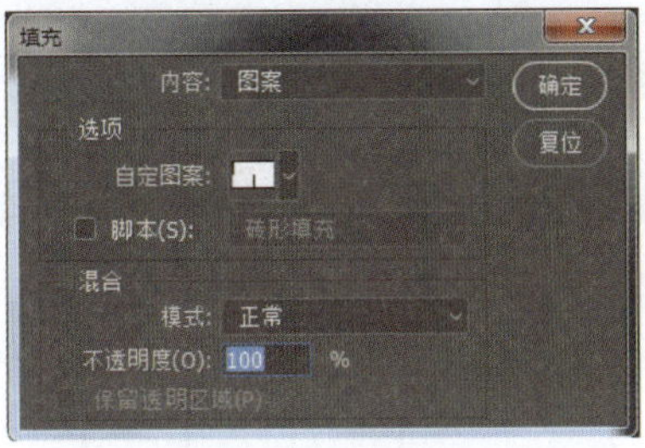

图 4-51　参数设置

2.点击确定,用砖块图案填充通道,砖块图案如图 4-52 所示。

图 4-52　砖块图案

3.在按住“Ctrl”键的同时用鼠标左键点击 Alpha 通道的缩略图,载入选区,然后按“Ctrl+Shift+I”反选选区,选择“矩形选框工具”,分别按小键盘的“上”“左”键各一次,使得选区向上和向左各移动一个像素,放大视图如图 4-53 所示。

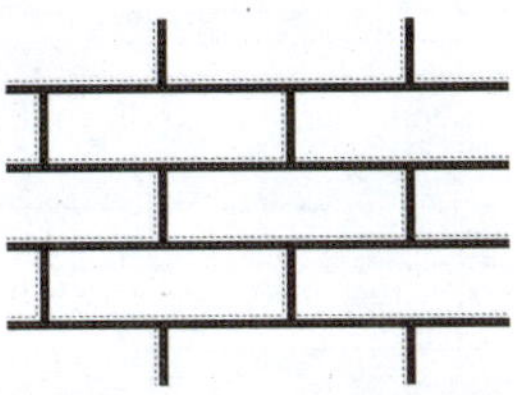

图 4-53　放大视图

4.用黑色填充选区,使得线框变粗,然后执行“菜单栏”下“滤镜”中“滤镜库”“画笔描边”“喷溅”命令,设置参数如图 4-54 所示。

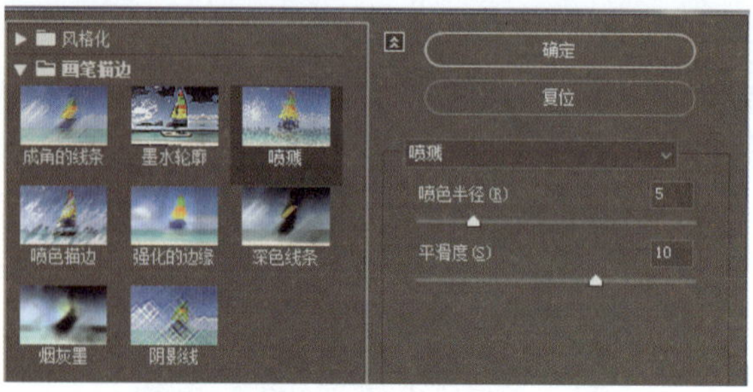

图 4-54　参数设置

5.点击确定应用滤镜效果,得到墙面滤镜效果如图 4-55 所示。

图 4-55　墙面滤镜效果

6.按住"Ctrl"键后再用鼠标左键点击 Alpha 通道缩略图载入选区,回到背景图层,先双击背景图层将背景图层变为普通图层 0,然后点击图层面板下面的"添加图层蒙版"命令,为图层添加一个蒙版,然后在图层 0 下面新建一个图层填充为黑色,如图 4-56 所示。

图 4-56　墙面效果

7.在黑色图层上再新建一个图层,将新建图层命名为"灰泥"。点击"工具箱"最下面的"快速蒙版模式编辑"按钮,进入快速蒙版编辑状态。参照前述方法,将"砖块"图案填充进来，然后重复使用之前的“喷溅”滤镜效果。按“Q”快速退出蒙版编辑状态得到选区。

8.设置“前景色”为“#91836a”，“背景色”为“#342c1f”，然后选择“渐变工具”，使用默认的“前景到背景色渐变”模式，将鼠标从左上角移动到右下角，填充选区。然后取消选择。

9.选择之前的图层0，将该图层命名为“墙砖”，添加“内阴影”“斜面和浮雕”图层样式，设置参数如图4-57、图4-58所示。

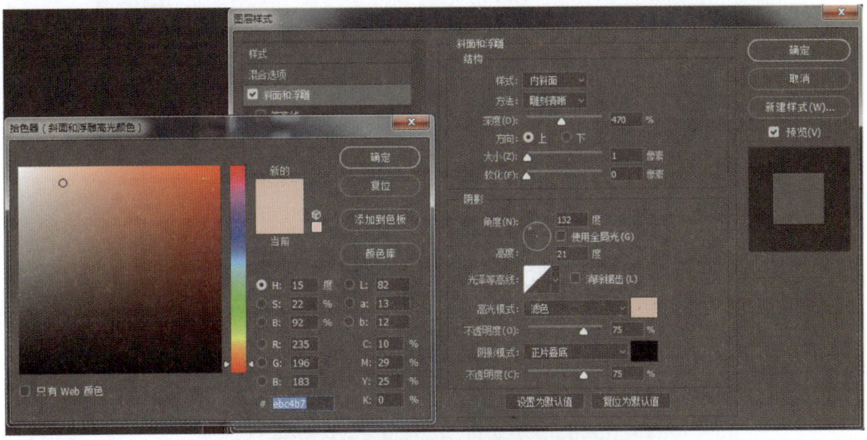

图4-57　斜面和浮雕参数设置

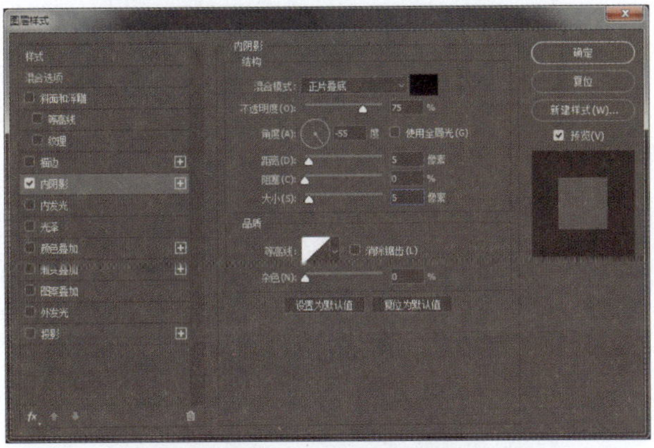

图4-58　内阴影参数设置

10.选择“灰泥”图层，执行“菜单栏”下“滤镜”中“杂色”“添加杂色”命令，设置参数如图4-59所示。

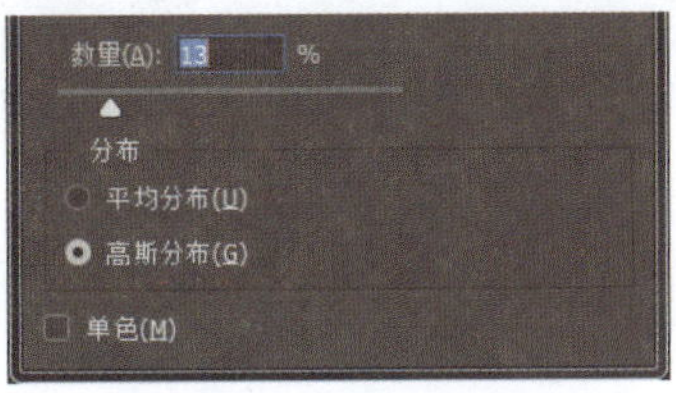

图4-59　滤镜参数

11.然后添加一个“内阴影”图层样式，设置参数如图4-60所示，内阴影效果如图4-61所示。

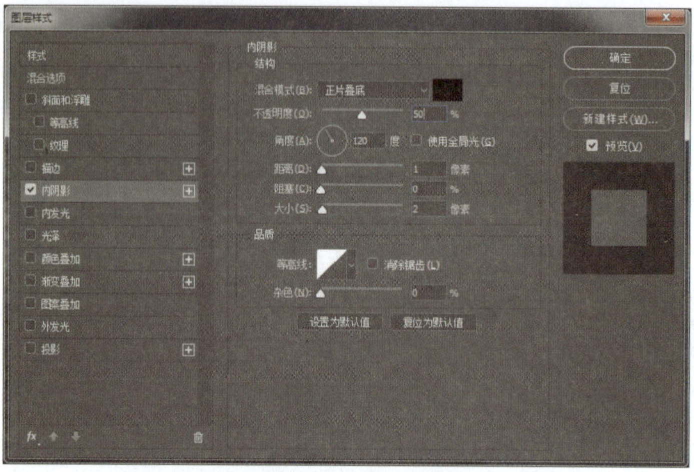

图 4-60 设置内阴影

图 4-61 内阴影效果

12.选择该图层，按“Ctrl+L”打开色阶命令，设置参数如图 4-62 所示。

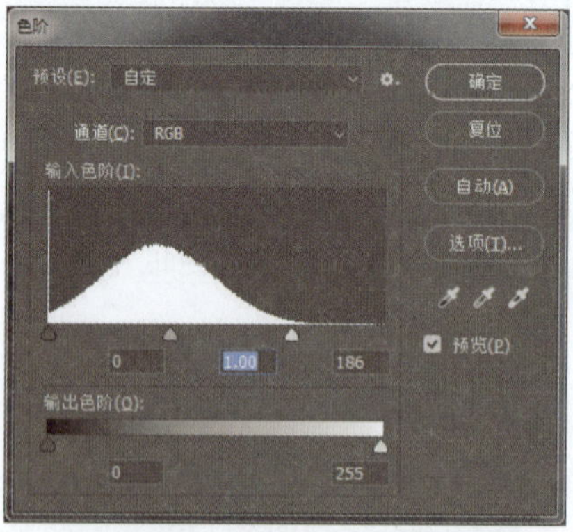

图 4-62 添加色阶

13.在最上层新建一个组，然后将“前景色”和“背景色”设置为默认的黑白模式，运用“云彩”滤镜效果填充，然后将该图层的模式改为“柔光”，利用该图层使得整个墙壁有斑驳的光照效果。

14.将所有的图层选中，然后按“Ctrl+G”创建一个图层组，自动命名为“组 1”。将“组 1”复制一份出来，然后将复制出来的图层组合并成一个图层，选中该图层然后打开曲线设置,如图4-63右图所示,得到效果如图4-63左图所示。

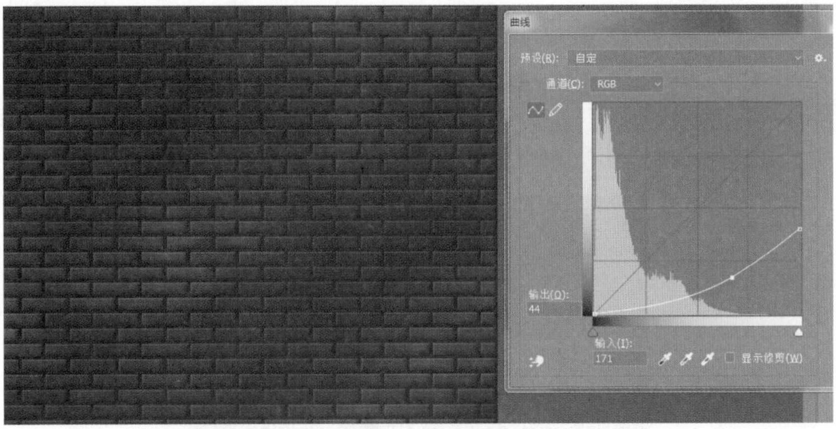

图4-63 添加曲线

步骤五:绘制灯光造型

1.打开素材“路径.ai”,找到路径面板,用“路径选择工具”将所有路径选中,然后复制粘贴到之前的墙面文件的路径面板中,如图4-64所示。

图4-64 置入灯牌路径

2.新建一个图层,将该图层命名为“灯管”,设置画笔大小为“3 px”,硬度为“100%”,“前景色”为白色。选择钢笔工具,对之前的路径进行路径描边,得到效果如图4-65所示。

图4-65 描边路径

3.按住“Ctrl”键，然后鼠标左键点击“灯管”图层载入选区。切换到通道面板，点击“通道”面板下面“将选区存储为通道”按钮，创建一个新的 Alpha 通道“Alpha2”，并按“Ctrl+I”将其反相。

4.选择该通道，执行“菜单栏”下“滤镜”中“高斯模糊”命令，设置半径值为“1.3”。点击“确定”运用效果，得到效果如图 4-66 所示。

图 4-66　添加高斯模糊

5.打开“色阶”命令，如图 4-67 所示调整色阶，使其对比度更加强烈一些。

图 4-67　调整色阶

6.按住“Ctrl”键，鼠标左键点击“Alpha2”通道载入选区，然后反选，按“Ctrl+C”复制选区内图像。切换到图层面板，隐藏“灯管”图层，新建图层然后按“Ctrl+V”粘贴复制的图像。

7.利用“多边形套索工具”配合“Ctrl+Shift+J”命令将该图层拆分成 3 个图层，分别命名为“紫色”“蓝色”“绿色”，如图 4-68 所示。

图 4-68　拆分图层

8.利用“色相饱和度工具”分别为 3 个图层着色，参数如图 4-60 所示，对应的顺序为紫色、蓝色和绿色图层，着色效果如图 4-70 所示。

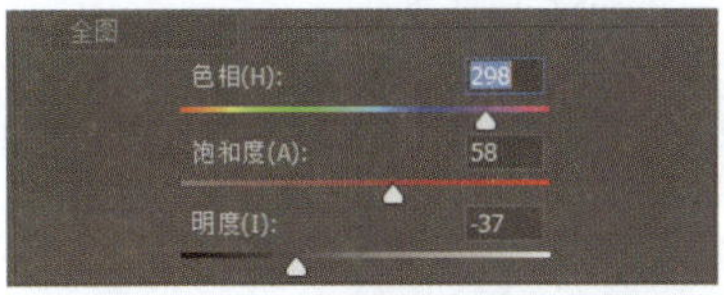

(a)紫色

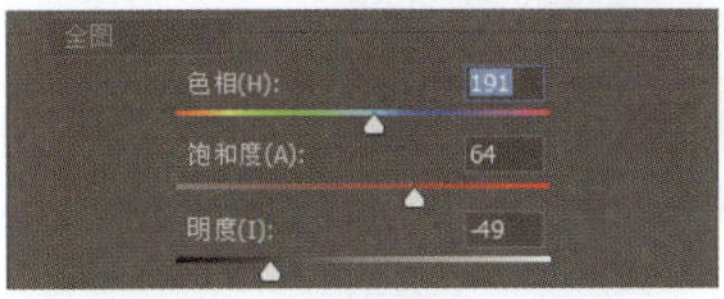

(b)蓝色

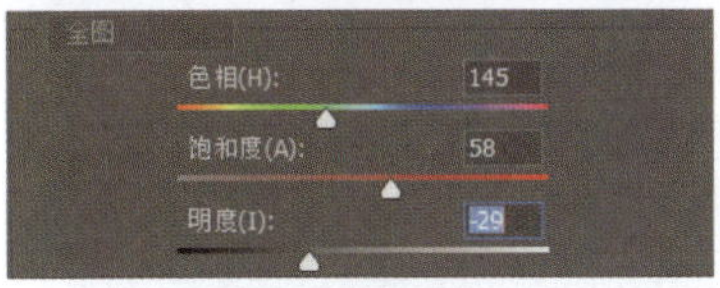

(c)绿色

图 4-69　参数设置

图 4-70　着色效果

步骤六：添加灯光特效

1.在图层面板顶层新建一个图层命名为“灯光”。设置“前景色”为白色，“背景色”为黑色，选择“渐变工具”，使用“前景色到背景色渐变”模式，点击鼠标左键，从图像左上角往右下角填充渐变色，设置图层混合模式为“颜色减淡”，得到效果如图 4-71 所示。

图 4-71　设置图层混合模式

2.通过紫色图层载入选区，然后扩展选区 15 个像素大小，然后羽化选区 20 个像素得到新选区，如图 4-72 所示。

图 4-72　扩展选区

3.选择“组 1 副本”图层，利用“色相饱和度工具”为其着色，参数设置如图 4-73 所示。

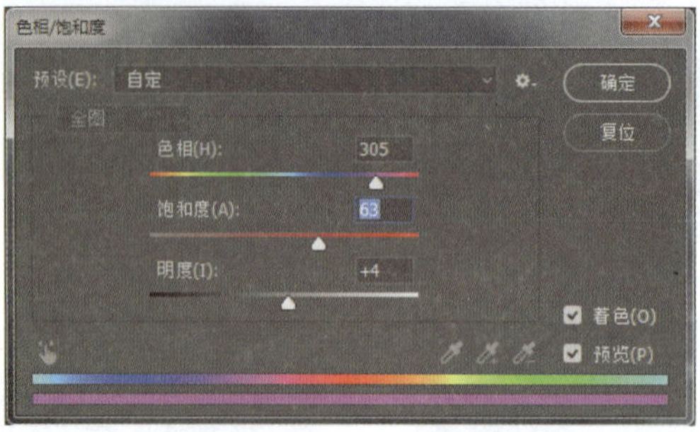

图 4-73　设置色相饱和度

4.选择“紫色”图层，添加“投影”和“外发光”的图层样式，参数如图 4-74 所示，最终效果如图 4-75 所示。

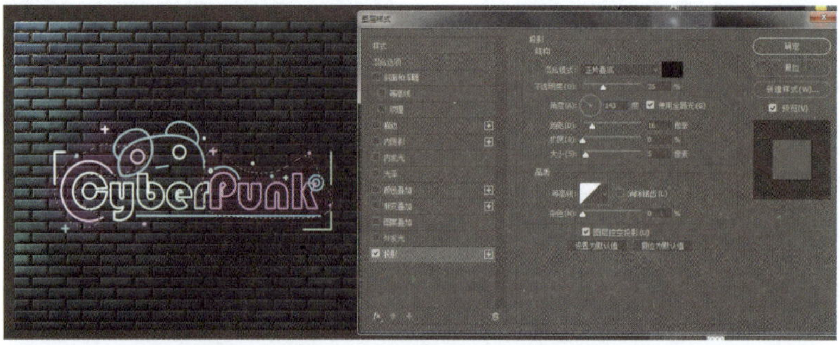

(a)投影

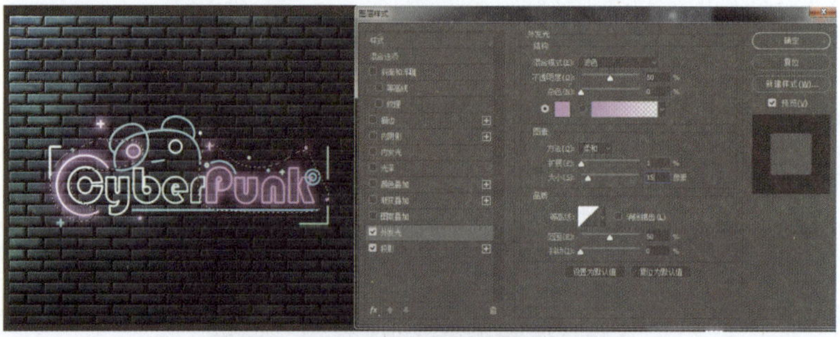

(b)外发光和投影

图 4-74　添加图层样式

图 4-75　图层效果

5.将剩下的“蓝色”和“绿色”图层也做相应的调整,参数设置如图 4-76 所示。完成效果如图 4-77 所示。

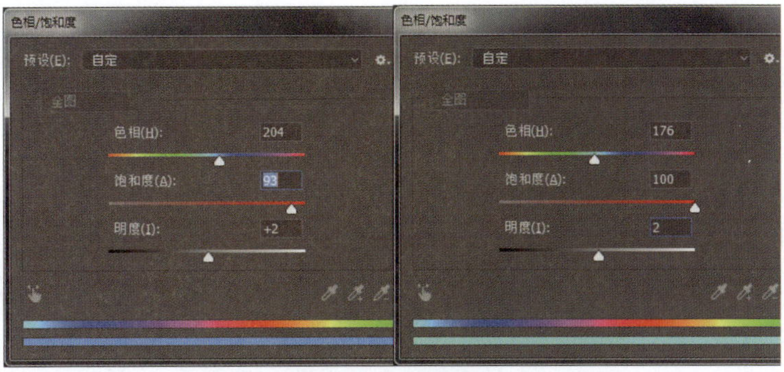

图 4-76　参数设置

图 4-77　完成效果

◎ 知识点拓展

01.隐藏、显示图层内容

在人们不需要对某些图层上的内容进行修改时,可以将这些图层上的内容隐藏起来,设计面板上只留下需要编辑的图层内容,这样一来就可以更清楚地对作品进行修改了。在图层面板中点击图层旁边的眼睛图标就可以隐藏该层内容,再次点击该处可以重新显示隐藏内容。

02.更改图层顺序

在图层面板上排列的图层一般是按照操作的先后顺序堆叠的,但很多时候人们还需要更改它们的上下顺序以便达到更好的设计效果。更改方法:可以在图层面板中将图层向上或向下拖移,当显示的突出线条出现在要放置图层或图层组的位置时松开鼠标按钮即可。

如果要将单独的图层移入图层组中,可直接将图层拖移到图层组文件夹。

03.链接图层

将两个或更多的图层链接起来,就可以同时改变它们的内容了。在所链接的图层中还可以进行复制、粘贴、对齐、合并、应用变换和创建剪贴组等操作,点击紧靠隐藏/显示图层内容的眼睛图标旁边的空格,空格中便会出现链接图标。

04.调整图层内容

在图层操作中可以使用移动工具来调整图层内容在设计界面中的位置，还可以应用“图层”菜单中的“对齐”和“分布图层”命令来排列这些内容的位置。

> **小提示**：对齐和分布命令只影响所含像素的不透明度大于50%的图层。

(1)对齐

要将图层的内容与选区边框对齐，先在图像中建立选区，然后选择图层(要处理多个图层内容，使用链接图层方式)，最后选择“图层”→“与选区对齐”下的对齐方式。

如人们选择了在选区内所有链接的图层内容向左对齐，那这些图像便全部向左靠齐了。

(2)分布图层

在图层面板中将3个或更多的图层链接起来。在“图层”→“分布链接图层”的子菜单中选择这些图层内容的分布方式，如“顶边”可从每个图层的顶端像素开始，间隔均匀地分布链接的图层。

05.锁定图层

如果隐藏图层是为了在修改时保护这些图层不被更改，那么锁定图层则是较为彻底的保护办法了。在图层面板中有一个像“锁”一样的图标，选中要锁定的图层点击这个图标就可以锁定该图层了，图层锁定后图层名称的右边会出现一个锁图标。当图层完全锁定时锁图标是实心的，当图层部分锁定时锁图标是空心的。

“锁”图标是完全锁定图层，除此之外还可以锁定像素、锁定像素的位置等。使用锁定像素位置按钮，图层的锁定图标是空心的，呈半锁定状态。

用笔刷绘画的像素为了防止其被修改，可以使用“锁定图像像素”按钮来将图层锁定为半锁定状态。

另外，图层面板的锁定列表中还有一个图标是“锁定透明像素”按钮，它将编辑操作限制在图层的不透明部分。

06.从图层中取样

使用魔术棒、涂抹、模糊、锐化、油漆桶、仿制图章工具、修复画笔等，可以从当前的图层像素中获取颜色样本，即可以在一个图层中涂抹或取样，在另一个图层中绘画。

◎ 独立实践任务

任务2 制作简约霓虹灯字体

【任务背景】

文字是人类用表意符号记录信息的重要工具，是传播和传递信息的重要媒介。在当下形形色色的平面设计中，文字元素的设计和创作一直是重要的一环。本次任务就是为一家名为LIVE的公司设计制作一款标题文字。要求简洁大方，辨识度强，运用时下流行的霓虹灯效果更符合公司的受众。

【任务要求】

画面简单明了，有发光霓虹灯效果，参考效果如图 4-78 所示。

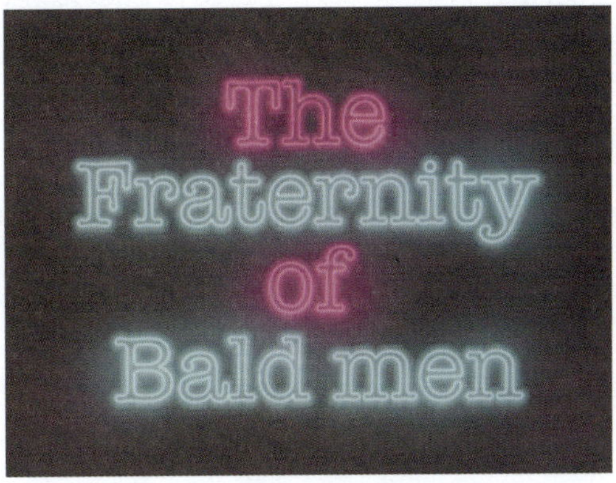

图 4-78　参考效果

【技术要领】图层样式的编辑。
【解决问题】灵活运用所掌握的知识和技能。
【素材来源】\模块 04\情境 03\任务 2\素材\路径 2.ai。
【参考效果】\模块 04\情境 03\任务 2\参考效果\灯牌 2.png。

情境 04　图像色彩调整

首先，没有光源便没有色彩，人们凭借光才得以看见物体的形状和色彩，才能对客观世界进行认知。从广义上来说，光是一种电磁波，是一种客观存在的物质而不是物体。绘画中的“色彩的透视”，即近暖、远冷，近实、远虚、近纯、远灰。视觉所感知的一切色彩现象，都具有明度、色相和纯度，3 种性质是色彩最基本的构成元素。

明度：在无色彩中，明度最高的色为白色，明度最低的色为黑色，中间存在一个从亮到暗的灰色系列。在色彩中，任何一种纯度色都有着一种明度特征。明度在三要素中具有较强的独立性，它可以不带色相的特征而通过黑白灰的关系单独呈现出来。色相和纯度则必须依赖一定的明暗才能显现，色彩一旦出现，明暗关系就会同时出现。

色相：色相指的是色彩的相貌。在可见光谱上，人的视觉能感受到红、橙、黄、绿、青、蓝、紫这些不同特征的色彩，人们给这些可以相互区别的颜色定出名称，当说到其中某一色的名称时，就会有一个特定的色彩印象，这就是色彩的概念。在应用色彩理论中通常是用色环而不用呈直线运动的光谱表示色相的系列，正是由于色彩具有这种具体相貌的特征，我们才能感受到一个五彩缤纷的世界。

纯度：纯度指的是色彩的鲜浊程度。它取决于一种颜色波长的单一程度。人们的视觉能辨认出的有色相感的色，都具有一定的鲜艳度。纯度变化系列是通过一个水平的直线纯度色阶表示的，它表示一个颜色从它的最高纯度色到最低纯度色的鲜艳与混浊的等级变化。

本情境主要引导学生使用 Photoshop 软件进行图像色彩处理，综合性比较强。要求学生能够灵活运用之前所学的知识，并且能融入发挥自己的理解进行创造。

【能力目标】

1.能够使用软件进行个性化的色彩处理。

2.能够灵活运用画笔的各种功能。

【知识目标】

1.理解画笔的功能。

2.理解各种工具之间的联系。

【课时分配】

4 课时（授课 2 学时，实践 2 课时）。

◎ 模拟制作任务

任务 1　色彩矫正

【任务背景】

旅游途中所见美丽风景得用镜头记录。但由于是夜间拍摄，光线不足，画面太暗而没有细节；照片比较平淡而没有层次感，也不够美观。所以这次任务是通过对 PS 中色阶的运用调整照片的明暗度，得到最终效果如图 4-79 所示。

图 4-79　最终效果

【任务要求】

对图像进行色彩矫正，使画面中的暗部与亮部的细节得以体现。

【任务分析】

黑白场的确定直接影响整张照片的层次，而在实际拍摄中经常会因环境光线等问题产生曝光不足或过度曝光的情况，本次任务的关键点就是通过定位黑白场来对图像色彩进行矫正。

【重点、难点】

1.如何快速地修复图像色彩。

2.PS 色阶的使用。

【技术要领】PS 色阶的运用。

【解决问题】如何通过 PS 色阶功能快速修正图像色彩。

【素材来源】\模块 04\情境 04\任务 1\素材\色彩校正.jpg。

【完成效果】\模块 04\情境 04\任务 1\完成效果\色彩校正.png。

操作步骤

步骤一：打开文件

启动 Adobe Photoshop CC 2020，按“Ctrl+O”键打开素材“色彩校正.jpg”，如图 4-80 所示。

图 4-80　素材色彩校正.jpg

步骤二：色彩矫正

1.选择“阈值”，将光标拉到最左再向右拉动直至画面中出现黑点。使用“吸管工具组”中“颜色取样器工具”选区标记素材中的最暗处，如图 4-81 所示。

图 4-81　标记画面黑场

2.再将光标拉到最右,同理,向左拉动直至画面中出现白点。使用“吸管工具组”中“颜色取样器工具”选区标记素材中的最亮处,如图 4-82 所示。

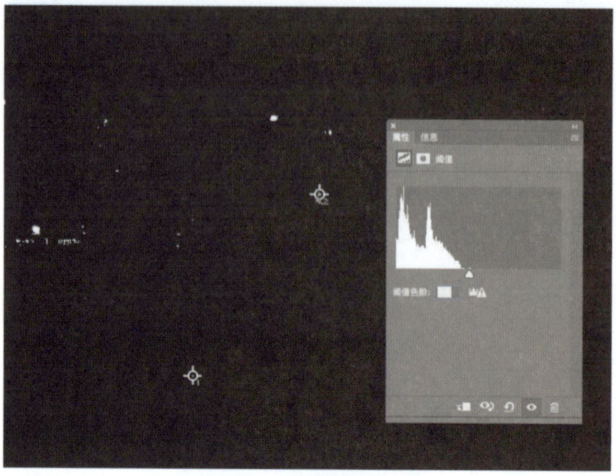

图 4-82　标记画面白场

3.删除“阈值”图层并添加“色阶”,如图 4-83 所示。

图 4-83　添加色阶

4.单击设置“黑场”吸管工具,点击画面中所标记的最暗处,效果如图 4-84 所示。

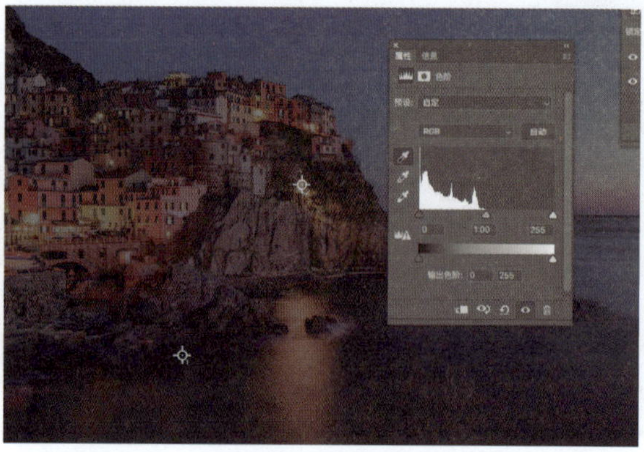

图 4-84　设置黑场

5.双击设置“白场”吸管工具,将 RGB 数值设置为“240”并单击“确定”,如图 4-85 所示。

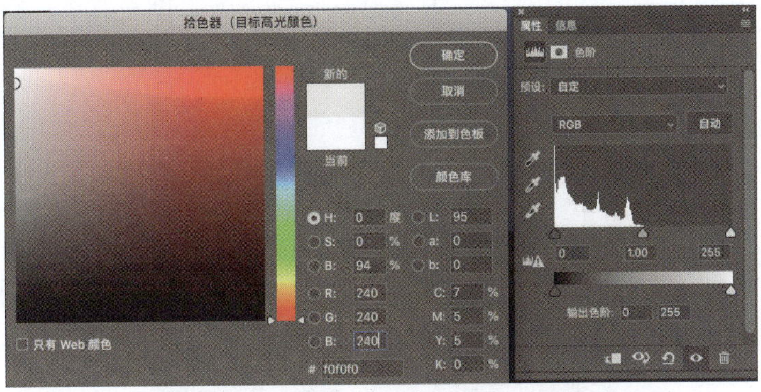

图 4-85　设置白场数值

6.单击设置“白场”吸管工具,点击画面中所标记的最亮处,效果如图 4-86 所示。

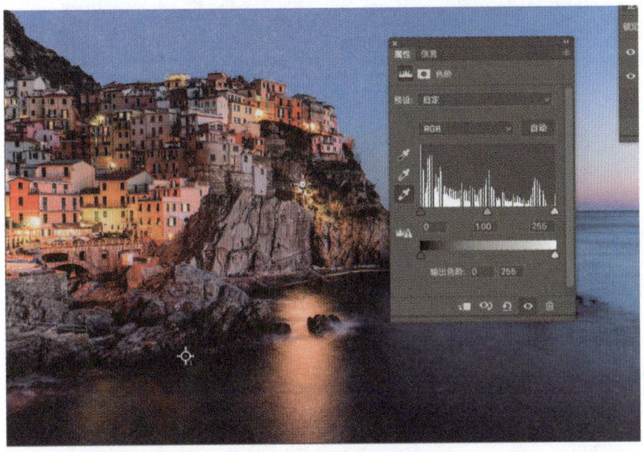

图 4-86　设置白场

7.删除图中标记得到完成效果如图 4-87 所示。

图 4-87　完成效果

任务 2　赛博朋克风格色彩调整

【任务背景】

2021 年,魔都打造全球电竞之都的口号依然打响,随之而来的是一波游戏赛事和二次元文化的热潮。正是在此背景下,随着游戏《赛博朋克2077》的推出,赛博朋克这种融合科技元素的艺术风格也在新一代青年中广为流行。一家摄影工作室对新拍摄的一组城市风景照,也决定融入赛博朋克风格进行处理。

图 4-88　最终效果

【任务要求】

对图像进行色彩处理创作,既融合赛博朋克风格元素又体现个人风格。

【任务分析】

赛博朋克作为时下最为流行的美术风格之一,以蓝紫色调为基础配以霓虹元素,巧妙结合,打造科技梦幻的感官体验。本次任务中需要对照片色彩进行处理,其次需要运用一定素材。巧妇难为无米之炊,更好地使用素材才能达到事半功倍的效果。

【重点、难点】

1.画笔工具和钢笔工具的综合运用。

2.色彩的调整和细节深化。

【技术要领】画笔属性的编辑。
【解决问题】灵活运用软件的现有资源。
【素材来源】\模块 04\情境 04\任务 2\素材\赛博朋克.jpg、灯牌素材.psd。
【完成效果】\模块 04\情境 04\任务 2\完成效果\赛博朋克.png。

操作步骤

步骤一:打开文件

启动 Adobe Photoshop CC 2020 软件,按"Ctrl+O"键打开素材"赛博朋克.jpg"。

步骤二:基础色彩调整

1.双击“背景”图层将“背景”图层转换为“图层 0”。

2.右键复制“图层 0”并为其命名为“调色”。

3.选中“调色”图层右键单击“转换为智能对象”。

4.选中“调色”执行“菜单栏”下“滤镜”中“Camera Raw 滤镜”选项。调整“基本”数值如图 4-89 所示。

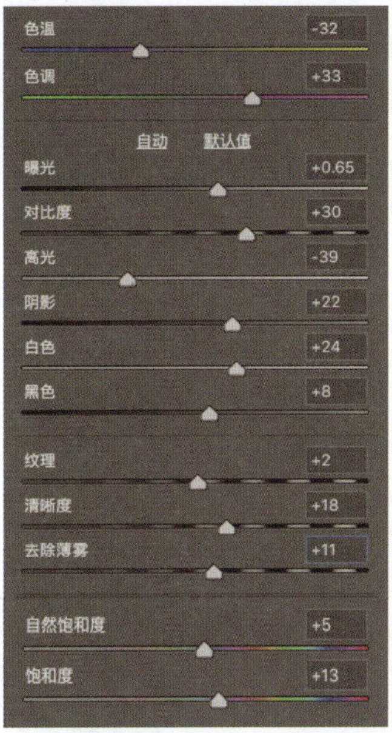

图 4-89　滤镜参数

5.选中“分离色调”调整数值如图 4-90 所示。

图 4-90　设置分离色调

6.选中“fx 效果”调整数值如图 4-91 所示。最后点击确定得到效果。

图 4-91　设置 fx 效果

7.添加“色阶”调整图层,设置数值如图 4-92 所示,得到效果如图 4-93 所示。

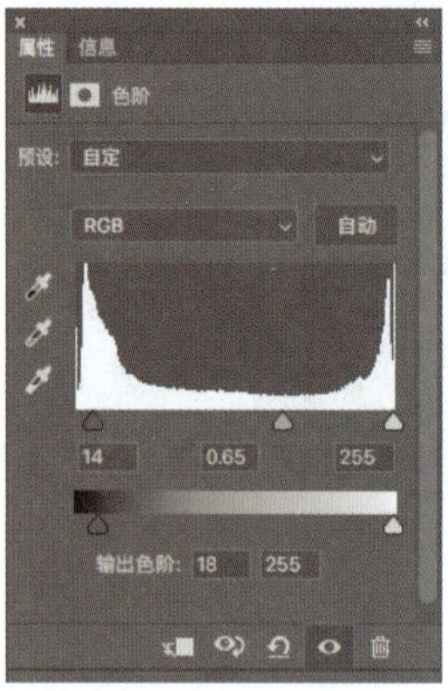

图 4-92　添加色阶

图 4-93　得到效果

步骤三:深入细节

1.新建“图层 1”。

2.选中“图层 1”执行“菜单栏”中“选择”下“色彩范围”命令。在“选择”下拉菜单中选中“高光”,将“颜色容差”设置为“0”,“范围”为“40”,并点击确定,得到效果如图 4-94 所示。

图 4-94　设置选区

3.按住“Ctrl+Delete”填充背景色为白色，按“Ctrl+D”取消选区。

4.选中“图层 1”将“填充”设置为“0”。

5.双击“图层 1”为“图层 1”设置外发光，参数设置如图 4-95 所示。

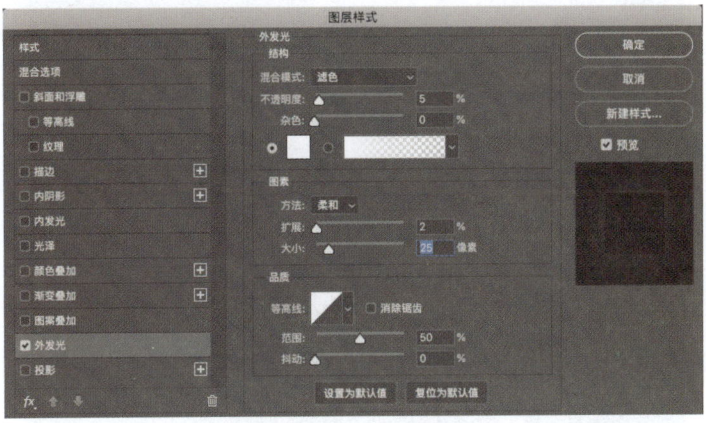

图 4-95　设置图层样式

6.选择“工具箱”中“画笔工具”，调整画笔大小设置，如图 4-96 所示，设置不透明度为“100%”，流量为“30%”。

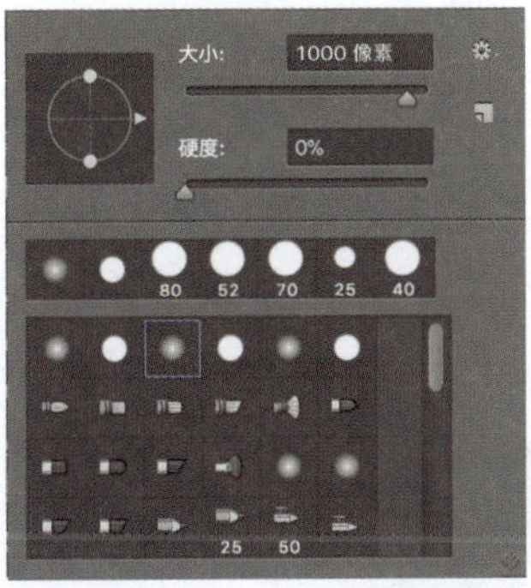

图 4-96　设置笔刷

7.在图像上进行色彩采样。新建“图层 2”，并在“图层 2”中添加对应灯光颜色的折射光，制造霓虹灯光环境，如图 4-97 所示。

图 4-97　添加光效

8.设置“图层 2”的“混合模式”为“滤色”,“不透明度”为“25”,得到效果如图 4-98 所示。

图 4-98　设置图层模式

9.选中除“图层 0”之外的所有图层,创建成“组 1”。

步骤四:添加霓虹灯牌效果

1.打开素材“灯牌素材”拖动添加并更改命名为“组 2”。

2.按住“Ctrl+T”调整移动灯牌位置、大小,如图 4-99 所示。

图 4-99　放置素材

3.为“组 2”添加如图 4-100 所示的外发光图层样式。

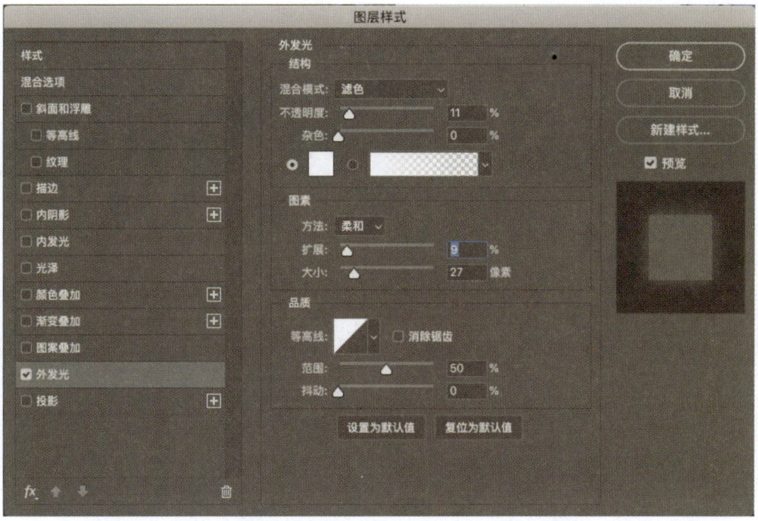

图 4-100　设置图层样式

4.按“Ctrl+J”设置“组 2 拷贝”的混合模式为“线性光”,效果如图 4-101 所示。

图 4-101　设置图层混合模式

5.新建“图层 3”使用“工具箱”中“钢笔工具”绘制路径。切换至“工具箱”中“画笔工具,设置如图 4-102 所示参数后单击“确定”并返回“钢笔工具”,按住“Ctrl”键的同时框选所有绘制好的轮廓线。右键选择“描边路径”并在设置框中取消“模拟压力”的勾选,选择下拉菜单中“画笔”选项并确定。得到效果如图 4-103 所示。

6.双击“图层 3”设置图层样式,勾选“颜色叠加”,设置参数如图 4-104 所示。

7.继续设置“内发光”,调整参数如图 4-105 所示。设置“外发光”,调整参数如图 4-106 所示。设置“投影”,调整参数如图 4-107 所示,并单击“确定”得到效果如图 4-108 所示。

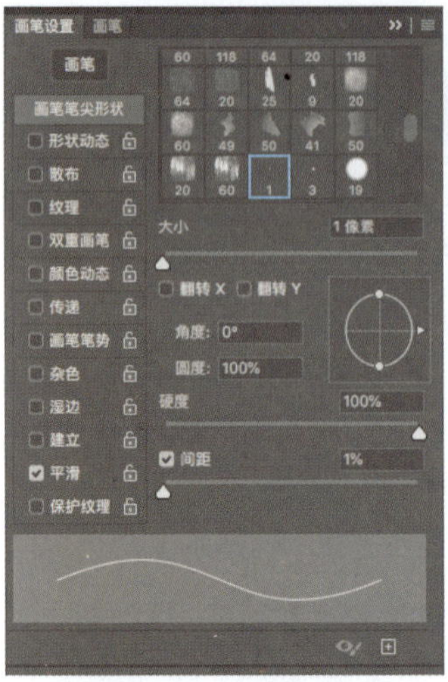

图 4-102　设置笔刷

图 4-103　绘制线条

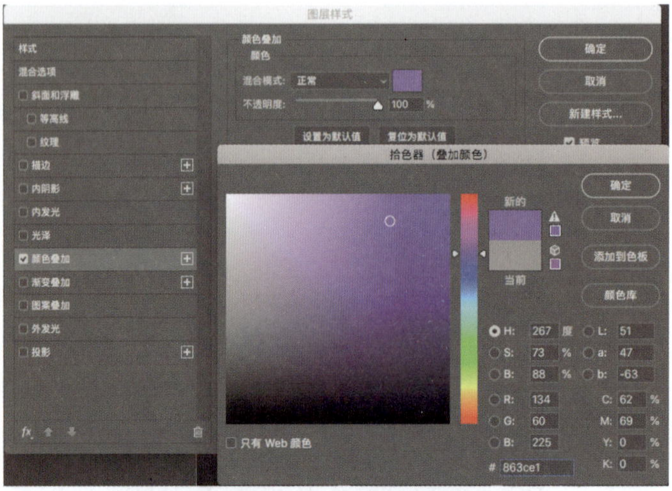

图 4-104　添加图层样式

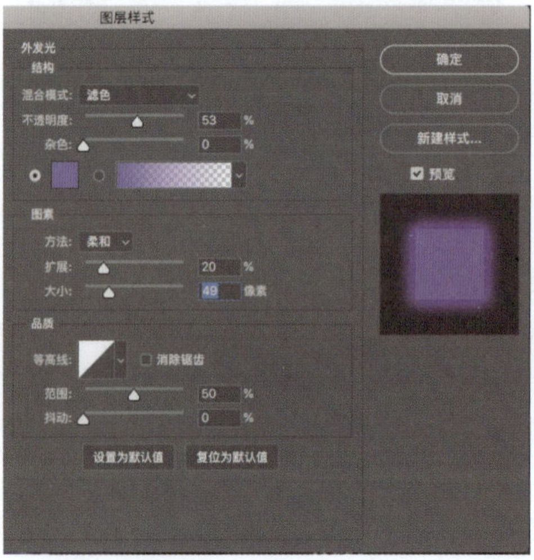

图 4-105　添加内发光

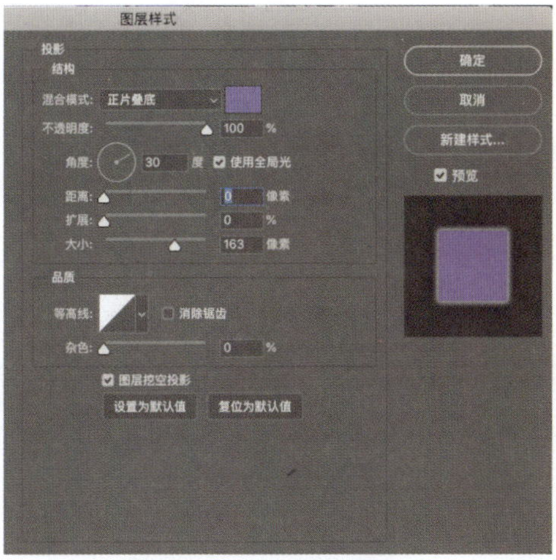

图 4-106　添加投影

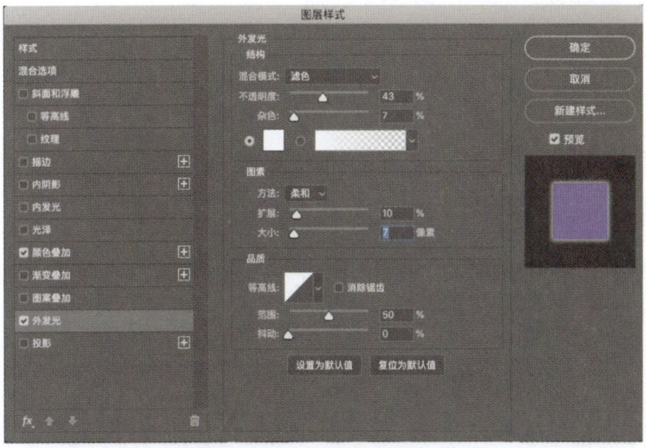

图 4-107　添加外发光

图 4-108　得到效果

8.可以继续使用相同方法绘制个性化的霓虹灯牌效果,得到最终效果如图 4-109 所示。

图 4-109　最终效果

◎ 知识点拓展

01.笔刷的设置面板

在笔刷的设置面板中有一项是“画笔笔尖形状”，我们在这里可用鼠标点击它，面板的右边会出现相应的选项。

首先我们选择好画笔，“直径”是控制线条的粗细，单位为像素，数值越大线条越粗。“角度”和“纵横比”是控制线条的角度的，这里针对某些画笔，不是所有画笔都能显示出效果的。“硬度”是控制线条的模糊程度，以百分比为单位，数值越大线条越清晰，数值越小线条越模糊。“间距”是控制线条之间的距离程度的，也是以百分比为单位，数值越大间距越大。

02.形状动态

在“画笔笔尖形状”中的第一个选项是“形状动态”，用来定制笔刷的外形，外形决定了画笔一笔一画的形状。在此选项下的参数中，我们可以在上一步定制画笔的基础上更加详细地设置画笔的外形。例如“大小抖动”“最小直径”“角度抖动”“圆度抖动”“最小圆度”。

03.散布

外形设置的下面一个选项是“散布”，控制画笔的散开程度，通过调节相应参数值的大小也可以得到不同的结果。这个选项只适合做一些特殊的图形，像星星散状之类的。

04.纹理

除了对画笔的外形可以自定义外，人们还可以在材质上选择自己所喜欢的。点击“纹理”即在面板右边出现相关的选项。同样，材质选择面板下也有扩展菜单，可以定义材质选择面板的样式。

05.双重画笔

双重画笔就是在已经选择好的画笔上再增加一个不同样式的画笔。首先我们在“模式”中选择一个样式，样式包括“正片叠底”“滤色”“颜色加深”等，这是设计第二个画笔叠加在第一个画笔上的方式。然后人们在选择框里再选择一个画笔，调节“直径”“发散”“间距”等各个参数，可以得到不同的画笔效果。

06.颜色动态

一般人们一开始就设置好画笔的颜色了，无论画什么形状的图形都是一种颜色，有没有可以让线条产生不同颜色的操作呢？在“颜色动态”这个选项中我们可以让画笔的线条产生不同的颜色，随着线条的增加颜色渐进。

07.其他动态

最后这个设置选项人们还可以设置画笔跟随的不同波动参数，让画笔画出效果更加丰富的线条。

在设置区还有几个选项没有相关的参数设置，只能供用户选择，如“杂色”“湿边”“平滑”“喷笔”“保护纹理”等，具体的效果大家亲自去体验吧。

◎ 独立实践任务

任务 3　红心猕猴桃照片调色

【任务背景】

一家新兴的水果电商平台因其对水果品质的追求和扶贫帮困的公司理念，逐渐在青年人群中受到欢迎。正值上海购物节各大电商平台纷纷推出主打新品，水果电商平台也有意趁此机会上架一款来自四川雅安的红心猕猴桃。于是某设计摄影公司承接了此次产品的拍摄和后期工作。

【任务要求】

画面构图合理，色彩鲜艳饱满，让人产生食欲和购买欲，参考效果如图 4-110 所示。

图 4-110　参考效果

【技术要领】水果图像色彩调整，版面编排。
【解决问题】合理运用素材和软件资源。
【素材来源】\模块 04\情境 04\任务 3\素材\水果调整.jpg。
【参考效果】\模块 04\情境 04\任务 3\参考效果\水果调色.png。

职业技能知识点考核

1.单选题

(1)在图像格式中既能存储位图又能清晰显示文字的文件分辨率为________。

A.72 像素/英寸　　B.90 像素/英寸　　C.150 像素/英寸　　D.300 像素/英寸

(2)矩形选框工具的快捷键是________。

A.K　　B.W　　C.M　　D.J

(3)在 PS 中按下________可以执行图像的反选。

A.Ctrl+Alt+U　　B.Ctrl+I　　C.空格　　D.Ctrl+Shift+I

(4)容差的取值范围为________。

A.0～254　　B.2～254　　C.0～255　　D.2～255

(5)在图像格式中既能存储位图又能清晰显示文字且文件大小方便浏览的文件格式为________。

A.JPEG　　B.CMYK　　C.PDF　　D.EPS

(6)在 PS 对钢笔路径进行描边时,线条的粗细是由________决定的。

A.钢笔工具　　B.画笔的直径　　C.画笔样式　　D.图层的透明度

(7)以下工具中不能用来创建选区的是________。

A.快速选择工具　　B.吸管　　C.套索　　D.魔术棒

(8)不含像素内容的图层是________。

A.普通图层　　B.调整图层　　C.背景图层　　D.新建图层

(9)在 PS 中,如果要用钢笔工具绘制水平、垂直或者呈 45°角的直线,按住________辅助键即可。

A.Shift　　B.Alt　　C.Ctrl　　D.Alt+Ctrl

(10)在下列选择范围的方式中,能扩大原有选择范围的是________。

A.　　B.　　C.　　D.

(11)不论图像放大或缩小,不会影响其质量的是________。

A.菱形　　B.照片　　C.路径　　D.风景画

(12)“浮雕”滤镜效果存在于________内置滤镜功能中。

A.渲染　　B.像素化　　C.风格化　　D.纹理

2.多选题

(1)在 Adobe Photoshop CC 2020 中,蒙版分为________。

A.快速蒙版　　B.剪切蒙版　　C.图层蒙版　　D.不透明蒙版

(2)对 Adobe Photoshop CC 2020 中裁切工具描述正确的是________。

A.裁切工具可保留裁切框内区域,剪掉裁切框以外区域

B.裁切框可随意旋转

C.要取消裁切操作可按 Esc 键

D.裁切后的图像大小改变了,分辨率也随之改变

(3)在 Adobe Photoshop CC 2020 中,对选区的羽化描述正确的是________。

A.使选取范围扩大　　B.使选取范围缩小

C.使选取边缘柔软　　D.使选取边缘锐化

(4)在 Adobe Photoshop CC 2020 中,下面对图层蒙版叙述正确的是________。

A.使用图层蒙版的好处在于能够通过图层蒙版隐藏或显示部分图像

B.使用蒙版能够很好地混合两幅图像

C.使用蒙版能够避免颜色损失

D.使用蒙版可减少文件大小

(5)在 Adobe Photoshop CC 2020 中,________内容不随文件存储。

A.通道　　B.历史纪录　　C.图层　　D.蒙版

(6)下列属于绘画工具的是________。

A.铅笔　　B.橡皮擦　　C.油漆桶工具　　D.渐变

(7)在 PS 中一条典型的路径由________构成。

A.路径线　　B.控制手柄　　C.轮廓线　　D.锚点

(8)在 PS 中,关于滤镜操作正确的是________。

A.滤镜只对当前的层或通道起作用

B.滤镜只能用一次

C.有些滤镜只能应用在 RGB 模式的图像里

D.文字只能栅格化后才能使用滤镜

(9)下列属于图层样式的是________。

A.投影　　B.外发光　　C.浮雕　　D.描边

3.简答题

(1)简要叙述位图图像和矢量图形的区别。

(2)Adobe Photoshop CC 2020 工具箱中的工具可归纳为哪几大类?

(3)简述平面设计的三要素。

(4)简述 RGB、CMYK 和 LAB 颜色模式的特点和主要用途。

(5)如何调节图层的叠加顺序?请写出相应命令及对应的快捷键。

(6)描述 Photoshop 缩放和移动视图的方法。

(7)什么是色彩混合模式?它在图层操作中的作用是什么?

模块 05

数字音频制作

多媒体交互作品的数字音频获取方法很多，可以购买音频资源素材库；或者通过录制的方法获得所需的音频资源。

在室内，人们可以使用专业录音棚录制声音，也可以搭建小型音频工作站，运用音频软件进行录音。在室外，我们可以使用录音笔以及耳机、音频线等配件，组成可携带的录音采风系统。

本情境主要引导学生学习使用常用软硬件设备和系统录制声音的方法和技巧，学会使用话筒、录音笔、声卡、音频接口等录音设备，以及 Adobe Audition CC 音频软件录制功能，掌握如何从音效库搜索所需音频片段并提取。通过本模块的学习，学生能自己录制和制作网络电台节目，进而培养声音素材采集能力。

广告制作、平面设计、媒体艺术、会展设计、数字出版、电脑编辑、影视动画、印刷图文等相关专业可以根据专业的特点，对本模块的内容进行选择性教学。

素材+完成效果

情境 01　音频的获取

音频设备为声音设计与制作提供了硬件保障。主要的音频设备包括话筒、声卡、话筒放大器、调音台、音箱等，音频设备类型繁多，一名专业的录音师不仅要考虑到设备质量、安全等因素，更应结合具体录音场合和需求选择合适的音频设备并搭建系统，这需要录音师对音频设备原理、设备技术参数、连接方式、摆放位置有深刻的了解，并能灵活运用于不同音频工作场合。

声音的采集既离不开音频设备与软件，也离不开声音采集方式的运用，对于不同的场景选择适用的方法是声音设计师必备的技能。声音采集可通过录制、寻找素材等方式来获得。录制的内容可以是语音，也可以是音乐或音效。掌握多种声音采集方法，能帮助人们应对不同的需求场景。

【能力目标】

1.掌握使用 Audition CC 音频软件进行语音录制的方法。

2.掌握专业音效库的使用方法，搜索及提取所需音频素材。

3.掌握室外便携录音系统的搭建方法，并运用录音笔采集声音。

【知识目标】

1.了解音频素材采集的方法。

2.认识常用的音频文件格式。

3.掌握数字音频基本原理。

4.了解影视声音常用的两种采集方法。

【课时分配】

2 课时（授课 1 课时，实践 1 课时）。

◎ 模拟制作任务

任务 1　语音录制

【任务背景】

《嗨！我的国》网络电台节目由师生共同创建，旨在为“00 后”学生搭建一个表达爱国情怀的平台，为社会传递正能量的声音。

网络电台节目是新媒体时代孕育的产物，作为一个自媒体平台，人人都可以在此成为主播，在网络发布自己的声音，通过声音与更多的人交流分享。常用的网络电台有喜马拉雅、蜻蜓 FM 等，平台发布流程简单、容易上手，主要的文件发布格式是 MP3，但节目本身需要主播自己录制并制作完成，对音频的内容与质量也有一定的要求，以喜马拉雅为例，在音频内容上严禁上传违规/色情色诱/低俗等内容，在音频质量上要求码率大于 64 kbit/s，文件小于等于 200 M，支持标注、高清音质等多种选择，支持的格式种类多达 11 种，涵盖 WAV、MP3、FLAC 等常见格式。喜马拉雅电台发布平台如图 5-1 所示。

图 5-1　发布平台

【任务要求】

语音是网络电台节目中最主要的元素。语音素材根据节目稿录制，要求语音清晰，不失真。

【任务分析】

网络电台节目具有传统广播电台无法比拟的优越性，集合了互动性强、不受时空限制等新媒体特点，只需利用计算机搭建一个小型音频工作站，人人便能进行录制，便捷又节省成本。在实际录制过程中，除了须考虑环境噪声的影响、防喷罩等配件使用，还要对声卡及录音通道进行设置，达到音频信号正常输入输出的目的。

【重点、难点】

1.小型音频工作站的搭建。

2.运用 Audition CC 进行录制设置与操作。

【技术要领】录音环境一定要安静；嘴离麦克风的距离要适当，太近会录下喷气声，太远会使录制的声音太小；麦克风与音响之间应保持一定距离，以免声音失真或产生啸叫声。

【解决问题】音频信号输入与输出的设置。

【素材来源】\模块 05\情境 01\任务 1\素材\录音文稿.docx。

【完成效果】\模块 05\情境 01\任务 1\完成效果\网络电台节目.wav。

操作步骤

步骤一：搭建小型音频工作站

01.外置声卡

外置声卡需要安装驱动，一个小型音频工作站需要的设备有话筒、声卡、计算机、耳机和音频线。话筒是输入设备，声卡可以起到让音频信号从模拟到数字、数字到模拟的转化作用，计算机是录制软件平台，耳机用于输出监听，而音频线可将各种设备连接起来。音频线的接口是卡农口，一般公头端插入声卡输入通道，母头端插入话筒。立体声耳机接口为大三芯，插入声卡的输出端。声卡与计算机往往通过 USB 接口进行连接。

02.内置声卡

单击“开始”→“设置”，打开“Windows 设置”窗口，在窗口中单击“系统”选项，如图 5-2 所示。

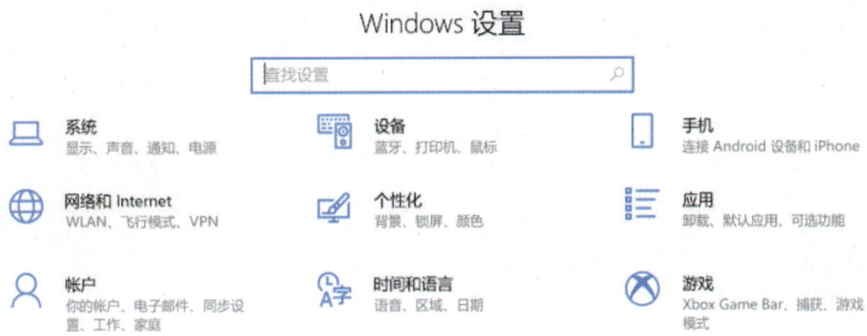

图 5-2　Windows 设置

选择“声音”对话框，如图 5-3 所示，下滑至“输入”，在“选择输入设备”下拉框中选择“麦克风阵列”，当测试麦克风的音量蓝条有移动变化时，说明设置正确，麦克风工作正常。

图 5-3　“声音”对话框

步骤二:录音预备设置

1.启动 Audition CC 软件,打开窗口如图 5-4 所示。图中的大窗口是主窗口,可以对声音进行各种编辑;小窗口是设备控制窗口,具有控制录音、播放等功能。

2.按“Ctrl+N”键新建一个多轨声音文件,打开如图 5-5 所示的“新建轨道”窗口。

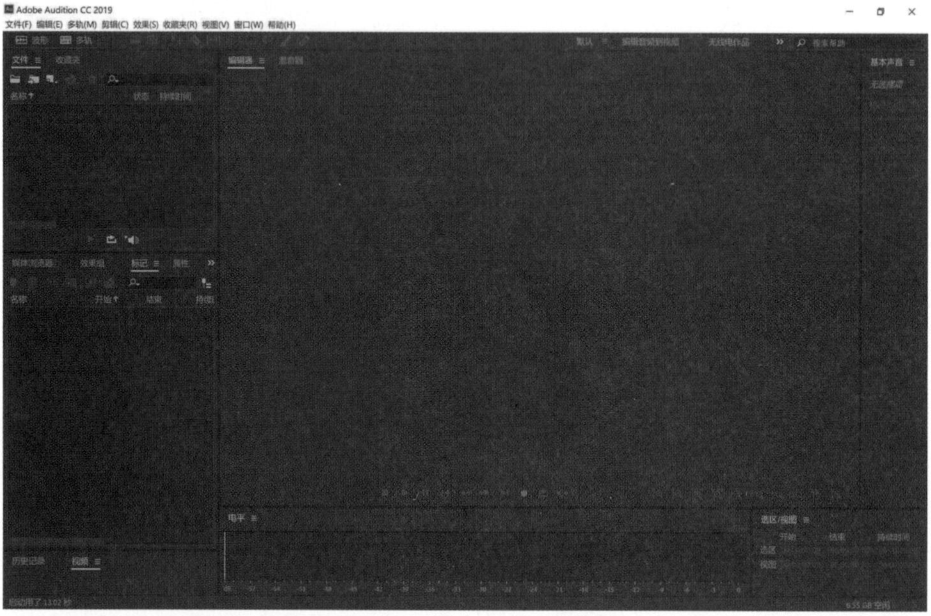

图 5-4 Audition CC 软件窗口

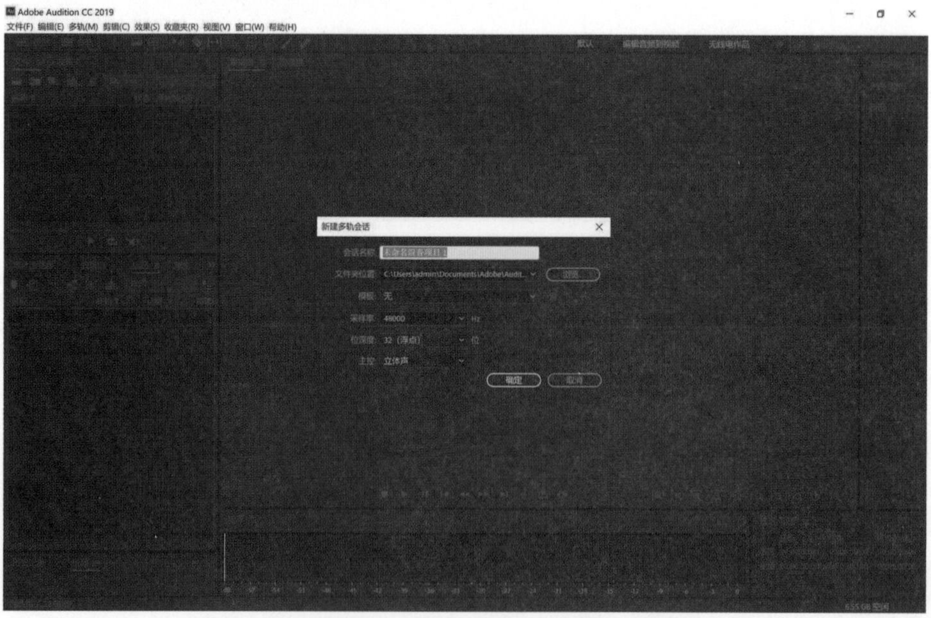

图 5-5 “新建轨道”对话框

3.在“新建轨道”窗口中,“声道数”选择“立体声”,“采样速率”为“48 000”,“比特率”设置为“32 bit”,单击“确定”按钮,Audition CC 窗口中出现多轨编辑界面,如图 5-6 所示。

图 5-6　多轨编辑界面

4.在菜单栏中单击“编辑”→“首选项”→“音频硬件”，首选项界面如图 5-7 所示。打开“音频硬件”窗口，如图 5-8 所示，根据声卡使用实际选择相应输入输出设置。

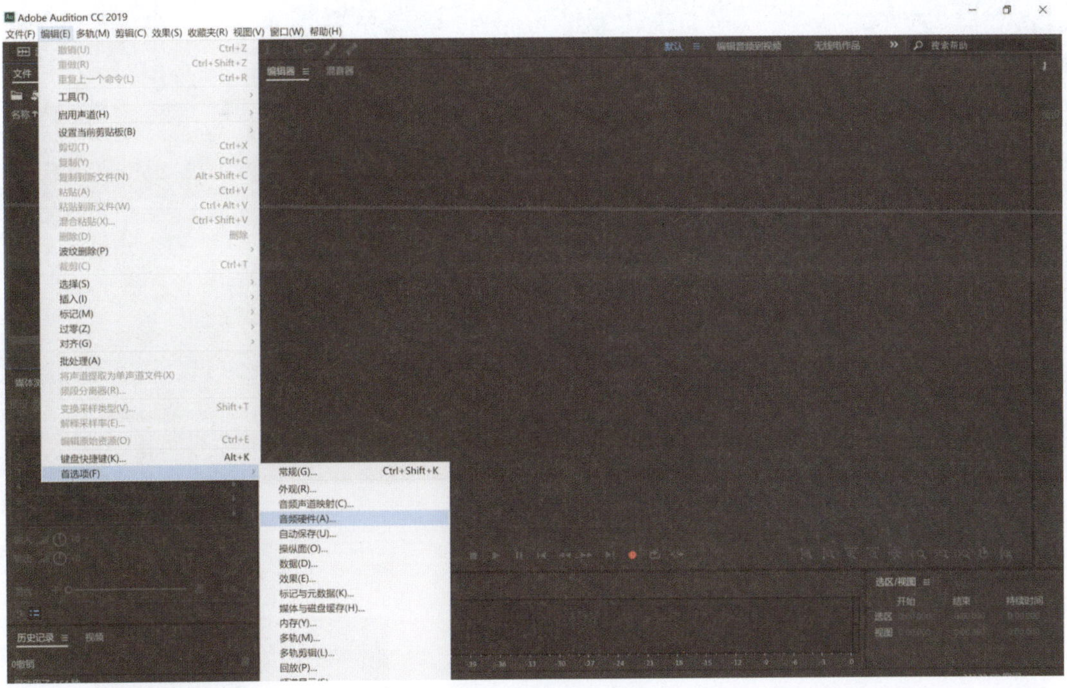

图 5-7　“首选项”界面

5.回到多轨编辑模式，在相应录制轨道内输入端设置相应的麦克风通道，注意通道设置与声卡以及话筒插孔通道须匹配，观测轨道旁的电平，有浮动代表信号输入正常、设置正确，具体设置如图 5-9 所示。

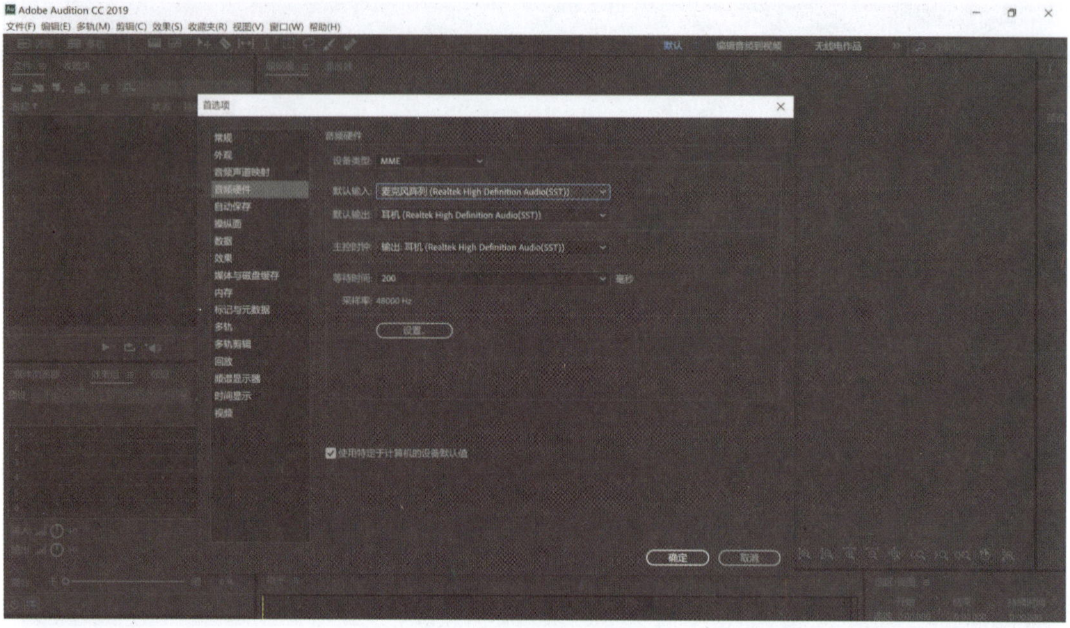

图 5-8 “音频硬件”窗口

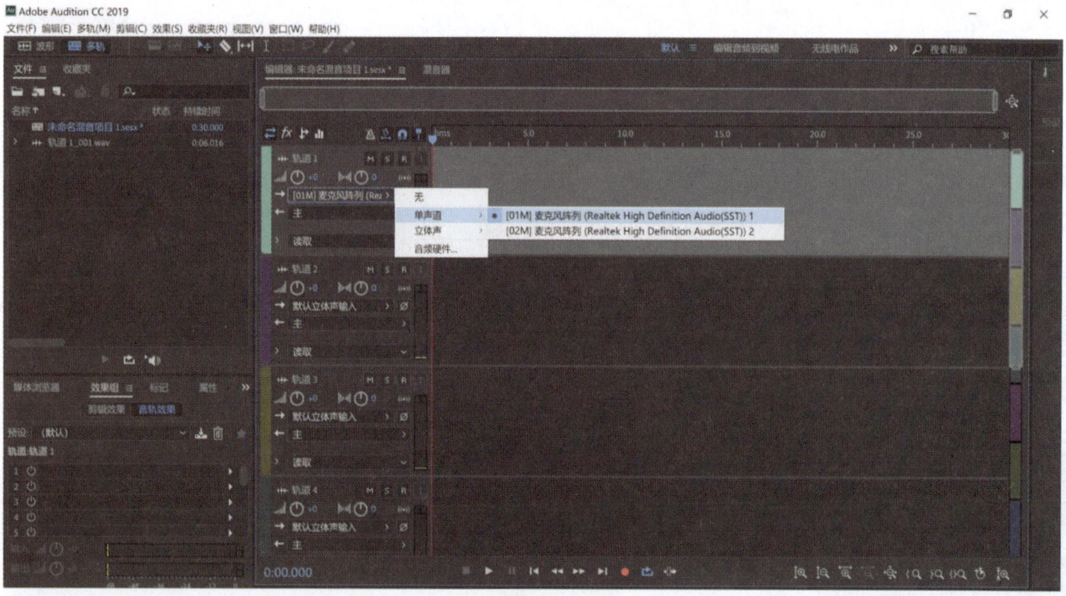

图 5-9 音频轨道输入设置

步骤三：录制声音

1.在相应轨道上开启“准备录音”按钮“R”，如图 5-10 所示。

2.在设备控制窗口中，单击“录音”按钮开始录音。当轨道出现红色走带，有频谱出现时，则说明正常录制。录制界面如图 5-11 所示。

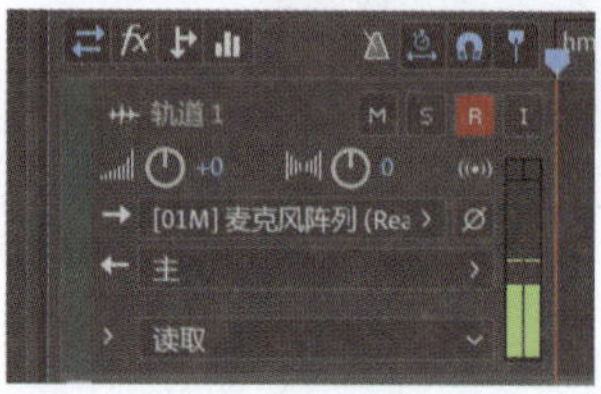

图 5-10 开启“准备录音”按钮“R”

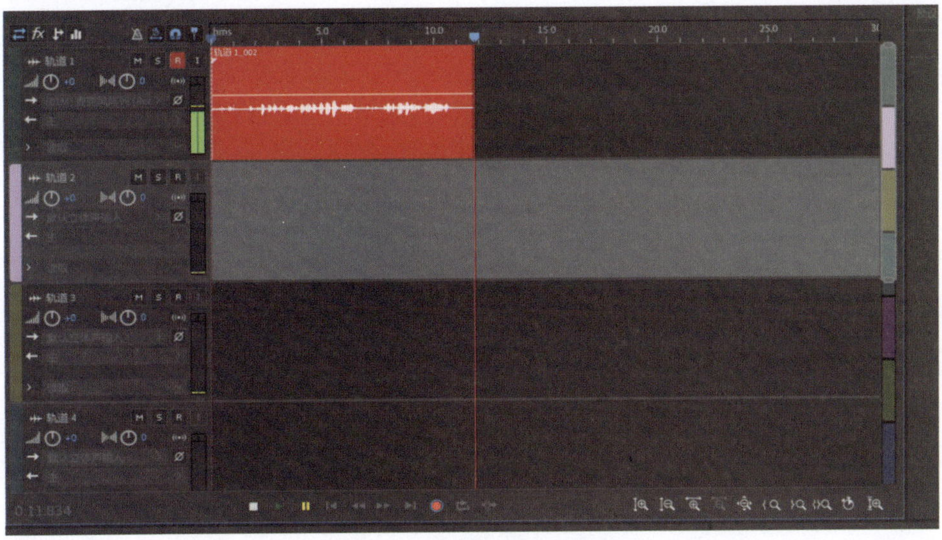

图 5-11　按录音键进行录音

任务 2　音效库使用

【任务背景】

在声音素材采集过程中，人们通常受到时空的限制或者成本预算的制约，很难对每个声音素材，尤其是音效进行现场录制，因此需要购买和使用音效库，运用别人已采集的声音作为素材在自己的作品中进行使用。

音效库种类繁多，一个音效库也是包罗万象，涵盖成千上万个音效，数量庞大，若一个个寻找，费时费力，所以有必要掌握音效库的使用方法，利用索引文件定位音频文件位置并精准提取。

【任务要求】

通过索引文件，从 SOUND IDEAS General 6000音效库中找到合适的声音素材为网络电台节目配上音效。

【任务分析】

正版音效库的音质是网络音效永远也无法达到的，正版音效库的音效是通过录音师用专业设备进行录制和处理的，能够保证作品发布的质量，以避免网络音效的质量层次参差不齐和存在失真的问题。此外，正版音效库一般按一定的规则进行分类，虽然音效数量繁多，但掌握其归类逻辑，就便于搜索和使用了。

在音效库中，一个音频文件可能会存在多个音效的情况，此时需要利用 Audition CC 或其他音频编辑软件进行音效片段提取。

【重点、难点】

1.通过索引找到音效文件位置。

2.运用 Audition CC 进行音效片段提取。

【技术要领】看懂音效库索引表。
【解决问题】锁定音效提取的位置，并将找到的音效填入音效列表。
【素材来源】\模块 05\情境 01\任务 2\素材\网络电台节目语音.wav。
【完成效果】\模块 05\情境 01\任务 2\完成效果\音效列表.doc。

操作步骤

步骤一：在音效库中找到音频文件

01.分析音效库文件结构

音效库内部第一层是由文件夹组成，每个文件夹命名都按照统一的规则"'编码'—音'音效类别'"组成，打开文件夹是以"Track"加序号命名的音频文件，格式为 MP3。音效文件具体信息如图 5-12 所示。

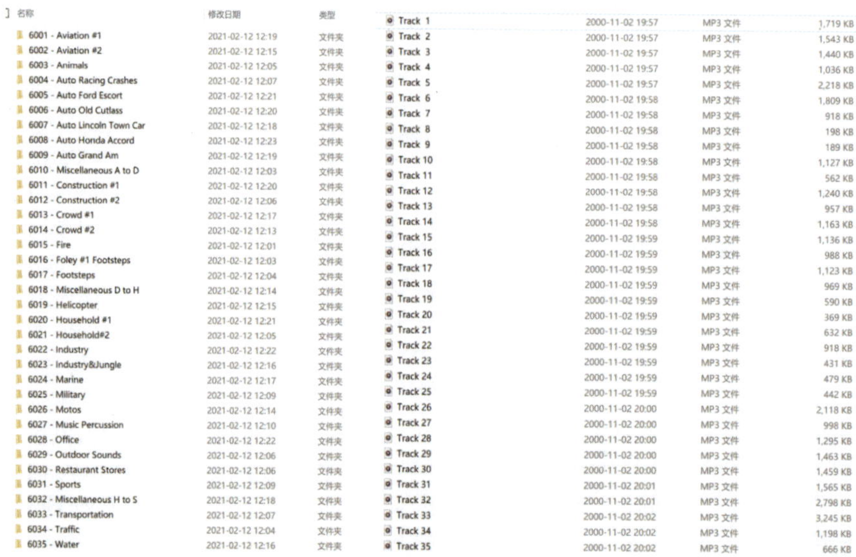

图 5-12 音效库文件夹类别

02.利用索引表搜索音效位置

通过上一步，我们了解了音效库的文件结构，文件结构只能帮人们找到相应类别的文件夹，但无法定位某个音频文件或者需要提取的片段。这时，我们需要用到音效库中的一张索引表。索引表的表头由文件夹编号、音频文件/音效编号、音效描述、音效时长组成。音频文件/音效编号，横杠左边是音频文件的序号，一个音频文件就是一个 MP3，如果横杠右边数字只有"1"，说明该音频文件就只有一个音效。如果横杠右边有大于"1"的数字，就说明一个音频文件里有多个音效，此时就需要在音频文件中提取音效。

现以脚步声为例，首先在 PDF 阅读器中的搜索框输入脚步声的英文单词"footstep"，定位到编号为"6016"的文件夹，着重看一下该文件夹中的第一个音频文件。在这个音频文件中一共有 4 个音效，根据内容描述，4 个音效都发生在混凝土地上，是由男人穿着皮革鞋底的鞋作用于地面发声的，第一个音效动作是走路，第二个音效动作是在地面摩擦，第三个音效是左脚落地单个声音，第四个音效是右脚落地单个声音。前面 2 个音效的时长分别是 30 s，13 s，后面两个的均为 2 s。索引表搜索音效如图 5-13 所示。

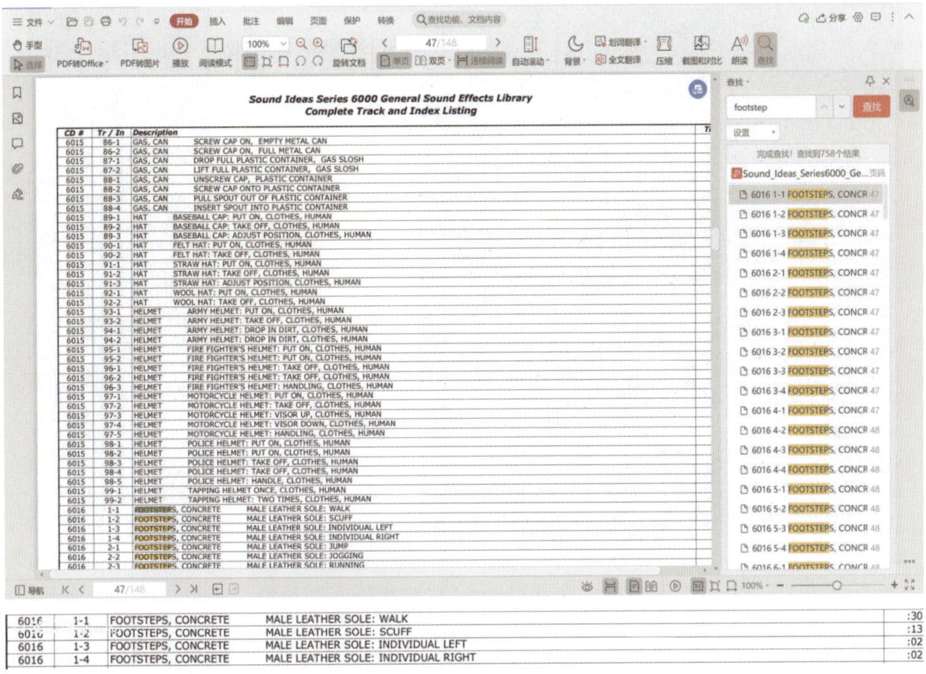

图 5-13　音效库索引文件

步骤二：提取音频片段

通过索引表已经找到相应的音效，现在将编号为“6016”的文件夹中第一个音频文件导入 Audition CC 软件，可以清晰地看到是 4 个片段，每个片段之间都留有一定空隙便于剪辑。导入 Audition CC 后音效文件显示频谱如图 5-14 所示。

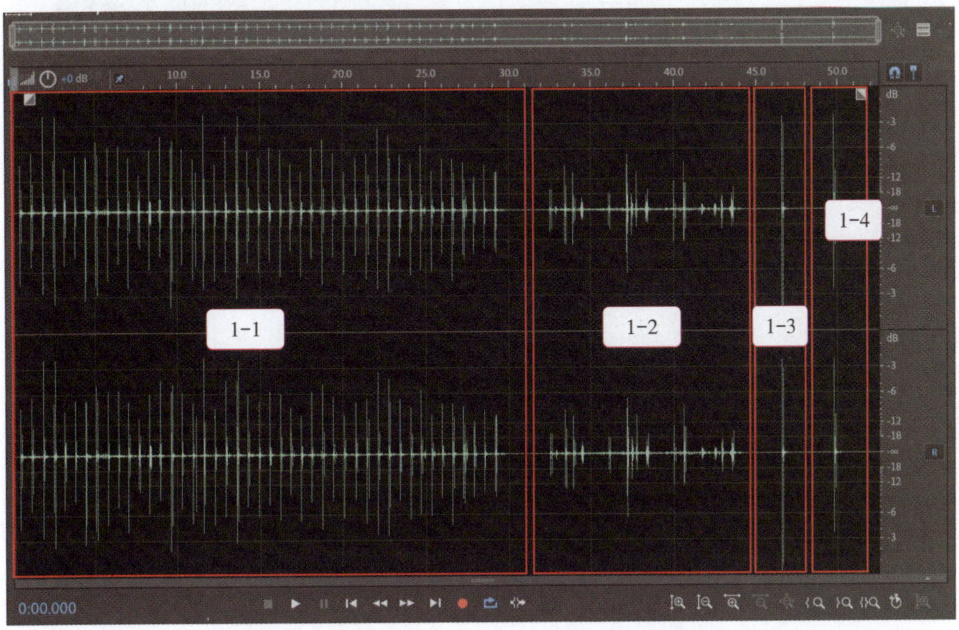

图 5-14　在 Audition CC 中打开音效库音频文件

接下来就是提取音频片段，可以直接使用"时间选择工具"选取某个音效片段，选择区域将高亮显示。音效片段提取部分会如图 5-15 所示高亮显示。

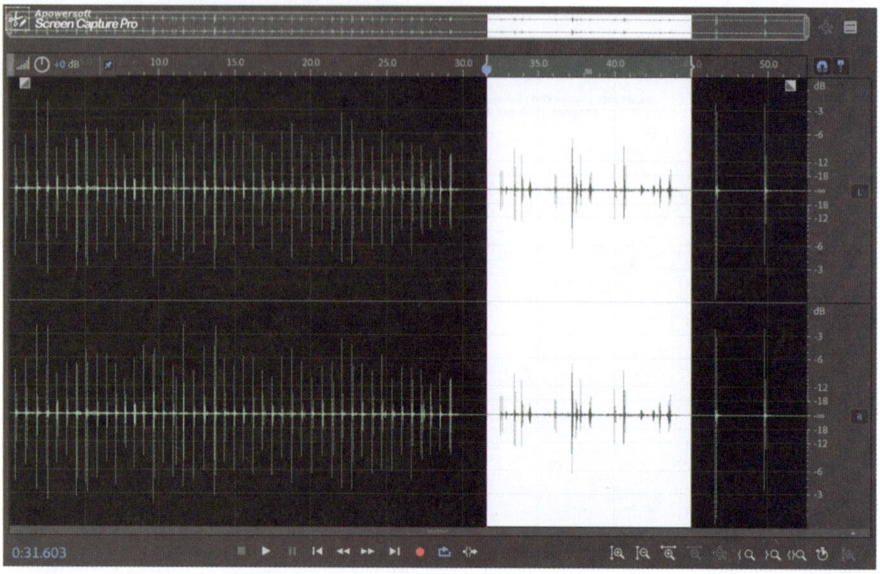

图 5-15　在 Audition CC 中提取音频片段

然后在选区单击鼠标右键选择"复制到新建"，就会在左边文件面板中出现名为"未命名 1"的新建文件，而在编辑器面板中即为提取的音效片段，最后只需要将新建文件进行保存，选择该文件，在菜单栏点击"文件"下拉菜单中的"另存为"，设置好文件名称、格式和保存路径即可，具体操作如图 5-16 所示。

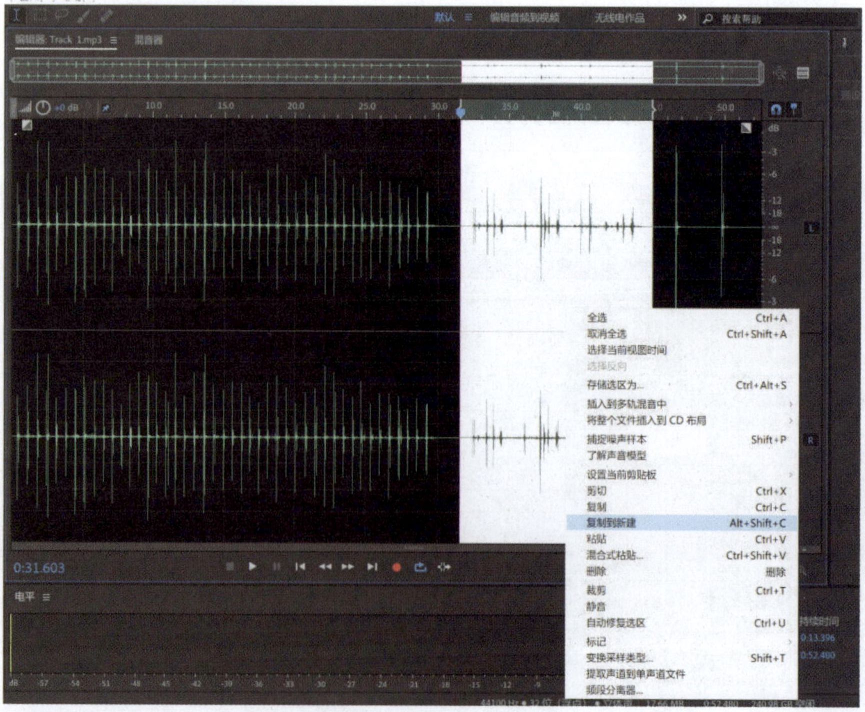

图 5-16　将提取的音频片段另存为文件

任务3 室外录音

【任务背景】

悠扬的钟声、儿童书的片段、有关疫情的科普歌曲……这些声音都来自最近的一个艺术项目“宅家的声音”,其中有隔离患者的咳嗽声、向医护人员致敬的鼓掌声和鸣笛声以及阳台上人们合奏的音乐声等。该项目由“城市与记忆”网站发起,旨在用声音记录新冠肺炎疫情期间人们的感受和故事。作为世界上最大的声音收集项目之一,“城市与记忆”在过去的五年中收集了3 500多个声音,覆盖了全球95 个国家,迄今为止,已经有超过100 万人次的收听数。

代表海派文化的上海石库门里弄,随着拆迁改造的日益推进,留存在童年记忆里的弄堂声音已渐渐消失,急需通过录音对其加以保存,而这种采集就需要使用室外录音。室外录音也是采集声音素材的一种方法,可以帮助人们平时搜集素材。

【任务要求】

室外录音通常用于拾取环境声,但对于新闻采访和影视对白录音而言,最大的影响因素来源于环境,需要把环境声带来的影响降到最低,以保持语音的清晰干净。

【任务分析】

首先,要考虑录音系统设备的选择,室外录音需要一套轻便的录音系统,它与室内录音不同,室内录音目的明确,且拥有更多的时间和空间去放置话筒并进行调试,甚至可以同时录制多个通道,故室内录音系统设备相对庞大,数量繁多,而室外录音所处的环境是不断变化和流动的,录音系统需要具备一定的灵活性,便于转换录音位置。其次,室外环境气候变幻莫测,配备防风罩等录音配件也是必要的。再次,室外录音的方式以单点为多,所以相对室内录音而言通道数量较少,一般室外录音机或录音笔都会配备内置话筒和外接话筒接口。最后,室外录音有很强的灵活性,采集的素材数量往往也比较繁多,在录制时如何进行标注和记录也是非常重要的。

【重点、难点】

1.室外录音系统的搭建和 ZOOM H6 的使用。

2.标记录制声音素材。

【技术要领】室外环境录音用立体声,语音用单点话筒录音。
【解决问题】录制时如何标记声音素材。
【素材来源】素材根据室外录音需求进行录制。
【完成效果】\模块 05\情境 01\任务 3\完成效果\相关文件 3 个。

操作步骤

步骤一:室外录音系统搭建

01.录音笔选择

ZOOM H6 是一款专业便携式录音机,如图 5-17 所示。凭借其先进的前置放大器和可拆换的话筒头，提供了多功能录音和高端的音频品质。从播客、音乐到电影制作等，给人们一个完整的便携式播客解决方案。H6 具有 4 个带有开关和增益控制的 XLR/ TRS 组合输入和 6 个音轨录音功能，可实现无失真录制，并且可随时在导演要求的任何场景下进行录音。H6 具有两个 1/8 英寸输出，一个立体声线路输出以及一个带有专用音量控制的耳机输出。H6 的 USB 端口可将其用作计算机或 iPad 的立体声或多声道音频接口，且续航时间长，4 节 AA 电池可连续录制 20 h 以上，或者使用可选的 AD-17 适配器可以无限期地延长录制时间。最高支持 96 kHz/24-bit 的波形格式文件，并且可以在常用音频编辑软件上进行后期处理。

02.配件选择

H6 拥有多个可拆换话筒，其中 MS Capsule 立体声话筒接口包含双重麦克风元素——向前的单向麦克风（“Mid”）和侧面的双向麦克风（“Side”），属于 MS 立体声制式，非常适合电影、视频和电视项目。MS Capsule 立体声话筒如图 5-18 所示。

图 5-17　ZOOM H6 便携式录音机

图 5-18　MS Capsule 立体声话筒

XYH-6 拆换话筒如图 5-19 所示，采用两个成角度的高质量单向麦克风，它们对来自正面的信号敏感，并且对来自侧面和背面的信号敏感。X/Y 录制是最理想的选择，当使用者想覆盖广阔的区域但仍要捕捉到很强的中央图像时，它是所有类型现场立体声录制的理想选择。

弹枪式麦克风如图 5-20 所示，拥有超指向性（即高度指向性）麦克风，适合新闻搜集。

除了以上配备的话筒之外，防风罩（图 5-21）也是必备的配件，它可降低风噪声，同时保持透声。

图 5-19　XYH-6 拆换话筒

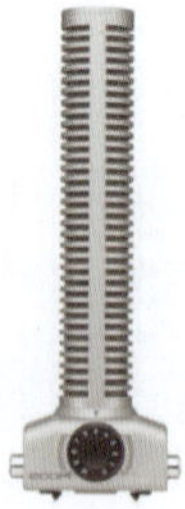

图 5-20　GUN 弹枪式麦克风

图 5-21　防风罩

除了以上录音的主要设备和配件外，还需要一个监听耳机，实时监测声音的效果，若须要外接单点话筒，则另须一根卡农音频线。

步骤二:室外录音系统使用

整个室外录音系统使用包含 4 个环节:准备工作、设备连接、录音、播放及确认。

01.准备工作

准备工作包括装入电池、SD 卡。

02.设备连接

室外录音设备连接相对比较简单,所有的设备配件都围绕着录音笔,具体接口如图5-22所示。录音笔上端槽口用于连接可拆卸话筒头,周边的 4 个卡农母头用于插入外置单点话筒,PHONE 接口(小三芯)用于插入监听耳机。

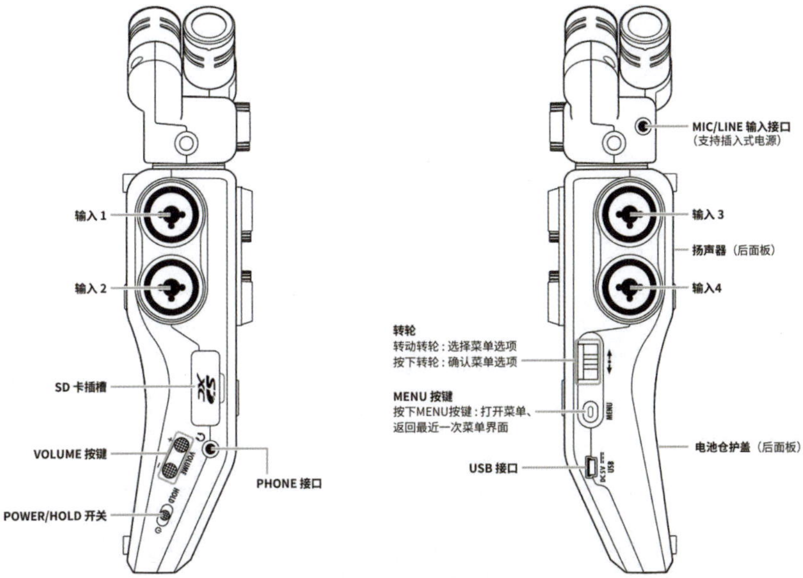

图 5-22 录音笔接口说明

①连接话筒:按下话筒两端的按钮并同时将其连接至主设备,直至其完全插入话筒接口。若是电容话筒,录音笔提供幻象电源。需要注意的是,在录音过程中拔出话筒将停止录音。在室外采风或进行影像拍摄时,连接方案如图 5-23 所示。

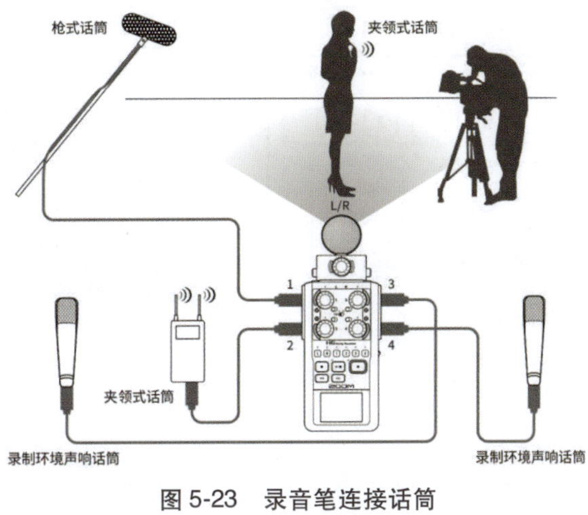

图 5-23 录音笔连接话筒

其中,L/R 输入话筒作为总体收音,连接至输入 1/2 的枪式话筒/夹领式话筒用于人物语音,连接至输入 3/4 的话筒用于环境声响收音,外部接口的 4 个通道,第一、三通道为左声道,第二、四通道为右声道。

②连接耳机:在 PHONE 小三芯接口插上耳机,如图 5-24 所示。录音笔连接端口如图 5-25所示。

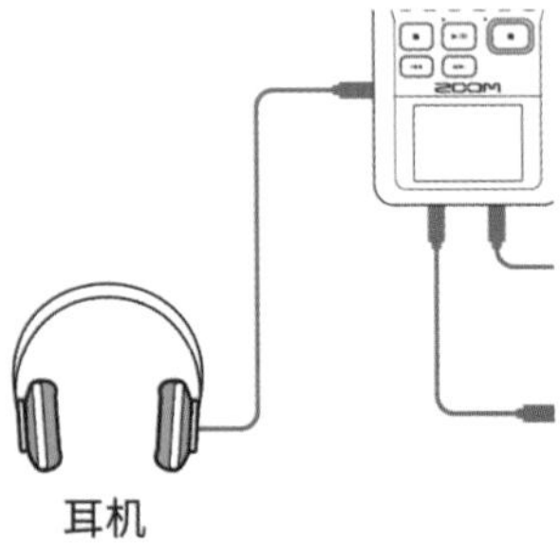

图 5-24　录音笔连接耳机

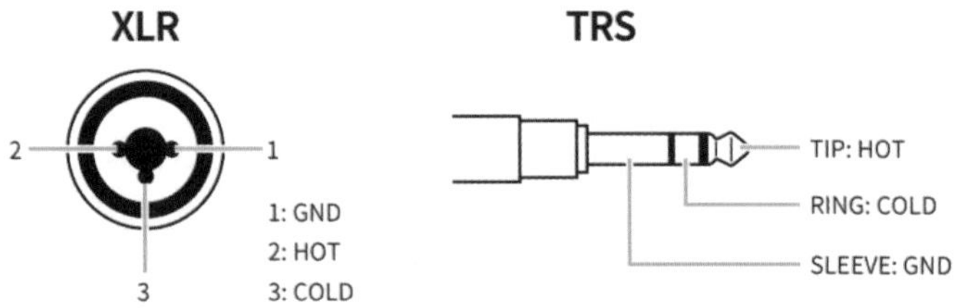

图 5-25　录音笔连接端口

03.录音

在正式录音之前,首先开启电源、设置录音格式以及输入和输出。经由话筒头录音而输入的 L/R 音频信号将录制于 L/R 音轨。而外置话筒连接至输入 1—4,其相关演绎将分别录制于音轨 1—4。在连接话筒时,将 PAD 设置为 0。连接电容话筒及其他需要幻象供电的,通过 MENU→INPUT & OUTPUT→Phantom→ON/OFF 选择所需幻象供电的输入。当连接不需要幻象供电或动圈话筒的设备时,请关闭幻象电源。否则,设备可能损坏或产生故障。

在选择音频文件格式时,若注重录音品质,选择 WAV 格式,由于 MP3 格式的音频文件将进行压缩,因此其音质会受到损失,但文件占用的储存空间更小。

在开启录音时,先选择进行录音的音轨(L、R 及 1—4),音轨(L、R 及 1—4)对应设备的输入接口,当屏幕显示主界面时,请按下对应录音音轨的音轨按键,其 LED 指示灯将变红。调整好输入输出电平(增益)就可以按下录制键开始录音了。录音笔录制按钮和界面如图 5-26 所示。

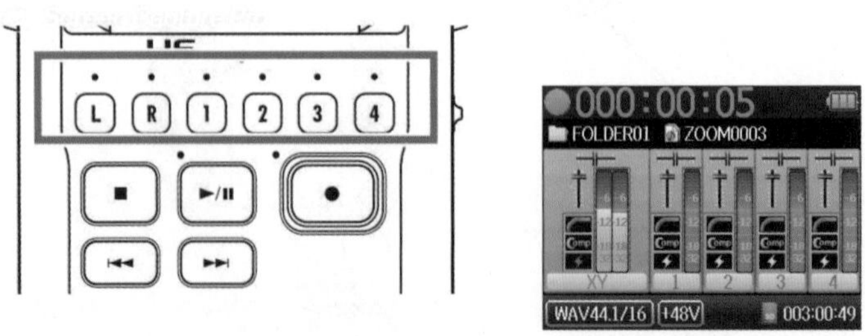

(a)录音笔录音按钮　　(b)录音笔界面

图 5-26　录音笔录音按钮和界面

04.播放及确认

按下播放键就可以听到前面录制好的声音,通过播放控制条进行快进/快退、暂停/恢复播放、选择工程文件/移动至标记处等操作。其他选项包括跳跃至标记处、AB 重复播放、改变播放速度、音调和模式以及工程文件音量平衡设置。

步骤三：室外录音方法

01.录制声音标记

为了便于后期归类整理，在录制之前先设置日期和时间，如图 5-27 所示。可以通过 MENU→SYSTEM→Date/Time 改变所设置的日期和时间。

然后，在录制之前设置好文件保存的位置，如图 5-28 所示。

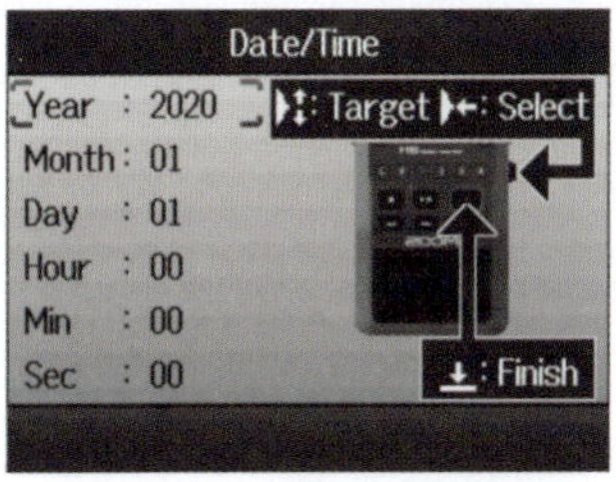

图 5-27　设置日期和时间

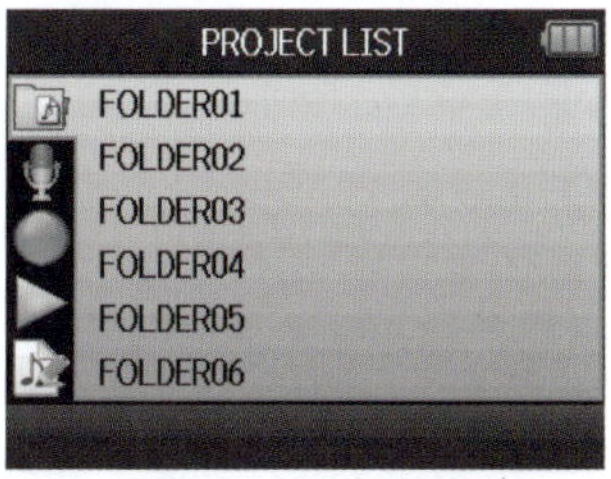

图 5-28　文件保存位置

在录制声音素材之前，录一段对声音素材的描述，若能同时进行画面拍摄，那是最好了，这样也便于后期根据音效的类别进行管理。

02.声音素材整理

在将素材导入计算机进行整理归类之前，首先了解一下录音设备所创建的文件夹和文件的目录结构，录音文件目录结构如图 5-29 所示。根目录下会自动生成多个名为“FOLDER”的文件夹，每个“FOLDER”文件夹下就是录制好的“ZOOM”文件，录制了几条就会有几个文件夹，文件夹里便是 WAV 音频文件。接下来的工作就是对每个文件进行编辑命名，提取所需片段，整理成库。

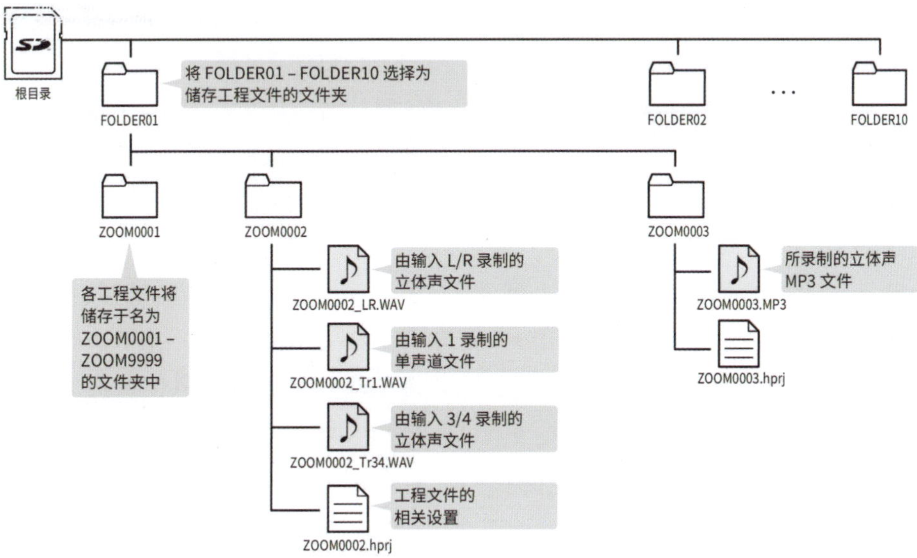

图 5-29　文件保存结构图

◎ 知识点拓展

01.声音

多媒体中的声音包括解说、音响和配乐，其主要表现形式是语音、自然声和音乐。

音响分为自然声、机械声、人声和乐器声。自然声包括风、雨、雷电、流水、动物等自然界的声音；机械声包括车辆、枪炮、机床、实验仪器等人造机械的工作声；人声包括说、笑、哭、喊、脚步、心脏跳动、呼吸等来自人体器官发出的声音；乐器声是指由各种乐器发出的声音。

声音可以通过录音、声卡采集完成，也可由计算机合成。解说一般通过话筒、声卡录音后获得，或者通过语音合成获得。通过对声音的运用，人们能更形象、更直观、更容易地认识产品所表现的内容。

02.声音数字化

声音数字化的关键是将模拟信号转换成数字信号的技术。

①模拟音频信号。录制工序很复杂，也需要进行多次转录。每一次转录都会有部分电信号由于信号变形和转为微弱信号而损失和声音失真。

②数字音频信号。与模拟音频信号录制方法一样，优点在于，数字音频信号不管将来做多少次转录和音频处理，数字音频信号始终会保持原始的录音质量，不会有任何损失和失真。数字转录对人们来说，就像复制计算机中任何一个文件一样，复制出来的文件和原来的文件不会有任何不同。

通过采样和量化，一个连续的波形变成了一系列二进制数字表示的数据。决定数字化波形质量的重要因素之一是采样频率，采样频率越高（即采样周期越短），数字化音频的质量也就越高。根据奈奎斯特采样定理可知，在对模拟信号进行采集时，选用该信号所含最高频率两倍的频率采样，才可基本保证原信号的质量。目前普通声卡的最高采样频率通常为 48 kHz或者 44.1 kHz，此外还支持 22.05 kHz和 11.025 kHz的采样频率。

决定数字化波形质量的第二个因素是量化位（即信号编码的位数）。在多媒体计算机音频处理系统中，一般有 8 位和 16 位两挡。其中 8 位量化位数的精度有 256 个等级，16 位量化位数的精度有65 536个等级。量化位数越大，对音频信号的采样精度就越高，信息量也相应提高。

业界公认的声音质量标准分为 4 级，即数字激光唱盘 CD-DA 质量，其信号带宽为 10 Hz~20 kHz；调频广播 FM 质量，其信号带宽为 20 Hz~15 kHz；调幅广播 AM 质量，其信号带宽为 50 Hz~7 kHz；电话的话音质量，其信号带宽为 200~3 400 Hz，具体见表 5-1。

表 5-1　声音质量和频率范围

质量	采样频率 kHz	量化位/bit	单声道/立体声	频率范围/Hz
电话	8	8	单声道	200~3 400
AM	11.025	8	单声道	50~7 000

续表

质量	采样频率 kHz	量化位/bit	单声道/立体声	频率范围/Hz
FM	22.025	16	立体声	20～15 000
CD-DA	44.1	16	立体声	10～20 000

03.常用多媒体音频格式

关于多媒体音频格式，在人们的数码生活中随处可见，每种格式都有哪些特性，在实际使用中有多少格式实用或者必须，都是需要我们进行系统了解的。

（1）MP3

MP3（MPEG Audio Layer 3）是目前数码播放器第一大标准，它有着广泛的应用，以至于格式名称都成了播放器约定俗成的名字。这个格式采用了 MPEG Audio Layer 3 技术，将音乐以 1∶10 甚至更高的压缩比进行压缩，因而节省了大量的存储空间，符合数码时代多数用户对数码音乐的需要，是一种有损的音频压缩编码技术。

（2）WMA

微软凭借其在软件系统方面的绝对优势，能够很好地推广普及自己的技术标准，WMA（Windows Media Audio）就是一个著名的例子。它是微软专门推出的 MP3 音频格式的竞争对象，其所应用的解码和压缩技术使得 WMA 格式在多个方面相比 MP3 格式有着一定的优势，以减少数据流量来达到压缩目的，在较低的采样率下也能够得到良好的音乐质量，最大限度地保证音质效果，1∶18 的压缩比让 WMA 文件比同类 MP3 文件小了将近一半，特别是在数码播放器普及的早期，WMA 凭借这一特性得到了用户的广泛支持和采用。

（3）WAVE 文件

WAV 是微软开发的又一种音频格式，它主要应用于高端或专业领域，有着浓重的工业化特征，来源于对声音模拟波形的采样，支持多种压缩算法，支持多种音频采样率和声道，采用 44.1 kHz的采样频率，16 位量化位数，音质与 CD 相差无几（44.1 kbit/s×16×2 = 1 411.2 kbit/s，2 为双声道），实际上在多数时候被玩家直接称为 CD 格式，文件体积也基本上和 CD 碟片一致。当然，这就大大影响了 WAV 格式的普及，加之 WAV 格式一向给人以“毛坯”的感觉，专业的录音设备基本都默认 WAV 格式，但作为无损格式，没有 APE 和 FLAC 那样有光鲜的包装，因此虽然现在几乎所有数码播放器产品都支持 WAV 格式，但用户用到的非常少，网络资源中直接以 WAV 格式共享的也较为少见。不过，从 CD 碟片直接提取制作 WAV 文件却比较方便，留给了用户在后期自由发挥的空间。

（4）APE

APE（ape）格式是目前流行的几种无损格式中的一种，APE 有着超高的人气，虽然文件体积巨大，但网络共享同样不少。一般人们可以将音频 CD 上的音频数据文件压缩成整张 APE，也能够以单独的曲目分开，或者还原成原来的 CD 音频文件。APE 格式的文件大小一般为 CD 文件的一半，作为无损格式来说，30 多 MB 的大小完全在用户可以接受的范围内，加上现在大容量播放器成为趋势,APE 得到音乐爱好者的追捧也就不难理解。

总的来说,APE 应用广泛,音质出色,体积的问题瑕不掩瑜,毕竟世上没有完美的东西。它有着庞大的保有量,并且在玩家群中已经建立起了良好的口碑,MP3 播放器也支持 APE 格式。

(5)FLAC

从 FLAC(Free Lossless Audio Codec/免费无损音频格式)的全称即可知道它的性质,这是一个专门为数码音频处理而设计的压缩方式,提供了更大的压缩比率,同时也保持了接近 CD 水平的音乐质量。作为一个新兴的无损格式,FLAC 的技术完全开放,同时对硬件播放的良好支持为它的发展提供了最大契机,能够直接在 PC 播放器或者数码播放器中播放,兼容性极佳,并且它的编码技术还在不断完善,而在国外 FLAC 的使用率已经超过了 APE,算得上是未来无损音频格式的首选。

(6)MIDI

MIDI 是乐器数字接口(Musical Instrument Digital Interface)的英文缩写,是数字音乐/电子合成乐器的统一国际标准,它定义了计算机音乐程序、合成器及其他电子设备交换音乐信号的方式,还规定了不同厂家的电子乐器与计算机连接的电缆和硬件及设备间数据传输的协议,所以可以解决不同电子乐器之间不兼容的问题。可用于为不同乐器创建数字声音,同时也可以模拟大提琴、小提琴、钢琴等常见乐器。

04.同期声与 ADR 配音

关于多媒体音频格式,在我们的数码生活当中是随处可见的,每种格式都有哪些特性,在实际使用中有多少格式实用或者必须,其实有很多方面都需要我们来系统地了解。

(1)同期声

大部分的微电影声音制作(除动画片)都会在拍摄现场进行同期对白录音,同期录音在有限的制作周期内的确是不错的选择,不仅在某种程度上减少了时间、财力和人力的投入,避免了后期录音处理的一些麻烦,同时还记录了对白发生的环境氛围。典型的同期录音由三人组成:录音师、话筒员和收线员。录音师是现场录音的总指挥,负责为影片选择合适的录音设备、决定录音制式和正确的录音格式,不仅要提供给剪辑部门最好的声音素材,还要提供一份完整的声音场记单供剪辑部门参考。话筒员主要负责话筒的摆放,不仅要保证录制好的声音清晰干净,还要防止话筒或它的阴影出现在拍摄镜头中。收线员往往是第二个话筒员,此外,在拍摄移动镜头时,收线员负责收绕话筒线,防止话筒员在跟进话筒的过程中撞到道具或其他障碍物。

(2)ADR 配音

如今,有不少的微电影会选择后期配音。由于室外环境下的同期录音受外界因素干扰,通常拍片现场都有几十分贝的底噪。为了获得更高的动态,会在录音棚重录对白,但是对白会按照现场得到的声音来重现,空间感和距离感都会做得非常好,这就是 ADR 对白重置技术。在录音棚中,录音师会把在现场录的一段台词反复放给演员听,演员按照当时的语气,对上口型。音量平衡师会根据现场声音所在的环境给这个声音加上空间感,根据当时远近调整距离感和运动感。在录制时采用两支话筒。一支用于近距离拾音,采用正常电平进行录音;另一支稍近一些,用于有力、音量较大的台词拾音。使用的两个话筒规格参数要保持一致,以免录制好的声音音色不一致。录制时采用循环录制模式,这样方便配音员多次反复演练,直到对上原始音频。

05.单声道与立体声录音

单声道录音也称单点录音,要注意声音的距离感,缩短传声器和声源之间的距离可以降低混响,提高直达声和信噪比。如果使用指向性传声器,近距离内移动传声器的位置通常会产生近讲效应。当传声器太接近声源时,低音便会被提升。离话筒距离远一点要得到同样的音量,就需把前置增益增大,得到一个空的声音,这就是房间效应。如果声源偏离话筒轴心,会产生离轴染色效应,高频缺失,声音闷掉。在多通道同时录音时,注意话筒与话筒之间的距离应是声源与话筒距离的 3 倍以上,离得太近会串音。

立体声录音制式主要有 3 种:AB 制式、XY 制式、MS 制式。AB 制式是最早采用的立体声拾音方法,有人形象地称它为拉开距离式拾音方法。AB 拾音制式是将型号和特性完全一致的两只传声器彼此拉开一定间距构成的立体声传声器系统。拾音时,将传声器系统置于声源前方,并将左边传声器拾取的信号馈送到记录载体的左声道;而将右边传声器拾取的信号馈送到记录载体的右声道。特点:简单、灵活、对传声器技术指标要求略低。常用心型指向,缺点是存在中间空洞,中间稀疏或者中间后退现象。在作单声道兼容重放时,存在相位干涉现象,因而兼容度很低。

XY 话筒配置有一对具有交叉指向的话筒(图 5-30),一般交叉度数为 90°~120°。其不仅可收录左右声场中高低频音域的立体声特性,而且可以同时精准地捕捉位于中央音域的音频信号。当目标声源位于中近距离范围时,XY 话筒将还原具有自然深度和宽度的三维立体声录音效果。由于用 XY 拾音制式拾音时,两声道间仅有声级差存在,而没有时间差定位信息,同实际的双耳听音情况相比,拾取的信号相对单调,空间感不足。但由于缺少了相位差的干扰,其声像定位是比较清晰和稳定的,而且单声道兼容性较好。其适用的录音场景有个人演绎、室内音乐演奏、现场排练以及情景采样。

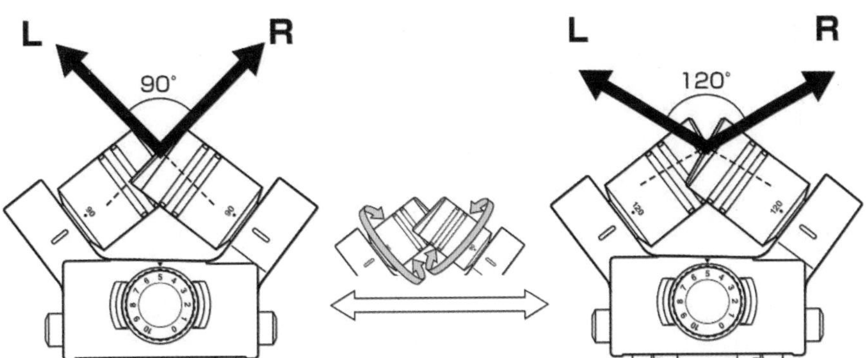

图 5-30　XY 话筒

MS 话筒将单指向性 Mid 话筒和双指向性 Side 话筒合二为一(图 5-31),即 Mid 话筒的声源目标为中央音域,而 Side 话筒将对左右声场进行立体声收音。通过调节 Side 话筒的电平可以改变立体声声场的宽度。在进行 MS-RAW 模式录音时,可以在录音后通过调节 Side 话筒的电平从而改变其立体声声像的宽度。由于 MS 录音方式可捕获更宽广的立体声声像,因此特别适用于多声源的开放空间。关闭 Side 话筒后,同样可以进行单声道录音。MS 制式只有声级差而没有时间差,并且与单声道的兼容性是最佳的,其最突出的优点在于后期处理的难易程度,MS 制式是最适合后期处理的录音制式,可调整的余地较大。开启 Side 话筒时的适用录音场景:交响乐、现场音乐会以及声景录音。关闭 Side 话筒时的适用录音场景:采访、叙述以及会议。

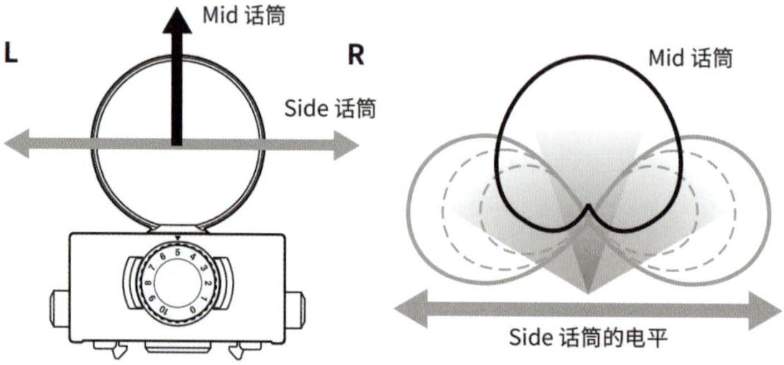

图 5-31　MS 话筒

◎ 独立实践任务

任务 4　网络电台节目《声忆石库门》声音素材收集

【任务背景】

石库门作为上海地方文化及旅游特色,在历史建筑保护、旅游开发方面得到了前所未有的重视,而石库门生态文化及应用却未得到足够的重视,随着石库门的拆迁改造,这一非物质文化遗产正面临着消失。本任务通过网络电台节目的形式,将石库门里弄的童年记忆重新呈现,带观众聆听那个时代的声音,沉浸在老上海的岁月里。

【任务要求】

录制网络电台节目《声忆石库门》,并搜寻适当的音效,有助于营造老上海石库门里弄的场景氛围。

【技术要领】语音录制清晰干净。
【解决问题】使用 Audition CC 软件或录音笔录制语音,运用音效库寻找声音素材。
【素材来源】素材根据录制需求进行现场录制。
【参考效果】\模块 05\情境 01\任务 4\参考效果\声忆石库门.mp3。

情境 02 音频素材编辑

经典的影视配乐能成就一部经典的影视作品。而声音作为一种艺术，也能够在人的内心形成震撼，有时候甚至能起到一种用言语不能表达的效果。我们曾会因为一首熟悉的音乐，想起很多影视画面。而影视画面只能给我们以视觉上的直观感受。影视作品中声音的出现却能让我们的感官全部活动起来，可以推进剧情，体现主人公的情感，是一部影视作品所要形成的格调的灵魂，让人在观看时得到充分享受。现在的观众在欣赏影视作品时，其中每一处剧情的跌宕起伏、每一个惊险场面的出现，都伴以相应的音响上的不同的处理，使得人们在欣赏影视作品时能体会到视觉冲击与听觉冲击的交相辉映。声音在影视作品中能体现出如此重要的地位，我们不能忽视声音编辑和影像完美结合的重要性。

人们在制作多媒体作品时，常常需要对声音进行剪辑处理，如悬疑影片中经常用恐怖的音效来吸引观众的注意，激发他们的想象。总之，数字艺术作品中的声音，揭示了主题思想、创造了意境、吸引了观众的注意力、激发了观众的联想，要使观众更好地沉浸于故事情节，配音是影视艺术语言中不可或缺的一部分。

在声音录制完成后，我们需要对语音、音乐、音效素材进行后期编辑，影片除了视觉上的剪辑，还有听觉上的剪辑，就像影片剪辑一样，好的剪辑就像是魔术，既能让叙事更加流畅，也能升华主题，让作品充满魅力。声音同样如此，除了让声音与画面结合，达到 1+1>2 的效果之外，声音本身也具备叙事的功能，满足人们的视听需要。本情境以 Adobe Audition CC 软件为例，针对语音、音乐、音效三要素来讲解音频剪辑的方法。

【能力目标】

1.通过剧本找到客观或潜在声音，并制作声音设计图。

2.掌握使用 Audition CC 音频软件进行语音、音乐、音效的剪辑方法。

3.掌握多轨道音量平衡与输出。

【知识目标】

1.学会阅读剧本找声音元素。

2.声画结合基本原理。

3.心理声学基本知识。

【课时分配】

2 课时（授课 1 课时，实践 1 课时）。

◎ 模拟制作任务

任务 1 声音设计图制作

【任务背景】

声音设计工艺流程包括通读剧本阅读标出声音、给声音分组、画出视觉图、与导演沟通、画出声音设计图、声音设计与制作、缩混七大环节，声音设计图制作是声音设计工艺流程中重要的一个环节。声音设计图可以理解成电影的声音脚本，有了脚本，声音设计与制作就有了依据。

【任务要求】

通过阅读剧本片段找到客观声音和挖掘潜在声音。在阅读剧本片段过程中，利用“心耳”，最原始的直觉，仔细考虑影片中应该听到什么——物体的声音、动作的声音、环境的声音、情绪的声音、过场声等，并且比较好地把握叙事的速度和戏剧的内部节奏。剧本片段如下：

“一辆自行车冲入一堆垃圾桶，传来尖叫声。”

【任务分析】

直接通过文字信息找到声音可能比较困难，可以发挥声音可视化的优势，在阅读剧本的同时，将文字转化为画面，再从画面中挖掘声音。

【重点、难点】

1.通过阅读剧本片段挖掘潜在声音。

2.掌握声音设计图制作方法和规范。

【技术要领】声音设计图的制作规范。

【解决问题】分清客观声音和潜在声音，使用“动名词”五步法挖掘潜在的声音。

【素材来源】\模块05\情境02\任务1\素材\原图.png。

【完成效果】\模块05\情境02\任务1\完成效果\声音设计图.doc。

操作步骤

步骤一：利用象声词找到客观声音

在剧本写作中，按惯例要求在场面描写的正文中将每个声音加粗标识，便是明确的声音，也称客观声音。这些词可以是象声词或者直接写明是什么声，辨识度高。在“一辆自行车冲入一堆垃圾桶，传来尖叫声。”片段中，很明显“尖叫声”就是客观声音。

步骤二：运用“动名词”五步法挖掘潜在的声音

在挖掘潜在声音之前，可以将文字在脑海中呈现的画面画下来作为参考，参考画面如图5-32所示。

图5-32　设定画面

01.找出“名词”

“名词”通常是剧本片段中的行为主体，它是我们挖掘潜在声音的第一步。任务案例中首先思考自行车在自身运动时可能有哪些声音，比如会有车铃声、链条和齿轮声、踏板转圈声等。

02.找出“动词”

在几个主要的音效类型中，动效声是其中之一，它的产生是由于人或事物的某种行为，比如开门关门、走路等都会产生声音，形成动效。在“一辆自行车冲入一堆垃圾桶，传来尖叫声。”片段中，很明显动词是“冲”，在这个动作发生后，自行车和垃圾桶会产生的声音有自行车倒地声、齿轮空转声、垃圾桶倒地声等。

03.寻找“人”或“物体”

接着，寻找剧本中没有出现但应该有的人或者物体。比如在这个片段中，虽然没有提到人，但自行车“冲”的动作和“尖叫声”都能帮我们判断出一定有人骑着自行车。垃圾桶可以是空的垃圾桶，但为了表现冲撞这一激烈动作，那装满各种物体的垃圾桶在听觉上更能给人以震撼，所以我们可以设想垃圾桶内会有玻璃瓶、纸团和塑料瓶等物体。

04.为事件建立环境(声)

任何事件的发生都离不开环境，环境声给观众以临场感，像是置身于其中，亲眼目睹事情的发生，这就需要我们为事件预想环境。在挖掘环境声时也需要考虑事件在该场景中发生的可能，像该任务片段描述的事件发生场景就比较有可能在街道小巷，所以以此为依据配上相应的环境声。

05.给事件加点情绪

每部作品都有它的风格类型，如喜剧、纪实、悬疑、科幻等，就像我们不同的人因各自生活经历、成长背景不同，站的视角不同，所以对同一事件的看法也不同。这一步就需要声音设计师对作品整体风格进行定位和把控，站在全局的视角为声音设计贴上风格标签。在现实生活中，如果骑着自行车撞到垃圾桶而摔倒，会被认为是一种事故，但在喜剧中被设定为“出丑”，那可能引来观众的捧腹大笑。比如在任务片段中，最后加一声猫叫，可以增加喜剧感。

步骤三：制作声音设计图

根据步骤二，人们可以挖掘出潜在的声音，有自行车的翻倒声、齿轮的转动声、自行车的刹车声、自行车与垃圾桶连续刮擦发出的碰撞声、玻璃瓶摔碎声、自行车铃声、自行车辐条的断裂声、猫叫声、人的尖叫声等。接着就可以开始制作声音设计图，声音设计图的格式类似于脚本，主要有时间、画面、音效、备注几栏构成。

表 5-2　声音设计图

时间	画面	音效	备注
0:00—0:01	自行车由远及近	自行车铃声，街巷环境音效	铃声声道从左至右，与环境声混叠

续表

时间	画面	音效	备注
0:01—0:02	自行车冲入垃圾桶	尖叫声	女声尖叫
0:03—0:04		自行车车轮与刹车声	中速自行车,水泥材料地面
0:05—0:10		自行车与垃圾桶连续刮擦碰撞声	塑料垃圾桶
0:11—0:13	自行车摔倒,垃圾散落一地	自行车翻倒声,玻璃瓶碎裂声	水泥材料地面,翻倒声与玻璃瓶碎裂声混叠
0:14—0:17		自行车辐条的断裂声,齿轮的转动声	模仿自行车辐条的断裂声,与齿轮转动声
0:18—0:20		猫叫声,街巷环境音效	猫叫声与街巷环境声混叠

任务2 声音剪辑

【任务背景】

在声音设计图完成之后,就会进行声音剪辑,声音剪辑最根本的目的,就是把声音剪辑到声音设计图预设的点位上,实现声画结合。根据声音元素的不同,分为语音剪辑、音乐剪辑和音效剪辑。

【任务要求】

根据声音设计图对已录制或搜集的声音素材进行剪辑,从而达到声画结合的预想效果。具体要求如下:

1.声音剪辑点较为准确,符合声音设计图。

2.语音干净清晰,无噪声或无意义的空白。

3.音乐过渡流畅。

4.音效剪辑点准确合理。

【任务分析】

该任务会涉及剪切、拼接、混合、循环、包络线的使用等技术,但这些技术和功能的使用须配合声音剪辑的具体工作流程。如语音剪辑需要用到剪切、拼接融合、音量包络线等,音乐剪辑主要是淡入淡出、循环播放等,而音效剪辑涉及剪切拼接,以及剪辑点的定位。

【重点、难点】

1.掌握 Audition CC 软件剪切、拼接、混合、循环、包络线等基本剪辑功能。

2.语音、音乐、音效剪辑的关键技巧。

【技术要领】剪辑点准确,过渡流畅,干净清晰。
【解决问题】针对不同的剪辑元素如何合理使用剪辑工具。
【素材来源】\模块05\情境02\任务2\素材\相关文件4个。
【完成效果】\模块05\情境02\任务2\完成效果\声音剪辑效果.mp3。

操作步骤

步骤一:语音剪辑

1.通听全片,对语音进行处理。空白噪声部分(稿纸声、唾液声、较大呼吸声等不必要的声音)进行片段静音,并缩小时长。一般空白噪声容易发生在录制一开始的部分,因为这时演员可能还未完全进入角色,并未开始录音,所以会有一些杂声"乘虚而入",这部分声音我们需要在语音剪辑时把它屏蔽掉。屏蔽的方式有这样几种:第一,可以直接运用"时间选择工具"选中这部分,按"Del"删除,但这种方法会改变录制的音频时长,如果是与画面同步录制,那这个操作方式会给后期声画同步带来麻烦;第二,可以运用"时间选择工具"选中这部分,然后右键选择"静音",这种方式不会改变音频的时长,若选择范围不恰当,容易把音头误静音;第三,前面两种方法可以在"波形"模式下完成,也可以在"多轨"模式下完成,第三种方法我们可以运用多轨模式下的音量包络来处理,如图 5-33 所示,这种方法能有效地避免前面两种方法的缺陷,既可以保持音频时长,也不会误删掉音头,音量包络的灵活性也更高。

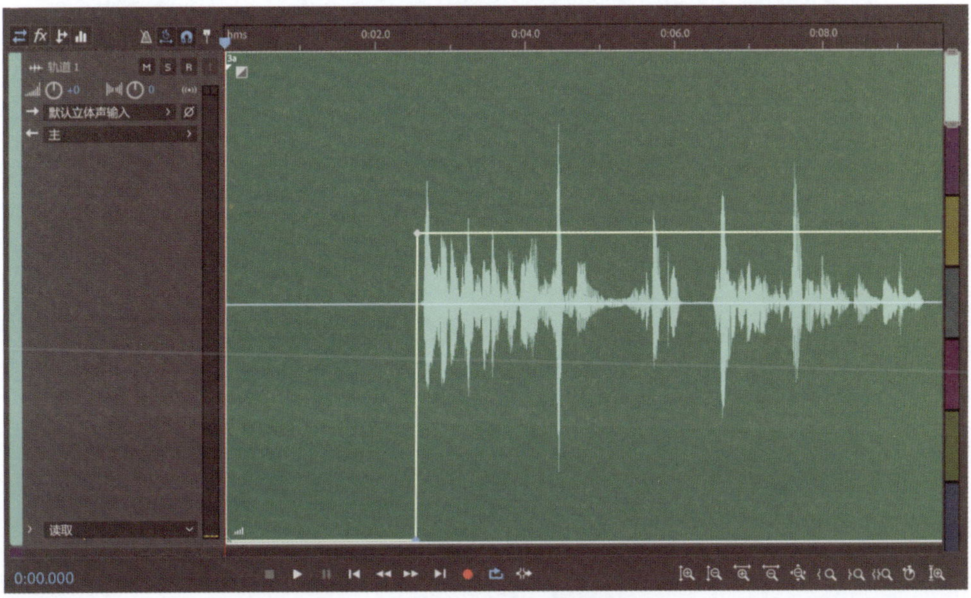

图 5-33 Audition CC 语音音量包络

2.有时候,演员在配音过程中会因为紧张而出现卡壳的情况,这个时候如果在录制过程中喊停,可能影响配音演员的情绪或者作品的完整性,这就需要在后期对无意义的语音重复或卡壳不顺的地方进行适当剪辑,但需做到剪辑点前后两个语音片段顺畅,并作适当的交叉淡入。比如该案例"素材 3a.wav"文件在 14 s左右的位置有明显的卡壳,"讲"这个字重复了,那这个时候就需要把与后置语句不连贯的这个音去掉,也就是第一个"讲"。

使用轨道放大工具将片段放大,有助于我们定位删减的区间范围,如图 5-34 所示。

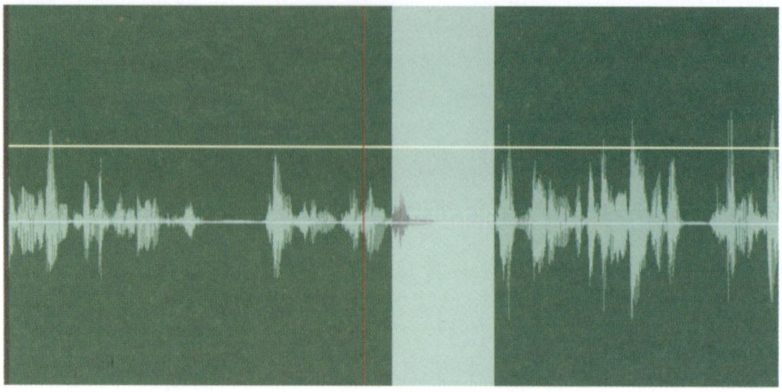

图 5-34　Audition CC 语音剪辑处理

在选中片段删除后，会形成一段空隙，然后移动后面片段进行无缝拼接融合，前后两个片段产生交集，自动形成交叉淡入淡出效果，如图 5-35 所示。

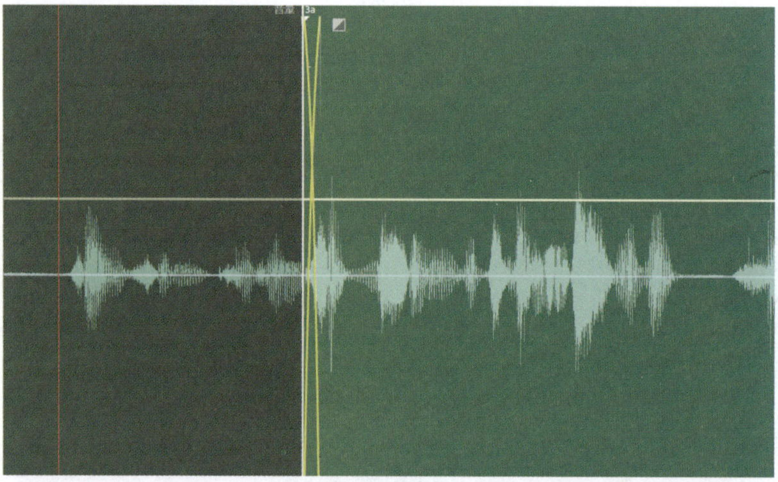

图 5-35　Audition CC 语音交叉淡入淡出效果

步骤二：音乐剪辑

1.当音乐片段过段或者设计需要时，可对音乐进行循环播放。对音乐进行循环播放主要是针对整个音乐文件，常常用于音乐较短无法匹配语音时长的情况下。具体做法是：先在“多轨”模式下将音乐文件拖入轨道，在选择右键后选择“循环”，这时频谱左下方会出现循环标志，往右拖拉音频会出现虚线，虚线为循环分隔线，出现几个就代表循环几次。循环效果如图 5-36 所示。

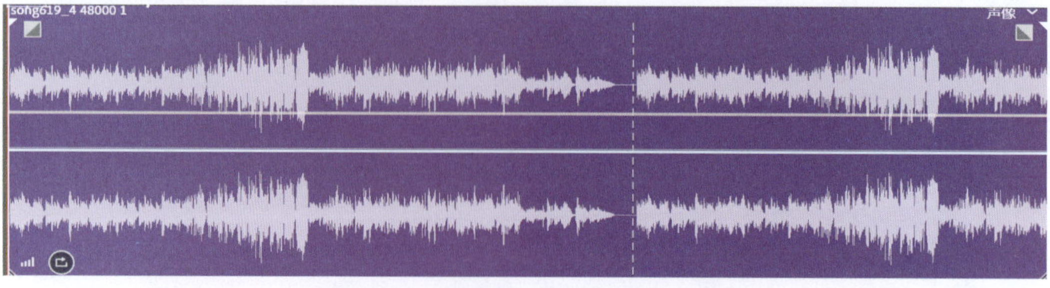

图 5-36　Audition CC 音频播放循环功能

2.为了让音乐过渡平滑,以免突兀的出现和结束,在音乐剪辑中会对音乐的进出做适当的淡入淡出。Audition CC 提供了淡入淡出工具,只要拖动黑灰正方形方块即可出现黄色的弧线,实现声音的淡入淡出,如图 5-37 所示。

图 5-37　Audition CC 音频淡入淡出效果

步骤三:音效剪辑

1.音效剪辑的关键点是找到剪辑的入点,通过移动片段很难精准定位。在视音频软件中都有时间码,它的特征是用":"进行小时、分钟、秒钟和帧 4 个计时单位的分隔,当我们定位于某个剪辑点时,该时间码就会显示当前的时间点,此外打开相应轨道上的"磁铁"工具,如图 5-38 所示,就可将音效文件拖入轨道中自动吸附指针。

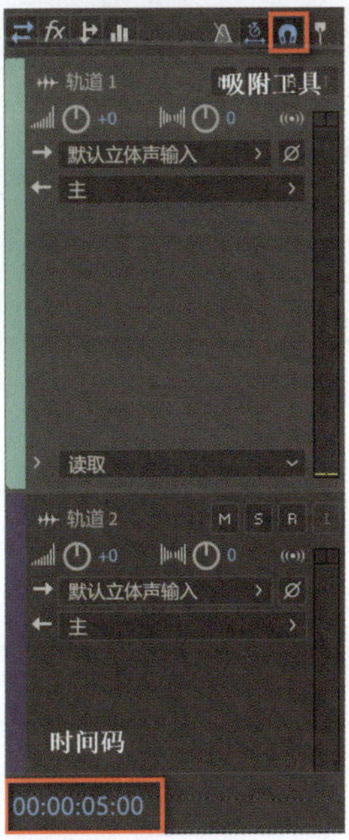

图 5-38　Audition CC 磁铁工具与时间码

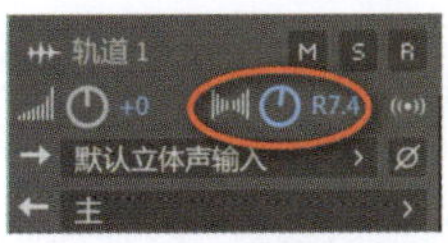

图 5-39　Audition CC 声相设置

2.如今大多数多媒体作品声音都为立体声，可以让观众获得更好的沉浸感，这就需要对声音进行方向定位，做声像的变化。做声像定位有两种情况，一种是静态的声像定位，也就是声源在某处发声，并在当前场景中没有发生相对位置的改变，比如街道上的宣传广播、某处传来的狗叫声、东西掉落在地上的声音等，这种声源只需在左右声场中找到固定的某一点即可，这种情况可使用轨道中声像调节旋钮，如图 5-39 所示，旋钮往右代表向右声道偏移，往左代表向左声道偏移。

另一种情况则是处于运动过程中的物体，比如小鸟飞过、飞机起飞、汽车驶过等，它们在场景中的相对位置是移动的，显然第一种静态的声像定位并不合适，此时需要运用声像包络来模拟声源的运动过程，在“多轨”模式下，每个轨道都有一根蓝色的线，这根蓝色的线就是声像包络，如图 5-40 所示，人们可以通过下方电平左右声道音量柱的变化检测声像的变化。

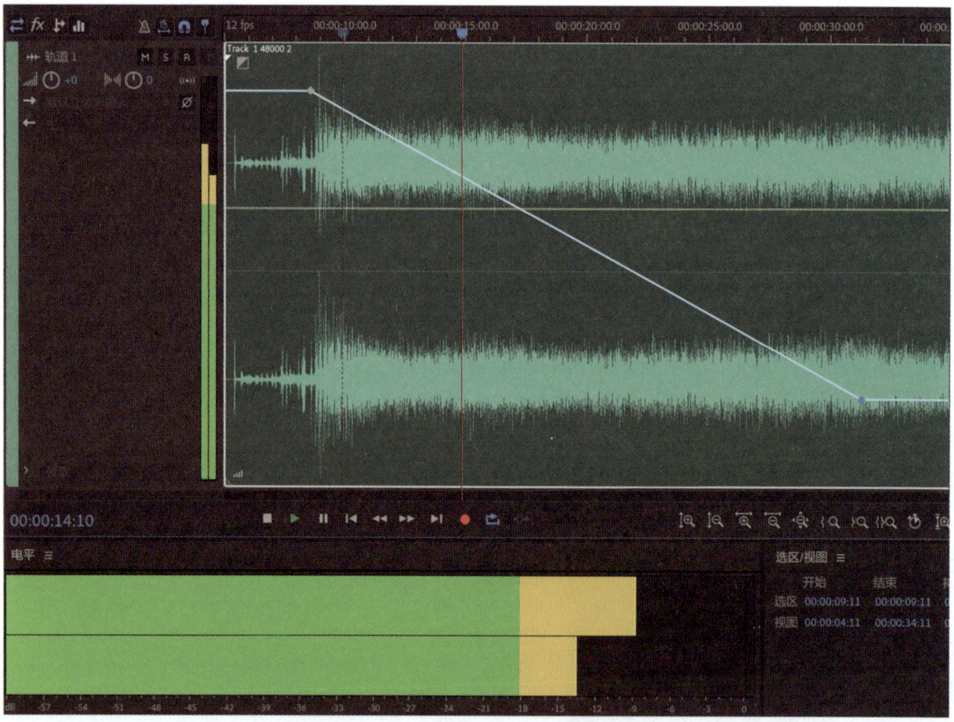

图 5-40 Audition CC 声相包络

步骤四：音量平衡输出

1.在前期对声音三要素分别剪辑完毕之后，要带着全局的视角，从作品的完整性和和谐度出发，对每个声音要素进行音量包络调节，使得三要素相辅相成，形成“互利协作”的关系，共同为作品服务，避免三要素之间互相掩蔽的问题出现。在 Audition CC“多轨”模式下，每个轨道都有一根黄色的音量包络线，如图 5-41 所示。我们通过它来实现音量平衡。一般情况下，语音的音量基本不做包络绘制，在突出语音时，将音乐和音效的音量减弱，而在没有语音需要渲染氛围突出某个戏剧情节点时，要将音乐和音效音量加强，音量的过渡也可以通过包络线画出。

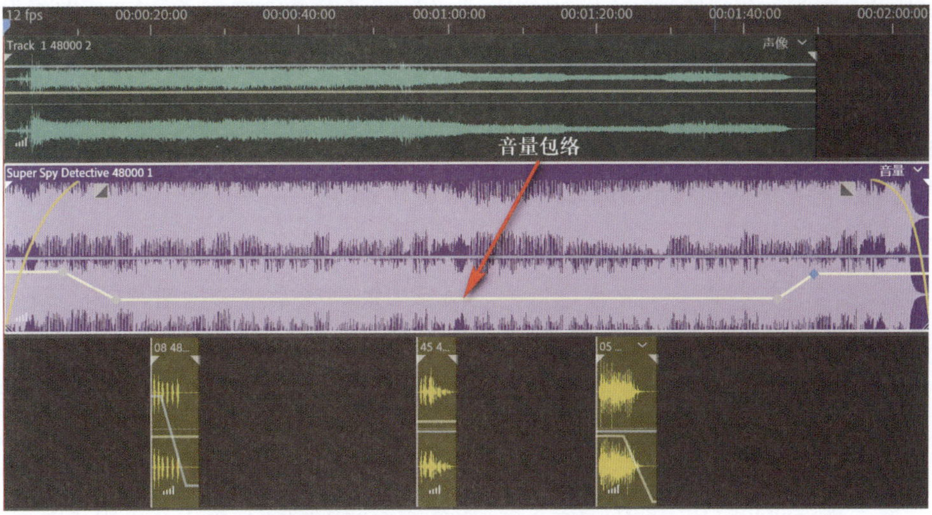

图 5-41　Audition CC 绘制音量包络

2.Audition CC 在“多轨”模式下导出的方法：点击菜单栏“文件”→“导出”→“多轨混音”→“整个会话”，此时会弹出如图 5-42 所示窗口，在窗口中可对导出的文件进行命名，设置路径、格式、采样类型（44.1 kHz，32 bit），要改变设置可点击相应栏目的“更改”按钮，在一般情况下默认设置即可。

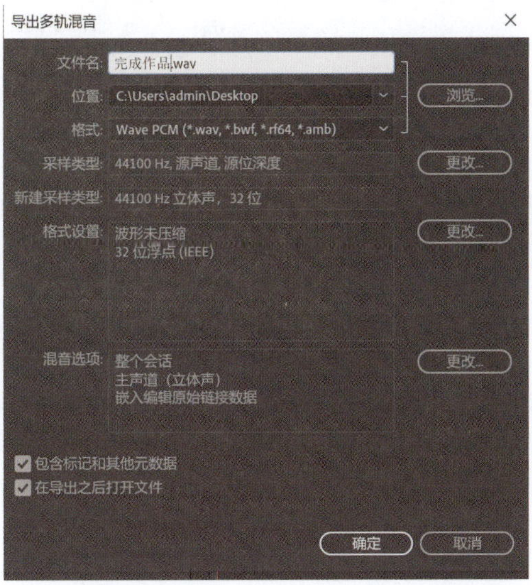

图 5-42　Audition CC 导出音频文件

◎ 知识点拓展

01.声音三要素

多媒体中的声音包括解说、音响和配乐，其主要表现形式是语音、音效和音乐。这 3 个要素在声音设计历史发展过程中是先后出现的，首先出现的是音乐，电影诞生于 1895 年，一直到 1927 年的这段时间被称为电影史上的默片时代，最早为了能使观众在看电影的同时有听觉的体验，在银幕前方有个乐池，由乐队跟着影片的播放真实演奏，所以音乐是最早出现在电影中的。其次是音效，它指由声音所制造的效果，音效主要分为环境音效和动作音效，我们日常生活中听到的声音几乎都属于音效，比如脚步声、风声、鸟叫声等，可以增进一个场面的真实感、气氛或戏剧讯息。除了有真实物体发出的声音，随着音频技术的发展出现了电子音效。语音根据其戏剧功能分为对白、独白和旁白。

02.声画结合原理

声画结合是音频剪辑的重要理论依据。画面中的声音常常分为两种，第一种是画内音，画内音是指画面内发出的声音，可传达某种文字的意义，并且将你指示到声源处，包括各种形式的语言和环境声音。我们知道画面有景别大小，远景、全景展现的画面内容更多更广，主要交代故事发生的时间地点，而中近景主要表现角色，它关注的是人物对象，而特写更加聚焦，可能就是一个眼神、一个细节动作。所以，在有限的画幅中呈现的未必是整个场景，场景中的声源此时就可能在画面之外，场景中声源在画面外发出的声音也是画内音，如此可将画内音进一步细分为声源相接和声源不相接，当在听到声音的同时看到了声源处，那么声音与声源是相接的。当声源位于屏幕外空间某处，那么声源声音不相接，会下意识地指示回并形象化实际产生声源处。比如在对话场景中，我们经常使用反拍剪辑的手法，镜头画面是听者的表情，而镜头外是说话者的声源，这就是声源不相接的典型例子，属于画内音。而画外音并不指示某特定声源，也不传达文字意义，它们是非声源相接，并且不唤起声源处的视觉画面。音乐是使用最频繁的画外音。

03.心理声学基本知识

1)听觉生理过程

人耳是听觉系统的重要器官，诸多音频设备如传声器都是借鉴人耳的听觉生理过程发明的。耳朵分为外耳、中耳、内耳，分别对应外层听觉、中层听觉和内层听觉。外耳部分由耳廓、耳道、鼓膜 3 部分组成，耳廓会像漏斗那样收集声音。耳朵的折叠和皱褶可加强中高频率的声音。此外，耳廓还能帮助人们在空间中定位声源的位置。

耳廓里面是个长约 2.7 cm，直径为 0.7 cm的耳道，由于声波进入耳道后，截面积变小，单位面积声强增大，相当于 5~10 dB的声压放大器。外耳的最里面部分就是鼓膜，鼓膜是听觉生理结构中非常重要的一个部件，它可以将声音转化为机械振动。

与鼓膜连接的是小听骨，也是耳朵的中耳部分，中耳由 3 块听小骨、锤骨、砧骨及镫骨组成。中耳的增压效能通过两个途径来实现。第一，通过鼓膜与镫骨底面积的差别，鼓膜面积为 55 mm^2，镫骨底面积为 3.2 mm^2，放大值为 17 倍，即作用于前庭窗膜单位面积的压力增加了 17 倍。第二，通过听骨链的杠杆作用。锤骨柄与砧骨长突的长度比约为 1.31 ∶ 1，由此增加的压力为 1.31 倍。所以，整个中耳的增压效率为 $17\times1.31=22$ 倍。

最后，内耳是个充满液体的耳蜗，它将空气分子的机械振动转化为液体分子的振动，耳蜗内部有细微的毛状细胞，不同长度的毛状细胞对应不同的频率，长的毛对应低频，短的毛对应高频，如同一个机械频率分析仪，不同的频率，在不同部位产生最大共振。我们能分辨声音频率高低的原因是耳蜗有感应作用。

2）声像

人们能够辨别声音的方向是因为听觉的方向特性，由于从不同方向传来的声音，到达我们的双耳存在一定的时间差，这种时间差作用到人们的大脑，人们就能确定声源的方向。在声源定位于双耳同一水平面上时，听觉定位与声源频率的关系表现为3个阶段：第一，当声音频率在4 000 Hz以上，听觉定位归因于双耳受到的声压不同，头部相当于是个屏障；第二，当声源频率在1 000 Hz以下，听觉定位取决于声源沿传播路径分别传到双耳的不同时间；第三，当声源频率为1 000～4 000 Hz，不同强度定位机制和不同频率定位机制的关联变得不那么明显。频率越高，方向感越强。

声像是指如果人为地在人的双耳中产生一个声音的时间差或强度差，就好像有一个空间点在发声，这个点称为声像。在音频编辑中我们可以通过调节左右通道声强大小来实现左右声像的变化，在音频软件中有个被称为PAN的工具，通过对它进行调节就可以设置声音的左右方位。

3）掩蔽效应

掩蔽效应是指一个声音掩盖掉别的声音。掩蔽效应经常使操作人员因听不到事故的前兆和警戒信号（行车信号、危险报警信号等）而发生工伤事故。另外，由于噪声掩蔽了指令信号而引起误操作亦会导致事故的发生。在我国大中型钢铁企业中，就曾发生过因高炉排气放空的强噪声掩蔽了火车鸣笛声而造成铁轨上正在作业的工人被轧死的惨重事故。柳州钢铁厂曾因高炉鼓风机噪声大于100 dB，影响了电话联系，工作人员将“关风”误听成“送风”，造成了误操作，影响了安全生产。

掩蔽效应有以下几个特征：第一，两个频率相近的声音比频率差别很大的两个声音容易发生掩蔽效应；第二，频率较高的声音容易被频率较低的声音掩蔽；第三，声音强度增加，其遮掩能力也随之增加；第四，频带宽，遮掩的范围也大；第五，一个纯音在低于噪声9 dB的情况下，仍然在听觉上占相当的地位，即纯音容易掩蔽其他声音，而其本身不太容易被掩蔽，这也就解释了为什么生活中的警示音如警笛声、防空警报都为纯音。

◎ 独立实践任务

任务3　动画片段声音剪辑

【任务背景】

预告片，是指电影（片）未上映之前，用该影片的内容展示出的精华片段，目的是为该片做宣传，我们可以通过录制声音，搜集相应的音乐和音效声音素材，现在我们对这些声音素材进行剪辑，使之成为完整的片段。

【任务要求】

根据给定动画片段进行声音剪辑，声音剪辑包括配上音乐和音效，并做适当的淡入淡出过渡处理，对音效进行适当的声像定位或包络绘制，最后进行音量平衡，合成导出成采样率为44.1 kHz，采样位数为32 bit的mp3格式文件。

【技术要领】做到声画匹配、声音均衡不突兀、导出设置准确。
【解决问题】灵活使用 Audition CC 软件剪辑工具，学会包络线的绘制。
【素材来源】\模块 05\情境 02\任务 3\素材\动画片段.mpeg。
【参考效果】\模块 05\情境 02\任务 3\参考效果\动画声音效果.mov。

情境 03 音频特效制作

音频特效制作能够模拟现实生活中的声音效果，比如多普勒效应、电话声、水下语音等。音频特效有助于提升作品的表现力和品质，在听觉上赋予沉浸感，比如压缩器可以帮助我们缩小录制声音的动态范围便于后期处理，EQ 能够改善声音音质，混响赋予声音空间感等。

本情境主要引导学生使用常用效果器的方法和技巧，能够根据不同的情境和需求，自主灵活组合效果器。学生学习插入式和辅助式效果器两种效果器加载方法，并了解它们运用的前提条件，以及压缩器、频率均衡器、混响等常用效果器基本原理及使用方法，并对效果器使用顺序有一定认知和判断能力，进而培养声音特效制作能力。

【能力目标】

1.掌握 Audition CC 音频软件自带效果器的原理和使用方法。

2.插入式和辅助式效果器载入方法。

【知识目标】

1.声强与响度。

2.混响与混响时间。

3.人耳听阈曲线。

4.声音的干涉与拍音。

5.多普勒效应。

【课时分配】

2 课时（授课 1 课时，实践 1 课时）。

◎ 模拟制作任务

任务 1 动态效果制作

【任务背景】

专业电容话筒录制的声音动态范围较大，后期处理受到局限，而动态效果制作往往是语音效果处理的第一步，也是进行其他效果处理的前提。它能对声音片段的音量进行调节，但又不同于声音剪辑中的音量调整，所以只有理解动态效果器原理才能明白它的重要性。

【任务要求】

对录制好的语音素材进行动态处理，使其动态范围处于合理区间，从而提升音量。

【任务分析】

在这一任务中需要对频谱进行观察，初步判断动态范围的区间，并选择合适的动态效果器，运用阈值、压缩比、增益等参数进行调节，使动态范围得到压缩。

【重点、难点】

1.掌握动态类效果器的使用方法。

2.掌握动态范围概念。

【技术要领】对声音的动态范围进行压缩。
【解决问题】动态类效果器技术参数的运用。
【素材来源】\模块05\情境03\任务1\素材\干声.wav。
【完成效果】\模块05\情境03\任务1\完成效果\动态效果.wav。

操作步骤

步骤一：观察频谱找到音量的最大值和最小值

动态范围是指音频信号输出音量的最小值与最大值之间的差值，也是话筒的一项技术参数，即最大允许声压级和动态范围，话筒拾取低声级的能力由等效噪声级决定。将输出噪声电压折算成好像有一声波作用在传声器上时产生的相同大小电压，这一虚拟声波的声压级就是等效声压级，值越小，拾取低声级的能力越强。而话筒动态范围的最大值是使传声器出现最大允许的非线性失真时的相应声压级为传声器的最高声压级，通常以传声器产生0.5%谐波畸变时的声压级作为最大容许声压级。专业电容话筒的动态范围较大，也使得录制的声音动态范围较大。

步骤二：选择合适的动态类效果器

动态类效果器包括压缩效果器、限制器、扩展器、门效果器和激励器。压缩效果器是首先设定一个开始压缩的音频信号阈值，对超过这个阈值的信号按照所设比例进行压缩，从而达到缩小其动态范围的目的，也是最常用的动态类效果器。限制器是将不管多大的音频信号都以一个固定的值输出而且不会产生失真。扩展器与压缩器相反，起到扩大动态范围的效果。门效果器首先设定一个阈值，这个阈值就是"门"，当信号低于这个值时，门效果器就将阻止这些音频信号通过，使它不发出声来；而当音频信号大于这个阈值时，则顺利通过，进行信号输出，它的作用是屏蔽低分贝的声音信号，可有效消除一些噪声。激励器实际上是一个谐波发生器，它利用人的心理声学特性，对声音信号进行修饰和美化。其工作原理是通过给声音增加高频谐波成分等多种方法，来改善音质、音色，提高声音的穿透力，增加声音的空间感。同时，又对音频信号做有增益的限制，这在音频的后期处理中是比较有效的手段。

显然对于压缩动态范围来说，缩小最大值与最小值的差距，需要运用压缩器。在

Audition CC 中可以用 3 种方法插入压缩效果器，第一种，选择相应的轨道在菜单栏“效果”→“振幅与压限”→“单频段压缩器”；第二种在“效果组”面板中直接载入“单频段压缩器”，如图 5-43 所示；第三种切换到“混音器”标签，在软调音台中相应轨道载入“单频段压缩器”，如图 5-44 所示。

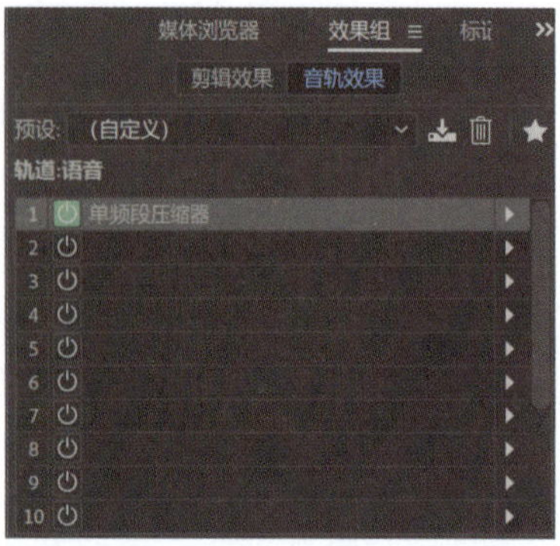

图 5-43　Audition CC 效果组插入动态效果器

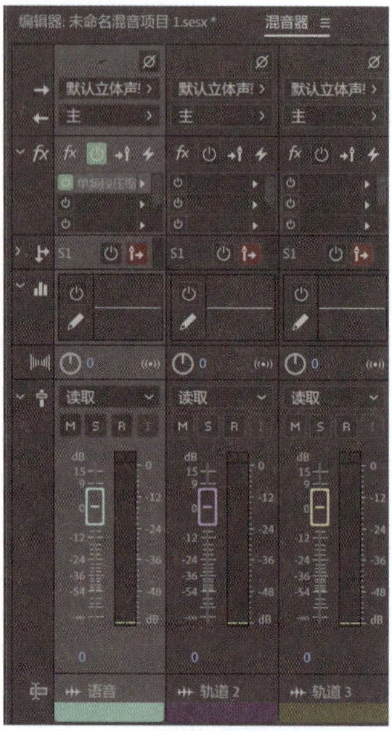

图 5-44　Audition CC 在混音器插入动态效果器

步骤三：进行参数设置

压缩器的主要参数有 5 个，阈值（Threshold），用来设置启动效果处理的信号值；比例（Ratio），压缩比例；启动时间（Attack），用来设置效果器开始工作的启动时间；恢复时间（Release），用来设置效果器效果处理完的恢复时间；信号增益（Makeup），音量总体提升。动态效果器主要参数及其相互关系如图 5-45 所示。

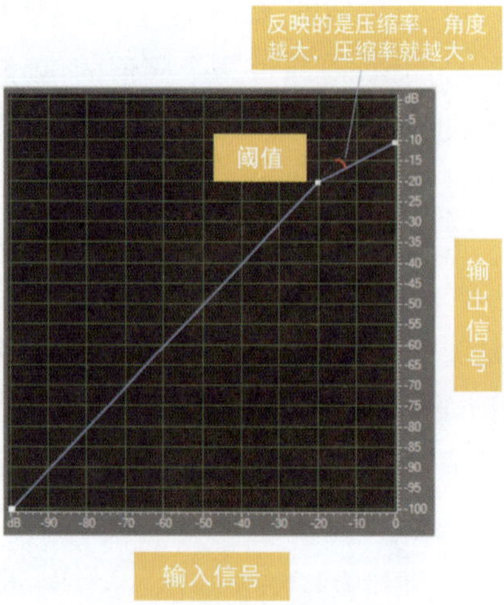

图 5-45　动态效果器主要参数

我们取阈值为-10 dB，比率为 11 : 1，为了让更多的信号通过，起奏时间和释放时间分别设为 100 ms和3 000 ms，动态压缩会带来整体音量的减弱，可以适当提升输出增益 10 dB。具体参数设置如图 5-46 所示，动态效果处理后频谱如图 5-47 所示。

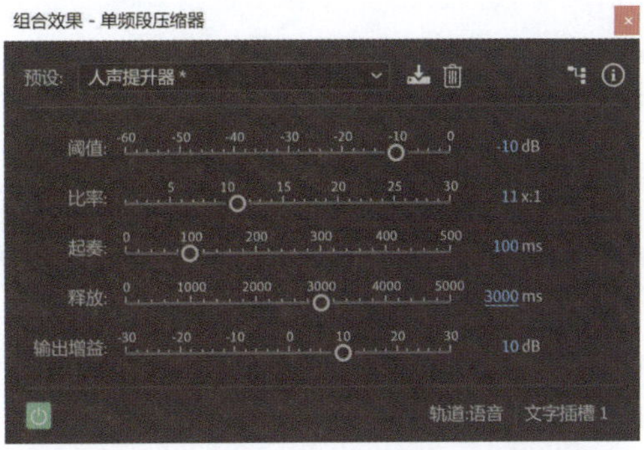

图 5-46　Audition CC 动态效果器参数设置

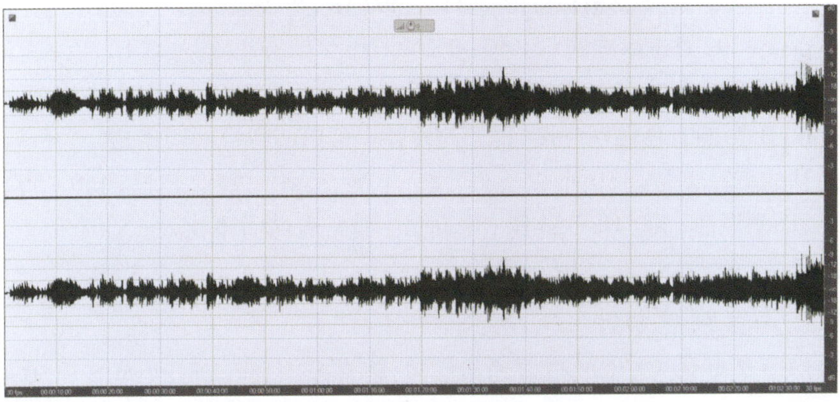

图 5-47　Audition CC 动态效果处理后频谱

任务 2　频率均衡效果制作

【任务背景】

频率均衡是继动态处理之后对录制声音品质提升的重要一步，它能够调整音色，让声音更加通透明亮，或者更加低沉浑厚。均衡器是一种补偿声音的设备，通过全频段各刻度频点的提升与衰减，对音频载体或音响设备(包括话筒在内)的频响不足进行相对应的补偿，使音频的频响曲线平直，声音信号不失真。

【任务要求】

依据人耳频响曲线，对录制声音素材进行频率均衡调节，需要符合以下要求：

1.频率分段合理，对相应的频段进行提升和衰减，以不失真为前提。

2.均衡处理后效果声能改善音色的表现力，听感自然。

【任务分析】

该任务以改善音色为目的，不夸大处理，首先对声音素材自身特征要有所把控，其次根据声音特征将频率进行合理分段，并对每个频段进行提升或衰减等参数调节。本任务案例素材为人声，而男声与女声在频率范围和频段表现上也有所不同。

【重点、难点】

1.学会频率均衡器的使用方法。

2.根据声音素材特征进行频率的合理分段,并做音色调整。

【技术要领】使用 Audition CC 默认频率均衡器"参数均衡器"进行频率的分段和参数调节。
【解决问题】掌握人声主要频率段的特征。
【素材来源】\模块 05\情境 03\任务 2\素材\动态效果.wav。
【完成效果】\模块 05\情境 03\任务 2\完成效果\频率均衡效果.wav。

操作步骤

步骤一:分析声音频率特征

本案例中,声音素材为人声,人声可细分为男声和女声,男声的实际人声频率,低音 82~392 Hz,基准音区 64~523 Hz,男中音 123~493 Hz,男高音 164~698 Hz。女声的实际人声频率,低音 82~392 Hz,基准音区 160~1 200 Hz,女低音 123~493 Hz,女高音 220~1.1 kHz。男声 150~600 Hz影响声音力度,提升此频段可以使声音共鸣感增强,从而增强力度。女声 1.6~3.6 kHz影响音色的明亮度,提升此段频率可以使音色鲜明通透。

平衡悦耳的声音应是,150 Hz以下(低音)丰满、柔和而富有弹性;150~500 Hz(中低音)浑厚有力而不混浊;500 Hz~5 kHz(中高音)明亮透彻而不生硬;5 kHz以上(高音)纤细、圆润而不尖锐刺耳。

步骤二:声音频段划分

三段可调增益和中心频率的带通均衡旋钮,频率范围大致划分为低音(150~250 Hz)、中音(250 Hz~8 kHz)、高音(8~10 kHz),增益范围±15 dB。

1.在案例中我们使用三频段划分,设定低音点为 125 Hz,中高音点为 1.3 kHz,高音点为 6.4 kHz。参数均衡器的加载方式参考任务一,参数均衡器默认窗口会有 7 个频率中心,可通过下方频段开关进行数量设置,在本案例中只留 1、4、5 三个频段,如图 5-48 所示。

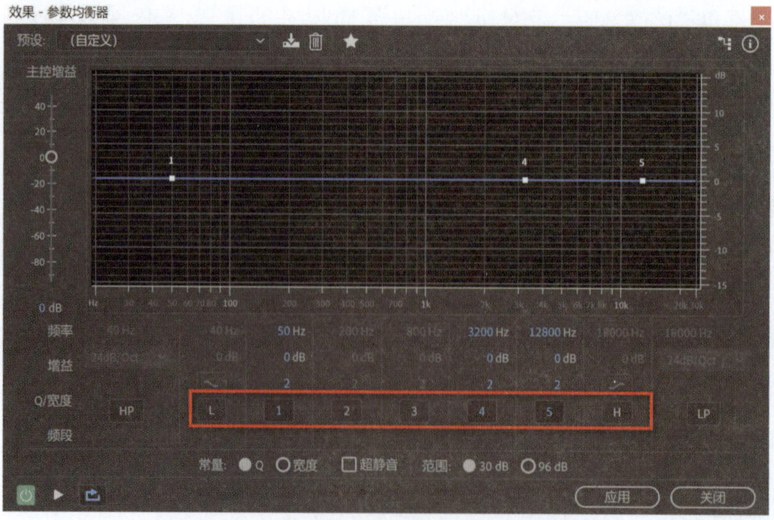

图 5-48　Audition CC 频率均衡器频段划分

2.接下来设置频率中心点，如图 5-49 所示，1 设定低音点为 125 Hz，4 设定中高音点为 1.3 kHz，5 设定高音点为 6.4 kHz。

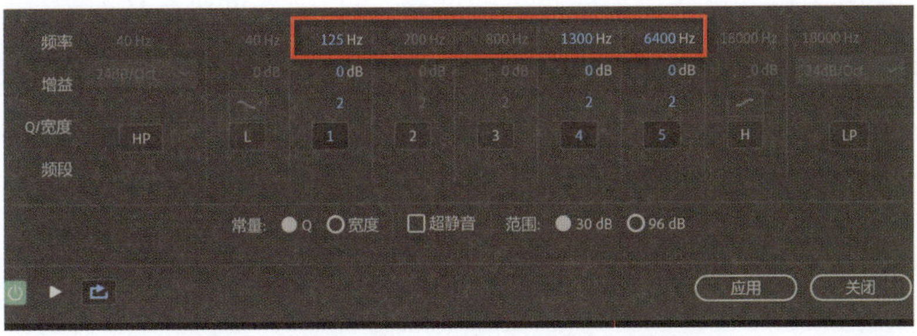

图 5-49　Audition CC 频率均衡中心频率设置

3.接下来对 3 个频率中心进行提升或衰减，这个案例中我们将 3 个频率段都进行提升，并将 Q 值设为 2，Q 值为频带宽度，可理解为增益提升或衰减所影响频带宽度的大小，Q 值越小，影响频带宽度越大，反之，影响频带宽度越小。增益的数值参考如图 5-50 所示，本案例从体现男声力度表现出发，所以在中高频处有更多的提升，低频以表现男声的浑厚但不出现“嗡”的声音为宜，如图 5-50 所示为参数数值，仅作参考，学生可根据需求边监听边调节数值。

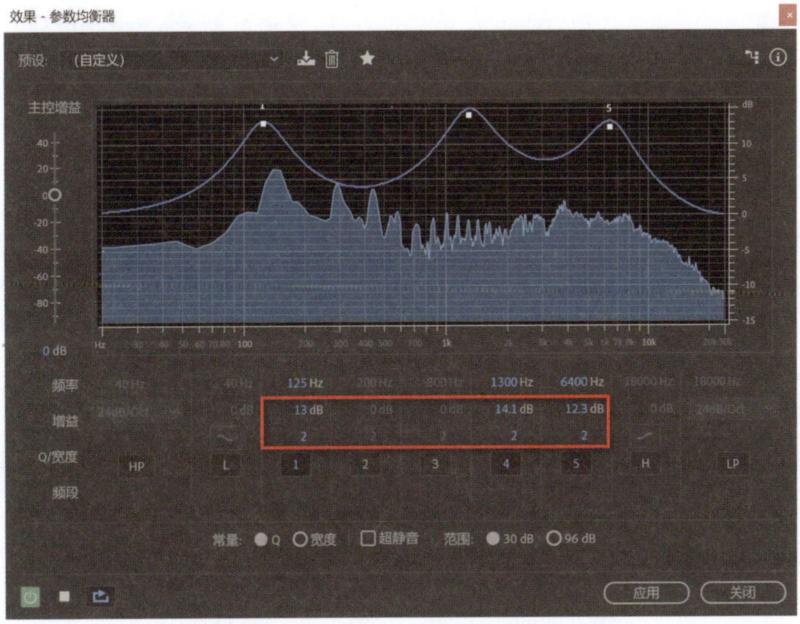

图 5-50　Audition CC 频率均衡增益设置

任务 3　混响效果制作

【任务背景】

声音离不开环境空间，当声音被赋予环境空间特征时，我们才能辨认出这个声音是从怎样的场景中发出的，这样的声画结合才有意义。同期声录音时不仅录制了声音的内容，还将空间赋予声音的声学特性包含其中，此时的声画在时间和空间上都是同步的。但如今很多的影视片需要后期配音，录音室是一个不带任何空间特性的环境，这就需要我们在对声音进行后期处理时将所需结合画面的空间特性也同样赋予声音，所以空间效果制作是必不可少的。混响效果器是最常用的空间类效果器，空间类效果器包括混响效果器、延迟效果器、回声效果器等。

【任务要求】

该任务对案例素材进行混响效果制作，模拟小音乐厅的空间声学环境。

【任务分析】

首先，我们需要知道小音乐厅的混响基本参数，再根据实际效果进行调节，最后控制干、湿声，也就是原声和效果声之间的比例。

【重点、难点】

1.根据小音乐厅的混响基本参数进行混响参数设置。

2.调节干湿声的输出比值，让声音既清晰又富有空间特性。

【技术要领】小音乐厅的混响基本参数，干湿声的输出比值。
【解决问题】了解混响参数的含义和使用方法。
【素材来源】\模块05\情境03\任务3\素材\频率均衡效果.wav。
【完成效果】\模块05\情境03\任务3\完成效果\混响效果.wav。

操作步骤

步骤一：分析小音乐厅混响参数

混响效果器的主要参数有混响时间，也称衰减时间，此参数的数值大小影响混响的大小，小音乐厅的混响时间一般为0.8～1.5 s。预计延迟时间为直达声与早反射声之间的时间差，增大其数值，空间感就会立刻增大，其数值为40～200 ms。扩散是描述声音分散情况的术语。此外还有高低频率衰减，这个可理解为声波在空间运动中声音的能量衰减，一般来说，混响中的低频都需要适量衰减。感知这个参数体现空间中吸声材料的多少，吸声系数越大混响越小，反之反射越多，混响效果也越明显。干湿输出比体现原声与效果声的权重，如果干声占比较大，声音越清晰；湿声占比较大，混响越大，同时声音也容易混浊。

步骤二：加载混响效果器

混响效果器我们选择 Audition CC 内置的“混响”效果器，加载方式与上面两个任务不同。动态效果器和频率均衡器都输入插入式效果器，即针对不同轨道单独调节使用，效果器与轨道是点对点的关系，而混响效果器属于辅助式效果器。因为在一个空间中会涉及多个声音，这些声音都同时带有此空间声学特征，所以不用一个个轨道插入，而是多个轨道彼此共用一个效果器，插入式效果器属于串联连接，辅助式效果器属于并联连接。

1.辅助式效果器只能在多轨模式下进行加载，首先在菜单“多轨”→“添加立体声总音轨”，如图5-51所示。这时在混音器中出现新建的总音轨，即效果轨，它的标志是有电源插口的标志，与主轨道一样。

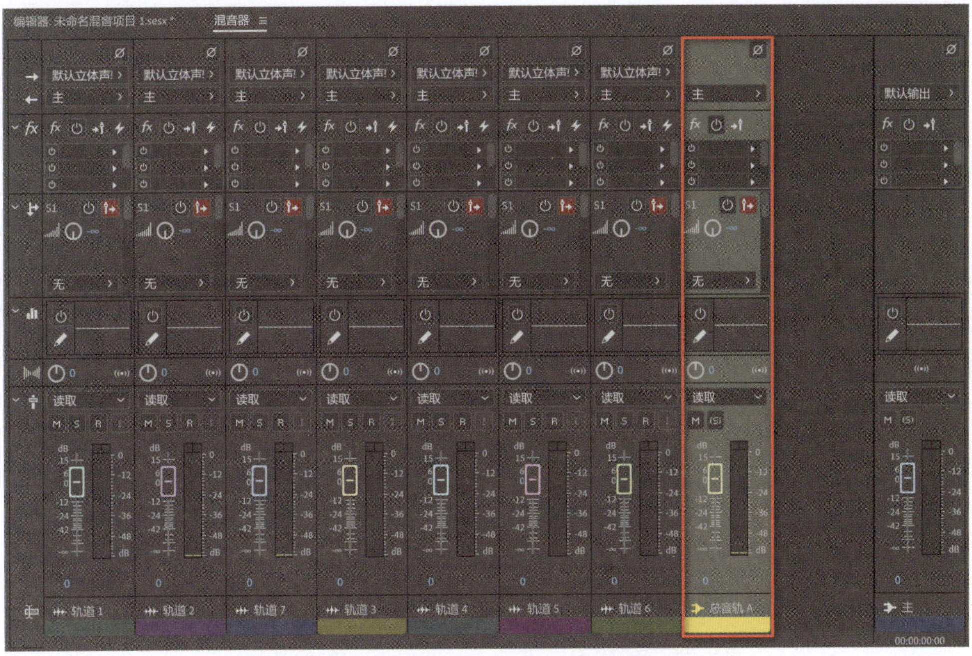

图 5-51　在 Audition CC 中添加“立体声总音轨”

2.在新建的效果轨上加载混响效果器，并设置好效果器参数，如图 5-52 所示。需要注意的是，当使用辅助式效果器载入后，干声设为 0，湿声设置到最大，因为我们可以通过调整音轨的发送量来控制声音的干湿比例。

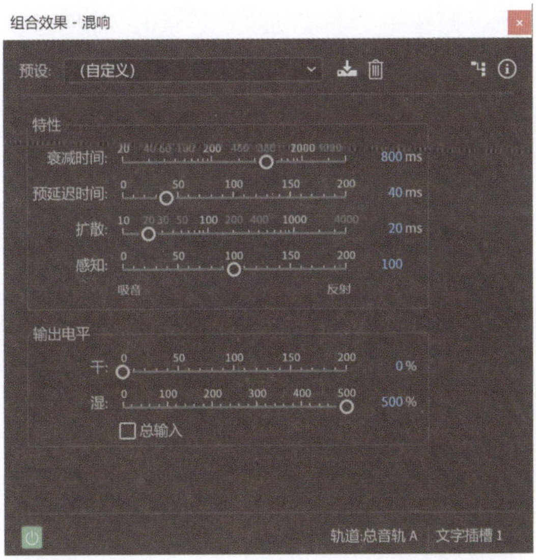

图 5-52　在 Audition CC 中调节混响效果器参数

3.在运用混响效果的音频轨道上设置效果输出，并设置发送量的大小。其效果输出的路径就是当应用效果的音频轨道指定其输出到效果轨，会将使用效果的多少即发送量一起输出，效果轨收到发送量后添加效果，与原声一起发送给主轨道，具体设置如图 5-53 所示。也就是音频轨道原声会直接输出到主轨道，效果声则通过效果轨输出到主轨道。

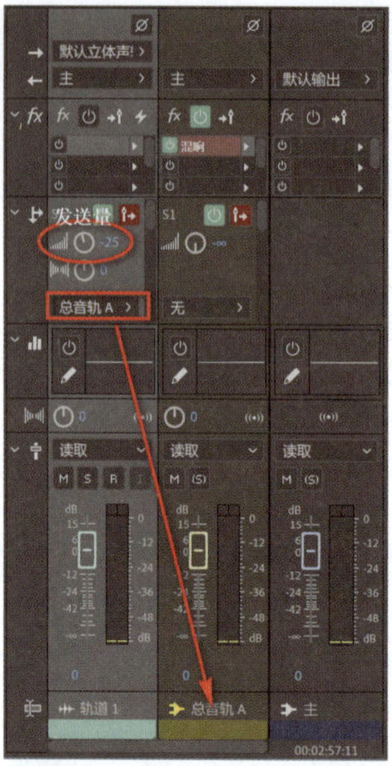

图 5-53　在 Audition CC 中设置混响效果器发送量

任务 4　多普勒效果制作

【任务背景】

多普勒效应是我们日常生活中普遍存在的声音效果，诸多音效库素材是在声源静止不动的情况下录制的声音，所以当运用于多普勒效应场景时，需要进行多普勒效果制作。

【任务要求】

多普勒效应最显著的特征是同时具有声像、音量和音调变化。声源与听音位置的距离，以及声源运动速度和方向都会影响最后的声音效果。在本案例中，设想你站在马路边，此时一辆车飞速地从左到右在你面前驶过，车内放着音乐，这个音乐就需要我们后期进行多普勒效果制作。

【任务分析】

在本任务中，我们将运用 Audition CC 中的“多普勒换挡器”来完成效果制作，“多普勒换挡器”效果是一种很特别的效果，它能够改变音调和振幅，使信号听起来具有“三维”环绕效果，同时能够改变声音的空间位置。

【重点、难点】

1.掌握 Audition CC“多普勒换挡器”效果器的使用方法。

2.了解多普勒效应原理及其应用场景。

【技术要领】掌握 Audition CC“多普勒换挡器”效果器的使用方法。
【解决问题】抓住多普勒效应中声像、音量和音调变化。
【素材来源】\模块 05\情境 03\任务 4\素材\素材音乐.mp3。
【完成效果】\模块 05\情境 03\任务 4\完成效果\多普勒效应.wav。

操作步骤

步骤一：任务案例多普勒效应分析

该任务中声音从左到右发生空间变化，即声像从左到右，音量随着声音由远及近再到远，先变响后变轻，音调先变高再变低。

步骤二：使用“多普勒换挡器”模拟多普勒效应

1.选择“文件”→“打开”，导入音频素材文件。

2.在“波形”模式下，选择“效果”→“特殊效果”→“多普勒换挡器”。

3.在“多普勒换挡器”中进行参数设置，我们假设在离声源300 m处听到声音，车速为80 m/s，车子从听者前方15 m处开过，具体参数如图5-54所示，此时通过预览播放可以听到，有“嗖”的一声由左到右变换方位掠过。而此时预览编辑器波形文件也呈现效果制作后的频谱状态。

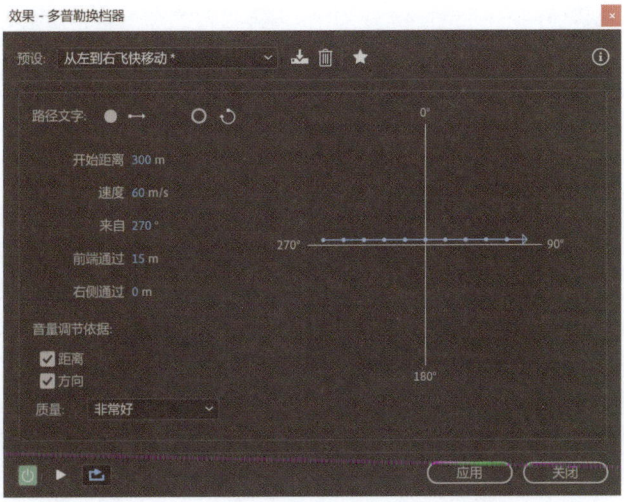

图 5-54　Audition CC 多普勒效果参数设置

4.确认设置参数和效果后，点击“应用”即可。

任务5　拍音效果制作

【任务背景】

拍音最显著的特征是带“哇”音，而日常生活中不少警示音都与拍音类似，我们可以通过制作“拍音”来模拟警示音。

【任务要求】

运用Audition CC软件生成纯音，并用纯音进行拍音制作。

【任务分析】

基于拍音形成的原理，生成两个频率稍有差别的两波列，再对它们进行叠加合成。

【重点、难点】

1.使用Audition CC生成效果创建纯音。

2.计算“拍”音发生的频率。

【技术要领】使用 Audition CC 生成两个频率接近的纯音进行合成。
【解决问题】如何设置纯音的频率并且计算拍音产生的频率。
【素材来源】可通过 Audition CC 生成相应频率波形素材。
【完成效果】\模块 05\情境 03\任务 5\完成效果\警示音.wav。

操作步骤

步骤一：生成两个频率分别为 440 Hz和 442 Hz的纯音

1.在 Audition CC 软件菜单栏，选择“效果”→“生成”→“音调”。

2.在“生成音调”窗口中将“基频”数值设为“440 Hz”，波形形状为“正弦”，设置完点击“确定”，参数设置如图 5-55 所示。

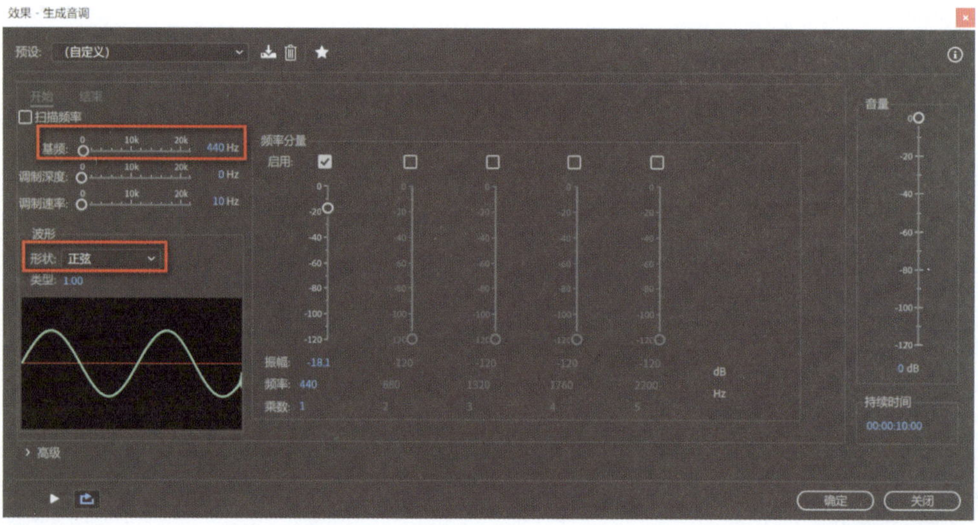

图 5-55　在 Audition CC 中生成音调

3.对另一个纯音，按上面的方法将基频设置为 442 Hz。

步骤二：将两个频率的纯音叠加合成导出

1.将创建的两个纯音在“多轨”模式下拖入轨道。

2.对两个轨道进行合并导出，点击“文件”→“导出”→“多轨混音”→“整个会话”，导出 wav 文件。

3.点击“文件”→“导入”→“文件”，将导出文件导入 Audition CC，双击文件查看波形，可以看到 1 s内声波走过 2 个周期，频谱如图 5-56 所示，即一秒内拍音出现次数为两个频率的差值。

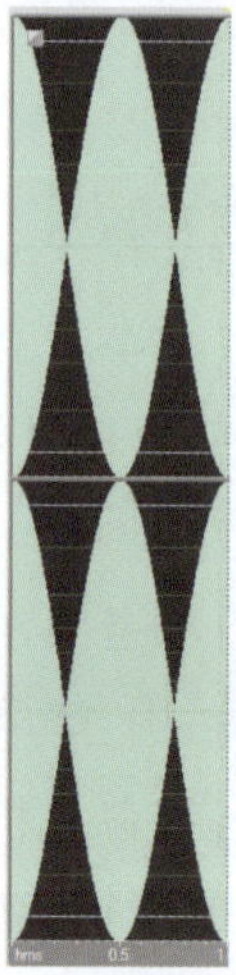

图 5-56　在 Audition CC 中生成的拍音

◎ 知识点拓展

01.声强与响度

声音有 3 个物理属性，即声强、频率、频谱。之所以把它们称为物理属性是因为这 3 个属性都可以被测量，分别对应的主观属性为响度、音调、音色。响度是人主观上感觉的声音的大小，俗称音量，单位为分贝(dB)。声强是指单位时间内通过垂直于声波传播方向的单位面积的能量，因具有功率的单位，又称为声功率，单位 W/m^2，声音强度由振动幅度的大小决定。

决定响度的因素有两个，一个是声强，另一个是人和声源的距离。绘画艺术中有透视原理，声音也遵循了近响远轻的规律。响度会随声强增加而增加，但这种增加关系不是线性的，而是呈对数关系。也就意味着在音频制作中可以运用音轨叠加增加音量，但不可多叠容易造成资源浪费。

02.人耳听阈曲线

人耳能听到 20 Hz ~ 20 kHz频率的声音，但人耳对不同频率的声音的感知能力是不同的，通过图 5-57 我们可以发现，每条曲线上相应频率产生的响度一致，但明显所需的声强不同。经科学家研究，人耳对纯音最敏感的区域在 3 ~ 5 kHz，而在低频区和高频区人耳对声音的灵敏度要低很多，在听阈曲线中表现为两端翘起中间稳定的趋势，因而高频和低频两端部分的频率只能通过增加声强来获得相同等级响度的感觉。

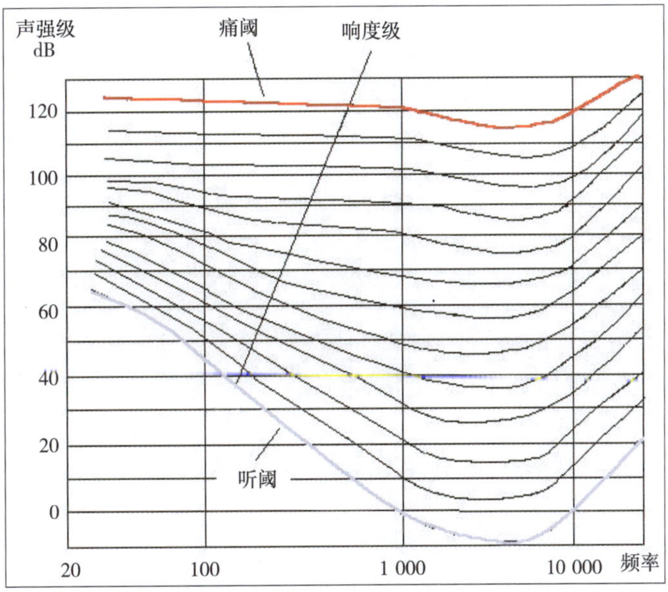

图 5-57 人耳听阈曲线

03.混响与混响时间

当人们在空旷的教室里拍手，会听到余音，这便是混响现象。混响是一种室内声学现象，室内音响由直达声、近次反射声、混响声组成。

"余音绕梁三日不绝""前路知何处，怅然问空山。空山不解语，何必返我言"。这两首诗句分别表现的是混响与回声，这是两个容易混淆的概念。混响全称为"交混回响"，就是指当声源停止作用(振动)后，声音依然在延续的现象。混响是声音经过多次往复漫反射，包含多个不同角度、不同时间到达的混合反射声逐渐衰减形成，听者分辨不出其中的任何音节。而回声是一种单一固定的反射声，它的强度和时差都大到足以和直达声区别开，并能分辨出音节。回声的英文是 Echo。最典型的例子是北京天坛的圜丘和回音壁，前者虽然有余音,但合为一个声音,是混响,而后者能听到多个声音,是回声。

我们一般用混响时间来测量混响的大小,混响时间是指从声源停止发声,到声强减小到原声强百万分之一(衰减 60 dB)时所需的时间,单位为 s。

04.声音的干涉与拍音

郭沫若《归去来·前线归来八》:"又有飞机的拍音,熄了灯。"此句中提到的"拍音"是一种声学现象,其产生的原因是声音干涉。干涉是指当两个频率完全相同的声音相遇叠加,叠加的结果就是在相遇的某一区域内声音会变强,而另一些区域内的声音却变弱了。而频率稍有差别的两波列,在同一介质中传播时,会以不同的方式发生干涉。在两波通过的介质中的任一固定点上,波的叠加给出了一个具有振幅随时间变化的特征的波。这种振幅的波动称为拍,也称拍音,每秒拍的次数等于两个分波的频率差。

05.多普勒效应

当声源和听者之间有相对运动时,听者所感受到的这种频率变化现象称为多普勒效应。当声源离观测者而去时,声波的波长增加,音调变得低沉,当声源接近观测者时,声波的波长减小,音调就变高。在日常生活中,多普勒效应非常常见,比如你站在高铁站台上,当列车向你驶来时,音调会越来越高,甚至觉得刺耳,而当列车驶离站台时,音调越来越低。在影视作品中多普勒效应的运用也很常见,如《黑客帝国》的子弹时间。当声音设计师了解多普勒效应所产生的声学现象时,就会将这种效应运用在声音设计中,让音效制作更加真实、更加科学。

◎ 独立实践任务

任务 6　广播剧片段《熵》声音效果制作

【任务背景】

广播剧片段《熵》主要讲述了一位刚毕业、在社区工作的职员小雨遇到困惑和迷茫,在寻求自我价值认同的道路上挣扎纠结。素材提供了小雨日常工作中的常见对话,现在需要对声音进行效果处理,包括动态压缩、频率均衡、混响效果等,并有创意地最终完成作品。

【任务要求】

1.对语音进行压缩处理,使音量有所提升,为后期效果运用奠定基础。

2.对语音进行频率均衡处理,提供的素材为女声,需根据女声特征划分 3 个频段,找到相应的频率中心点,进行增益或衰减,改善音色。

3.为语音、音效添加混响效果器,营造室外里弄场景空间。

4.可运用特殊效果器对某些特定音效做效果处理,提升作品表现力。

5.合理运用插入式和辅助式两种加载效果器的方法。

6.最终作品生成 MP3 文件格式。

【技术要领】效果器添加顺序准确;插入式和辅助式效果器运用合理。

【解决问题】对不同的声音元素灵活添加效果,熟练掌握常见效果器使用方法。

【素材来源】\模块 05\情境 03\任务 6\素材\相关文件(12 个文件)。

【参考效果】\模块 05\情境 03\任务 6\参考效果\熵.mp3。

职业技能知识点考核

1.单选题

(1)以下哪项不属于 WAVE 的功能?(　　)

A.动态效果处理　　B.混响效果处理

C.调制效果处理　　D.母带处理

(2)人耳普遍能接受最低采样率是听觉频率上限的(　　)倍。

A.1　　B.2　　C.3　　D.4

(3)人耳可以听到的声音频率范围为(　　)。

A.200~20 000 Hz　　B.20 000 Hz

C.20 Hz~20 kHz　　D.20 Hz

(4)频率和(　　)是决定一个声音的最基本要素。

A.声速　　B.相位　　C.振幅　　D.周期

(5)下列采集的波形声音质量最好的是(　　)。

A.单声道、8 位量化、22.05 kHz采样频率

B.双声道、8 位量化、44.1 kHz采样频率

C.单声道、16 位量化、22.05 kHz采样频率

D.双声道、16 位量化、44.1 kHz采样频率

2.判断题

(1)近年来,国家大力推动文化娱乐发展,促进传统媒体与新兴媒体融合,网络视听与传统文化娱乐产业都在新技术和市场的双重作用下迎来了快速发展。(　　)

(2)音频技术的发展经历了从模拟到数字的转变。(　　)

(3)我们把每秒声源来回往复振动的次数称为周期。(　　)

(4)“相位”与决定声音左右声道位置的那个“声像”其实是一个概念。(　　)

(5)声音在空气中的传播速度与气压和温度有关。(　　)

(6)在一个均匀的介质中,声波是随线状传播的。当声波碰到一个面积相对来说较大的障碍物(足够大,比声波要大)时,就会被这个障碍物的表面反射。(　　)

(7)广播电台、电视台播放他人未发表的作品,无须取得著作权人许可。(　　)

(8)当传声器太接近声源,高音便会被提升。(　　)

模块 06

数字视频与编辑

视频信号可分为模拟视频信号和数字视频信号两大类。

模拟视频是指每一帧图像是实时获取的自然景物的真实图像信号。日常生活中的电视、电影都属于模拟视频的范畴。模拟视频信号具有成本低和还原性好等优点，视频画面往往会给人一种身临其境的感觉。但它的最大缺点是不论被记录的图像信号有多好，经过长时间的存放之后，信号和画面的质量将大大降低；或者经过多次复制之后，画面的失真就会很明显。

数字视频信号是基于数字技术以及其他更为拓展的图像显示标准的视频信息，数字视频与模拟视频相比有以下特点：数字视频可以不失真地进行无数次复制，数字视频便于长时间的存放，可以对数字视频进行非线性编辑，并可增加特技效果等，数字视频数据量大，在存储与传输的过程中必须进行压缩编码。

本模块以 Adobe Premiere Pro CS 为操作平台软件。它是 Adobe 公司推出的一款非常优秀的视频编辑软件，以编辑方式简便实用、对素材格式支持广泛等优势，得到众多视频编辑工作者和爱好者的青睐。

在模块教学安排上，让学生循序渐进地学习影视剪辑入门、视频特效处理、静态字幕与动态字幕的制作、音频特效的编辑处理、影视特技效果的制作，另外辅以知识拓展、独立实践任务扩展和加强学生实际动手能力。

广告制作、平面设计、媒体艺术、会展设计、数字出版、电脑编辑、影视动画、印刷图文等相关专业可以根据专业的特点，对本模块的内容进行选择性教学。

素材+完成效果

情境 01 素材文件的加工

本情境主要利用 Adobe Premiere Pro CS 提供的项目、节目、时间线等基本界面完成基本的任务创建、素材导入及影片剪切合并。影片剪辑功能是影片所有操作的基础。

在视频素材处理的前期,首要的任务就是将收集起来的素材引入达到项目窗以便统一管理。时间线窗口,则可将项目窗口中的相应素材拖到相应的轨道上。将引入的素材相互衔接地放在同一轨道上,将达到素材拼接在一起的播放效果。或者可使用剃刀图标工具对某一素材进行剪切。在时间线窗口中可以实现剪切、复制、删除、合并等剪辑基本功能。

剪辑工作的内容包括 3 个方面:镜头的连接,把大多数能用的素材保留,供导演选择,只要能完成剧本即可粗剪;结构的安排和长度的调整,压缩长度;声音关系的处理。

剪辑工作的基本要求:逻辑性(内在)的清晰、运动性的流畅,让剪接点消失。

【能力目标】

1.能够创建及设置项目。

2.掌握时间线窗口的使用方法。

3.掌握基本剪辑工具的使用方法。

4.能够完成视频导出。

【知识目标】

1.掌握视频编辑基本思路。

2.掌握时间线的概念。

3.掌握剪辑的概念。

【学时分配】

2 课时(授课 1 课时,实践 1 课时)。

◎ 模拟制作任务

任务 1　剪辑合成视频短片

【任务背景】

视频编辑基础是影片的导入、剪辑、合成及输出，本任务通过具体工作让学习者掌握这一基本流程。现有一段视频素材——“科技生活”，时长 1′41″。现需要合成一段 20 s 广告片头，以展示科技改变生活，如图 6-1 所示。

图 6-1　完成效果

【任务要求】

视频剪辑是视频编辑中基础且重要的一部分，本任务就是在较长的视频素材中节选两段，合成符合时间要求的视频。

【任务分析】

Adobe Premiere Pro CS 是目前流行的视频编辑软件，本任务可用其“时间线窗口”及“工具”完成视频合并，完成视频可从素材视频前后各取 10 s 合成并以 avi 格式输出。

【重点、难点】

1.时间线窗口的使用。

2.剪辑工具的使用。

【技术要领】导入素材，在时间线窗口剪切。
【解决问题】创建视频编辑项目，将视频素材导入项目窗口，将视频素材从项目窗口拖入时间线窗口，使用剃刀工具进行剪切，删除波纹合并视频并导出。
【素材来源】\模块 06\情境 01\任务 1\素材\科技生活.mpg。
【完成效果】\模块 06\情境 01\任务 1\完成效果\科技生活宣传片.avi。

操作步骤

步骤一：创建文档

1.启动 Adobe Premiere Pro CS，单击“新建项目”选项卡创建工程文档，并在“常规”选项中为“proj01”。

2.在“新建序列”选项卡中选择“有效预置”选项，选择制作视频标准为“DVCPRO 50/576i/DVCPRO50 PAL 标准”，得到如图 6-2 所示的效果。

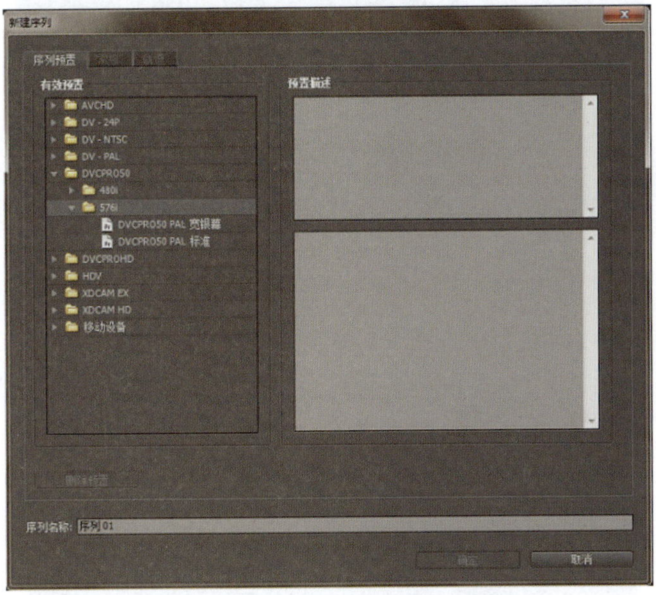

图 6-2　项目有效预设

步骤二：素材导入

1.在“文件”控制模板单击“导入”按钮，选择路径，将素材“科技生活.mpg”导入。在控制界面“项目”栏中可见导入的视频素材，效果如图 6-3 所示。

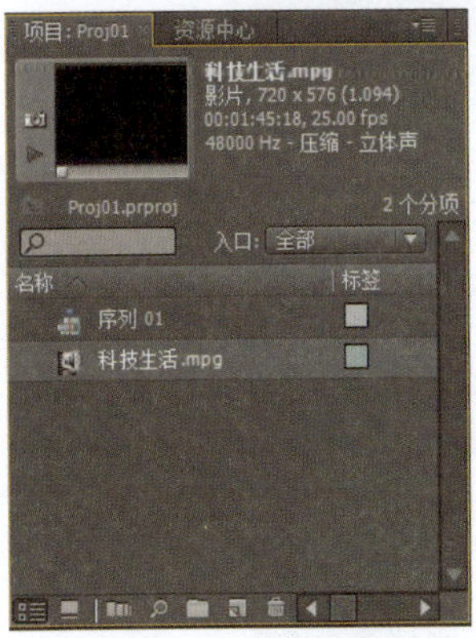

图 6-3　素材导入

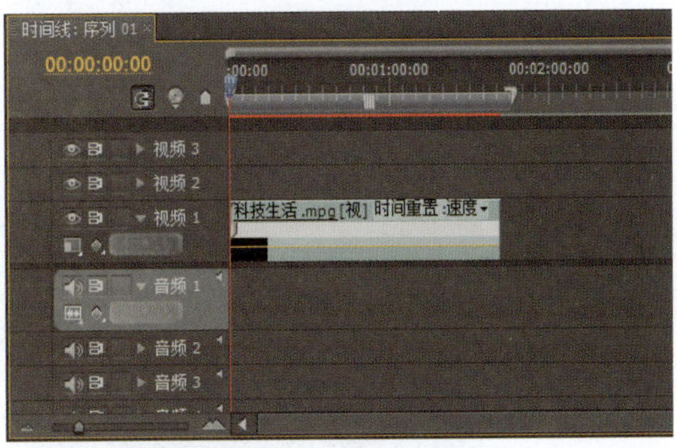

图 6-4　“时间线”窗口

2.用鼠标选中“项目”窗口中的素材“科技生活.mpg”，将其拖入“时间线”窗口中的“视频 1”，得到效果如图 6-4 所示。

步骤三：素材的剪切合成

1.单击“节目”的时间选项，输入时间 00:00:10:00，时间轴将自动移到第 10 s，如图 6-5 所示。然后使用“工具”栏中“剃刀工具”，将此时间点视频剪切开。用同样的方法将文件最后 10 s 视频与整个视频剪切开，得到效果如图 6-6 所示。

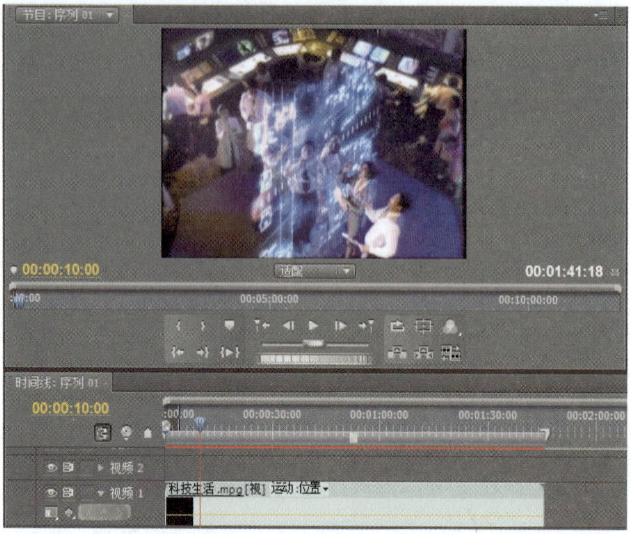

图 6-5　素材时间定位

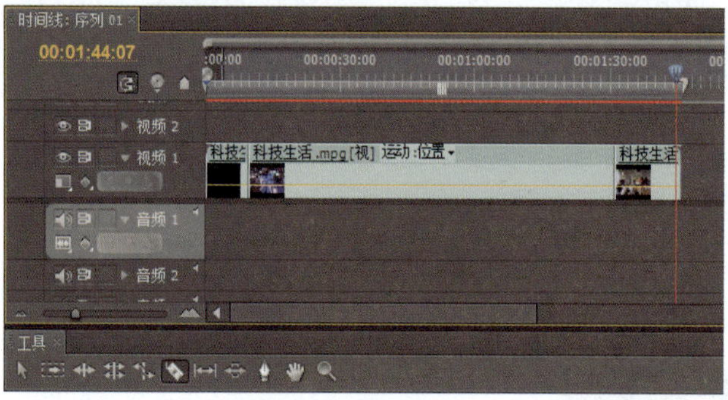

图 6-6　素材剪切

2.在“时间线”控制模板中选择中间视频，单击鼠标右键选择“清除”。清除视频 1 轨道中剃刀工具裁剪后的波纹，再次单击鼠标右键选择“波纹清除”，将视频合成，所得效果如图 6-7 所示。

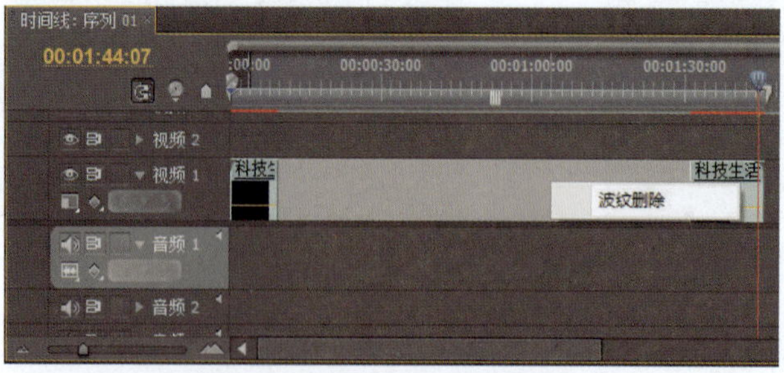

图 6-7　波纹删除视频合并

3.在“文件”选项中选择“导出”→“媒体”，随后弹出“导出设置”框，选择导出文件路径，将文件输出名改为“科技生活宣传片.avi”，如图 6-8 所示。

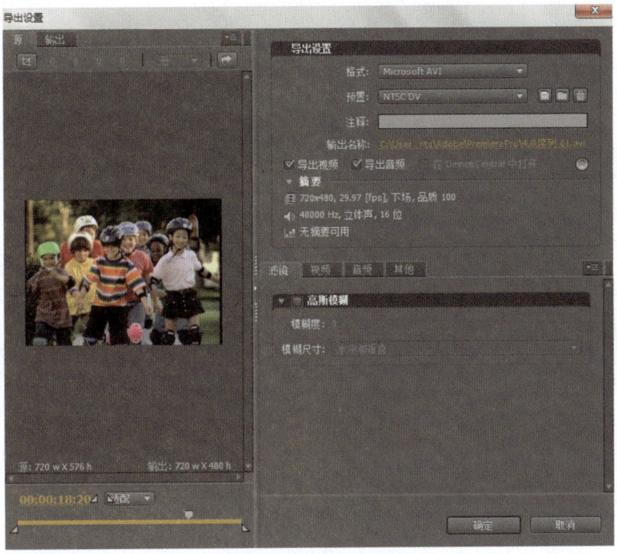

图 6-8　视频导出

◎ 知识点拓展

01.电视制式的概念

电视制式也称为电视信号的标准。目前各国的电视制式不尽相同，制式的区分主要在于其帧频（场频）的不同、分解率的不同、信号带宽以及载频的不同、色彩空间的转换关系不同等。世界上主要使用的电视广播制式有 PAL、NTSC、SECAM 3 种，中国大部分地区使用 PAL 制式，日本、韩国及东南亚地区与美国等欧美国家使用 NTSC 制式，俄罗斯则使用 SECAM 制式。在中国国内市场上买到的正版的 DV 产品都为 PAL 制式。

02.非线性编辑的概念

传统线性视频编辑是按照信息记录顺序，从磁带中重放视频数据来进行编辑，需要较多的外部设备如放像机、录像机、特技发生器、字幕机，工作流程十分复杂。随着 DV 的流行、普及，非线性编辑一词越来越被大家熟悉，那么什么是非线性编辑呢？有人说这一概念是从电影剪辑中借用而来，事实确实如此，但今天的非线性编辑被赋予了很多新的含义。从狭义上讲，非线性编辑是指剪切、复制和粘贴素材无须在存储介质上重新安排。而传统的录像带编辑、素材存放都是有次序的。你必须反复搜索，并在另一个录像带中重新安排它们，因此称为线性编辑。从广义上讲，非线性编辑是指在用计算机编辑视频的同时，还能实现诸多的处理效果，例如特技等。

03.时间线剪辑的概念

时间线是 Adobe Premiere Pro CS 编辑视频的操作台，它以时间顺序及轨道的模式完成视频素材的导入、剪辑及合并，它将项目窗口中的相应素材拖到相应的轨道上，将引入的素材相互衔接地放在同一轨道上，达到素材拼接在一起的播放效果。若需对素材进行剪切，可使用剃刀图标工具在需要割断的位置单击鼠标，则素材被割断。然后选取不同的部分予以删除即可。同样也允许对素材进行复制，形成重复播放的效果。另外，Adobe Premiere Pro CS 提供了多达 75 种的特殊过渡效果，通过过渡窗口可看见这些丰富多彩的过渡样式。

◎ 独立实践任务

任务 2 使用时间线窗口完成视频剪辑

【任务背景】

为商业广告制作“科技改变生活”的宣传片。此任务依据视频编辑软件的基本操作制订，综合了视频项目的建立、导入、剪辑及输出等基本步骤，让使用者能够熟悉视频编辑的过程，了解编辑软件基本界面。

【任务要求】

剪辑 10 s 商业广告，要求流畅自然，体现科技感。

【技术要领】完成项目创建，导入素材，在时间线窗口剪切。
【解决问题】创建视频编辑项目，将视频素材导入项目窗口，再将视频素材从项目窗口拖入时间线窗口，使用剃刀工具进行剪切，删除波纹合并视频并导出。
【素材来源】\模块 06\情境 01\任务 2\素材\科技时代.mpg。
【参考效果】\模块 06\情境 01\任务 2\参考效果\科技时代剪辑.avi。

情境 02 字幕与转场的设置

本情境主要是利用 Adobe Premiere Pro CS 提供的字幕制作、视频效果工具完成影片的字幕制作及视频转场效果。字幕和转场加工都是影片的必备条件，是一般视频作品不可缺少的部分。

字幕是影视剧本制作中一种重要的视觉元素。从大的方面来讲，字幕包括了文字、图形两个部分。漂亮的字幕设计制作，将会给影视作品增色不少。鉴于字幕使用的广泛性，Adobe Premiere Pro CS 中专门提供了一个字幕窗口。字幕窗口可以用来制作文字和图形。

另外，在素材编辑中，转场主要起着美化作用，它使得素材连接更加和谐，过渡更加自然，画面更加优美。如果说编辑是主体的话，那么转场就是一个很好的装饰，缺少转场的话会显得缺少生机与活力。几乎所有的影视节目都使用了转场。

【能力目标】

1.能够创建和制作字幕。

2.能够设计字幕特效。

3.能够添加制作转场。

4.能够设计转场特效。

5.能够熟练地使用关键帧。

【知识目标】

1.掌握字幕设计思路。

2.掌握转场设计流程。

3.掌握关键帧的概念。

【学时分配】

4 课时(授课 2 课时,实践 2 课时)。

◎ 模拟制作任务

任务 1　设计制作视频字幕

【任务背景】

字幕是视频的必要补充,一个优秀的视频必然要配以字幕辅助。现有一些极地动物视频材料,需要做一段公益广告片头,展现极地高寒地区及极地海洋中充满活力的动物世界,如图 6-9 所示。

图 6-9　完成效果

【任务要求】

字幕是影片的重要组成部分,设计的字幕必须与视频有机地结合在一起。视频总长度不超过 10 s。

【任务分析】

字幕选择大小适中,色调要符合极地特点,整个字幕的出现和消失与视频浑然一体,利用关键帧设计好字幕的淡入淡出特效。

【重点、难点】

1.字幕设计。

2.关键帧的设置。

【技术要领】创建字幕，设计字幕。

【解决问题】在字幕栏中创建字幕，在字幕编辑器中设计字体、字号、颜色以及位置等，通过设置关键帧设置字幕淡入淡出特效。

【素材来源】\模块06\情境02\任务1\素材\海豹.avi、虎鲸.avi、鲸鱼.avi。

【完成效果】\模块06\情境02\任务1\完成效果\极地生物字幕.avi。

操作步骤

步骤一：创建文档

1.启动 Adobe Premiere Pro CS，单击“新建项目”选项卡创建工程文档，并在“常规”选项中为新建项目命名为“proj02”。在“新建序列”选项卡中选择“有效预置”选项，选择预设置标准为“DVCPRO50/576i/DVCPRO50 PAL 标准”。

2.在“文件”控制模板单击“导入”按钮，选择路径将素材“海豹.avi”“虎鲸.avi”“鲸鱼.avi”一齐导入。在控制界面“项目”栏中可见导入的视频素材，如图 6-10 所示。

步骤二：素材剪接

1.用鼠标选中“项目”窗口中的素材“海豹.avi”“虎鲸.avi”“鲸鱼.avi”，分别将其拖入“时间线”窗口中的“视频 1”“视频 2”“视频 3”，得到效果如图 6-11 所示。

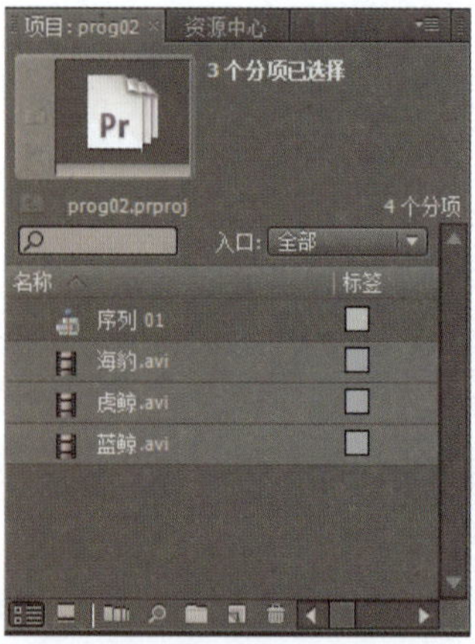

图 6-10　素材导入

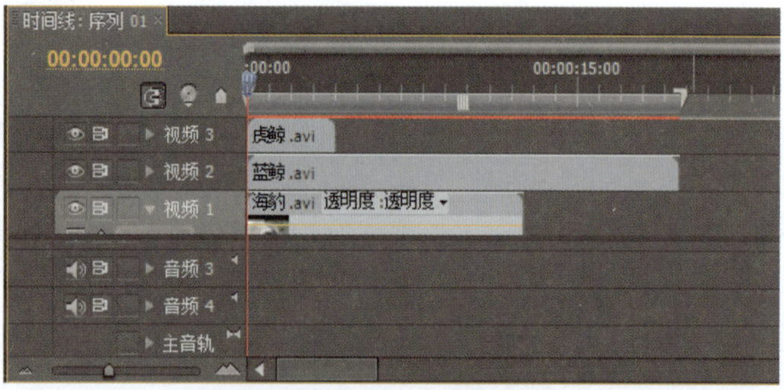

图 6-11　素材导入时间线

2.单击“节目”的时间选项，输入时间 00:00:03:20，然后使用“工具”栏中“剃刀工具”，分别在此时间点，将 3 段视频剪切开，并将每段视频素材后面多余的部分删除，得到效果如图 6-12 所示。

3.将“时间线”中“视频 2”中素材和“视频 3”中素材分别拖到“视频 1”轨道内，并按顺序放置，连接合并成一个完整的 10 s 视频，得到效果如图 6-13 所示。

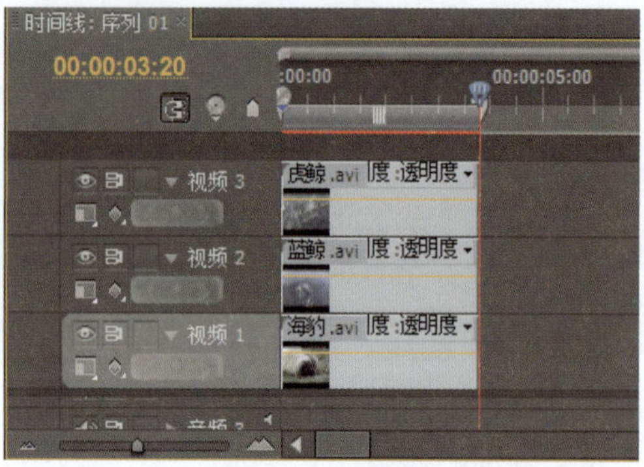

图 6-12　视频剪切

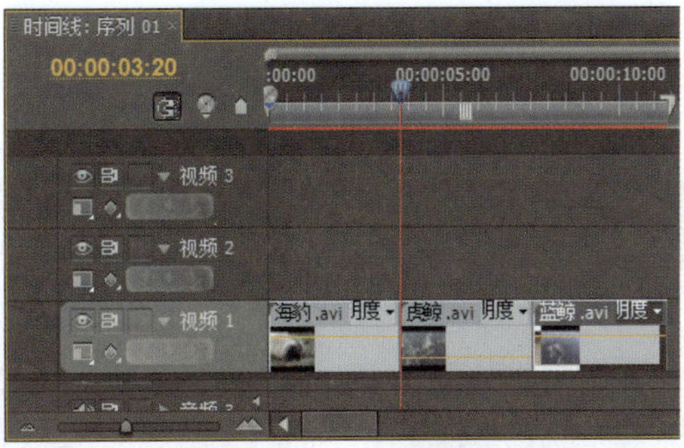

图 6-13　视频连接合并

步骤三：制作淡入淡出字幕

1.单击软件上方“字幕”栏，选择“新建字幕”→“默认静态字幕”，创建“字幕 01”，设置如图 6-14 所示。

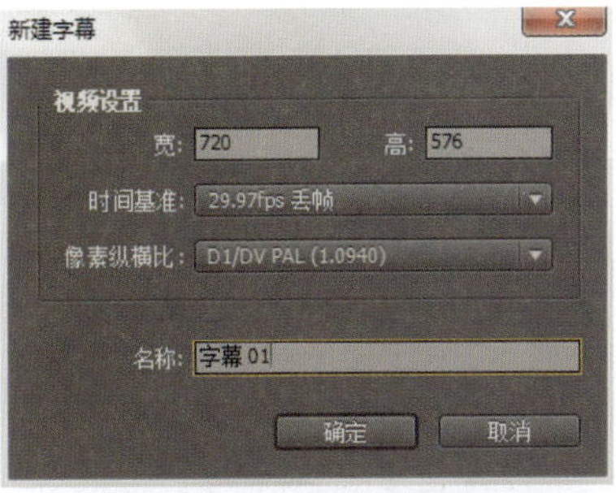

图 6-14　创建字幕

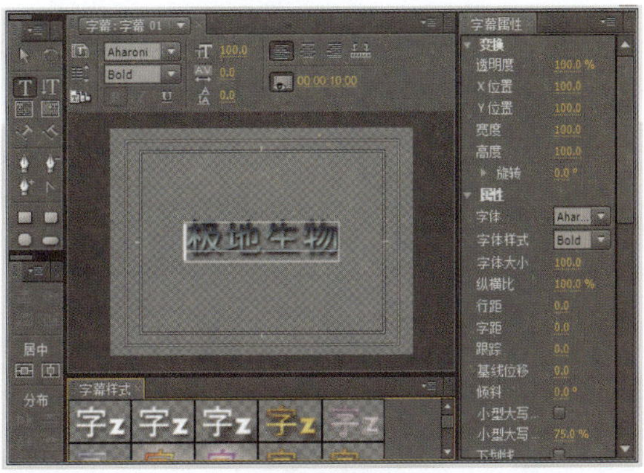

图 6-15　编辑字幕

2.在字幕编辑器中编写字幕文字“极地生物”，选择字体、字体大小及文字位置，如图6-15所示。此时在“项目”窗口中会多出一个字幕文件“字幕 01”，将字幕文件拖入时间线中“视频 2”轨道，在时间线的时间栏起始点位置输入 0 s，设置时间长度为 10 s，如图 6-16 所示。

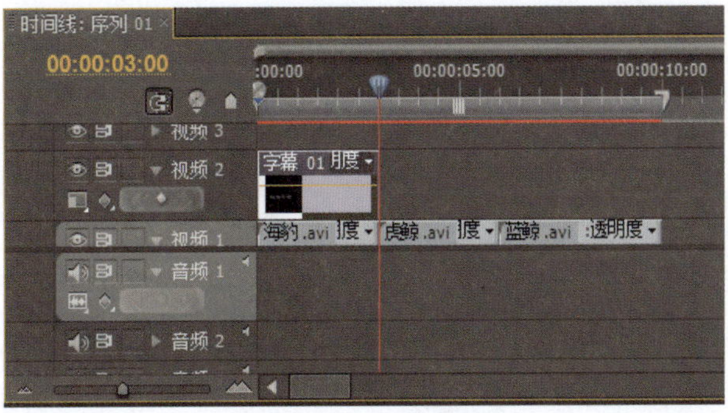

图 6-16　设置字幕

3.选中时间线中字幕素材，单击“特效控制台”中的“透明度”，如图 6-17 所示。在时间轴输入 0 s，单击“透明度”中“添加关键帧”按钮添加关键帧；用同样方法在 2 s、8 s、10 s 处建立关键帧，所得结果如图 6-18 所示。

4.在 0 s 及 10 s 关键帧的“透明度”值中输入 0.0%，在 2 s 及 8 s 关键帧的“透明度”值中输入 100.0%，表示字幕前 2 s 淡入，后 2 s 淡出。

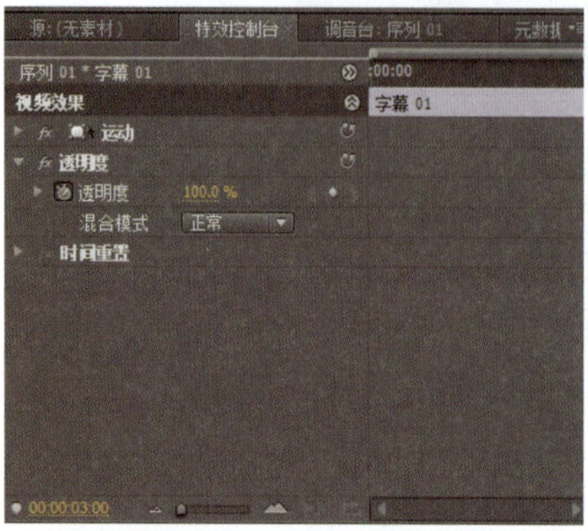

图 6-17　特效控制台

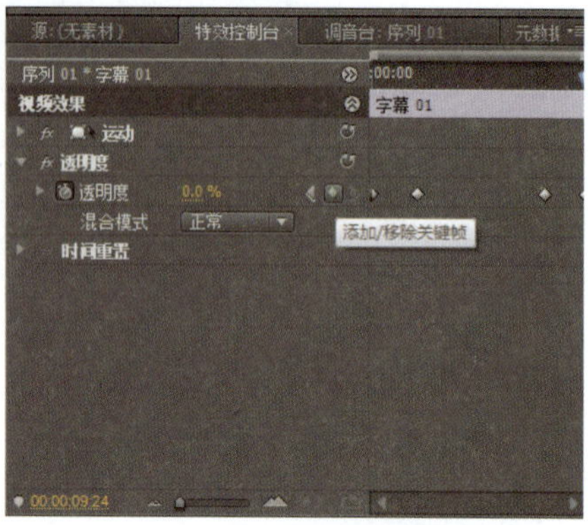

图 6-18　添加关键帧

5.在“文件”选项中选择“导出”→“媒体”，随后弹出“导出设置”框，选择导出文件路径，将文件输出名称改为“极地生物字幕.avi”，得到视频如图 6-9 所示。

任务 2　转场特效制作

【任务背景】

转场是视频编辑中必不可少的环节，一个视频的优劣往往取决于此，学习制作转场特效是视频学习的重要部分。上一个任务仅是把 3 段视频生硬地连接到一起，而本任务则主要通过添加转场特效，使整段视频更加流畅，具体效果如图 6-19 所示。

图 6-19　完成效果

【任务要求】

转场是将不同内容视频有机地融合在一起的重要环节，可让“极地生物”短片镜头承接更加流畅。

【任务分析】

选择有效转场特技，分别放置在 3 段视频的两个连接点处，两个转场特效不能一样。

【重点、难点】

1.转场设置。

2.转场关键帧的设置。

【技术要领】创建转场，设计转场，设置关键帧。

【解决问题】在视频效果栏中创建转场，在特效控制台中设置转场所需各种参数等，通过设置关键帧设置转场特效流程。

【素材来源】\模块 06\情境 02\任务 1\素材\海豹.avi、虎鲸.avi、鲸鱼.avi。

【完成效果】\模块 06\情境 02\任务 2\完成效果\极地生物转场.avi。

操作步骤

步骤一:调出任务 1 存档

启动 Adobe Premiere Pro CS,单击最近使用项目“proj02”,为影片增加转场效果。

步骤二:添加转场

1.单击操作界面左下角“效果”栏,在其中选择“视频切换”。在“3D 运动”效果中选择“向上折叠”效果,如图 6-20 所示。

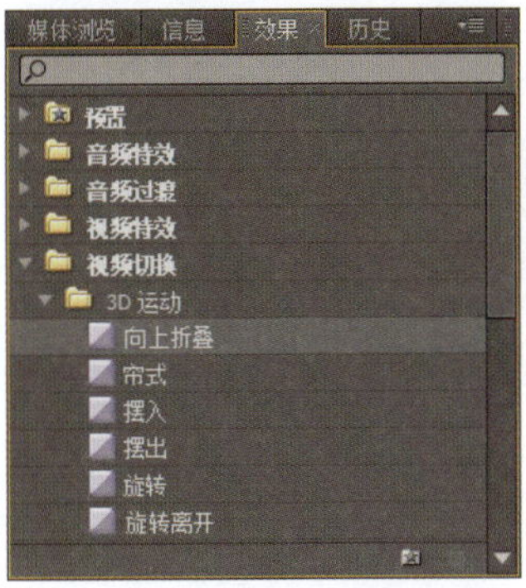

图 6-20 视频转场效果

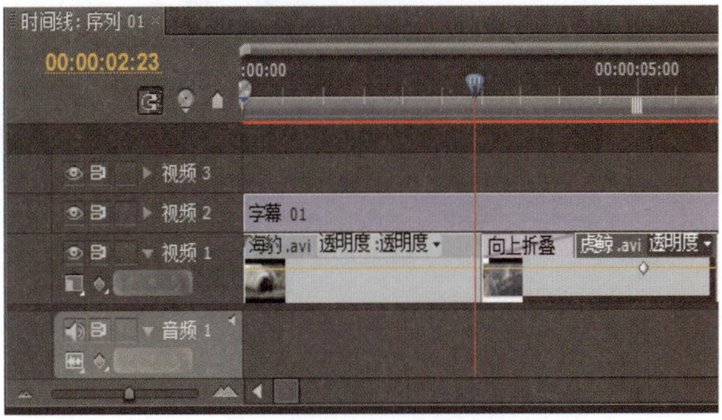

图 6-21 添加转场效果

2.将“向上折叠”效果直接用鼠标拖入“时间线”中“虎鲸.avi”素材前段,完成视频转场效果添加,得到效果如图 6-21 所示。首先单击视频素材上的“向上折叠”转场效果,然后选中操作界面右上方“特效控制台”设置转场效果细节,包括转场时间、折叠方式、对齐点等,最后设置如图 6-22 所示。

3.单击操作界面左下角“效果”栏,在其中选择“视频切换”。在“卷页”效果中选择“中心剥落”效果,如图 6-23 所示。

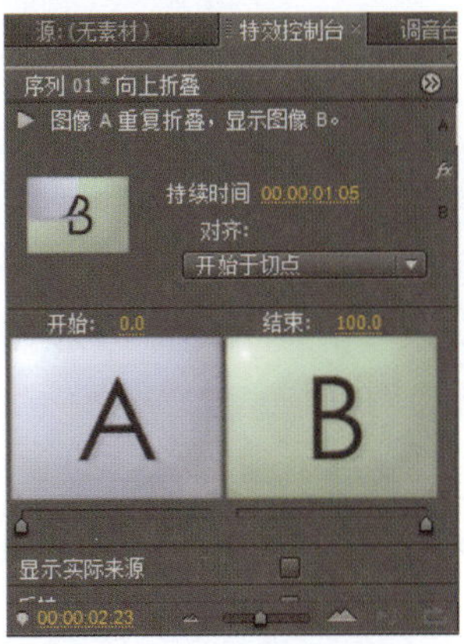

图 6-22 转场参数设置

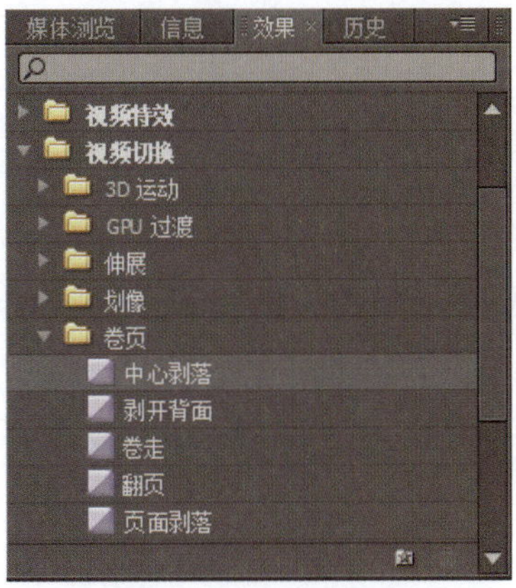

图 6-23 视频转场效果

4.将“中心剥落”效果直接用鼠标拖入“时间线”中“蓝鲸.avi”素材前段,完成视频转场效果添加,得到效果如图 6-24 所示。首先单击视频素材上的“中心剥落”转场效果,然后选中操作界面右上方“特效控制台”设置转场效果细节,包括转场时间、剥落方式等,最后设置如图 6-25 所示。

5.在“文件”选项中选择“导出”→“媒体”，随后弹出“导出设置”框，选择导出文件路径，将文件输出名称改为“极地生物转场.avi”，得到视频如图 6-19 所示。

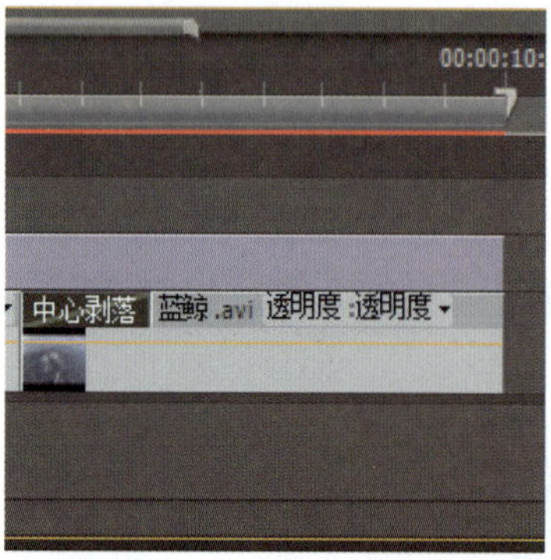

图 6-24　添加转场效果

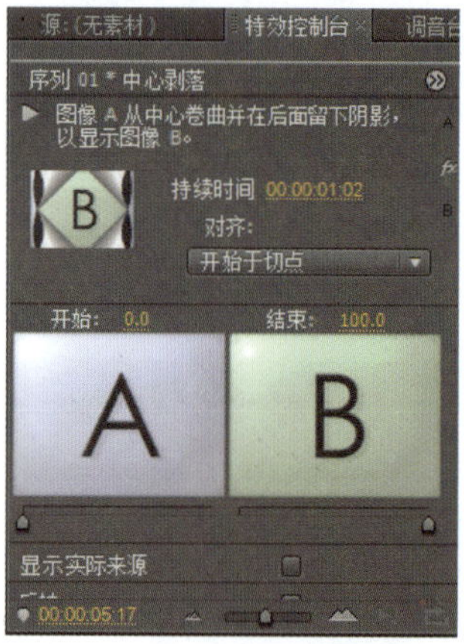

图 6-25　转场参数设置

◎ 知识点拓展

01.转场的概念

转场其实是在一段视频结束后以某种效果转换为另一段电影镜头。为了使电影镜头的切换衔接更加自然、有趣，用户可以使用各种转场效果制作令人赏心悦目的画面变化。在 Adobe Premiere Pro CS 中，根据功能可分为 10 大类多达 75 种的转场特效，每一种转场特效都有其独特的效果，但其使用方法基本相同。

如果根据转场影响边数，转场方式可以分为两大类：单边转场和双边转场。单边转场方式只影响相邻编辑点的前一个或者后一个片断，其空白区域会透出底层轨道画面，但底层画面只是被动透出而已，而双边转场则需要两个片断的参与。

02.Alpha 通道取像

Alpha 通道是图像中不可见的灰度通道。使用它可以把所需要的图像分离出来，该特效可以按照画面的灰度等级来决定叠加的效果。一些图像处理软件可以生产带有 Alpha 通道信息的图像。颜色信息包含在 3 个通道内，即红、绿和蓝。另外，图像可包含一个不可见的第四通道，称为 Alpha 通道，该通道包含透明度信息。

Alpha 通道可用来将图像及其透明度信息存储在一个文件中，而不会干扰颜色通道。

当在“After Effects 合成图像”面板或“Premiere Pro CS 监视器”面板中查看 Alpha 通道时，白色表示完全不透明，黑色表示完全透明，灰色阴影表示部分透明。

Alpha 通道通常用作遮罩，但是，如果用户的通道或图层定义的所需透明区域比 Alpha 通道所定义得更好，或者如果源图像不包含 Alpha 通道，用户可以使用遮罩，而不是 Alpha 通道。遮罩是一个图层（或其任何通道），用于定义该图层或另一个图层的透明区域，白色定义不透明区域，黑色定义透明区域。

03.字幕的概念

字幕是影视剧本制作中一种重要的视觉元素。从大的方面来讲,字幕包含了文字、图形这两个部分。漂亮的字幕设计制作,将会给影视作品增色不少。鉴于字幕使用的广泛性,Adobe Premiere Pro CS 中专门提供一个字幕窗口。

◎ 独立实践任务

任务3 视频字幕及转场特效

【任务背景】

通过前两个任务的学习,本任务需要学习者独立完成字幕添加及转场特效制作,具体任务如下:制作一段南极海鸟公益广告宣传片。要求突出主题,画面流畅,反映出南极地区风光以及大自然的和谐气息。

【任务要求】

主题字幕突出醒目,有滚动效果,符合主题。选择适合的转场特效,转场效果清晰自然,能够完成过渡。

【技术要领】设计设置字幕,设计设置转场。

【解决问题】通过字幕编辑器及关键帧设计字幕特效,通过视频效果选择转场效果,通过特效控制台及关键帧设计转场流程。

【素材来源】\模块06\情境02\任务3\素材\海鸟.avi。

【参考效果】\模块06\情境02\任务3\完成效果\海鸟视频效果.avi。

情境03 视频、音频特效使用

视频、音频特效在影视制作中十分重要,本情境主要通过 Adobe Premiere Pro CS 提供的视频特效及音频特效控制工具,完成影视效果设计、配乐设计及音画匹配等特效。

Adobe Premiere Pro CS 的视频特效功能并没有一些专业的视频特效软件强大,但在视频剪辑过程中,通常要考虑镜头之间的效果连贯性,会使用其自带的、常用的、简单的对镜头进行处理的功能。

音频合成主要包括影音合成、音画匹配、背景配乐及声音特效。音频的合成虽然不能说是影片的主要内容,但它对影片整体内容的表达、气氛的烘托都有着不可替代的意义。

【能力目标】

1.能够创建和制作视频特效。

2.能够设置视频特效运动轨迹。

3.能够创建和制作音频特效。

4.能够设置音频特效运动轨迹。

5.能够合成音视频特效。

【知识目标】

1.掌握视频处理的概念。

2.掌握音频处理的概念。

3.掌握音画合成的概念。

【学时分配】

4 课时(授课 2 课时,实践 2 课时)。

◎ 模拟制作任务

任务1　视频特效设计制作

【任务背景】

视频的特效是影视制作中重要的表现手段,精美的特效能有效地吸引观众,并有助于导演意图的表达。现有一些风景视频资料,利用视频特效制作一段风景片,展现磅礴大气的大峡谷、大瀑布,突出大自然给人类带来的自然奇观,如图 6 -26 所示。

图 6-26　完成效果

【任务要求】

通过视频特效,表现出大自然的奇观,视频变化奇特磅礴,与画面内容融为一体。片长不超过 20 s。

【任务分析】

任务内容主要围绕大自然气势磅礴的奇观展开,通过选择不同视频特效,突出内容,让视频所要表达的内容和意境有机地融合。

【重点、难点】

1.视频特效设置。

2.特效运动轨迹的设置。

【技术要领】创建视频，设计视频特效，特效运动轨迹设计。
【解决问题】在视频特效栏里创建特效，在特效控制窗口设置特效运动轨迹及特效的各种效果，选择不同的特效并将其融合一体。
【素材来源】\模块06\情境03\任务1\素材\峡谷.avi、瀑布.avi。
【完成效果】\模块06\情境03\任务1\完成效果\风景视觉特效.avi。

操作步骤

步骤一：创建文档

1.启动Adobe Premiere Pro CS，单击“新建项目”选项卡创建工程文档，并在“常规”选项中为新建项目命名为“proj03”。在“新建序列”选项卡中选择“有效预置”选项，选择预设置标准为“DVCPRO50/576i/DVCPRO50 PAL标准”。

2.在“文件”控制模板单击“导入”按钮，选择路径将素材“峡谷.avi”“瀑布.avi”一齐导入。在控制界面“项目”栏中可见导入的视频素材，效果如图6-27所示。

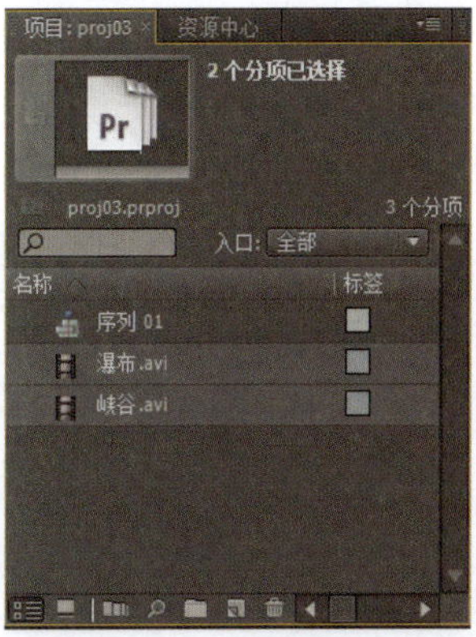

图6-27　素材导入

图6-28　素材剪接后

步骤二：素材剪接

1.用鼠标选中“项目”窗口中的素材“峡谷.avi”“瀑布.avi”，分别将其拖入“时间线”窗口中的“视频1”“视频2”。

2.单击“节目”的时间选项，输入时间00:00:10:00，然后使用“工具”栏中“剃刀工具”，按“Shift+‘剃刀工具’”在此时间点将两段视频一齐剪切开，并将每段视频素材后面多余的部分删除。

3.将“时间线”中“视频2”中素材拖到“视频1”轨道内，并按顺序放置，连接合并成一个完整的20 s视频，得到效果如图6-28所示。

步骤三：视频特效制作

1.单击操作界面左下角“效果”栏，在其中选择“视频特效”。在“模糊与锐化”效果中选择“摄像机模糊”效果，如图6-29所示，并将其直接拖入“时间线”窗口中的“峡谷.avi”文件上。

2.当添加视频特效后，操作界面右上方“特效控制台”中便会出现“摄像机模糊”特效，单击进行特效设置,如图 6-30 所示。

3.利用关键帧设置视频效果,首先在“时间线”输入 00:00:06:00,时间线走到素材第 6 s。单击“特效控制台”中“模糊百分比”中“添加/移除关键帧”,并把值设为 0,所得结果如图 6-31 所示。

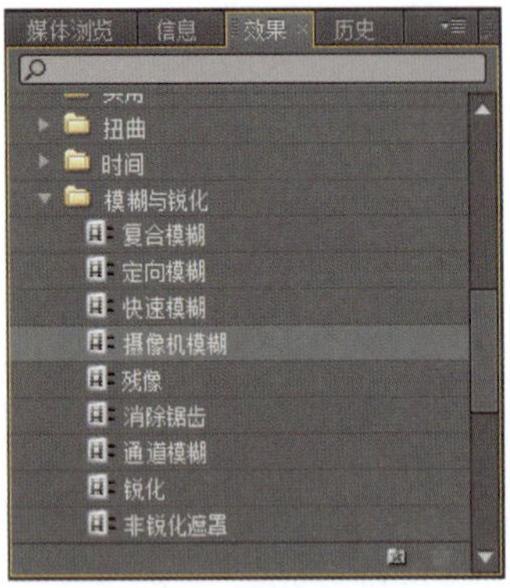

图 6-29　视频特效选择

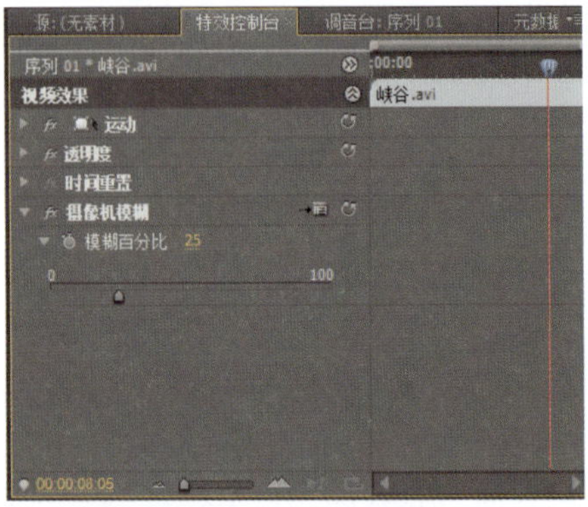

图 6-30　特效设置

4.然后在时间线输入 00:00:10:00,时间线走到素材第 10 s。单击“特效控制台”中“模糊百分比”中“添加关键帧”,并把值设为 100,这个模糊运动过程便设置完成,如图 6-32 所示。

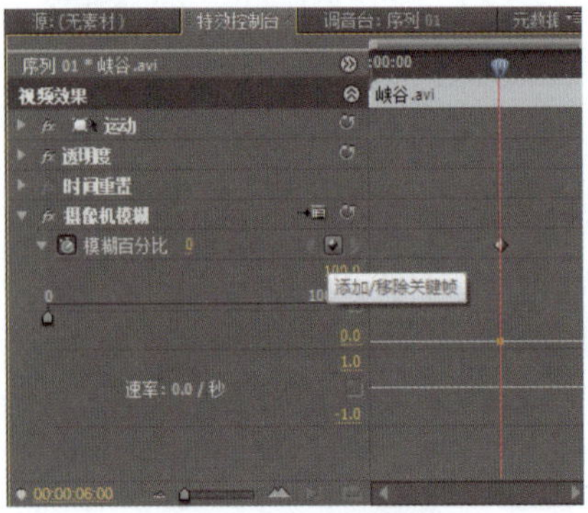

图 6-31　起始帧设置

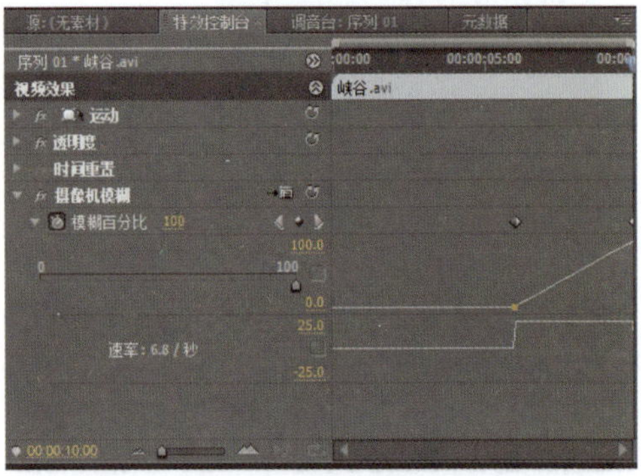

图 6-32　结束帧设置

5.输出视频效果如图 6-33 所示。

(a)加特效前

(b)加特效后

图 6-33　输出视频效果

6.单击操作界面左下角“效果”栏,在其中选择“视频特效”。在“扭曲”效果中选择“紊乱设置”效果，如图 6-34 所示，并将其直接拖入“时间线”窗口中的“瀑布.avi”文件上。

7.当添加视频特效后，操作界面右上方“特效控制台”中便会出现“紊乱设置”特效，单击选中此特效，如图 6-35 所示。

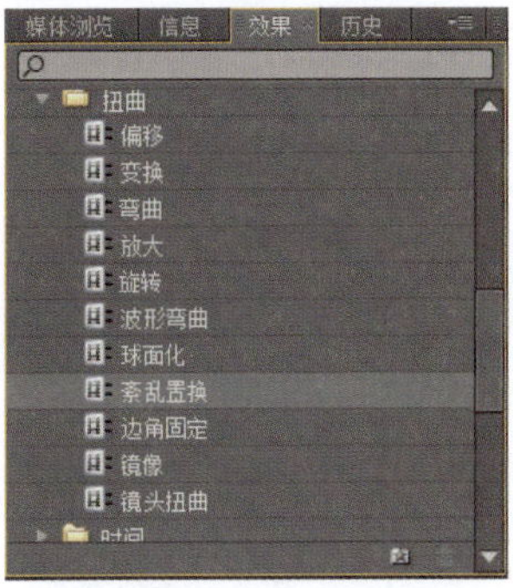

图 6-34　视频特效选择

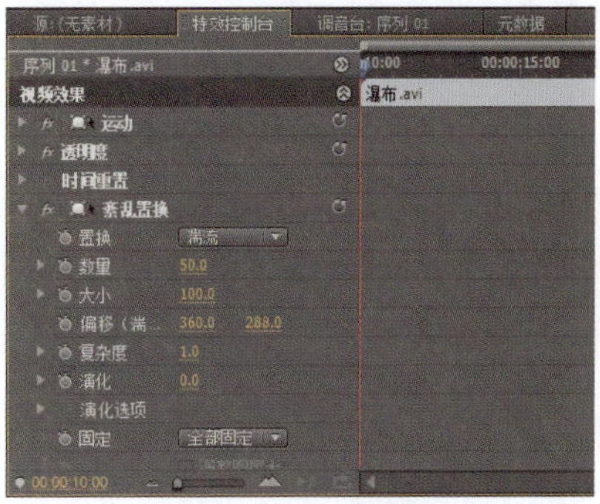

图 6-35　特效设置

8.利用关键帧来设置视频效果，首先在“时间线”输入 00:00:10:00，时间线走到素材第 10 s。单击“特效控制台”中“紊乱设置”→“置换”，在下拉框中选择“扭转”，复杂度设为“3”，单击“数量”，设置为“100”，并为其建立关键帧，所得结果如图 6 -36 所示。

9.利用关键帧来设置视频效果，首先在“时间线”输入 00:00:20:00，时间线走到素材第 20 s。单击“特效控制台”中“紊乱设置”→“数量”，设为 0，并为其建立关键帧，所得结果如图 6-37 所示。

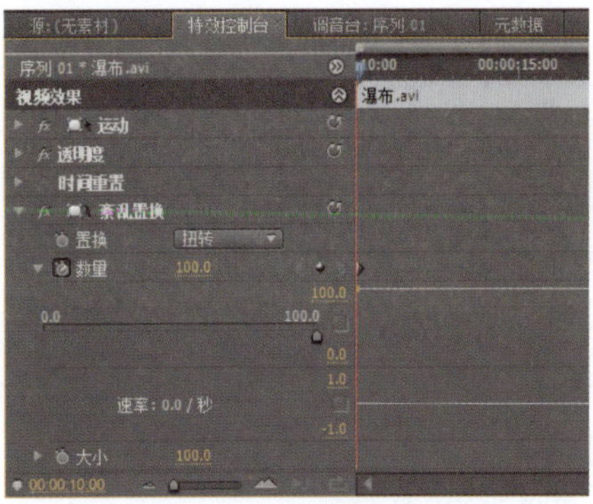

图 6-36　起始帧设置

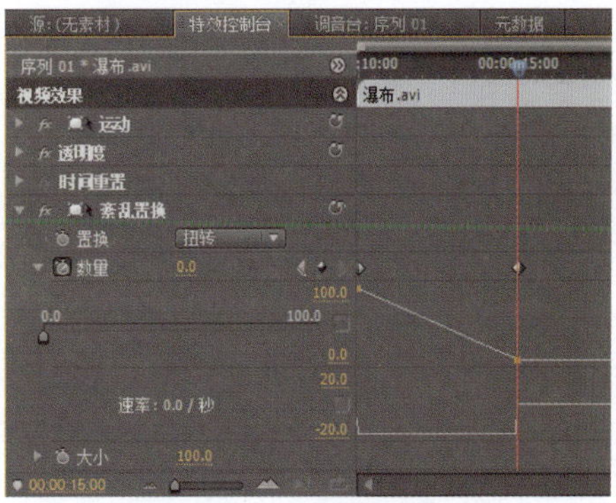

图 6-37　结束帧设置

10.输出视频效果如图 6-38 所示。

(a)特效处理前　　(b)特效处理后

图 6-38　特效视频效果

任务 2　音频设计制作

【任务背景】

声音是影视作品中不可分割的一部分，因此音频制作和视频制作是融为一体的，本任务就是为视频提供音频配音，衬托主题，突出大自然给人类带来的自然奇观。

【任务要求】

为任务 1 风景片配乐，通过配乐表现出大自然的奇观，使得音画匹配，气势磅礴。需使用音频特效。

【任务分析】

任务内容主要围绕大自然气势磅礴的奇观展开，在任务 1 已完成的视频基础上通过“效果”等工具栏添加和设置音频，并通过音频特效体现效果，完成音画匹配、突出主题的要求。

【重点、难点】

1.音频特效设置。

2.特效运动轨迹的设置。

【技术要领】创建音频，设计音频特效，特效运动轨迹设计。

【解决问题】在音频特效栏、音频过渡栏创建特效，在特效控制窗口设置特效运动轨迹及各种特效，选择不同的特效需融合一体。

【素材来源】\模块 06\情境 03\任务 2\素材\故乡的原风景.wma。

【完成效果】\模块 06\情境 03\任务 2\完成效果\风景影音混合.avi。

操作步骤

步骤一：调出存档

启动 Adobe Premiere Pro CS，单击最近使用项目“proj 03”，为风景片制作配乐。

步骤二：素材的添加和剪接

1.双击“项目”窗口空白处，按照路径添加音乐素材“故乡的原风景.wma”，如图 6-39 所示。将音乐素材拖入音轨中，完成音频素材添加，得到效果如图 6-40 所示。

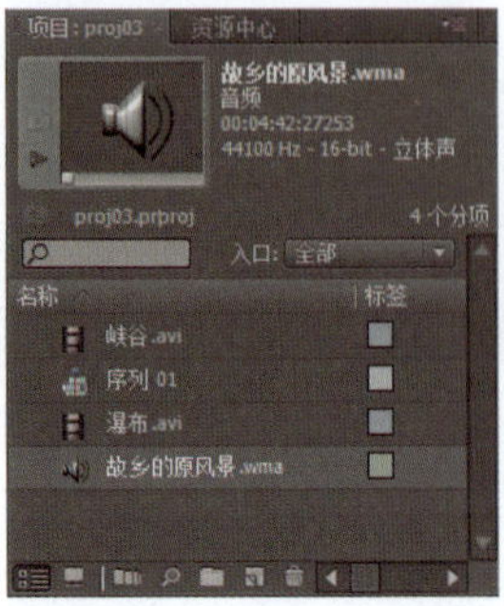

图 6-39　音频素材导入

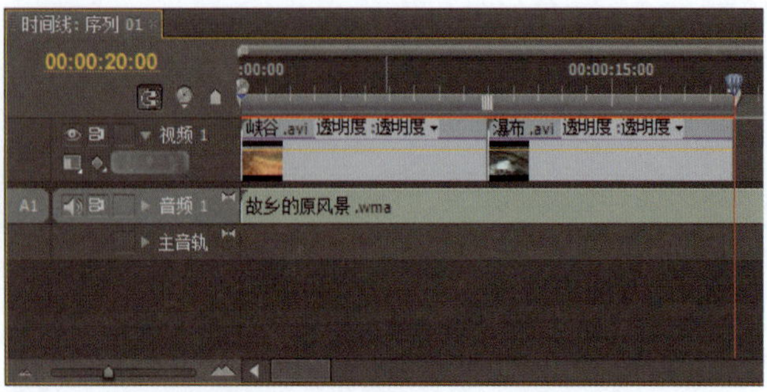

图 6-40　声音素材导入音轨

2.为了保证剪切和制作音频时不对已完成的视频造成影响，在“时间线”窗口中的视频轨道单击切换同步锁定，如图 6-41 所示。

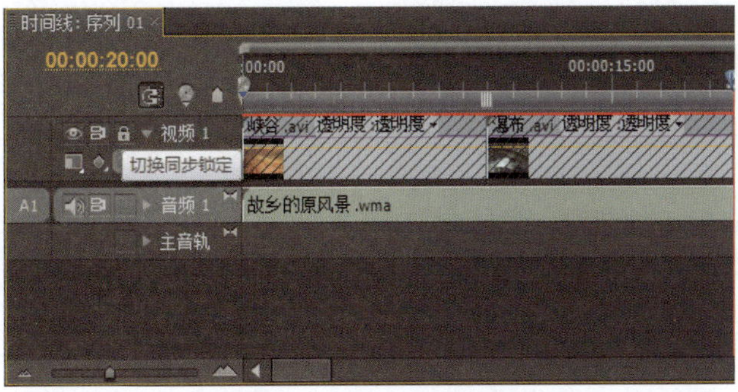

图 6-41　锁定已完成视频

3.由于音频素材远长于已完成的视频，所以必须对音频进行截取，以达到相应长度。通过聆听可以知道，音频素材中有一段笛声非常适合视频，截取作为整个视频主要配乐。首先，将时间线定位在笛声起始处，在音频的第 42 s 处，使用“剃刀工具”将其切断；因为视频长度为 20 s，因此音频部分也需要 20 s，也就是在第 62 s 处也使用“剃刀工具”将其切断，得到结果如图 6-42 所示。将其前后多余部分删除，并将剩余声音文件拖至起始点，使得音频与视频进度匹配，得到结果如图 6-43 所示。

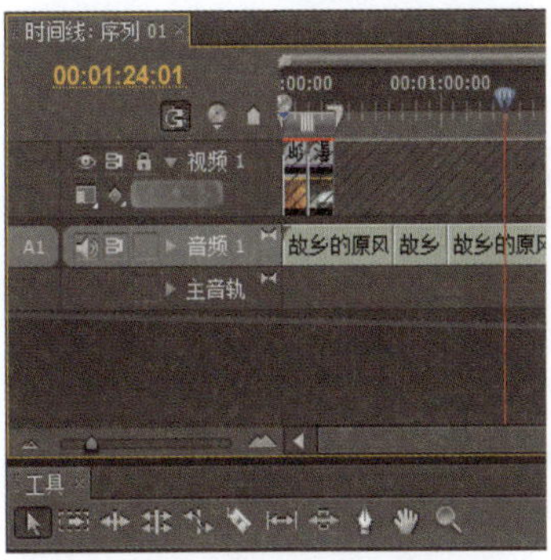

图 6-42　音频素材的选取切割

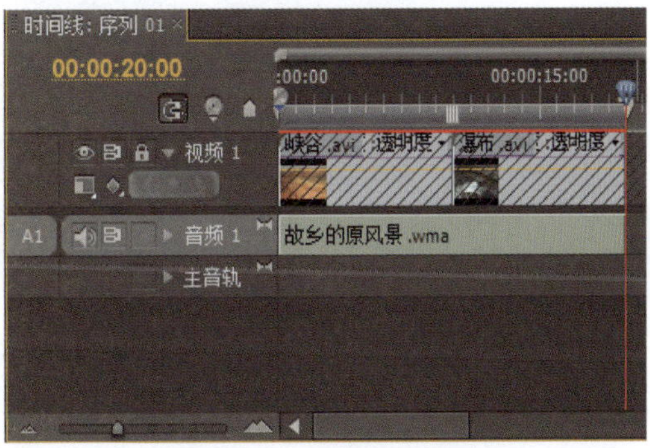

图 6-43　音频视频匹配

步骤三：回音效果制作

1.为了让声音显得空旷，可以制作回音效果。单击操作界面左下角“效果”栏，在其中选择“音频特效”。在“立体声”效果中选择“多功能延迟”效果，如图 6 -44 所示，并将其直接拖入“时间线”窗口中的“故乡的原风景.avi”文件上。

2.选择“特效控制台”窗口，单击“延迟 1”，对音效回音的起点和终点进行设置，如图 6-45所示。

3.在音频第 3 s、第 10 s 及第 17 s 处各建立 3 个关键帧，如图 6-46 所示。值分别设为 0.5、1.0、0.5，回声效果由弱到强再到弱。

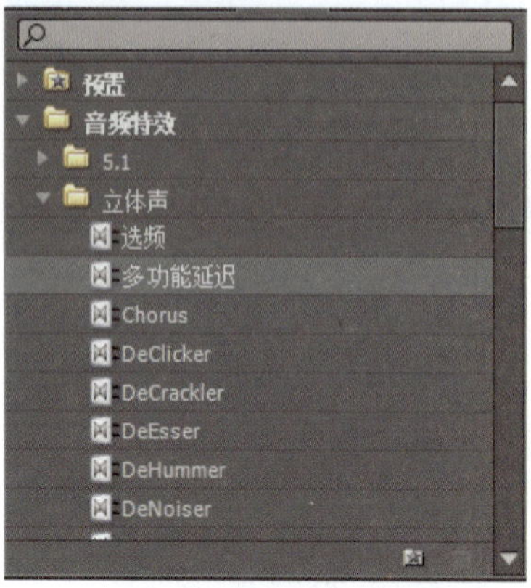

图 6-44　音效选择

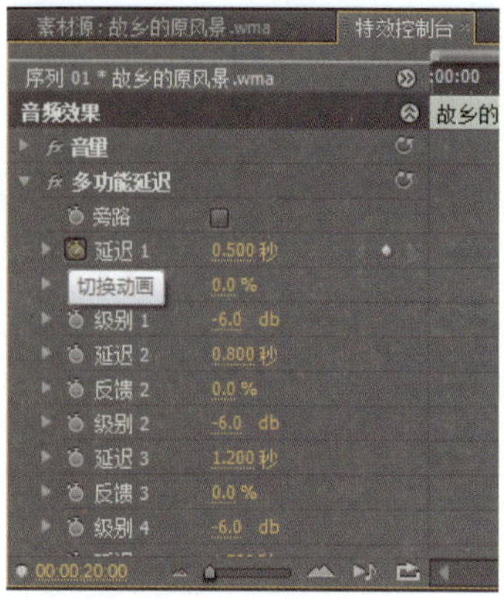

图 6-45　特效控制台设置

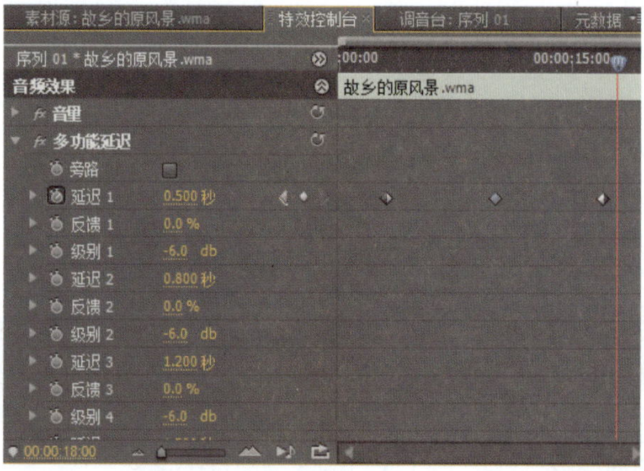

图 6-46　回音设置

步骤四：作声音淡入淡出

1.由于声音是截取而来，前后生硬，为解决此问题，可以用淡入淡出效果完成。单击“效果”窗口中的音频过渡，选择“交叉渐隐”中的“指数型淡入淡出”，如图 6-47 所示。

2.将音频效果分别拖入“时间线”音频素材首和尾部，得到效果如图 6-48 所示。

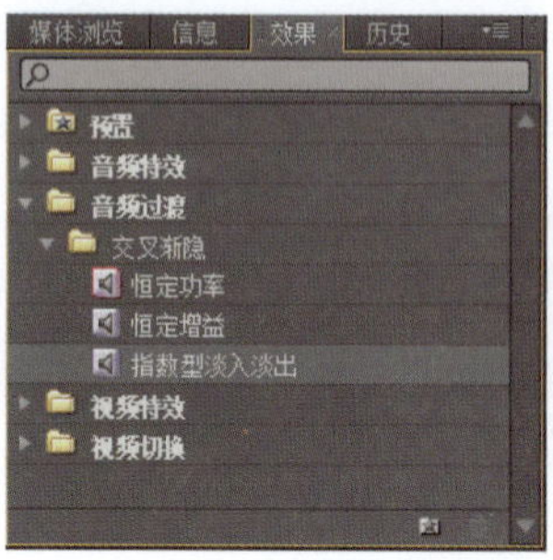

图 6-47　音效选择

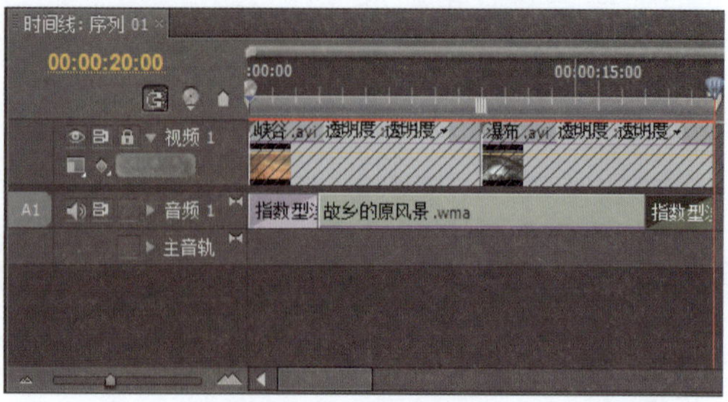

图 6-48　增加淡入淡出效果

3.单击“特效控制台”,分别将“指数型淡入淡出”持续时间设置为 3 s,完成淡入淡出设置,如图 6-49 所示。

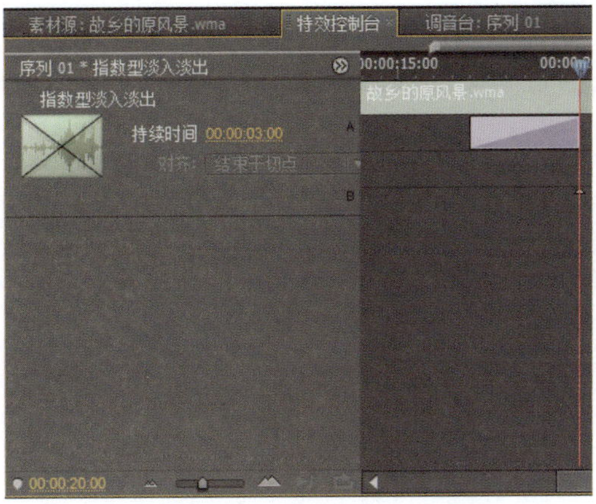

图 6-49　淡入淡出的时间设置

4.导出效果:影片声音淡入,渐强并伴有回音,随之逐渐淡出,视频效果制作完成。

◎ 知识点拓展

01.影音合成

在影音合成技术上,需针对不同的视频、音频和图形等不同元素进行加工和整合。从艺术上达到完美的视觉和听觉效果,要使整个影片形成各自独特的风格。

02.视频特效

视频特效又称为滤镜,是非线性编辑的重点内容之一。它的工作原理是使视频素材通过一系列有形(图片)或无形(算法)的系统改造,使其某些属性在时间和空间上产生变化,创造虚拟现实,达到改善视觉效果、提高艺术感染力的目的。

Adobe Premiere Pro CS 提供(内置)了 18 大类 181 个视频特效,这些特效放置在“效果”面板中的“视频特效”文件夹中。用户可以单击菜单栏“窗口”→“效果”命令,或者在“信息”窗口直接单击“效果”选项卡,打开“效果”面板。另外 Adobe Premiere Pro CS 还可以接受 After Effects 特效作为插件,扩充特效命令的数量。

03.音效

音效就是指由声音所制造的效果,是为增进场面的真实感、气氛或戏剧讯息,而加于声带上的声音。声音包括了乐音和效果音,包括数字音效、环境音效、MP3 音效。原始声音确定后,需要进行音频编辑,比如降噪、均衡、剪接等。

◎ 独立实践任务

任务 3　影音特效合成

【任务背景】

影音特效合成在视频编辑中属于较高阶段,其工作主要是用画面特效、声音特效来衬托视频,使画面表现更丰富。本任务就是培养影音合成综合能力,具体任务要求是:制作一段大海风景片,突出大海的广阔、浩瀚。

【任务要求】

抓住视频中心思想,通过不同的视频特效、音频特效来完成。注意声音及画面需要匹配,将影音融为一体,体现核心思想。

【技术要领】视频特效设计,音频特效设计,音画合成。
【解决问题】通过效果设置栏添加视频、音频特效。通过特效控制台设置视频、音频特效以及音画合成。
【素材来源】\模块06\情境03\任务3\素材\海岛.avi、海滩.avi。
【参考效果】\模块06\情境03\任务3\参考效果\海岛视频效果.avi。

情境04 动态效果的实现

在视频编辑工作中,Adobe Premiere Pro CS 不仅可以方便快捷地剪辑节目,更重要的是,可以利用它给各种不同的素材赋予不同的效果。运动效果、合成技术在后期编辑中经常会使用到。运动效果和画面合成技术的运用,可以提升作品的艺术性和观赏性。

给素材制作运动效果可以让画面富有动感而更具观赏性,在很多影视节目中,经常会看到一些炫目的运动效果,包括字幕和画面的飞入飞出、缩放变形以及旋转等。

这些素材运动,实际上是通过给素材指定一个回放的位置和路径产生的;而很多图形和视频素材的抠像、合成都是通过 Alpha 通道完成。

【能力目标】

1.能够为素材添加运动效果。
2.能够设置运动属性。
3.能够使用 Alpha 通道。
4.能够完成图像动态合成。
5.能够综合使用各种动态效果。

【知识目标】

1.掌握动态运动规律的概念。
2.掌握图像通道的概念。
3.掌握视频合成的概念。

【学时分配】

4课时(授课2课时,实践2课时)。

◎ 模拟制作任务

任务1　运动特效

【任务背景】

运动特效在影视片头及过程中经常使用，通过视频的运动增强视觉冲击力，提升观众对视频内容的兴趣。本任务为制作影视、新闻报道场景中常见的旋转的报纸运动效果，以达到新闻表达或者特别报道的效果，如图6-50所示。

图6-50　报纸旋转完成效果

【任务要求】

通过运动特效设置，表现出报纸旋转特效，视频变化自然，与画面内容融为一体，着重表示新闻的冲击性，片长4 s。

【任务分析】

任务内容主要围绕新闻报纸特点及表达意境，通过运动特效的配合，突出内容，让视频表达出新闻的冲击力。

【重点、难点】

1.运动特效的设置

2.关键帧轨迹的设置。

【技术要领】	创建视频，设计运动特效，特效关键帧设计。
【解决问题】	在特效控制台里创建特效，在特效控制窗口设置特效运动轨迹及关键帧，选择不同的特效需融合一体。
【素材来源】	\模块06\情境04\任务1\素材\报纸.jpg。
【完成效果】	\模块06\情境04\任务1\完成效果\报纸.avi。

操作步骤

步骤一：创建文档

1.启动Adobe Premiere Pro CS，单击“新建项目”选项卡创建工程文档，并在“常规”选项中为新建项目命名为“proj04”。在“新建序列”选项卡中选择“有效预置”选项，选择预设置标准为“DVCPRO50/576i/DVCPRO50 PAL 标准”。

2.在“文件”控制模板单击“导入”按钮，选择路径，将素材“报纸.jpg”导入。在控制界面“项目”栏中可见导入的视频素材，效果如图 6-51 所示。

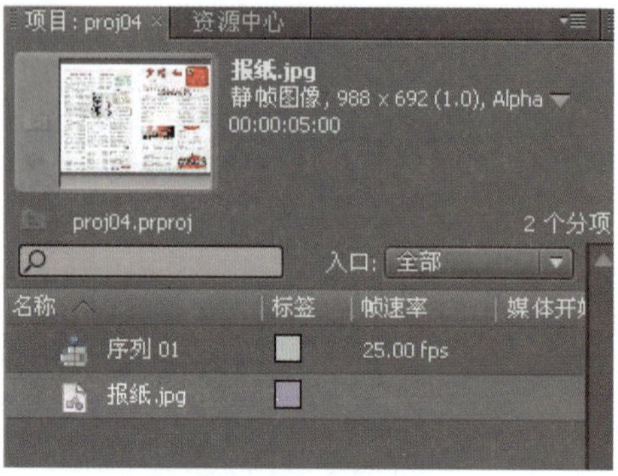

图 6-51　项目创建及素材导入

步骤二：素材剪接

1.用鼠标选中“项目”窗口中的素材“报纸.jpg”，分别将其拖入“时间线”窗口中的“视频 1”。

2.单击“节目”的时间选项，输入时间 00:00:04:00，然后使用“工具”栏中“剃刀工具”，按“Shift+‘剃刀工具’”在此时间点 00:00:04:00 将两段视频一齐剪切开，并将视频素材 00:00:04:00 后面多余的部分删除，如图 6-52 所示。

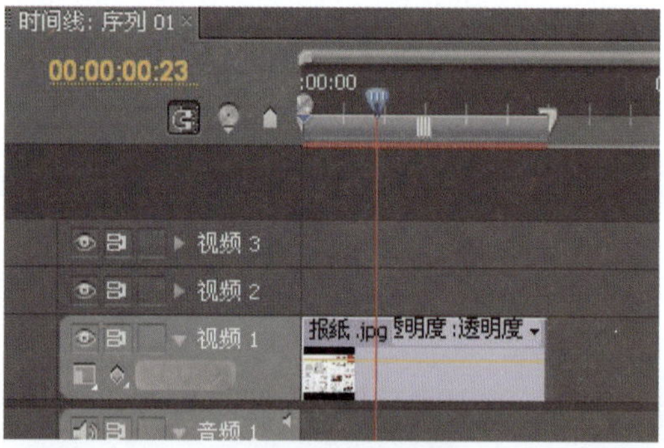

图 6-52　素材剪切

步骤三：缩放关键帧制作

1.选中待编辑视频起始时间点 00:00:00:00，单击操作界面中上部的“特效控制台”栏，在其中选择“视频效果”。在“视频效果”中单击“运动”按钮，将菜单打开。

2.单击“运动”菜单中的“缩放比例”，将值设置为“30”，并“添加关键帧”，如图 6-53 所示。

3.通过“时间线”，将时间轴定位在 2 s 位置，单击“运动”菜单中的“缩放比例”，将值设置为“75”，并“添加关键帧”，如图 6-54 所示，再将时间轴定位在 4 s 位置，“缩放比例”设置为“10”。

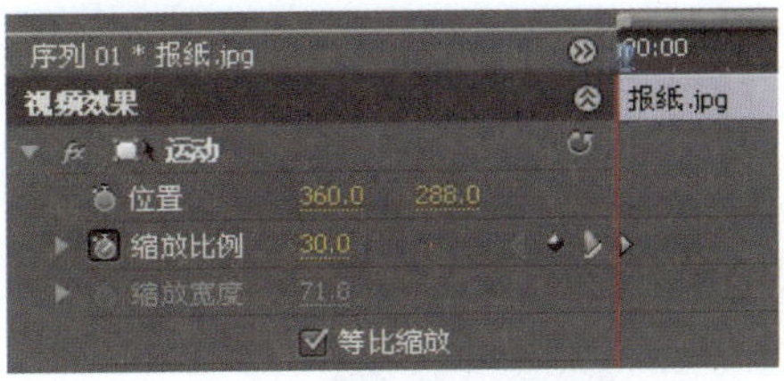

图 6-53　缩放起点关键帧

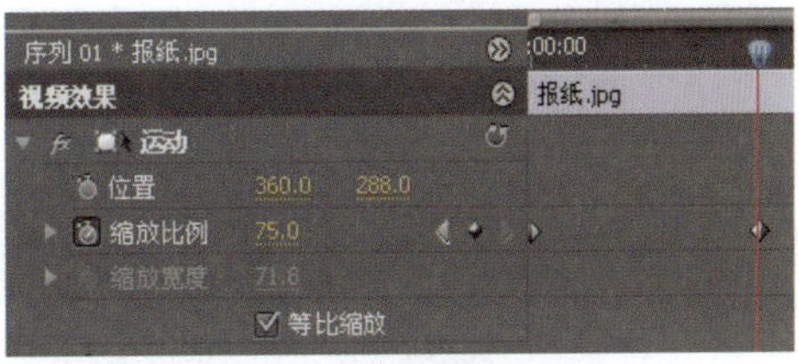

图 6-54　缩放终点关键帧

步骤四：旋转关键帧的制作

1.选中待编辑视频起始时间点 00:00:00:00，单击操作界面中上部的“特效控制台”栏，在其中选择“视频效果”。在“视频效果”中单击“运动”按钮，将菜单打开。

2.单击“运动”菜单中的“旋转”，将值设置为 0.0，并“添加关键帧”，如图 6-55 所示。

3.通过“时间线”，将时间轴定位在 2 s 位置，单击“运动”菜单中的“旋转”，将值设置为“720°”，即“2×0.0°”（旋转两周），并“添加关键帧”，如图 6-56 所示。

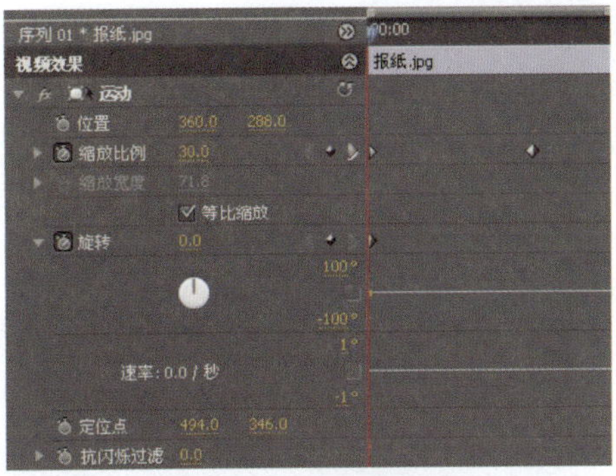

图 6-55　旋转起点关键帧

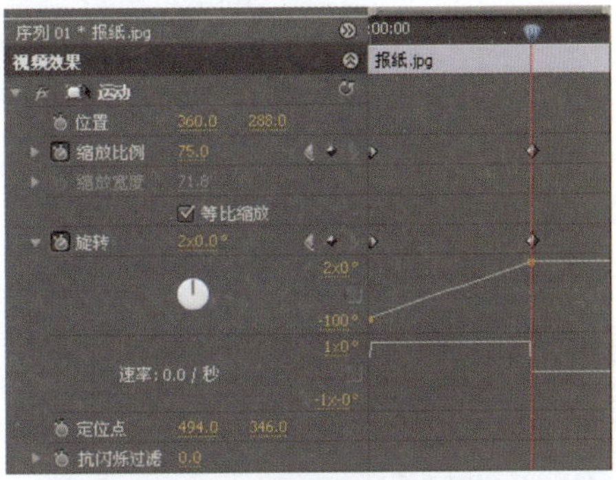

图 6-56　旋转终点关键帧

步骤五：3D 转出效果制作

1.选中待编辑视频起始时间点为 00:00:04:00，单击操作界面左下角“效果”栏，在其中单击“预置”菜单，在“预置”菜单中找到“运动”，在“运动”菜单中选中“3D 旋转”，并将其直接拖入“时间线”窗口中的“报纸.jpg”文件上，如图 6-57 所示。

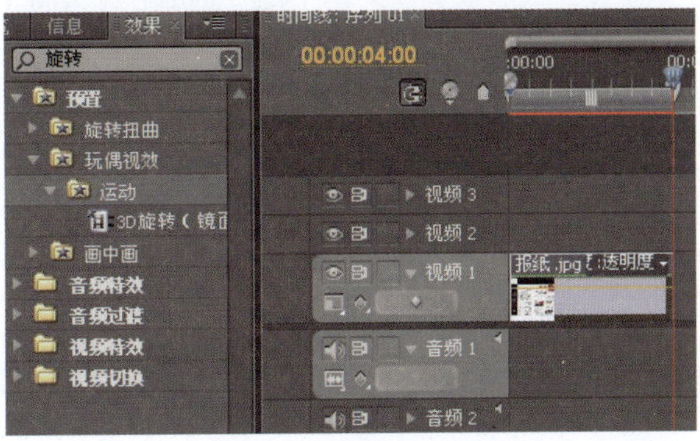

图 6-57　添加 3D 旋转

2.选中待编辑视频，单击操作界面中上部的“特效控制台”栏，在其中选择“视频效果”。在“视频效果”中单击“基本 3D”按钮，将菜单打开。

3.将时间轴移至3 s位置,单击“基本3D”菜单中的“旋转”,将值设置为“0.0”,并“添加关键帧”,单击“倾斜”,将值设置为“0.0”,并“添加关键帧”,如图6-58所示。

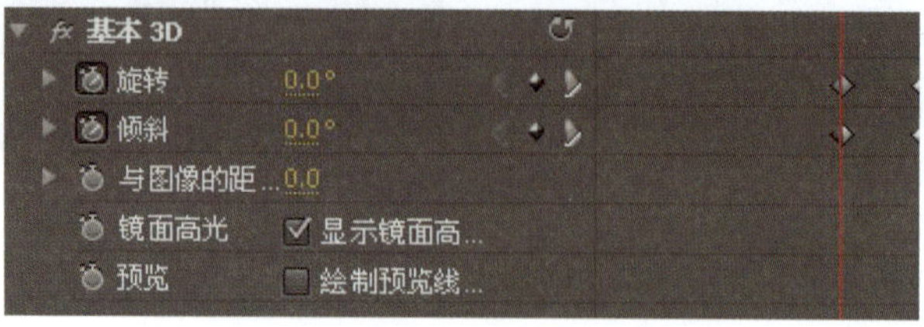

图6-58　基本3D旋转起始帧设置

4.将时间轴移至4 s位置,单击“基本3D”菜单中的“旋转”,将值设置为“-90.0”,并“添加关键帧”,单击“倾斜”,将值设置为“1×0.0°”(旋转一周),并“添加关键帧”,如图6-59所示。

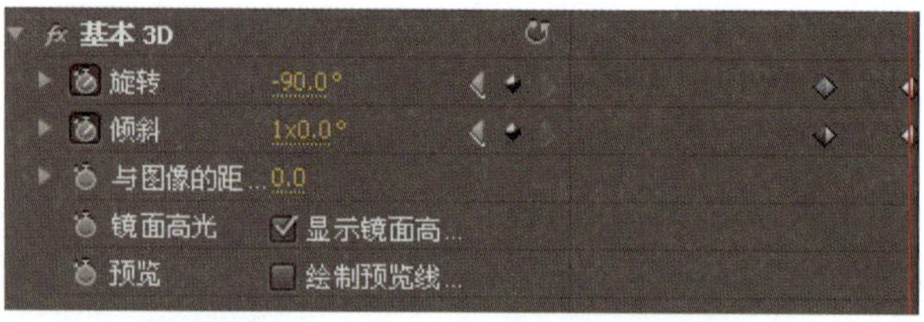

图6-59　基本3D旋转结束帧设置

5.将时间轴移至3 s位置,单击“运动”菜单中的“缩放比例”,将值设置为75,并“添加关键帧”,如图6-60所示。

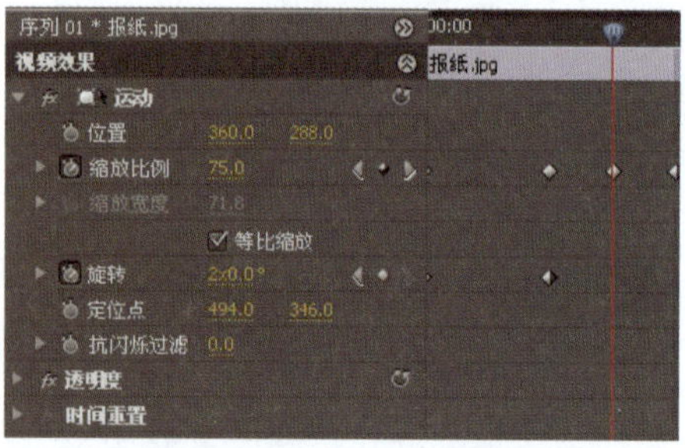

图6-60　基本3D起点关键帧

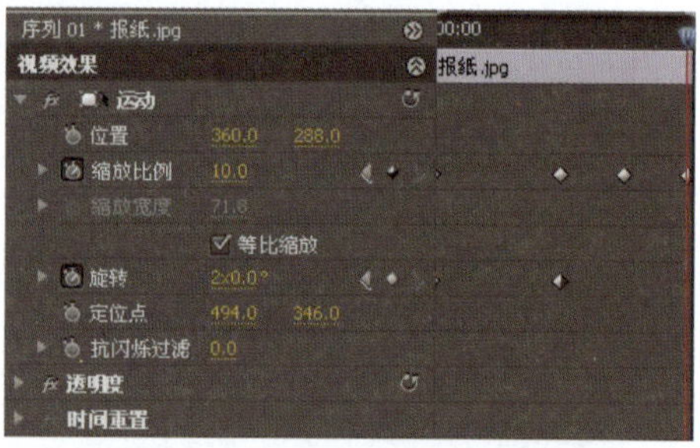

图6-61　基本3D终点关键帧

6.将时间轴移至4 s位置,单击“运动”菜单中的“缩放比例”,将值设置为“10”,并“添加关键帧”,如图6-61所示。

7.在“文件”选项中选择“导出”→“媒体”,随后弹出“导出设置”框,选择导出文件路径,将文件输出名称改为“报纸.avi”,得到视频如图6-50所示。

任务2　抠像合成

【任务背景】

抠像合成是影视作品中不可分割的部分,也是视频制作中比较复杂的部分,本任务以简单图像为切入点,利用颜色空间完成抠像合成任务,具体描述如下:以海边建筑为底板,通过抠出海水,合成沙漠、草地,展示沧桑变迁,突出大自然变换,特别注意融合度,如图6-62所示。

图 6-62　完成效果

【任务要求】

通过海边建筑背景变换，展示大自然变迁，需特别注意变换的融合度。

【任务分析】

任务内容主要围绕大自然变迁展开，通过背景抠像合成，展示海水、沙漠、草原之间的变迁，由于背景颜色相对单一，可采用颜色抠像的方法。

【重点、难点】

1.颜色控键的设置。

2.转场特效的设置。

【技术要领】添加颜色键，抠出颜色区域，设计转场效果。

【解决问题】在视频特效栏添加颜色键，抠出所选区域并完成图像合成，选择不同的转场特效，使视频融为一体。

【素材来源】\模块 06\情境 04\任务 2\素材\海边建筑.jpg、沙漠.jpg、草地.jpg。

【完成效果】\模块 06\情境 04\任务 2\完成效果\沧海变迁.avi。

操作步骤

步骤一：创建文档

1.启动 Adobe Premiere Pro CS，单击“新建项目”选项卡创建文档，并在“常规”选项中为新建项目命名为“proj05”。在“新建序列”选项卡中选择“有效预置”选项，选择预设置标准为“DV-PAL/标准 32 kHz”。

2.在“文件”控制模板单击“导入”按钮，选择路径，将素材“海边建筑.jpg”“沙漠.jpg”“草地.jpg”等一并导入。在控制界面“项目”栏中可见导入的视频素材，效果如图 6-63 所示。

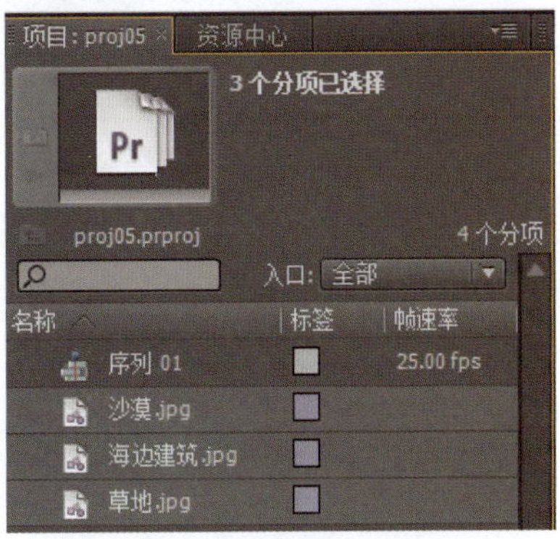

图 6-63　项目创建及素材导入

步骤二：素材剪接

1.用鼠标选中“项目”窗口中的素材“沙漠.jpg”“草地.jpg”，将其拖入“时间线”窗口中的“视频 1”；选中素材“海边建筑.jpg”，将其拖入“时间线”窗口中的“视频 2”。

2.选择“视频 2”，拉长“海边建筑.jpg”至稍大于 10 s 处，单击“节目”的时间选项，输入时间 00:00:10:00，然后使用“工具”栏中“剃刀工具”，按“Shift+‘剃刀工具’”在此时间点将两段视频一齐剪切开，并将每段视频素材后面多余的部分删除，如图 6-62 所示。

3.选择“视频 1”，分别将“沙漠.jpg”和“草地.jpg”设置为 5 s 时长，顺序放置，如图 6-64 所示。

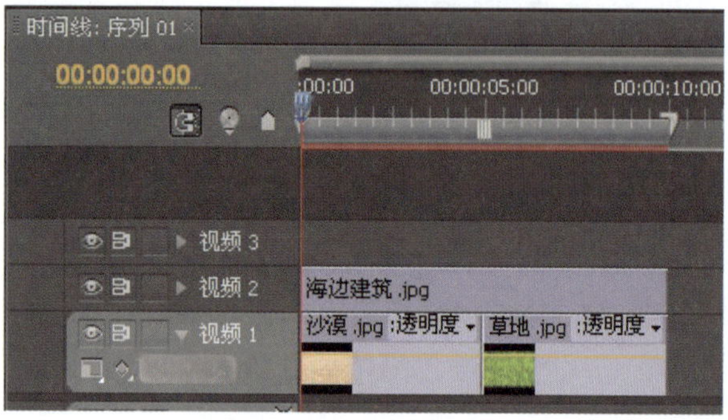

图 6-64　素材剪切

步骤三：通过色彩抠像合成

1.单击操作界面左下角“效果”栏，在其中选择“视频特效”。在“键控”效果中选择“颜色键”效果，如图 6 -65所示，并将其直接拖入“时间线”窗口中“视频 2”文件上。

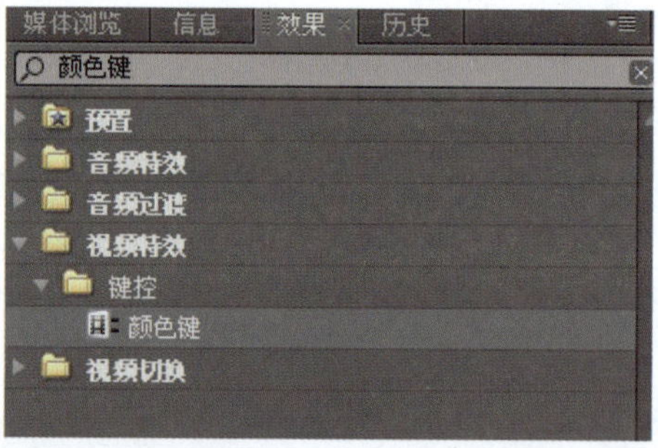

图 6-65　素材剪切

2.选中“视频 2”视频，单击操作界面中上部的“特效控制台”栏，在其中选择“视频效果”。在“视频效果”中单击“颜色键”按钮，将菜单打开。

3.将时间线放置到 1 s 位置，单击“颜色键”菜单中“主要颜色”，用“吸管工具”选择视频中蓝色海面背景。

4.单击“颜色键”菜单中的“颜色宽容度”，将值设置为“0”，并“添加关键帧”；单击“薄化边缘”，将值设置为“0”，并“添加关键帧”；单击“羽化边缘”，将值设置为“0.0”，并“添加关键帧”，如图 6-66 所示。

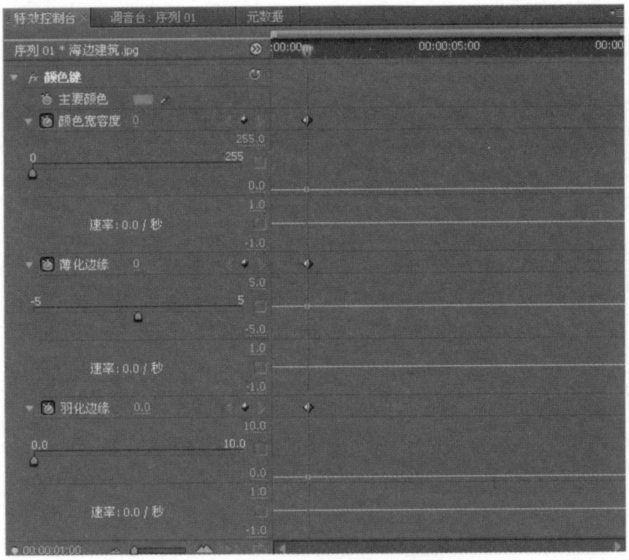

图 6-66　沙漠抠像初始关键帧

5.将时间线放置到 4 s 位置,单击“颜色键”菜单中的“颜色宽容度”,将值设置为“31”,并“添加关键帧”;单击“薄化边缘”,将值设置为“3”,并“添加关键帧”;单击“羽化边缘”,将值设置为“1.0”,并“添加关键帧”,如图 6-67 所示。

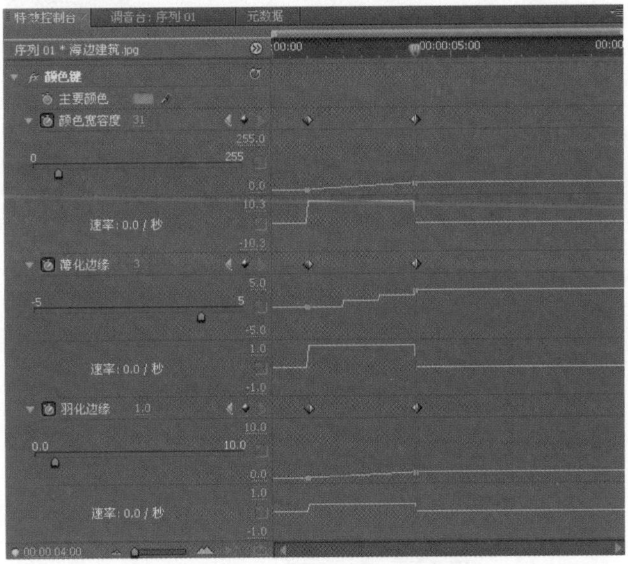

图 6-67　沙漠抠像结束关键帧

6.将时间线放置到 6 s 位置,单击“颜色键”菜单中的“颜色宽容度”,将值设置为“31”,并“添加关键帧”;单击“薄化边缘”,将值设置为“3”,并“添加关键帧”;单击“羽化边缘”,将值设置为“1.0”,并“添加关键帧”,如图 6-68 所示。

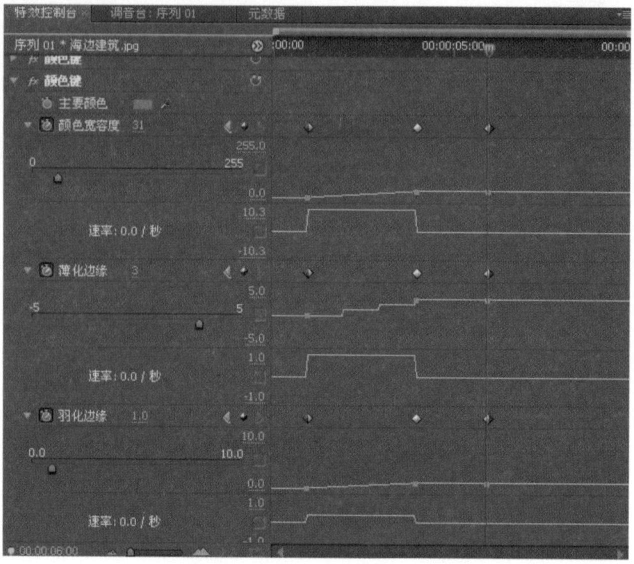

图 6-68　草原抠像起始关键帧

7.将时间线放置到 9 s 位置，单击“颜色键”菜单中的“颜色宽容度”，将值设置为“0”，并“添加关键帧”；单击“薄化边缘”，将值设置为“0”，并“添加关键帧”；单击“羽化边缘”，将值设置为“0.0”，并“添加关键帧”，如图 6-69 所示。

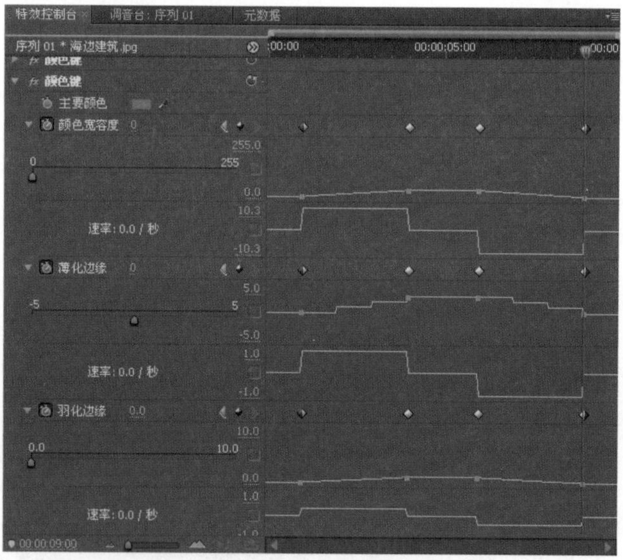

图 6-69　草原抠像结束关键帧

步骤四：转场效果制作

1.单击操作界面左下角“效果”栏，在其中单击“视频切换”菜单，在“视频切换”菜单中找到“叠化”，在“叠化”菜单中选中“交叉叠化(标准)”，并将其直接拖入“时间线”窗口中的“视频 1”文件上，放置在“沙漠.jpg”和“草原.jpg”交汇处，如图 6-70 所示。

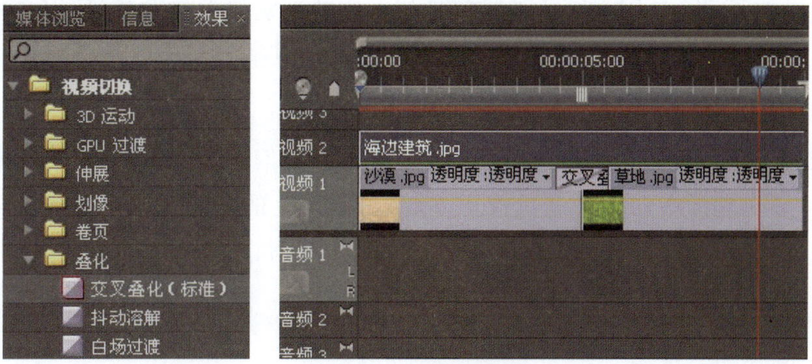

图 6-70　选择转场效果

2.单击“视频 1”中的“交叉叠化”特效，在上方“特效控制台”菜单中找到“持续时间”，并设置为“00:00:02:00”，如图 6-71 所示。

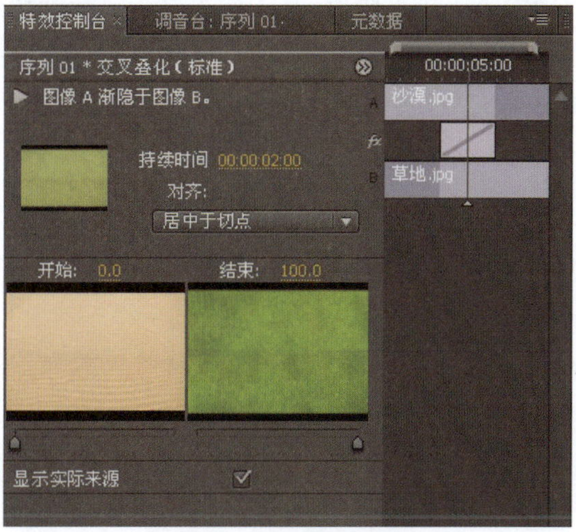

图 6-71　转场特效设置

3.在“文件”选项中选择“导出”→“媒体”，随后弹出“导出设置”框，选择导出文件路径，将文件输出名称改为“沧海变迁.avi”，得到的视频如图 6-62 所示。

◎ 知识点拓展

01.运动关键帧

使用关键帧可以创建运动效果并控制画面、效果、音频属性，以及其他一些随时间变化而变化的属性。关键帧标记指示设置属性的位置，例如空间位置、不透明度或音频的音量。关键帧之间的属性数值会被自动计算出来。当关键帧创建随时间而产生变化时，至少需要两个关键帧，一个处于变化的起始位置和状态，而另一个处于变化的结束位置和状态。使用多个关键帧，可以为属性创建复杂的变化效果。

02.抠像

使用抠像可以根据素材片段的色彩或亮度等信息定义透明区域，经常使用基于色彩的抠像移除统一的背景色。因为蓝色和绿色是与人皮肤差别很大的颜色,所以在前期拍摄时经常使用蓝色或者绿色的幕布作为背景,后期制作时将其抠除。

03.色彩校正

色彩校正又称为调色,是对视频色彩和亮度等相关信息的调整,使其能够表现某种感觉或意境,或者对画面中的偏色进行校正,以满足制作上的需求。调色是视频处理中的一个相当重要的环节,其结果甚至可以决定影片的画面基调。

◎ 独立实践任务

任务3　夏秋变换的音频片

【任务背景】

抠像合成在视频编辑中属于较高阶段,其工作主要为使运动特效、图像色彩变换等功能得以实现。本任务就是培养视频抠像合成技术,具体任务要求是:制作一段夏秋变换的音频片,并配上夏秋交替字幕,突出夏秋交替的变换过程。

【任务要求】

抓住视频中心思想,通过色彩选区、抠像、字幕运动设置等效果完成。注意声音、画面变换的匹配度,特别是视频转场中的流畅度,体现核心思想。

【技术要领】色彩选区,抠像合成,运动效果。
【解决问题】通过效果设置色彩选区、抠像。通过特效控制台设置运动效果、合成动作。
【素材来源】\模块06\情境04\任务3\素材\夏.jpg、秋.jpg。
【参考效果】\模块06\情境04\任务3\参考效果\季节变换效果.avi。

职业技能知识点考核

1.单选题

(1)________按钮是进入菜单模式。

A.MOVIE　　B.AF　　C.MENU　　D.MF

(2)Adobe Premiere Pro CS 编辑的最小单位是________。

A.帧　　B.s　　C.ms　　D.min

(3)我国普遍采用的制式为________。

A.PAL　　B.NTSC　　C.SECAM　　D.其他制式

(4)PAL 制式帧尺寸为________。

A.720 像素×576 像素　　B.640 像素×480 像素

C.320 像素×288 像素　　　　D.576 像素×720 像素

(5)滑行转场类型采用像________转场常用的方式那样进行过渡。

A.幻灯片　　B.十字形　　C.矩形　　D.X 形

(6)下面________不能在字幕中使用图形工具直接画出?

A.矩形　　B.圆形　　C.三角形　　D.星形

(7)透明度的参数越高,透明度________。

A.越透明　　B.越不透明　　C.与参数无关　　D.低

(8)为音频轨道中的音频素材添加效果后,素材上会出现一条线,其颜色为________。

A.黄色　　B.白色　　C.绿色　　D.蓝色

(9)下面哪项内容不属于特效控制台中“运动”的参数设置项________。

A.位置　　B.透明度　　C.定位点　　D.旋转

(10)选择以下描述错误的选项________。

A.在 Adobe Premiere Pro CS 中,可以为除字幕以外的所有视频设置运动效果

B.要让画面产生运动,首先必须给素材创建运动效果

C.利用“旋转”设置画面旋转时,它的旋转轴心受定位点位置的影响,当定位点改变位置时,旋转是以定位点所在位置为圆心旋转的

D.设置运动实际上是给对象一个回访的位置和规矩,从而达到产生运动的目的

(11)在进行合成操作时,下面哪种方法是错误的________。

A.通过颜色抠像实现合成

B.基于混合模式来组合图层实现合成

C.通过移动图层实现合成

D.在素材和特效中使用 Alpha 通道来实现合成

2.多选题

(1)自动对焦模式包括________。

A.S　　B.A　　C.MF　　D.C

(2)Adobe Premiere Pro CS 除了使用导入的素材,还可以建立一些新素材元素,其中包括________。

A.通用倒计时片头　　　　B.彩条

C.字幕　　　　D.颜色蒙板

(3)在电视设备中可以使用下面哪些颜色解码方式________。

A.RGB　　B.YUV　　C.CMYK　　D.CCVS

(4)以下哪些转场特效属于“划像”类的转场效果________。

A.点交叉划像　　B.十字划像　　C.滑动带条　　D.形状划像

(5)为影片添加转场特效后,可以改变转场长度,以下关于改变转场长度描述正确的是________。

A.在时间上选中转场部分,拖动其边缘即可

B.在“特效控制窗口”中可以对转场部分进行进一步的调整

C.当把一个新的转场特效施加到一个现有的转场后,两转场效果将并存,共同影响

D.当把一个新的转场特效施加到一个现有的转场部分后,新的转场特效将替换原有的转场方式

(6)在 Adobe Premiere Pro CS 中,播放视频、音频素材和监控节目内容的工作是通过监视器窗口来完成的,以下关于监视器窗口描述正确的是________。

A.可以在其中设置素材的入点、出点

B.可以改变静止图像的持续时间

C.可以在其中为素材设置标记

D.可以用来显示素材的 Alpha 通道

3.填空题

(1)用________工具可以将素材切割开来,按住________+________可以将音视频同时切割开。

(2)帧是构成影像的最小单位,通常视频为每秒钟________帧。

(3)在用单反相机摄像后,可以通过________选择要播放的视频,再次按下播放按钮,即可观看。

4.简答题

在制作运动视频时怎样改变素材在窗口中的运动速度?

模块 07

二维动画交互设计

Adobe Animate CC 是美国 Adobe 公司推出的一款交互式动画设计软件，其生成作品通常被称为 Flash 动画，是一种矢量格式动画，具有文件数据量小、图像质量高、支持音乐，能够交互操作，使用流媒体播放等优点，其在互联网上得到广泛应用，给网络世界带来了丰富多彩的动态效果。

Adobe Animate CC 这一优秀的矢量动画编辑工具给人们带来了强有力的视觉、听觉冲击，使人们能够轻易地将丰富的想象力可视化。

本模块侧重于实用性，以 Adobe Animate CC 动画作品设计为主线，以典型、实用的例子为辅线，使用户在学习制作 Adobe Animate CC 动画的过程中掌握相关的操作和技巧。本模块主要介绍了 Adobe Animate CC 在数字传媒动画作品设计中的典型案例和典型应用，按钮动画、图片展示的多种表现形式，图文特效动画的制作、菜单技术的设计等内容，在讲解每个知识点时都配有相应的实例，让读者在不断的实际操作中更加牢固地掌握了模块中讲解的内容。

本模块内容丰富，结构清晰，语言简练，图文并茂，具有很强的实用性和可操作性。

广告制作、平面设计、媒体艺术、会展设计、数字出版、电脑编辑、影视动画、印刷图文等相关专业可以根据专业的特点，对本模块内容进行选择性教学。

素材+完成效果

情境 01 按钮制作

当人们在商场购买商品时，借助于商场的指示牌可以更容易地找到所需商品。网站导航就好比汽车上装的 GPS、商场里面的服务员，通过 GPS 和服务员，人们可以很清楚地知道要去哪里，找哪种东西。同样的道理，建立一个网站好比写一篇文章，首先要拟好提纲，文章才能主题明确，层次清晰。如果网站结构不清晰，目录庞杂，会导致浏览者看得糊涂，自己扩充和维护网站也相当困难。栏目的实质是一个网站的大纲索引，索引应该将网站的主体明确显示出来。明晰的导航栏会帮助潜在客户更容易地找到所需信息。

导航栏是网站上的一排链接按钮，通常位于网页顶端或左侧区域，起着概要指引和链接网站各个页面的作用。导航栏的普通表现方式为：首页→一级栏目→二级栏目→三级栏目→内容页面。另一种常见的做法是，在各栏目的主菜单下设置一个辅助菜单（面包屑结构），来说明当前网页在整个网站中的位置。

对于网站、数字传媒作品而言，动感时尚的导航总能给人留下深刻的印象，本情境主要引导学生利用 Adobe Animate CC 动画与 ActionScript 相结合的方式创建动感时尚的导航按钮，掌握按钮交互的绘制方法。

【能力目标】

1.掌握影片剪辑元件的制作。

2.掌握按钮 3 种状态的动画设置。

3.设置按钮在指针经过和按下时的动画效果制作。

【知识目标】

1.熟悉按钮元件及其实例。

2.了解导航栏在数字传媒制作中的作用。

【课时分配】

4 课时（授课 2 课时，实践 2 课时）。

◎ 模拟制作任务

任务 1 动感导航按钮

【任务背景】

在 2022 北京冬奥会宣传多媒体光盘设计中，需要设计一个动感时尚的导航按钮，这些按钮的最大特点就是具有交互性，导航栏实际上就是一组按钮，通过这些按钮可以定位到不同区域。完成效果如图 7-1 所示。

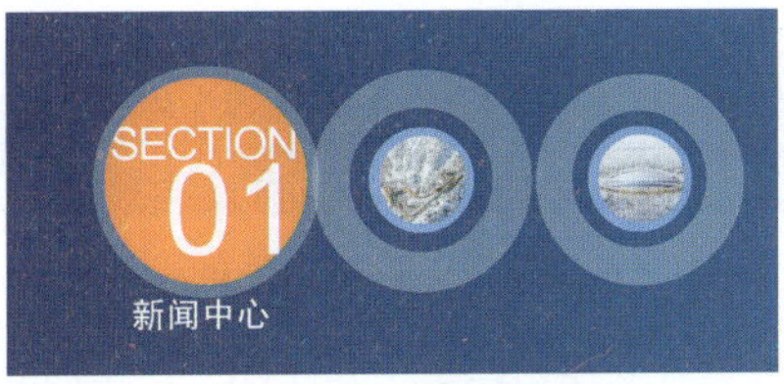

图 7-1　完成效果

【任务要求】

为了使 2022 北京冬奥会宣传多媒体光盘更为生动、美观，绘制一个具有冬奥会元素的导航按钮，按钮要求色彩明快，体现动感和美感。

【任务分析】

按钮是元件的一种，它可以根据按钮可能出现的每一种状态显示不同的图像、响应鼠标动作和执行指定的行为。

Adobe Animate CC 软件的其中一个特点就是具有交互性，交互的形式一般通过按钮来实现，第一个按钮的制作非常重要，人们通常选择制作文字最长的那一个，这样会给以后的制作带来较大方便。其次，要制作形状大小一样的按钮，人们通常采取复制第一个按钮的方法来制作，只需要将文字改动一下便可。

【重点、难点】

1.动态按钮添加的制作与复制。

2.为按钮添加动作脚本。

【技术要领】矩形工具、圆形工具、文本工具。

【解决问题】制作动感导航按钮、添加脚本语言。

【素材来源】\模块 07\情境 01\任务 1\素材\新闻中心.png、项目介绍.png、冬奥百科.png。

【完成效果】\模块 07\情境 01\任务 1\完成效果\btncool.fla。

操作步骤

步骤一：创建文档

1.启动 Adobe Animate CC 软件，按“Ctrl+N”键，打开新建文档对话框，新建 ActionScript 3.0 文档。

2.在“属性”面板修改文档属性，“大小”为“755 像素×168 像素”，“帧频”为“24 fps”，“背景颜色”设为“黑色”。

步骤二：制作基本元件

1.使用“工具”面板的“矩形工具”，在“属性”面板中设置“笔触颜色”为“无”，“填充颜色”为“蓝色渐变色”(#005B8F),在舞台上绘制一个矩形作为背景色,得到如图 7-2 所示的效果。

图 7-2　绘制背景色

2.在“时间轴”控制面板将“图层 1”重命名为“bg”,新建图层并重命名为“anniu1”。按“Ctrl+F8”键新建元件,将“名称”设置为“anniu1_m”,“类型”设置为“影片剪辑”。使用“工具”面板的“圆形工具”,在“属性”面板设置“笔触颜色”为“无”,“填充颜色”为“蓝色”,在舞台上绘制一个圆形作为按钮的背景色,得到如图 7-3 所示的效果。选择该矩形,按“F8”键将其转换为元件,将“名称”设置为“bgcolor”,“类型”设置为“图形”。

3.在“时间轴”控制面板将“图层 1”重命名为“bgcolor”,新建图层并重命名为“circular_loop”,将图层“circular_loop”移到图层“bgcolor”的下方。如图 7-4 所示,使用“工具”面板的“图形工具”,在“属性”面板设置“笔触颜色”为“无”,“填充颜色”为“白色”,“Alpha”值为“30%”,给舞台上的刚绘制的圆形外部绘制一个环形。选择该圆环,按“F8”键将其转换为元件,将“名称”设置为“circular_loop_m”,“类型”设置为“影片剪辑”。

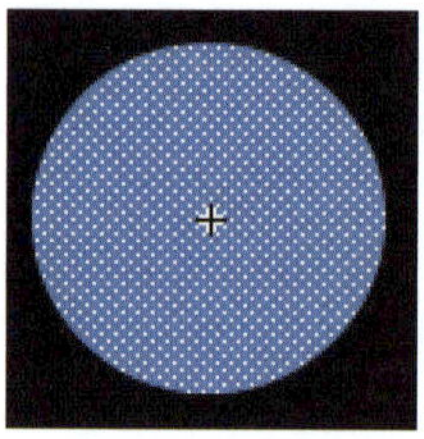

图 7-3　绘制按钮背景

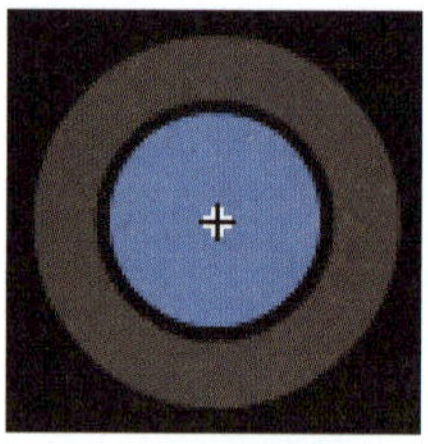

图 7-4　绘制圆环

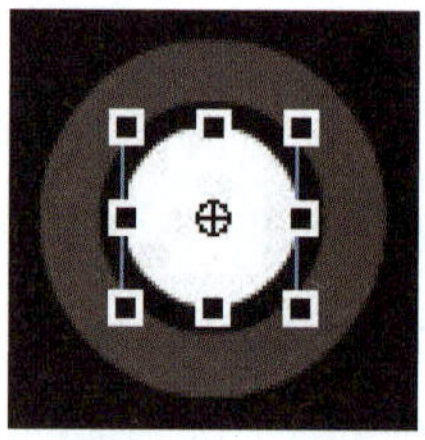

图 7-5　绘制圆形并转换为元件

4.双击元件“circular_loop_m”,进入“circular_loop_m”影片编辑模式,在“时间轴”第 80 帧,按“F6”键添加关键帧。在第 80 帧,使用“工具”面板的“任意变形工具”将舞台上的元件“circular_loop”放大到 170%左右。在“属性”面板将颜色设为“Alpha”值“0%”。在“时间轴”控制面板选择第 1 帧,鼠标右键选择“创建补间动画”命令。

5.为了增加按钮的动感效果,还需要对“anniu1_m”增加修饰效果。双击元件“anniu1_m”,进入“anniu1_m”影片剪辑编辑模式。在“时间轴”控制面板新建图层并重命名为“zoom_circular”。关掉图层“bgcolor”。继续使用“工具”面板的“圆形工具”,在“属性”面板设置“笔触颜色”为“无”,“填充颜色”为“白色”,在圆环的中心绘制一个圆形。选择该圆形,按“F8”键将其转换为元件,将“名称”设置为“circular”,“类型”设置为“图形”,得到如图 7-5 所示元件。

6.在“时间轴”控制面板图层“bgcolor”上新建图层并重命名为“txt”。使用“工具”面板的“文本工具”,如图 7-6 所示,输入“新闻中心”4 个黑体字。选择该文本,按“F8”键将其转换为元件,将“名称”设置为“zi_xw”,“类型”设置为“图形”。

7.在“时间轴”控制面板新建图层并重命名为“word”,使用“工具”面板的“文本工具”,

如图 7-7 所示,输入“SECTION 01”字母。选择该文本,按“F8”键将其转换为元件,将“名称”设置为“zi_01”,“类型”设置为“图形”。

8.在“时间轴”控制面板新建图层并重命名为“mask”,从“库”中拖曳元件“bgcolor”到舞台上,利用它做一个文字的遮罩。如图 7-8 所示,利用“工具”面板的“任意变形工具”将其放大到合适的比例。

9.在“时间轴”控制面板暂时关掉图层“word”和“mask”,新建图层并重命名为“photo”,如图 7-9 所示,按“Ctrl+R”键打开导入对话框,导入素材“新闻中心.png”到舞台上,选择该图形,按“F8”键将其转换为元件,将“名称”设置为“photo_1”,“类型”设置为“图形”。

10.在“时间”控制面板新建图层并重命名为“anniu”,如图 7-10 所示,使用“工具”面板的“矩形工具”绘制一个填充色为“蓝色”的矩形,选择该矩形,按“F8”键将其转换为元件,将“名称”设置为“anniu”,“类型”设置为“按钮”。双击元件“anniu”,进入元件“anniu”的编辑模式,将“弹起”的关键帧移到“点击”帧上。

图 7-6　按钮的文字提示

图 7-7　按钮文字

图 7-8　制作遮罩

图 7-9　按钮图标

图 7-10　按钮热区

步骤三:添加动画

1.双击元件“anniu1_m”,进入元件“anniu1_m”的影片编辑模式,在“时间轴”控制面板选择所有图层的第 30 帧,按“F5”键添加普通帧。

2.在“时间轴”控制面板选择图层“zoom_circular”,在第 15 帧按“F6”键添加关键帧,将时间滑块定位在第 1 帧,使用“任意变形工具”将元件“circular”缩小到 50 左右。选择第 1 帧,鼠标右键选择“创建补间动画”命令。将时间滑块定位在第 15 帧,在舞台上选择元件“circular”,在“属性”面板将颜色设为“Alpha”值为“0%”。

3.在“时间轴”控制面板分别选择图层“bgcolor”“word”“mask”的第 15、30 帧,按“F6”键添加关键帧。将时间滑块定位在第 15 帧,在舞台上分别选择元件“bgcolor”“zi_01”“circular”,使用“任意变形工具”将其一起放大一定比例。分别选择图层“bgcolor”“word”“mask”的第 1、15 帧,鼠标右键选择“创建补间动画”命令。选择图层“word”的第 30 帧,在舞台上选择元件“zi_01”,在“属性”面板将颜色设为“Alpha”值为“0%”。选择图层 bgcolor 的第 15 帧,在舞台上选择元件“bgcolor”,在“属性”面板将颜色设为“色调”,“填充颜色”为“橙色”,值为“100%”。

4.在“时间轴”控制面板选择图层“mask”,鼠标右键选择“遮罩层”命令。

5.在“时间轴”控制面板选择图层“txt”的第 15、30 帧,按“F6”键添加关键帧。选择第 1 帧,使用“任意变形工具”将元件“zi_xw”缩小并向上方移动一段距离,在“属性”面板将颜色设为“Alpha”值为“0%”。同样,选择第 30 帧,使用“任意变形工具”将元件“zi_xw”缩小并向上方移动一段距离,在“属性”面板将颜色设为“Alpha”值为“0%”。分别选择第 1、15 帧,鼠标右键选择“创建补间动画”命令。

6.在“时间轴”控制面板选择图层“photo”的第14帧，按“F6”键添加关键帧。将时间滑块定位到第14帧，在舞台上选择元件“photo_1”，使用“任意变形工具”将元件“photo_1”缩小到35%左右，在“属性”面板将颜色设为“Alpha”值为“0%”。在“时间轴”控制面板选择第1帧，鼠标右键选择“创建补间动画”命令。

步骤四：添加脚本语言

1.双击元件“anniu1_m”，进入元件“anniu1_m”的影片编辑模式，在“anniu”图层上新建图层并重命名为“action”，选择第1帧，鼠标右键选择“动作”命令，在打开的窗口输入以下代码“stop( );”(也可以双击“代码片断”面板中的“时间轴导航”→“在此帧处停止”)。

2.选择第15帧，按“F6”键添加关键帧，鼠标右键选择“动作”命令，在打开的窗口输入以下代码“stop( );”。

3.选中图层“anniu”的第1帧，在舞台上选择元件“anniu”，在“属性”面板的实例名称输入“anniu1_m”，按“F9”键，弹出“动作”面板，在舞台上选择按钮对象“anniu”，双击“代码片断”面板中的“动作”→“单击以转到Web页”，则自动建立“Actions”图层，显示按钮事件“anniu”的动作脚本，对动作脚本进行适当修改，如图7-11所示。

```
Actions:1

anniu1_m.addEventListener(MouseEvent.CLICK, a1);

function a1(event:MouseEvent):void
{
	navigateToURL(new URLRequest("http://www.olympic.cn/"), "_blank");
}
```

图7-11　添加第一个按钮动作脚本

4.选中图层“anniu”的第1帧，在舞台上选择元件“anniu”，按“F9”键，弹出“动作”面板，在舞台上选择按钮对象“anniu”，双击“代码片段”面板中的“事件处理函数”→“Mouse Over事件”，则在“Actions”图层，显示按钮事件“anniu”的动作脚本，对动作脚本进行适当修改，如图7-12所示。

5.选中图层“anniu”的第1帧，在舞台上选择元件“anniu”，按“F9”键，弹出“动作”面板，在舞台上选择按钮对象“anniu”，双击“代码片段”面板中的“事件处理函数”→“Mouse Out事件”，则在“Actions”图层，显示按钮事件“anniu”的动作脚本，对动作脚本进行适当修改如图7-13所示。影片剪辑“anniu1_m”的最终时间轴如图7-14所示。

```
Actions:1

anniu1_m.addEventListener(MouseEvent.CLICK, a1);

function a1(event:MouseEvent):void
{
	navigateToURL(new URLRequest("http://www.olympic.cn/"), "_blank");
}

anniu1_m.addEventListener(MouseEvent.MOUSE_OVER, b1);

function b1(event:MouseEvent):void
{
	gotoAndPlay(2);
}
```

图7-12　修改第一个按钮动作脚本

```
anniu1_m.addEventListener(MouseEvent.CLICK, a1);

function a1(event:MouseEvent):void
{
    navigateToURL(new URLRequest("http://www.olympic.cn/"), "_blank");
}

anniu1_m.addEventListener(MouseEvent.MOUSE_OVER, b1);

function b1(event:MouseEvent):void
{
    gotoAndPlay(2);
}

anniu1_m.addEventListener(MouseEvent.MOUSE_OUT, c1);

function c1(event:MouseEvent):void
{
    gotoAndPlay(16);
}
```

图 7-13　完整的第一个按钮动作脚本

图 7-14　影片剪辑 anniu1_m 的最终时间轴

步骤五:添加按钮动画

通过以上步骤,我们创建了一个动态按钮元件即“anniu_m”。现在给按钮元件添加一个动画并且制作更多的按钮。

1.在“编辑栏”单击“场景”,进入编辑模式。在“时间轴”控制面板选择层“anniu1”,选择第 3 帧,按“F6”键添加关键帧,从“库”拖曳元件“anniu1_m”到舞台右侧,然后在“时间轴”控制面板选择第 13 帧,在舞台上将元件“anniu1_m”移到舞台的左侧。将时间滑块定位到第 3 帧,在舞台上选择元件“anniu1_m”,使用“任意变形工具”将其缩小一定比例,然后在“属性”面板将颜色设为“Alpha”值为“0%”。选择第 3 帧,鼠标右键选择“创建补间动画”命令,得到如图 7-15 所示的效果。

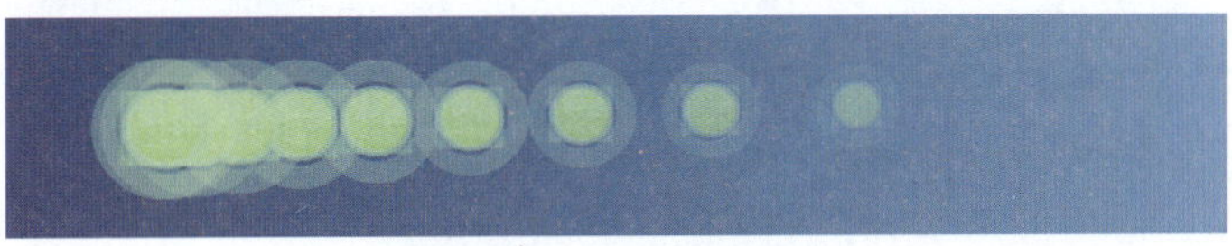

图 7-15　制作按钮动画

2.用同样的办法,在“时间轴”控制面板新建图层并重命名为“anniu2”,从“库”中拖曳元件“anniu1_m”到舞台上,制作一段位移动画。用同样的方法新建图层并重命名为“anniu3”,制作第3段按钮动画。如图7-16所示,分别调整动画出现的时间,让它们彼此间隔6帧。选择所有图层的第48帧,按“F5”键添加帧。

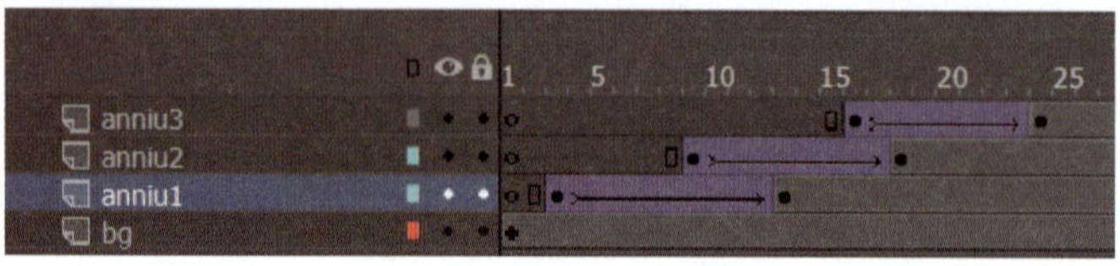

图7-16　制作按钮动画

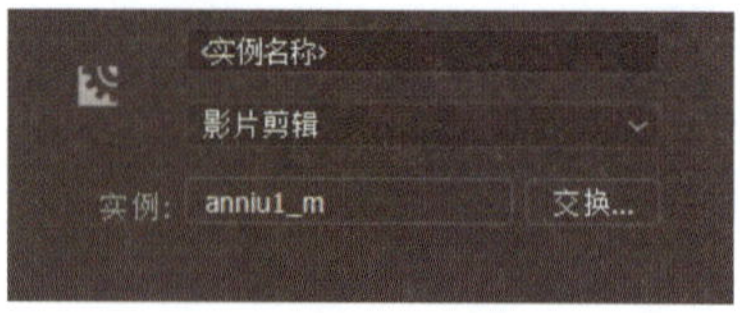

图7-17　交换

3.按钮动态出现的动画都是元件“anniu1_m”,使用“属性”面板的“交换”命令来快速制作另外2个按钮。分别选择图层“anniu2”的第9帧,在舞台上选择元件“anniu1_m”,在“属性”面板单击“交换”按钮,如图7-17所示,在打开的“交换元件”对话框中单击“直接复制元件”命令,将元件复制成为“anniu2_m”。用同样的方法,将时间滑块定位在第18帧,在舞台上选择元件“anniu1_m”,在“属性”面板单击“交换”按钮,在打开的“交换元件”对话框中单击“直接复制元件”命令,将元件复制成为“anniu2_m”。用同样的方法将图层“anniu3”的元件也交换成为元件“anniu3_m”。

4.选择图层“anniu2”上的元件“anniu2_m”,双击进入元件“anniu2_m”影片编辑模式。它目前与元件“anniu1_m”是完全一样的。使用“属性”面板的“交换”命令,分别将元件“zi_xw”交换为元件“zi_js”,将文字“新闻中心”替换为“项目介绍”;将元件“zi_01”交换为“zi_02”,将文字“01”替换为“02”;元件“photo_1”交换为元件“photo_2”,然后重新导入这个按钮的图标。同时选择图层“bgcolor”的第15帧,在舞台上选择元件“bgcolor”,将其“色调”设为“玫瑰红色”。这样就得到了如图7-18所示的元件“anniu2_m”效果。

图7-18　制作按钮2

图7-19　制作按钮3

5.选择图层anniu3上的元件“anniu3_m”,双击进入元件“anniu3_m”影片编辑模式。使用“属性”面板的“交换”命令,分别将元件“zi_xw”交换为元件“zi_bk”,将文字“新闻中心”替换为“冬奥百科”;元件“zi_01”交换为“zi_03”,将文字01替换为03;元件“photo_1”交换为元件“photo_3”,然后重新导入这个按钮的图标。同时选择图层bgcolor的第15帧,在舞台上选择元件“bgcolor”,将其“色调”设为“绿色”。这样就得到了如图7-19所示的元件“anniu3_m”效果。

6.在“编辑栏”单击“场景”,进入“场景”编辑模式,在“时间轴”控制面板新建图层并重命名为“action”,选择第48帧,按“F6”键添加关键帧,鼠标右键选择“动作”命令,在打开的窗口输入以下代码“stop();”(也可以双击“代码片断”面板中的“时间轴导航”“在此帧处停止”)。

7.按“Ctrl+S”键保存文件,按“Ctrl+Enter”组合键测试效果。

◎ 知识点拓展

01.为按钮添加鼠标事件

花园中有一只翩翩飞舞的蝴蝶，时远时近，按运动轨迹进行飞翔，要求利用按钮来控制蝴蝶的飞翔。通过按钮控制播放，首先要在画面上添加按钮，并给按钮实例命名，然后为按钮在时间轴上添加动作脚本，执行播放或停止。

①新建按钮图层，并将库中按钮放到舞台上，如图 7-20 所示。

图 7-20　添加控制按钮

②在“属性”面板中分别输入两个按钮实例的名称“playBtn”“stopBtn”，如图 7-21 所示。

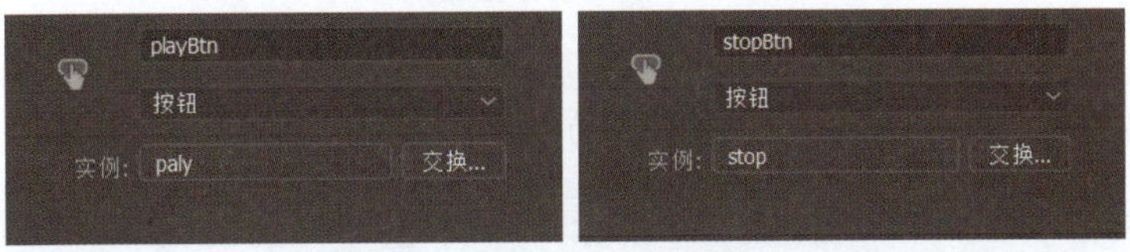

图 7-21　定义两个按钮实例名称

③选中按钮所在的图层，比如“playBtn”，按“F9”键，或单击菜单“窗口”→“代码片断”命令，在“代码片断”面板中选择“ActionScript”→“事件处理函数”→“Mouse Click 事件”命令，如图 7-22 所示。

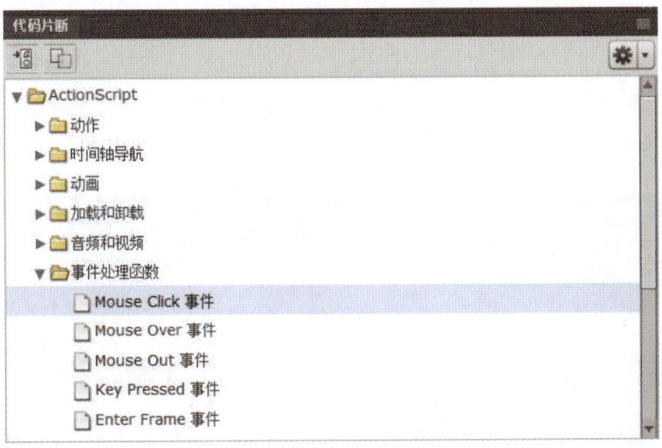

图 7-22　选中按钮后添加代码片段

Adobe Animate 会自动新建一个“Actions”图层并在第 1 帧插入代码，代码如图 7-23 所示。

```
/* Mouse Click 事件
单击此指定的元件实例会执行您可在其中添加自己的自定义代码的函数。

说明:
1. 在以下"// 开始您的自定义代码"行后的新行上添加您的自定义代码。
单击此元件实例时，此代码将执行。
*/

playBtn.addEventListener(MouseEvent.CLICK, fl_MouseClickHandler);

function fl_MouseClickHandler(event:MouseEvent):void
{
    // 开始您的自定义代码
    // 此示例代码在"输出"面板中显示"已单击鼠标"。
    trace("已单击鼠标");
    // 结束您的自定义代码
}
```

图 7-23　添加按钮动作脚本

在此代码中，“playBtn”是按钮实例名称，“fl_MouseClickHandler”是方法名称，可自行定义，本例改为“playMovie”，修改后的代码如图 7-24 所示。

```
playBtn.addEventListener(MouseEvent.CLICK, playMovie);
function playMovie(event:MouseEvent):void
{
    this.play();
    this.butterfly.play();
}

stopBtn.addEventListener(MouseEvent.CLICK, stopMovie);
function stopMovie(event:MouseEvent):void
{
    this.stop();
    butterfly.stop();
}
```

图 7-24　控制动画播放的代码

④测试动画，可见蝴蝶飞舞，单击“暂停”按钮，蝴蝶则会停止在空中；再次单击“播放”按钮，蝴蝶继续飞翔，最终完成的动画时间轴如图 9-25 所示。

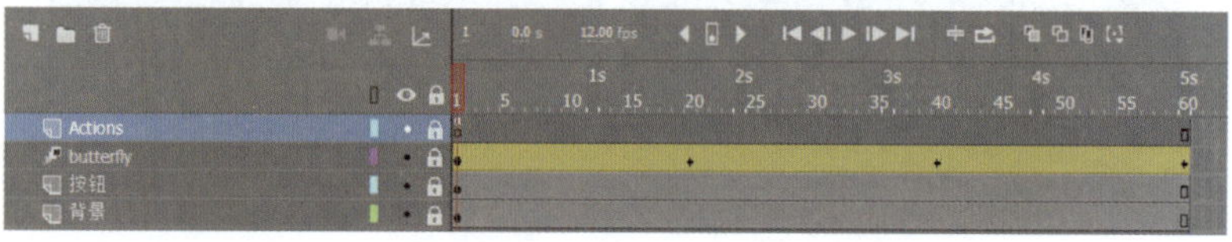

图 7-25　按钮的动作脚本

02.按钮控制交互图册

美丽中国展上的图片展示，使用“创建传统补间”进行循环播放，现在有了按钮，人们可以在舞台上放置按钮，通过按钮控制图片前后滚动，而无须“创建传统补间”。

①新建按钮图层，并将库中按钮放到舞台上，如图 7-26 所示。

图 7-26　添加控制按钮

②在“属性”面板中分别命名两个按钮的实例名称“BackBtn”“PlayBtn”，命名影片剪辑实例名称“pic”。

③选中按钮所在的图层，单击菜单“窗口”→“代码片段”命令，在“代码片段”面板中选择“ActionScript”→“事件处理函数”→“Mouse Click 事件”命令，输入如图 7-27 所示代码，用两个按钮控制图片对象的位置。

```
var i = 0;
PlayBtn.addEventListener(MouseEvent.CLICK, playHandler);
BackBtn.addEventListener(MouseEvent.CLICK, backHandler);

function playHandler(event:MouseEvent):void
{
    i++;
    if (i > 7)
    {
        i = 1;
    }
    showpic();
}
function backHandler(event:MouseEvent):void
{
    i--;
    if (i < 0)
    {
        i = 7;
    }
    showpic();
}
function showpic():void
{
    pic.x= 550*i;
    trace(pic.x, i);
}
```

图 7-27　用按钮控制图片的位置

④测试作品时可以看到，单击按钮时，图片显示，同时在“输出”窗口也能够看到图片对象的位置值和变量 i 的值。

⑤图片切换时，为了增加缓动效果，可在动作代码里引入定时器 Timer 一类的应用，如图 7-28 所示。

```
var i = 0;
var timer:Timer;
timer = new Timer(10);
timer.start();

PlayBtn.addEventListener(MouseEvent.CLICK, playHandler);
BackBtn.addEventListener(MouseEvent.CLICK, backHandler);

function playHandler(event:MouseEvent):void
{
    timer.addEventListener(TimerEvent.TIMER,onTimer);
    i++;
    if (i > 7)
    {
        i = 1;
    }
}
function backHandler(event:MouseEvent):void
{
    timer.addEventListener(TimerEvent.TIMER,onTimer);
    i--;
    if (i < 0)
    {
        i = 7;
    }
}

function onTimer(timer:TimerEvent):void
{
    pic.x= pic.x+(550*i-pic.x)/10;
    trace(pic.x, i);
}
```

图 7-28　用按钮控制图片的位置

◎ 独立实践任务

任务 2　制作图片导航按钮

【任务背景】

夏日常常与暑假和快乐明媚的时光联系在一起，制作夏日时光图片导航按钮动画。参考效果如图 7-29 所示。

图 7-29　参考效果

【任务要求】

以夏日时光图片为主题，浏览者可根据不同的需求选择不同的夏日时光，舞台上的夏日时光导航图片要有立体感，单击图片要有音效，并能打开相应网站。

【技术要领】按钮制作、文本工具、滤镜工具、Action 语言。
【解决问题】制作图片按钮导航动画。
【素材来源】\模块 07\情境 01\任务 2\素材\t0.jpg~t5.jpg、music.wav。
【参考效果】\模块 07\情境 01\任务 2\参考效果\制作图片按钮导航.fla。

情境 02　图片展示

网上图片动画的展示有多种技术手段，既有技术难度比较低、效果比较好的时间轴特效、幻灯片模板，又有技术含量比较高、图片更换比较方便的脚本语言制作方法。

运用动作脚本语言，能实现时间轴不能完成的一些特殊效果，运用基本技法与动作脚本语言相结合制作出来的动画效果，往往更加精彩纷呈，运用动作脚本语言，还可以让一些复杂烦琐的制作过程得到有效简化。

要学好 Adobe Animate CC 动画，学习和掌握动作脚本语言是非常重要的。然而，一提起编程语言，难免让人联想到一行行枯燥乏味的代码，一段段高深莫测的理论，往往使初学者在“AS”那神秘殿堂的大门前望而却步。

本情境针对没有接触过任何程序语言的初学者，不安排专门的章节集中罗列枯燥的理论和代码规范，而是采取具有实用性和趣味性的实例来解读语句，教师在案例讲解中教会学生融会理论和代码规范方法，带领初学者“轻松入门、拾级进阶、攀缘而上”。

【能力目标】

1.能够使用 Adobe Animate CC 的幻灯片模板。

2.能够修改图片展示脚本语言代码。

【知识目标】

1.理解幻灯片模板的概念。

2.了解脚本语言基本规范。

【课时分配】

4 课时(授课 2 课时，实践 2 课时)。

◎ 模拟制作任务

任务 1　制作风景相册

【任务背景】

拍摄照片以后大家都喜欢把它们放在网络相册上让更多的人分享，以前单一的网页相册已经不能满足用户的需求。一些网站允许网友将自己喜欢的照片制作成各种形态的动画演示出来，例如水晶之心、旋转的魔方、放大镜等，而且还允许网友将相册自由地发布到其他网页上。

配合风景摄影展制作一个具有民族特色，展示地方山水风景的相册，完成效果如图 7-30所示。

图 7-30　完成效果

【任务要求】

风景相册突出自然风景，每幅照片配以文字描述，能够前后翻页，要求让操作者演示方便。

【任务分析】

Adobe Animate CC 是一款十分人性化的动画编辑软件，从新建影片时准备好的模板，到编辑影片时提供的大量的组件，都可以使用户轻松、快速地完成各种影片的制作。

本任务可以通过幻灯片模板来实现，所谓“模板”，就是已经编辑完成且有完整影片架构的 Animate 文档。在使用模板进行制作时，只需根据提示，将模板影片中的编辑元件进行修改或更换，即使是技术不熟练者也能快速、轻松地创作出一个全新的动画影片。

【重点、难点】

1.幻灯片放映模板各层中的对象。

2.场景中图片、文字标题、播放控制器的行为添加。

【技术要领】对模板中相应的位图文件进行替换，并修改文字说明。

【解决问题】位图文件导入、修改文字说明，为影片添加音乐背景、为按钮添加动作脚本。

【素材来源】\模块 07\情境 02\任务 1\素材\photo01.jpg ~ photo08.jpg、幻灯片模板.fla、sound01.mp3、幻灯片模板.fla。

【完成效果】\模块 07\情境 02\任务 1\完成效果\旅游风景相册.fla。

操作步骤

步骤一：导入位图并编辑

1.启动 Adobe Animate CC，按“Ctrl+O”键打开对话框，打开文件“幻灯片模板.fla”，如图 7-31 所示。

图 7-31　幻灯片模板

这个幻灯片模板由 7 个图层构成，每个图层的作用和显示内容如图 7-32 所示。

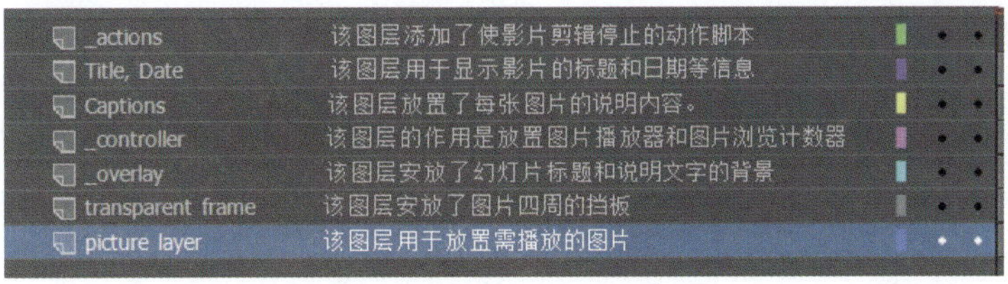

图 7-32　层功能

2.在所有图层的第 8 帧，按“F5”键插入帧。

3.执行“文件”→“导入”→“导入到舞台”命令，将“模块 09\情境 02\任务 1\素材\photo01.jpg~photo08.jpg 位图文件导入影片中。

4.在弹出的询问对话框中，按下“是”按钮，程序自动将“photo1~photo08”序列中的 8 张位图依次导入舞台。

5.依次选中“picture layer”层中每帧中的位图，在信息面板中将其“大小”改为“640 像素×480 像素”。

6.依次调整“picture layer”层中每帧中的位图位置为“水平居中”和“垂直居中”。

步骤二：编辑文字并添加声音

1.单击“Title, Date”图层的第 1 帧，点击工具面板中的“文本工具”，将文字 My Photo Album 改为“青山绿水”，单击“Captions”图层的第 1 帧，点击工具面板中的“文本工具”，将文字 the elegant seashore 改为“湖光山色”。

2.按照上述方法依次修改每帧中的说明文字。

3.执行“Ctrl+R”键，导入“模块 09\情境 02\任务 1\素材\sund01.mp3”，然后将其添加到“_actions”图层的第 1 帧上，再在属性面板中设置相同事件和循环。

步骤三：添加脚本语言

1.在“_controller”图层双击影片剪辑“mc，controller”，进入影片剪辑编辑，鼠标右键选择“动作”命令，在打开的窗口中输入以下代码，如图 7-33 所示。

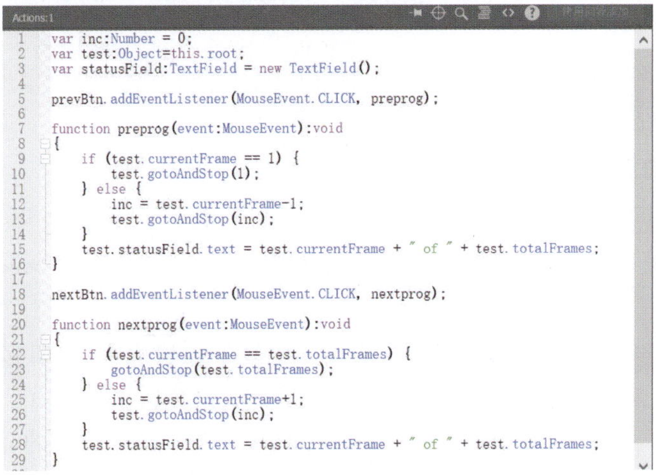

图 7-33　按钮的动作脚本

2.在动作脚本中，statusField 是个动态文本变量，其设置如图 7-34 所示，该动态文本是用来显示当前显示的图片及总图片数量。

图 7-34　动态变量设置

3.按“Ctrl+S”键保存文件，将文件保存为“旅游风景相册.fla”，按“Ctrl+Enter”键测试影片效果，完成效果如图 7-35 所示。

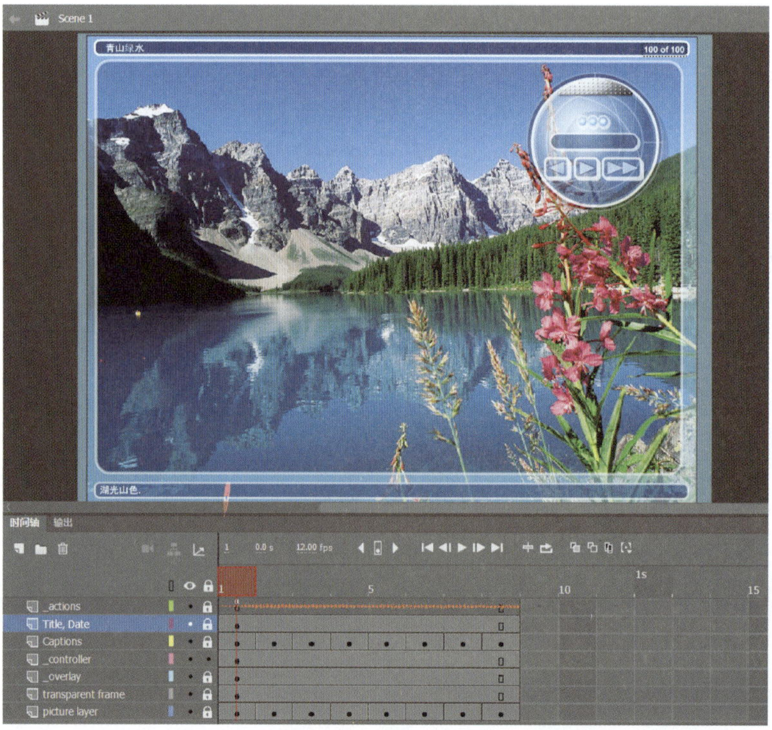

图 7-35　完成效果

◎ 知识点拓展

01.主时间轴访问

在 AS2 中访问主时间轴非常方便，一个_root 即可解决，但在 AS3 中使用 root 经常出现问题，特别是在元件内部或者在绑定的类中访问更是经常出现问题，其主要原因在于：

①在 AS3 中，一些大家常用的主时间轴命令已经不是顶级函数，如 play( )；stop( )等，因此在很多地方已经不能直接使用，必须在相应对象实例化后才能使用。

②root 在 AS3 中代表显示容器的顶级对象，但其只有转换为具体的显示对象实例才可以访问其相应属性与方法，比如：

```
var test: Object=this.root;
```

完成定义后,就可使用:

```
test.gotoAndPlay(1);
gotoAndStop(test.totalFrames);
```

02.动态文本

在 Adobe Animate CC 中,文本工具提供了 3 种文本类型。分别是静态文本、动态文本和输入文本。动态文本是一种比较特殊的文本,在动画运行的过程中可以通过 ActionScript 脚本进行编辑修改。在制作旅游风景相册案例中,每次单击按钮,显示当前图片序号和总序号,即使用了动态文本方式来表示,动态文本需要设置实例名称。

案例 simplecalc.fla 是一个简单计算器,如图 7-36 所示,使用到了输入文本和动态文本。

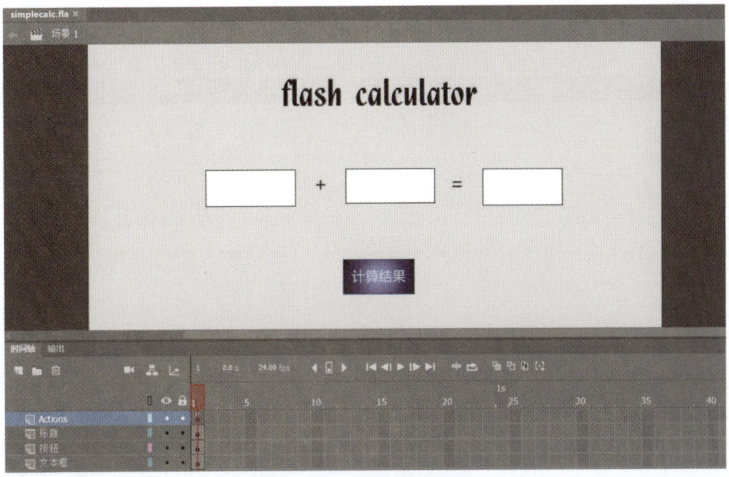

图 7-36　简单计算器

使用输入文本和动态文本时需要在属性面板中设置实例名称,如图 7-37 所示。

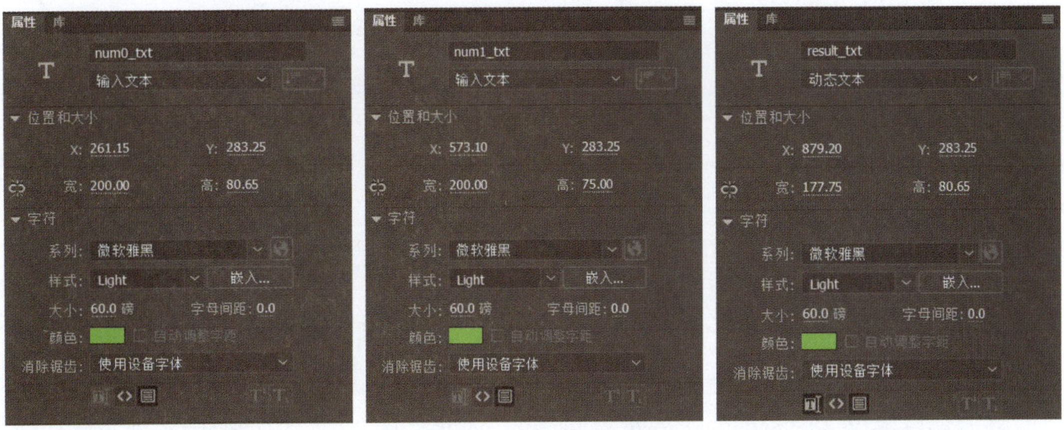

图 7-37　设置实例名称

选中计算结果按钮 result_txt,单击菜单“窗口”→“代码片断”命令,在“代码片断”面板中选择“ActionScript”→“事件处理函数”→“Mouse Click 事件”命令,如图 7-38 所示。

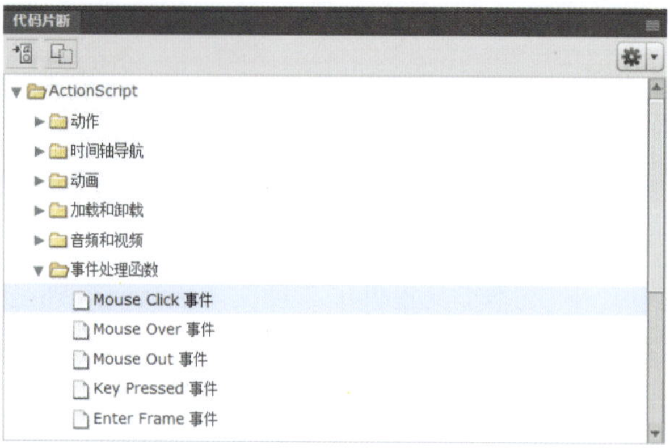

图 7-38　选中按钮后添加代码片断

Adobe Animate CC 会自动新建一个“actions”图层并在第 1 帧插入代码,代码如图 7-39 所示。

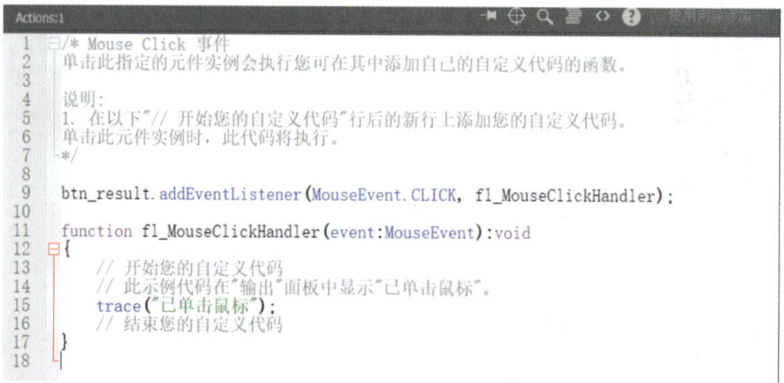

图 7-39　插入代码

在此代码中,“btn_result”是按钮实例名称,“fl_MouseClickHandler”是方法名称,可自行定义,本例改为“GetResult”,修改后的代码如图 7-40 所示。

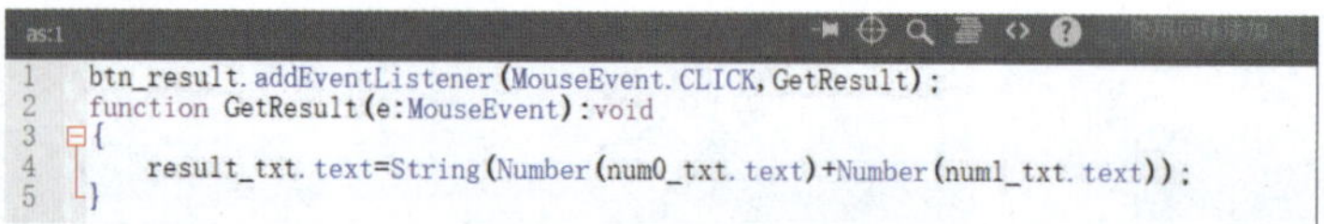

图 7-40　修改后的代码

◎ 独立实践任务

任务 2　制作时尚花卉

【任务背景】

花卉展览是以一定数量的优质花卉,采用各种艺术形式在预定的时间和地点集中进行的露天布置或室内陈列,时尚花卉展示通过按钮进行翻页展示。参考效果如图 7-41 所示。

图 7-41　参考效果

【任务要求】

为体现动感，背景画面设有颜色渐变，标题文字以抖动方式从舞台外进入舞台顶部，按钮从舞台左侧外依次进入舞台底部。单击按钮，能够依次翻页以图片展示。

【技术要领】按钮制作、影片剪辑，动态标题制作。
【解决问题】用 ActionScript 控制花卉照片显示。
【素材来源】\模块 07\情境 02\任务 2\素材\01.jpg~10.jpg。
【参考效果】\模块 07\情境 02\任务 2\参考效果\时尚花卉.fla。

情境 03　播放外部视频

将视频直接作为动画元素出现在动画场景中的情况比较少见，一般在制作交互式动画作品时，将视频嵌入时间轴中播放，或通过链接的方式调用外部视频使用组件来进行播放。

Adobe Animate CC 可将数字视频素材编入基于 Web 的演示中。这些主流视频格式包括 FLV、F4V、MP4、MOV 等(HTML5 Canvas 文档只支持 MP4)，其他格式的视频则需要先转换为支持的格式，转换方法可以使用 Adobe Media Encoder 应用程序、格式工厂等。它们可以将其他视频格式转换为 F4V、FLV 或 MP4。

在 Adobe Animate CC 中，利用 FLVPlayback 组件可以控制视频播放，方式是编写用于播放外部视频流的自定义 ActionScript，或编写用于在时间轴中控制嵌入视频的视频播放的自定义 ActionScript。

【能力目标】

1.能够使用组件控制视频播放。

2.能够编写调用外部视频的 ActionScript。

【知识目标】

1.理解 FLVPlayback 组件参数设置。

2.掌握调用外部视频文件的脚本语言。

【课时分配】

2 课时(授课 1 课时,实践 1 课时)。

◎ 模拟制作任务

任务 1 制作简易播放器

【任务背景】

拍了视频以后大家都喜欢把它们放到朋友圈、快手和抖音上让更多的人分享,还可赢得粉丝及收益,以前单一的网页相册已经不能满足用户的要求。上海高校实践育人创新创业基地联盟 2022"启影"大学生电影节作品征集需要设计一个简易播放器,在触摸屏上展示影视动画、微电影、宣传片、电影配音、影视广告、纪录片等。

配合 2022"启影"大学生电影节,制作简易播放器,完成效果如图 7-42 所示。

图 7-42 完成效果

【任务要求】

制作一个简单的视频播放界面,通过若干个按钮来播放订制的外部视频。

【任务分析】

抖音、快手短视频里有很多有趣的视频,这些视频大多长短不一。但是时间的长度是有限制的,一般的普通用户只能拍 15 s的短视频,"粉丝"1 万点赞 5 万就可以拍 60 s的长视频了,为了能将小视频作品进行展示,用户可以设计简易的视频播放器,通过交互按钮,进行选择播放,简易视频播放器要具有视频加载、播放、暂停、重置、快进、后退(有滚动条拖动)、音量增大、减小、静音(有滚动条拖动)等基本功能,通过 Adobe Animate CC 的 FLVPlayback 组件和 ActionScript 制作的播放器,可以达到播放外部视频文件的目的。

【重点、难点】

1.FLVPlayback 组件的参数设置。

2.在场景中给按钮添加动作脚本。

【技术要领】按钮制作、FLVPlayback 组件调用。
【解决问题】为按钮添加动作脚本,调用外部视频文件。

【素材来源】\模块07\情境03\任务1\素材\千丝万缕.mp4、动物世界.mp4、从荒野到城市.mp4、回头.mp4、炸货铺.mp4、指尖上的传承——佛雕.mp4。

【完成效果】\模块07\情境03\任务1\完成效果\简易播放器.fla。

操作步骤

步骤一：创建文档

1.启动 Adobe Animate CC，按“Ctrl+N”键，打开新建文档对话框，新建 ActionScript3.0 文档。

2.在“属性”面板修改文档属性，“大小”为“1 200像素×450 像素”，背景颜色为黑色，“帧频”为“24 fps”。

步骤二：制作按钮

①将图层1重命名为“背景”，使用矩形工具在其左侧和右侧分别绘制深蓝紫色(#00CCFF)的矩形作为导航栏和视频播放栏的背景，如图 7-43 所示。

图 7-43　绘制播放器背景

②新建一个图层，命名为“按钮”，在其中绘制一个按钮元件，自行设计按钮的形状和颜色，参考效果如图 7-44 所示。

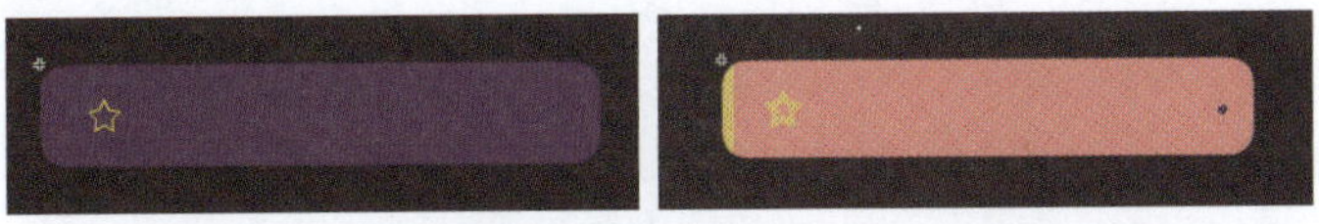

图 7-44　绘制按钮的弹起和鼠标指针上移时的效果

③将舞台上的按钮实例复制 5 个，纵向排列至左侧导航栏，如图 7-45 所示。

图 7-45　复制按钮实例并排列整齐

④给每个按钮设置实例名称,如“movBtn1”“movBtn2”,一直到“movBtn6”,如图 7-46 所示。

图 7-46　复制按钮实例名称

⑤新建一个图层,命名为“文字”,在其中输入每个影片的名称,分别放置在 6 个按钮的上面,如图 7-47 所示。

图 7-47　在按钮上添加文字

步骤三:插入组件

①将准备好的视频文件(本例准备的都是 MP4 格式),放置在与本文件夹相同的文件夹内,以便调用。

②新建一个图层,命名为“播放器”,单击“窗口”→“组件”命令,在“组件”面板中选择“video”下的“FLVPlayback2.5 组件”,将其拖入舞台右侧,并设置为与右侧面板一样的大小,如图 7-48 所示。

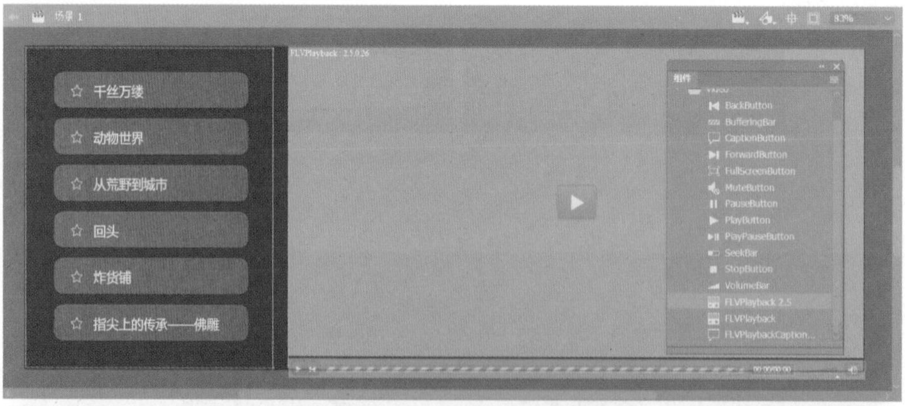

图 7-48　从组件列表中拖入 FLVPlayback 组件

③选中 FLVPlayback 组件实例,在“属性”面板中设置实例名称,如“myvideo”。单击“显示参数”按钮,在“组件参数”面板中设置播放器的参数,如图 7-49 所示,主要包括播放器的皮肤和背景颜色。背景颜色的选择应与左侧导航背景颜色一致;皮肤外观选择“SkinOverAll.swf”,颜色与按钮颜色一致,测试时的效果如图 7-50 所示。

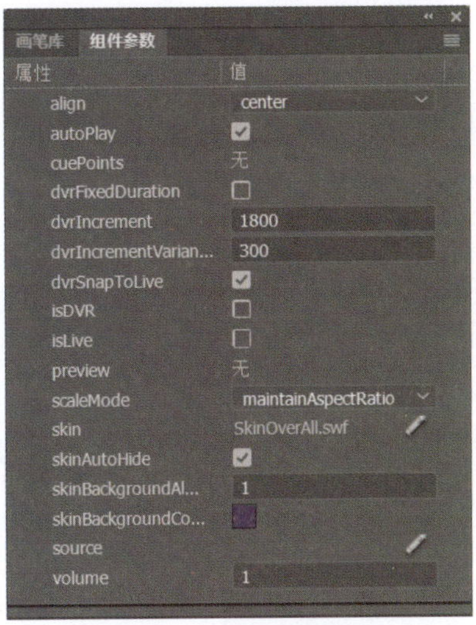

图 7-49 “组件参数”面板

图 7-50 播放器效果图

步骤四:添加交互动画

①选中第一个按钮 movBtn1,单击菜单“窗口”→“代码片断”命令,在“代码片断”面板中选择“ActionScript”→“音频和视频”→“单击以设置视频源”命令,如图 7-51 所示。

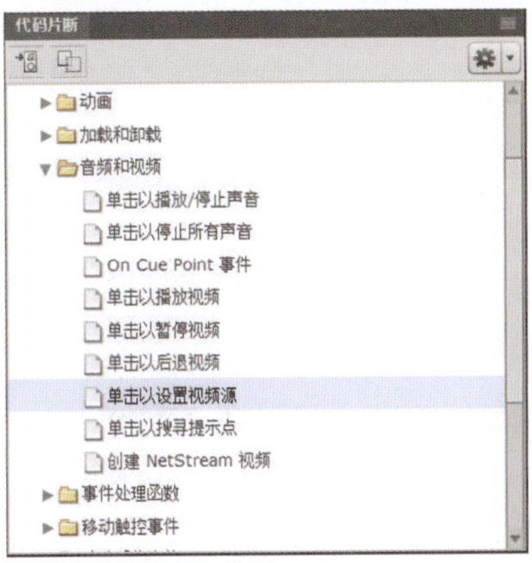

图 7-51 选中按钮后添加代码片断

②Adobe Animate CC 会自动新建一个“actions”图层并在第 1 帧插入代码，代码如图 7-52 所示。

```
/* 单击以设置视频源（需要 FLVPlayback）
单击此指定的元件实例会在指定的 FLVPlayback 组件实例中播放新的视频文件。此指定的 FLVPlayback 组件实例将暂停。

说明:
1. 用您要播放新视频文件的 FLVPlayback 组件的实例名称替换以下 video_instance_name。
2. 用您要播放的新视频文件的 URL 替换以下"http://www.helpexamples.com/flash/video/water.flv"。保留引号（""）。
*/

movBtn1.addEventListener(MouseEvent.CLICK, fl_ClickToSetSource);

function fl_ClickToSetSource(event:MouseEvent):void
{
    video_instance_name.source = "http://www.helpexamples.com/flash/video/water.flv";
}
```

图 7-52　插入的代码

③在此代码中，“movBtn1”是按钮实例名称，“fl_ClickToSetSource”是方法名称，可自行定义，本例改为“playMov1”，“video_instance_name”是播放器实例名称，需改为舞台上播放器的实例名称“myvideo”，绿色代码是视频的路径，需改为要播放的视频路径，本例视频与源文件在同一个文件夹下，只需输入视频名称即可。此外，还需要让这个视频播放起来，所以在下面继续输入一行代码“myvideo.play( );”，修改后的代码如图 7-53 所示。

```
Actions:1

movBtn1.addEventListener(MouseEvent.CLICK, playMov1);

function playMov1(event:MouseEvent):void
{
    myvideo.source = "../素材/千丝万缕.mp4";
    myvideo.play();
}
```

图 7-53　修改后的代码

④将上述代码复制并粘贴一份在“动作”面板中，只需将按钮的名称修改为“movBtn2”，方法修改为“playMov2”，视频路径修改为“蝴蝶飞到花丛中.mp4”，即可让第 2 个按钮播放另一个影片。按照同样的方式复制其他 4 段代码，依次修改好，如图 7-54 所示。

```
Actions:1

movBtn1.addEventListener(MouseEvent.CLICK, playMov1);
function playMov1(event:MouseEvent):void
{
    myvideo.source = "../素材/千丝万缕.mp4";
    myvideo.play();
}

movBtn2.addEventListener(MouseEvent.CLICK, playMov2);
function playMov2(event:MouseEvent):void
{
    myvideo.source = "../素材/动物世界.mp4";
    myvideo.play();
}

movBtn3.addEventListener(MouseEvent.CLICK, playMov3);
function playMov3(event:MouseEvent):void
{
    myvideo.source = "../素材/从荒野到城市.mp4";
    myvideo.play();
}

movBtn4.addEventListener(MouseEvent.CLICK, playMov4);
function playMov4(event:MouseEvent):void
{
    myvideo.source = "../素材/回头.mp4";
    myvideo.play();
}

movBtn5.addEventListener(MouseEvent.CLICK, playMov5);
function playMov5(event:MouseEvent):void
{
    myvideo.source = "../素材/炸货铺.mp4";
    myvideo.play();
}

movBtn6.addEventListener(MouseEvent.CLICK, playMov6);
function playMov6(event:MouseEvent):void
{
    myvideo.source = "../素材/指尖上的传承——佛雕.mp4";
    myvideo.play();
```

图 7-54　完整的代码

⑤测试影片，最终效果如图 7-55—图 7-60 所示。

图 7-55　影片 1

图 7-56　影片 2

图 7-57　影片 3

图 7-58　影片 4

图 7-59　影片 5

图 7-60　影片 6

◎ 知识点拓展

01.使用按钮控制视频播放组件

视频组件是在制作 Adobe Animate CC 互动内容中经常用到的，现在介绍如何用按钮对视频组件的播放内容进行切换。

①启动 Adobe Animate CC 软件，新建 AS3 文档。

②打开组件面板，找到 FlvPlayBack 组件，并拖到舞台上。

③选择组件，在属性面板设置实例名为“player_mc”。

④制作 3 个按钮，用于切换视频。

⑤设置 3 个按钮的实例名分别为“btn0”“btn1”“btn2”，画面布局如图 7-61 所示。

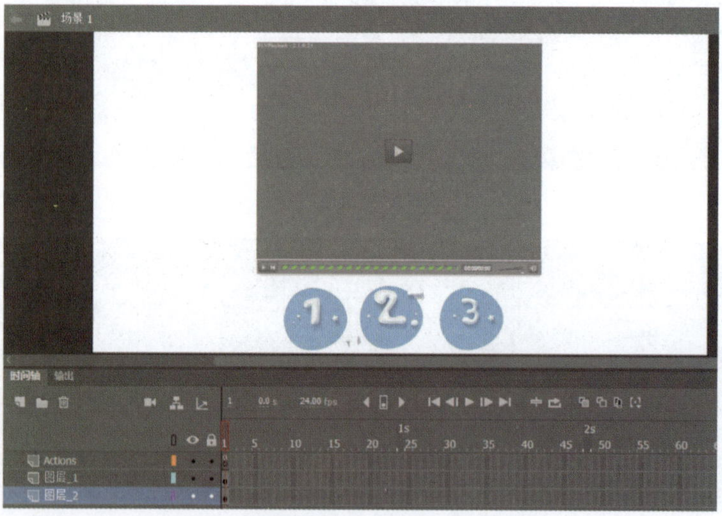

图 7-61　添加按钮

⑥在主时间轴上添加代码，如图 7-62 所示。

```
var urlAry:Array=["../素材/蝴蝶飞到花丛中.mp4","../素材/圣诞卡片动画.mp4","../素材/诗画卷轴.mp4"];

for(var i:int=0;i<3;i++)
{
    this["btn"+i].addEventListener(MouseEvent.CLICK,ChangeVideo);
}
function ChangeVideo(e:MouseEvent):void
{
    var obj:Object=e.currentTarget;
    player_mc.source=urlAry[int(obj.name.slice(3))];
}
```

图 7-62　添加动作代码

⑦代码中绿色字为视频路径，这里的 Adobe Animate CC 源文件和视频在同一目录，运行后就可以点击按钮切换视频了。

02.简单的自定义播放器

这里使用代码和 Videoplayer 类，制作一个简单的视频播放器。

①启动 Adobe Animate CC 软件，新建 AS3 文档。

②在右边库面板右键选择新建视频，如图 7-63 所示。

③弹出面板，点击“确认”按钮，也可以设置视频名称，如图 7-64 所示。

④这时库里会出现一个视频元件，把其拖动到舞台上，并调整大小。

⑤设置实例名为“video_mc”，如图 7-65 所示。

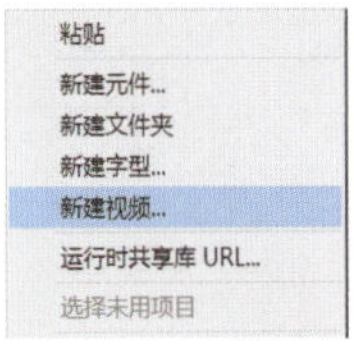

图 7-63 新建视频

图 7-64 设置视频属性

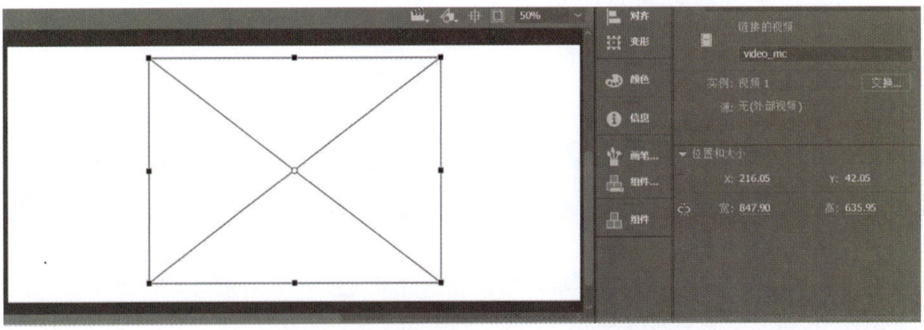

图 7-65 调整视频大小，设置实例名

⑥找一个视频放到当前文档同目录下，本例为“动物世界.mp4”。注意视频的格式可以是 mp4、flv 或者 f4v，但是视频编码最高到 h264。

⑦舞台上制作两个按钮，一个用于播放视频，一个用于暂停视频。

⑧分别设置两个按钮的实例名为“btn_play”“btn_pause”。

⑨在主时间轴添加代码，如图 7-66 所示。

ActionScripts:1

```
var nc:NetConnection = new NetConnection();
nc.connect(null);

var ns:NetStream = new NetStream(nc);
ns.client = this;

video_mc.attachNetStream(ns);
ns.play("../素材/动物世界.mp4");

btn_play.addEventListener(MouseEvent.CLICK,PlayVideo);
btn_pause.addEventListener(MouseEvent.CLICK,PauseVideo);
function PlayVideo(e:MouseEvent):void
{
    ns.resume();
}
btn_pause.addEventListener(MouseEvent.CLICK,PauseVideo);
function PauseVideo(e:MouseEvent):void
{
    ns.pause();
}
```

图 7-66 添加动作代码

⑩运行后可以通过按钮控制视频播放，再添加播放进度条、声音控制功能等就是一个完整的视频播放器，与组件相比，其使用更灵活，且可以更方便地更改播放器的外观。

◎ 独立实践任务

任务2　视频组件循环播放

【任务背景】

美丽中国展将目光聚焦于上海的发展与变迁，通过装置艺术及视频记录下上海的点滴变化，经过艺术的领悟与表达，集中展现了上海取得的巨大变化。

【任务要求】

视频自动循环播放，播放时居中播放，无须单击任何按钮。

【技术要领】FLVPlayback 组件调用及组件参数设置。
【解决问题】视频自动播放和循环播放。
【素材来源】\模块07\情境03\任务2\素材\忙碌的工地.mp4。
【参考效果】\模块07\情境03\任务2\参考效果\视频组件循环播放.fla。

职业技能知识点考核

1.单选题

(1)Adobe Animate CC 脚本中“function”的意义是________。

A.声明动画中的自定义函数　　B.跳转至指定的超级链接地址
C.跳转到指定的帧　　D.功能

(2)________是 Adobe Animate CC 的编程语言。

A.JavaScript　　B.Jscript　　C.ActionScript　　D.以上都可以

(3)Adobe Animate CC 中的________可以添加动作脚本。

A.影片剪辑　　B.图形　　C.按钮　　D.帧

(4)以下关于启用简单按钮功能对按钮元件所造成影响的叙述，正确的是________。

A.在编辑环境中就可以对舞台上的按钮元件实例进行测试
B.可以用常用的左键单击方式选中按钮元件实例
C.可以双击按钮元件实例进入元件编辑模式
D.按钮中的动态内容此时也可以进行预览

(5)在 ActionScript 语言中，中文可以直译为________。

A.语言　　B.动作脚本　　C.动作　　D.程序设计

(6)要让主时间轴上的影片剪辑停止，可以使用 ActionScript，但必须________。

A.有影片剪辑的名称　　B.影片剪辑不能太长

C.有影片剪辑的实例名称　　D.以上说法都不对

(7)在 ActionScript 中,下列哪个说法是正确的________。

A.不区分大小写

B.区分大小写

C.关键字是区分大小写的,其他则无所谓

D.以上都不对

(8)Adobe Animate CC 视频兼顾了较好的画质以及更高的压缩比,其视频文件的扩展名为________。

A.MOV　　B.FLV　　C.AVI　　D.FLA

2.多选题

(1)“库”面板中存储和组织的对象包括________。

A.各种元件,包括影片剪辑、按钮、图形元件

B.动画中使用过的 URL 地址和颜色

C.导入的文件,包括位图图形、声音文件和视频剪辑

D.以上说法都对

(2)按钮元件时间轴上的每一帧都有一个特定的功能,下列描述正确的是________。

A.第一帧是按下状态,代表单击按钮时,该按钮的外观

B.第二帧是指针经过状态,代表当指针滑过按钮时,该按钮的外观

C.第三帧是弹起状态,代表指针没有经过按钮时,该按钮的状态

D.第四帧是点击状态,定义响应鼠标单击的区域,此区域在 SWF 文件中是不可见的

(3)以下各个对象中,可以响应鼠标事件的有________。

A.文本域　　B.按钮　　C.图形　　D.影片剪辑

(4)在 Adobe Animate CC 中,可以添加动作脚本的对象包括________。

A.关键帧　　B.影片剪辑元件的实例

C.按钮元件的实例　　D.图形元件的实例

(5)在 Action Script 中有 3 种类型的变量范围,分别是________。

A.本地变量　　B.文本变量　　C.时间轴变量　　D.全局变量

(6)在 AdobeAnimate CC 中可以导入的外部文件格式包括________。

A.PSD　　B.GIF　　C.MP3　　D.MPG

(7)Adobe Animate CC 中可以使用的滤镜包括________。

A.“模糊”滤镜　　B.“发光”滤镜　　C.“斜角”滤镜　　D.“投影”滤镜

(8)要优化颜色,提高动画的播放效果和性能,以下方法中正确的是________。

A.尽量把重复的内容制作为元件,并通过属性自定义各个实例效果

B.尽量减少颜色的种类数量,可以使动画播放更流畅

C.尽量少使用纯色,因为纯色比渐变色占用更多的计算机资源

D.尽量少用 Alpha 透明度,因为它会减慢播放速度

模块 08

MG 动画设计与制作

MG 动画是信息爆炸时代的产物，它可在短时间内表达信息，并吸引观众眼球，广泛应用于广告、品牌形象片、企业宣传片、UI 动效、视频包装等。

M 表示 Motion，G 表示 Graphics，即表示 MG 动画是一种文化艺术，是一种融合了电影与图形设计的语言，基于时间流动来设计的视觉表现形式。MG 简单来说就是让原本静止的图形动起来，图形元素可以是二维的也可以是三维的。从简单的几何开始，经过复杂的动态变换，制作出具有视觉冲击力的画面。MG 动画拥有时间短、节奏快、简洁灵活、制作方便、生动有趣等优势，深受用户喜爱。

本模块通过使用 After Effects CC 2019、Cinema 4D 22 和 Motion 2 等相关插件与模板来制作 MG 动画效果，涉及 2D 与 3D 元素、文字、角色、场景等具体元素动画制作方法。通过典型案例来展现 AE 强大的动画制作功能，使用户能够创建复杂的 MG 动画合成效果。

广告制作、平面设计、媒体艺术、会展设计、数字出版、影视动画、印刷图文等相关专业可以根据专业的特点，对本模块的内容进行选择性的教学。

素材+完成效果

情境 01　MG 元素动画设计与制作

MG 元素动画是合成动画的基础，主要运用 AE 的图形工具和图层属性关键帧动画来实现，MG 动画元素有自己的特点。本案例中将参考 MBE 风格绘制元素，可爱有趣、制作简单快捷，要让 MG 动画好看就需要掌握动画图表编辑器的使用，让动画更真实好看，作为动画制作过程中必须的流程，最后还需要使用 MG 动画进行配乐。通过本情境的学习，使学生掌握 MG 动画制作的基本流程，并能对简单元素进行动画设计与制作。在制作过程中还应注意色彩搭配、运动规律、声画同步等知识的实践应用。MG 动画元素作为 MG 动画的基本单位，掌握其制作方法可为后续课程学习奠定良好的基础。

【能力目标】

1.掌握运用 AE 图形工具进行图形绘制的方法。

2.掌握 AE 图层属性关键帧动画的制作方法。

3.掌握 AE 标记功能，并为动画配乐。

【知识目标】

1.弹跳运动的规律。

2.MBE 风格特点。

【课时分配】

2 课时(授课 1 课时，实践 1 课时)。

◎ 模拟制作任务

任务 1　MBE 元素风格制作

【任务背景】

案例中选用 MBE 风格图形元素，其显著特征是形象设计简约可爱，使用粗线条描边，线条有不规则的断线处理，线条圆润，没有直角转边，颜色鲜艳、对比强烈，色块有错位效果，背景添加了点缀元素。在本案例中，将通过 AE 图形工具创建图形图层来完成，效果如图 8-1所示。

图 8-1　完成效果

【任务要求】

元素绘制风格符合 MBE 特点，主体与背景部分分层绘制。

【任务分析】

该案例中豆子是主体，地面线条和点缀元素是背景，所以该案例需要创建 3 个图层对不同元素进行分别绘制，主体部分轮廓基于圆形，即运用不同的颜色绘制高光和阴影，突出立体感。背景中的点缀元素可对基本几何形进行旋转复制，合成叠加完成。

【重点、难点】

1.AE 形状图层和图形工具的使用。

2.贝塞尔曲线的控制调节。

【技术要领】主体与背景分层绘制，控制贝塞尔曲线操作杆。
【解决问题】MBE 风格绘制。
【素材来源】\模块 08\情境 01\任务 1\素材\豆子.jpg
【完成效果】\模块 08\情境 01\任务 1\完成效果\MBE 元素风格制作.aep。

操作步骤

步骤一：绘制准备工作

1.新建一个 AE 项目文档，将"\模块 08\情境 01\任务 1\素材"目录下的参考图片导入项目面板中，导入方式为双击项目面板空白处，如图 8-2 所示。

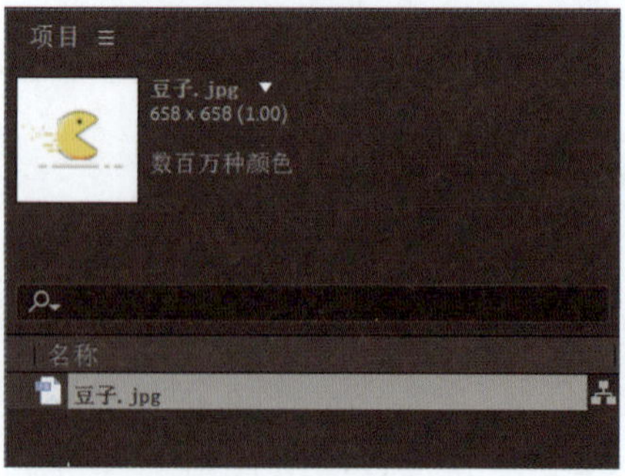

图 8-2　导入素材

2.新建一个合成，创建合成的方法有两个：一是通过菜单栏"合成-新建合成"选项进行创建；二是直接按"Ctrl+N"快捷键，在合成设置窗口中，将分辨率设为"1 920×1 080"，帧速率设为 30 帧/s，持续时间设为 5 s，具体设置如图 8-3 所示。

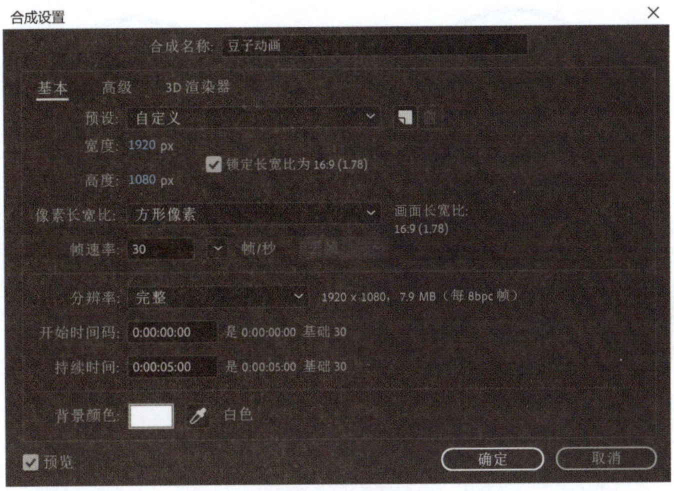

图 8-3　合成设置

3.将参考图片“豆子.jpg”拖入图层轨道并进行锁定，以免在绘制过程中更改参考图片，锁定设置如图 8-4 所示。

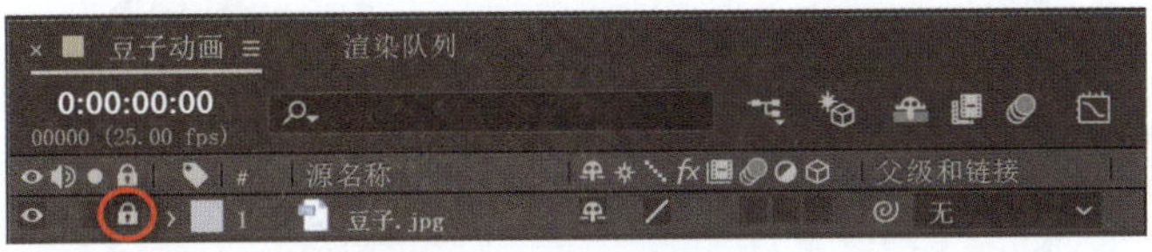

图 8-4　锁定参考图片

步骤二：绘制主体对象

1.在没有图层选择的状态下，用 AE 工具栏图形工具中的椭圆工具，在合成面板中绘制一个圆，首先，同时按下“Shift”和“Alt”键确定中心，再按“Ctrl”键等比缩放到与参考图圆大小基本匹配。

2.设置圆的填充为“透明”，描边粗细为“9”像素。具体设置如图 8-5 所示。

图 8-5　设置圆的填充与描边

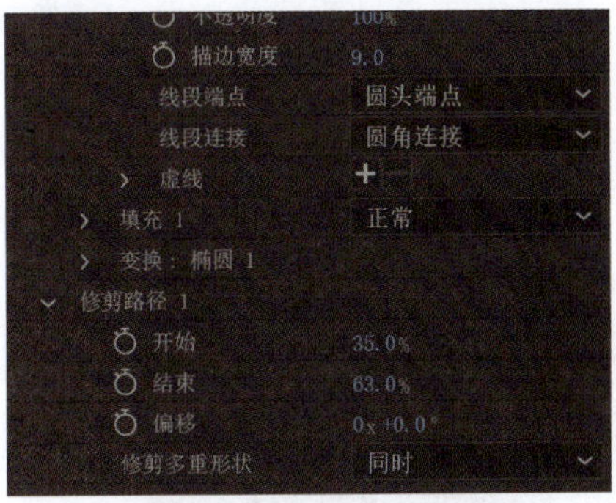

图 8-6　“修剪路径”工具参数

3.为该图层添加“修剪路径”，设置“开始”和“结束”值，使其匹配某一弧线，并将“线段端点”设为“圆头端点”，“线段连接”设为“圆角连接”，具体设置如图 8-6 所示。

4.“克隆”椭圆图层，通过修改复制图层中“开始”“结束”“偏移”的值，绘制其余弧线，形成脸的形状，效果如图 8-7 所示。

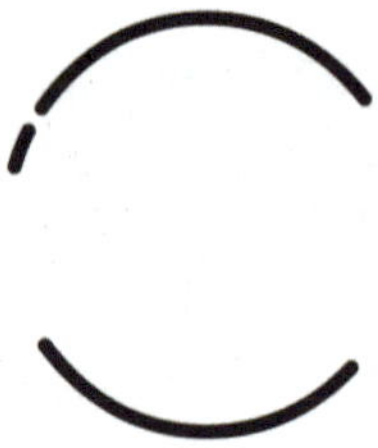

图 8-7　弧线绘制效果

图 8-8　豆子轮廓绘制效果

5.新建形状图层，用钢笔工具绘制嘴巴，添加“修剪路径”，并设置“开始”“结束”值，将“线段端点”设为“圆头端点”，“线段连接”设为“圆角连接”，与脸自然衔接。

6.用椭圆工具绘制眼睛，填充设为黑色，无描边，这样脸的轮廓就画好了，绘制效果如图 8-8 所示。

7.用钢笔工具描绘填充和高光区域，吸取参考图中的颜色作为填充色和描边色，与之前一样，将“线段端点”设为“圆头端点”，“线段连接”设为“圆角连接”。填充和高光区域效果如图 8-9 所示。

图 8-9　豆子填色效果

图 8-10　主体部分效果

8.用钢笔工具添加柱条，完成整个主体部分，参考效果如图 8-10 所示。

步骤三：绘制背景对象

1.使用钢笔工具绘制地面线条，设定描边粗细为“8”像素，描边颜色为黑色，填充为透明，将“线段端点”设为“圆头端点”，“线段连接”设为“圆角连接”。

2.背景点缀元素可通过前述步骤的方法绘制完成，放射状元素在用钢笔工具绘制一条线之后，可对图层内容添加“中继器”，随后将“副本”数值设为“8”，因为从参考图可以看出，该图形一共有 8 条线，线之间的间隔角度为 45°，同时设置锚点位置至放射中心，位置设为 0，具体设置如图 8-11 所示，最终效果如图 8-12 所示。

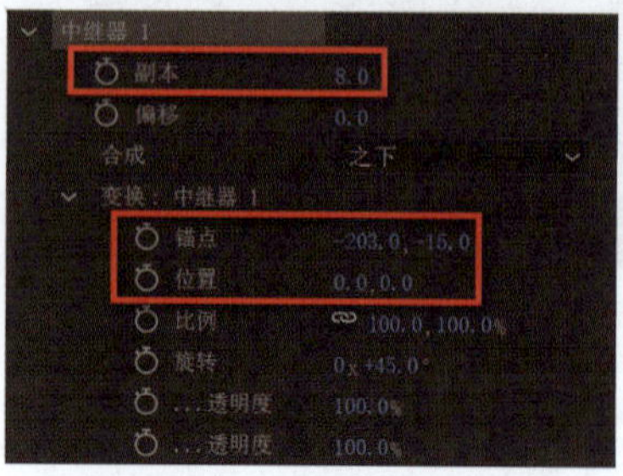

图 8-11　“中继器”的使用

图 8-12　最终效果

任务2　关键帧动画制作

【任务背景】

在任务1中已经完成了图形元素制作，接下来对主体对象和背景对象分别做关键帧动画，可将主体对象当作一个皮球，做由左向右的弹跳运动，而背景对象做点缀的动态效果，能够跟随主体对象一起运动。

【任务要求】

主体对象模拟皮球弹跳动画，运动过程符合牛顿力学规律，向下运动幅度不超过地面。

【任务分析】

主体对象的运动可以分解为沿X轴方向和Y轴方向运动，X轴方向可视为匀速直线运动，Y轴方向在物体下降过程中是一个加速过程，与地面触碰速度达到最大值，在物体被弹起上升过程中做减速运动，在空中上升到最高点，速度为“0”，随后再次落下弹起，不断循环，而每次弹起的高度会因运动过程中能量的损耗而不断变小。背景对象中作为跟随主体对象一起运动的点缀元素，也会呈现出与主体对象相似的运动状态。

【重点、难点】

1.AE图层属性关键帧动画制作，以及运动图表编辑器的使用。

2.分轴运动编辑，调整运动曲率，跟随动画制作。

【技术要领】运动图表编辑器的使用。
【解决问题】分别对XY轴进行运动编辑，贝塞尔曲线在运动编辑中的控制。
【素材来源】\模块08\情境01\任务2\素材\豆子动画初始文件。
【完成效果】\模块08\情境01\任务2\完成效果\豆子动画.mp4。

步骤一：对主体对象和背景对象新建预合成

1.选择背景对象每个点缀元素图层，按“Ctrl+Shift+C”快捷键新建一个预合成。以同样的方法对地面和主体对象新建预合成。新建预合成界面如图8-13所示。

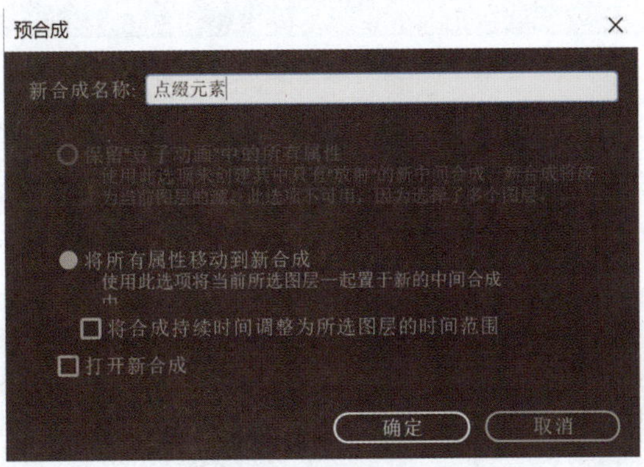

图8-13　新建“点缀元素”预合成

2.以同样的方法对地面和主体对象新建预合成，如图8-14所示。

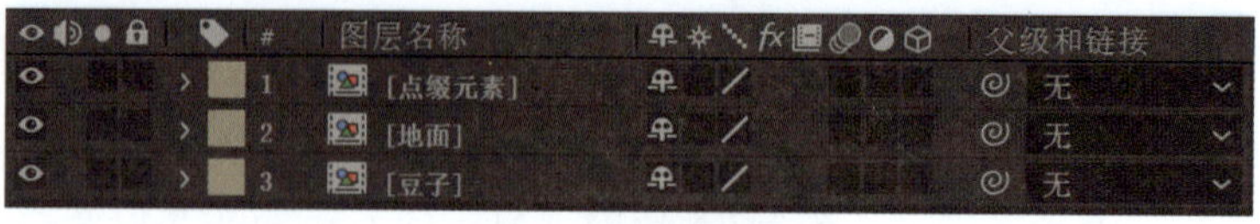

图 8-14　新建总合成

步骤二:对主体对象进行动画制作

1.首先将锚点移动到物体下方中心的位置。锚点工具如图 8-15 所示,图 8-16 所示为将锚点移到对象底端。

图 8-15　锚点工具

图 8-16　将锚点移到对象底端

2.对主体对象在运动起始位置和结束位置分别设置关键帧,具体做法为:先选择主体对象图层,按“P”显示位置属性,为位置属性添加关键帧,具体设置如图 8-17 所示。

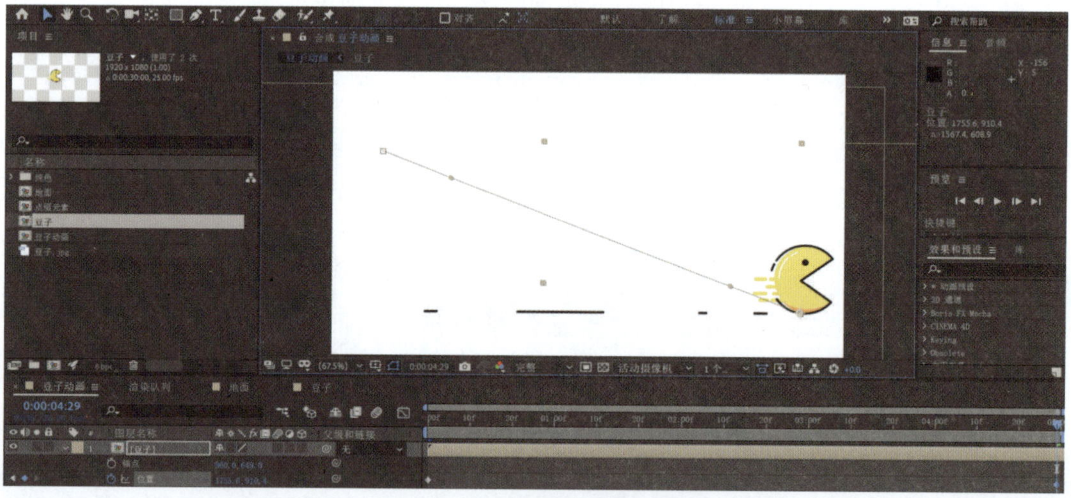

图 8-17　为对象添加位置关键帧

3.打开运动图表编辑器,如图 8-18 所示。选择位置属性,此时在图表中出现红色和蓝色的线条,红色代表 X 轴方向运动,蓝色代表 Y 轴方向运动,在图表编辑器下方按“单独尺寸”按钮将 X 轴和 Y 轴分离,具体设置如图 8-19 所示。

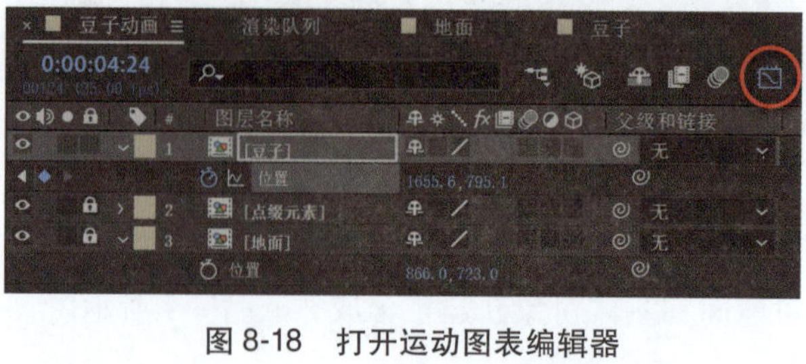

图 8-18　打开运动图表编辑器

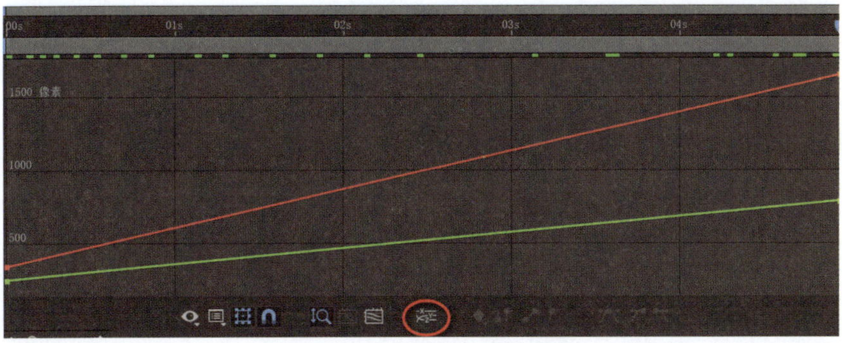

图 8-19　分离 X 轴和 Y 轴运动

4.从前面任务分析中可以知道 X 轴方向运动为匀速直线运动，所以它在“编辑值图表”中应该是条向上伸展的直线，选择红线，将选定的关键帧转换为“线性”，选择工具如图 8-20 所示。

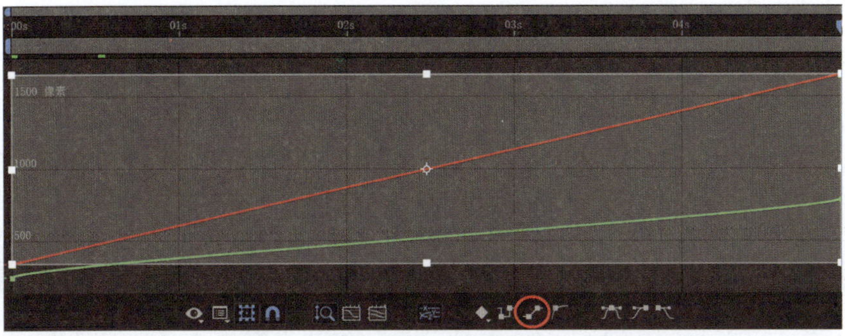

图 8-20　将 X 轴方向运动关键帧设为“线性”

5.接下来制作 Y 轴方向运动，将合成帧速率设置为 30 帧/s 也是便于运动周期的计算，1 s作为弹起下落的一个周期，开始的 15 帧作为第一个下落过程。首先通过时间码定位到 15 帧，如图 8-21 所示，并在此处添加 Y 轴位置属性的关键帧，将该点位置移动到与地面接触的地方，按“Alt”键调整左半边贝塞尔操作杆的曲率，使其呈现加速变化，具体调整如图 8-22所示，合成中第一次落下运动路径如图 8-23 所示。

图 8-21　跳转时间点

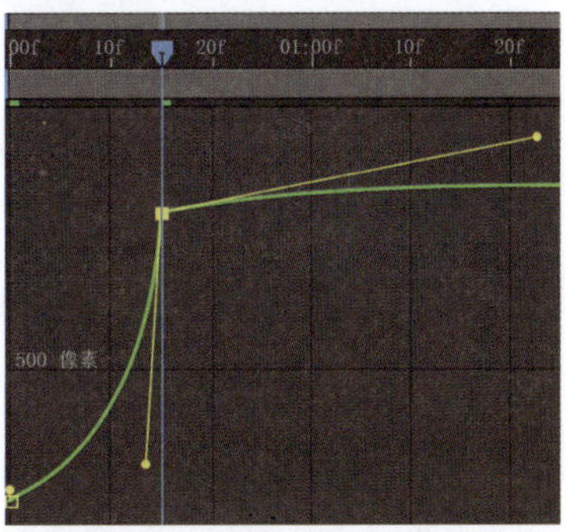

图 8-22　调整贝塞尔操作杆

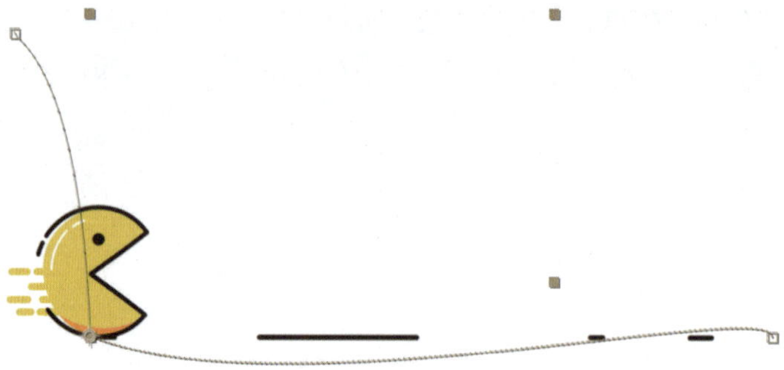

图 8-23 第一次落下运动路径

6.根据运动周期，分别在 1 秒 15 帧、2 秒 15 帧、3 秒 15 帧、4 秒 15 帧复制该点，5 秒关键帧的位置可以根据运动规律将其设为最后一个周期的最高点，在对每个周期调整贝塞尔曲率后，弹跳动画制作就基本完成了。Y 轴方向运动路径曲线图如图 8-24 所示，图 8-25 呈现了弹跳路径最终效果。

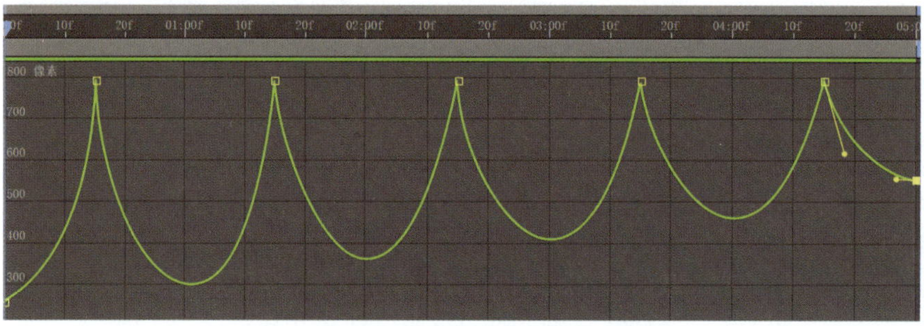

图 8-24 Y 轴方向运动路径

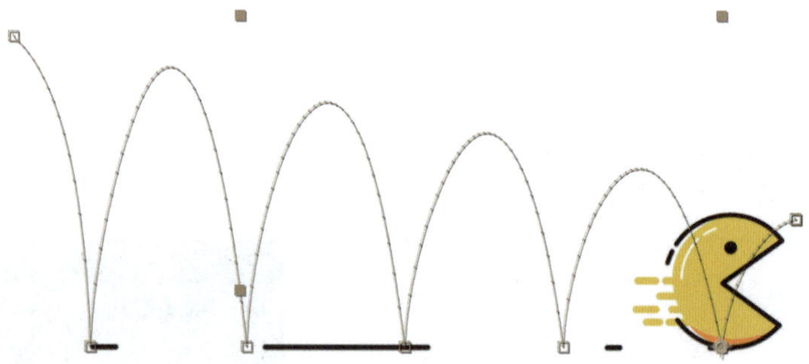

图 8-25 弹跳运动路径

7.根据运动规律，物体在落地时会发生一定的挤压变形，所以为了让动画生动有趣，可对缩放属性添加关键帧动画。在第 0 帧的位置打上关键帧，在第一个落点即 15 帧的地方，去掉“约束比例”，如图 8-26 所示。将 Y 轴缩放数值改成 75%，根据弹落周期，对关键帧进行复制，调整曲率，也形成如 Y 轴弹落运动下降加速，上升减速的变化过程。

图 8-26 在缩放属性中去掉“约束比例”

步骤三:对背景对象点缀元素进行动画制作

1.首先将点缀元素合成时长设置为 5 s,双击打开,对每个图层,按"T"做透明度属性关键帧动画,形成不断闪烁的效果。具体动画设置如图 8-27 所示。

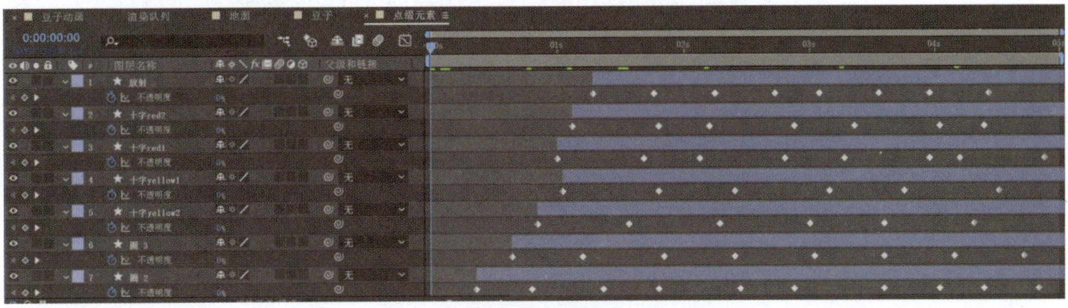

图 8-27　点缀元素动画关键帧

2.回到点缀元素合成,对其位置属性进行调整,使其位置与主体对象相匹配,通过"父级关联器"将点缀元素作为主体对象的子级一起跟随运动,如图 8-28 所示。

图 8-28　父子级动画关键帧

任务 3　MG 动画配乐

【任务背景】

音乐音效是 MG 动画的重要元素,少了它们,MG 动画就少了灵性,所以培养好的乐感,提升对声音的敏锐度,也是提高 MG 动画制作能力的一部分。该任务将从 MG 声音素材的获取到动画合成来详细介绍 MG 动画配乐的基本过程。

【任务要求】

为主体对象弹落动画与点缀元素配上音效。

【任务分析】

主体对象动画弹落的时间位置都比较明确,物体与地面接触的瞬间也是音效剪辑的位置。可使用 AE 中的时间标记工具定位音效剪辑点。

【重点、难点】

1.AE 时间标记工具的使用。

2.时间标记工具参数设置以及前后顺序切换。

【技术要领】AE 时间标记工具的使用。
【解决问题】如何设置时间标记便于音效精准插入。
【素材来源】\模块 08\情境 01\任务 3\素材\弹跳音效.wav。
【完成效果】\模块 08\情境 01\任务 3\完成效果\豆子动画.mp4。

步骤一：获取音效素材

无论是商业作品还是非商业作品，我们都可以通过互联网找到所需的音效素材，比如“站长素材”网站，但其提供的音效素材质量较低，不太适合商用。若需运用到商业项目，则可以通过 Sounddogs 网站购买相关音效，相关网站界面如图 8-29、图 8-30 所示。

图 8-29 “站长素材”网站

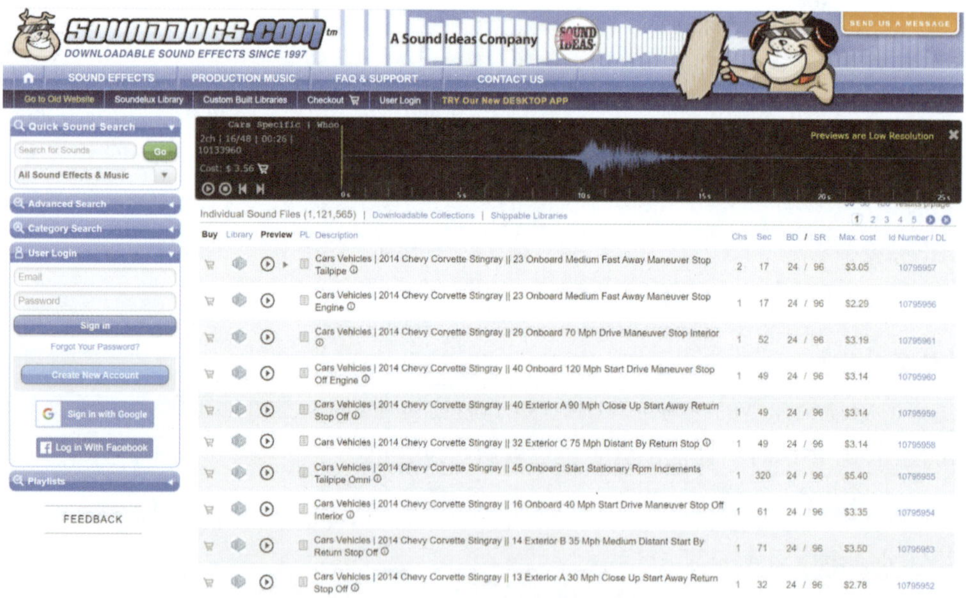

图 8-30 Sounddogs 网站

可以获得背景音乐的网站有 Premium Beat 和 Storyblocks，涵盖的音乐种类较多，其中 Storyblocks 是综合类的声音素材网站，有音乐也有音效，部分音乐是可循环播放的。

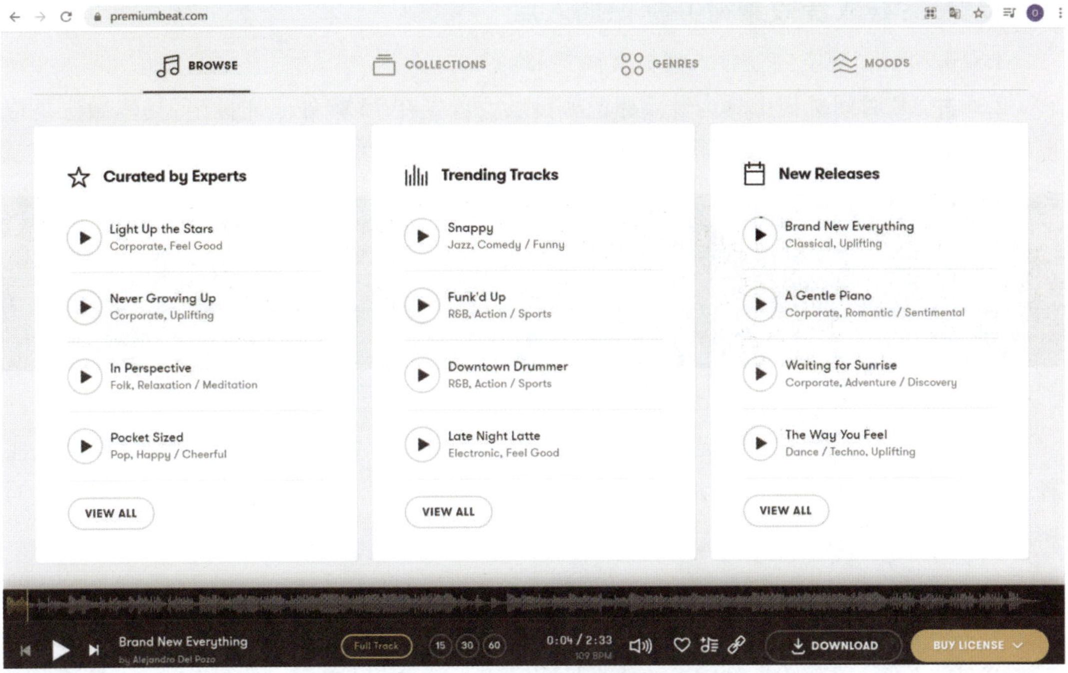

图 8-31 Premium Beat 网站

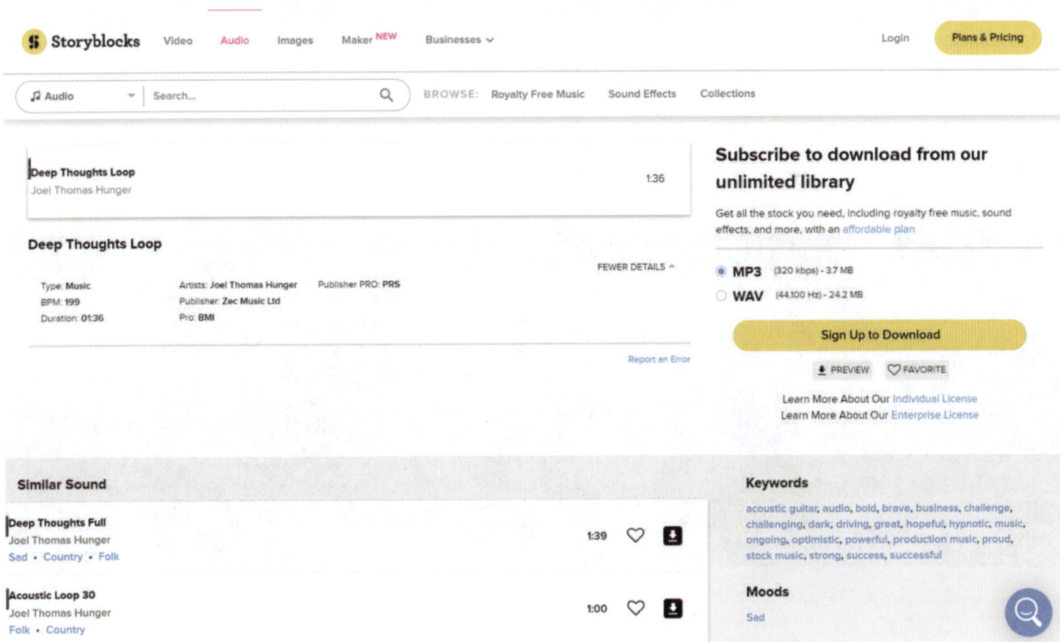

图 8-32 Storyblocks 网站

网站素材针对个别需求比较方便，可先预览然后下载。此外，也可通过下载相关 MG 动画音效包来获取素材，比如“BLSFX 高科技按钮 MG 动画音效”涵盖 553 组2 000多种音效，“App FX Sound Effects Library”拥有4 000种音效，还有“VideoCopilot. Sound. FX”以及背景音乐包“Audio Jungle”。

步骤二：导入音效素材并标记插入点

1.双击项目面板空白处导入素材文件“弹跳音效.wav”。

2.通过 AE 时间标记工具为音效标记剪辑点。首先在 15 帧处添加标记，具体做法是拖曳合成标记素材箱向左拖曳到指针处获得新标记，显示数字“1”，如图 8-33 所示。

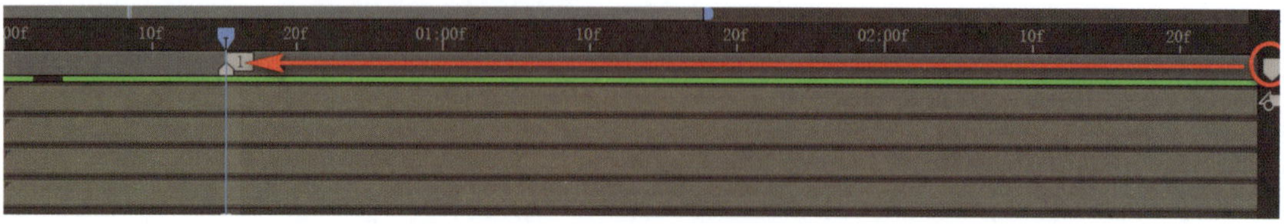

图 8-33　轨道标记工具

此时，右击打开标记，出现合成标记设置窗口，在窗口中可以修改时间点、持续时间、注释等信息，在本案例中采用默认设置即可。然后继续在每一个落点添加标记，如图 8-34 所示。

图 8-34　为轨道添加标记

3.拖曳音效素材到时间轨道，以第一个标记为例，在键盘上按“1”时间指针将跳转到标记 1 的位置，再按键盘上的“[”键会将音效素材的入点对准标记的位置，其余 4 个标记点也按这个方法操作即可完成 MG 动画配乐，添加效果如图 8-35 所示。

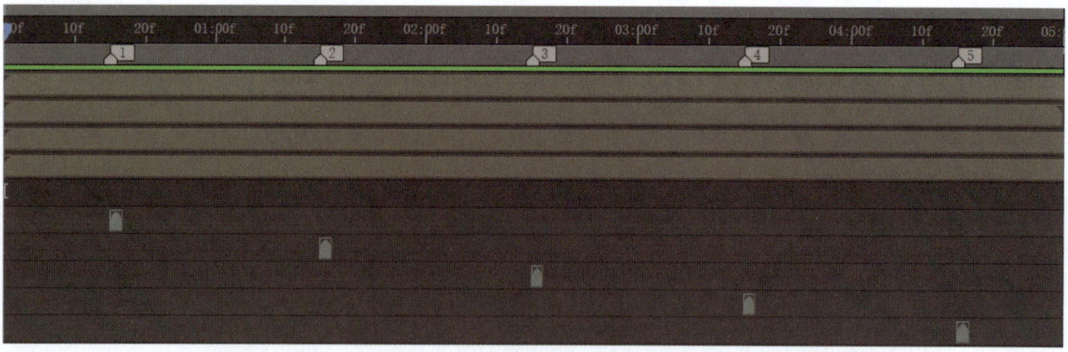

图 8-35　根据标记点添加音效

◎ 知识点拓展

01.AE 工作流程

在制作 MG 动画的过程中，运用最多的软件是 AE，熟悉 AE 的工作流程，对提高 MG 动画制作效率很有帮助。任何动画制作的第一步都是获取资源，这个资源不仅包括图形、图像、音频等媒体资源，还涵盖了相关插件等制作工具资源，这就像是要做一道菜，首先得有原材料和做菜的工具。接着,就要对素材进行制作和处理,大部分的媒体资源只能作为项目的参考,并不能直接使用,所以第二步就是制作素材。第三步,有了素材就是有了原材料,就要将其放置在图层上,并对其进行效果和动画制作了,就像一道菜有了材料就可以开始烹饪了。第四步,在很多情况下,一个合成不足以完成复杂的动画制作,所以需要用到嵌套合成,就像有些菜既要蒸又要煎炒,此外嵌套合成可以帮用户梳理制作逻辑,清理界面,提升效率。最后就是对动画进行渲染和导出。

02.MG 颜色搭配技巧

颜色由色相、饱和度、明度 3 个属性组成,色相指的是每种颜色的相貌,饱和度越高色彩就越浓郁,明度体现颜色的亮度。MG 动画常用的 4 个色调分别是纯色调、明色调、淡色调、浊色调,其中明色调相对于纯色调就是将饱和度降低,明度拉高。淡色调饱和度更低,明度更高。浊色调明度则降低更多。在进行颜色搭配时,可以使用色轮工具来找到互补色、类似色、邻近色等不同颜色关系,形成色彩方案。

MG 动画中的色彩搭配要遵循 3 个原则:第一,根据品牌进行色彩搭配,很多品牌都有自己的 Logo,动画师只需遵循品牌 Logo 的颜色搭配即可;第二,选用颜色表达情感,比如红色代表热情,蓝色代表平静,白色代表简约干净,黑色代表稳重有科技感等;第三,注意使用颜色的数量,颜色的数量不是越多越好,简洁的颜色方案不会让观者眼花缭乱,把握不到信息点,一般运用 1~2 种颜色作为主色调,而主色、辅助色、点缀色在画幅中所占比例为 7∶2∶1 或者 6∶3∶1。

03.MG 动画基本技巧

AE 中常见的关键帧动画类型有匀速、缓动、缓出和缓入。匀速运动就是以一定的速度进行运动,在运动过程中速度保持不变,最显著的特征就是菱形关键帧,并且其运动路径每单位时间内走过的距离长短一致。

缓动运动是在物体创建好匀速关键帧动画之后,选择菱形关键帧点按"F9"键即将物体运动转换为缓动,此时关键帧变为漏斗状,其最显著的特征是在刚开始运动时,慢慢加速,到运动终点时慢慢减速。

缓出运动一般选择物体运动起始关键帧右键→关键帧辅助→缓出,此时关键帧变为箭头状,物体运动在开始处会有一个加速启动过程,之后将以匀速运动持续到终点。缓入运动则与缓出相反,先以匀速运动启动,到终点处再慢慢减速。

◎ 独立实践任务

任务 4 MBE 原创动画制作

【任务背景】

近年来,用 MBE 风格元素制作 Logo 演绎动画在 MG 动画中的应用很多,Logo 演绎能够很好地将图形元素与文字元素进行结合,赋予 Logo 以生命,有助于诠释品牌的含义。

【任务要求】

将给定的橙子图形素材演绎成“LYHYL” Logo 文字，为其设计 MBE 风格的卡通形象并制作一段动画。

【技术要领】路径绘图技术、关键帧动画技术、图形编辑器功能、标记功能使用。
【解决问题】制作 MBE 风格 Logo 演绎动画效果。
【素材来源】\模块 08\情境 01\任务 4\素材\橙子.jpg。
【参考效果】\模块 08\情境 01\任务 4\参考效果\Logo 动画.mp4。

情境 02 MG 三维融入动画制作

动画制作已经不限于二维世界，2D 动画善于制作扁平化的风格，3D 动画则具有较强的立体感，更能为观者营造以假乱真的观看体验。2D 动画对于制作简单的动态效果具有快捷的优势，但随着观众对动画沉浸感要求的增强，2D 动画想要制作出一个逼真的动态过程，其技术难度较高，在很大程度上是考验动画师的美术功底及其对运动规律的掌握，并且需要逐帧完成，工作量大，不利于后期修改。而 3D 动画软件因其本身具有的 3D 编辑视图和多样的 3D 动画工具，让三维动画实现变得十分方便，但需要强大的硬件支撑，渲染导出时间长是它的弱点。

如今，将三维动画融入视频合成已成为 MG 动画常见的制作方法，它可以让动画逼真但不过多地占用计算机内存，既提升了动画品质也提高了制作效率，如今诸多三维软件(如 C4D)与视频软件(如 AE)连接方便，都为彼此提供了三维动画载入的接口，这种动画制作技术也成为市场的宠儿。

【能力目标】

1.掌握 C4D 基本三维动画制作和导出技巧。

2.掌握 AE 中合成三维动画的技巧。

【知识目标】

1.了解 2D 动画与 3D 动画的区别。

2.了解素材导入的相关技术。

【课时分配】

2 课时(授课 1 课时，实践 1 课时)。

◎ 模拟制作任务

任务1 C4D三维动画制作

【任务背景】

折纸飞机是许多人儿时的美好回忆,那时很多孩子拿着自己折好的纸飞机在里弄小巷比赛谁的纸飞机飞得远,如今这样的游戏已经在实际生活中很少见到,但我们可以在虚拟世界中延续美好的回忆。在本案例中,将运用C4D R22制作一个纸飞机的模型,并对其添加材质和动画,效果如图8-36所示。

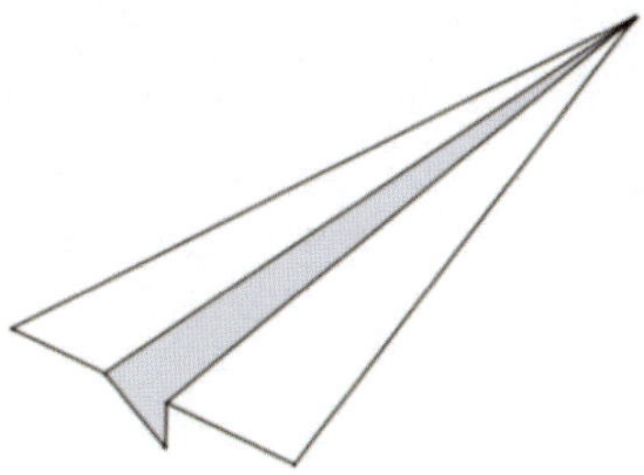

图8-36 三维模型效果

【任务要求】

三维模型没有重叠或者多余的面片、布线合理,模型采用卡通材质,通过添加灯光和材质调节使模型呈现立体感,并对其进行路径动画制作,动画效果真实。

【任务分析】

通过可编辑多边形调节点面来制作模型,结合样条曲线绘制来制作路径动画,最后添加材质灯光。

【重点、难点】

1.可编辑多边形建模方法。

2.样条路径动画制作。

【技术要领】多边形元素点面的调整。
【解决问题】对象依附样条路径的方法。
【素材来源】\模块08\情境02\任务1\素材\纸飞机参考.psd。
【完成效果】\模块08\情境02\任务1\完成效果\飞机动画.c4 d。

操作步骤

步骤一:3D模型制作

1.新建一个平面,按"N"和"B"键进入细分显示,宽度细分改为"4",高度细分改为"1",具体设置如图8-37所示。按"C"键转换为可编辑多边形,如图8-38所示。

图 8-37　模型分段参数

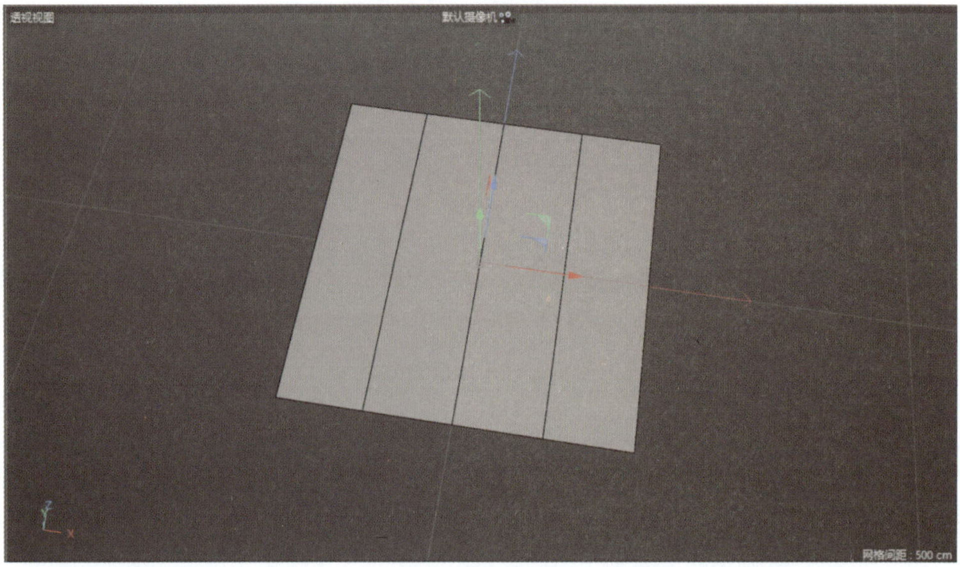

图 8-38　平面模型

2.进入点编辑模式,将左边的点删掉。删掉点后的效果如图 8-39 所示。

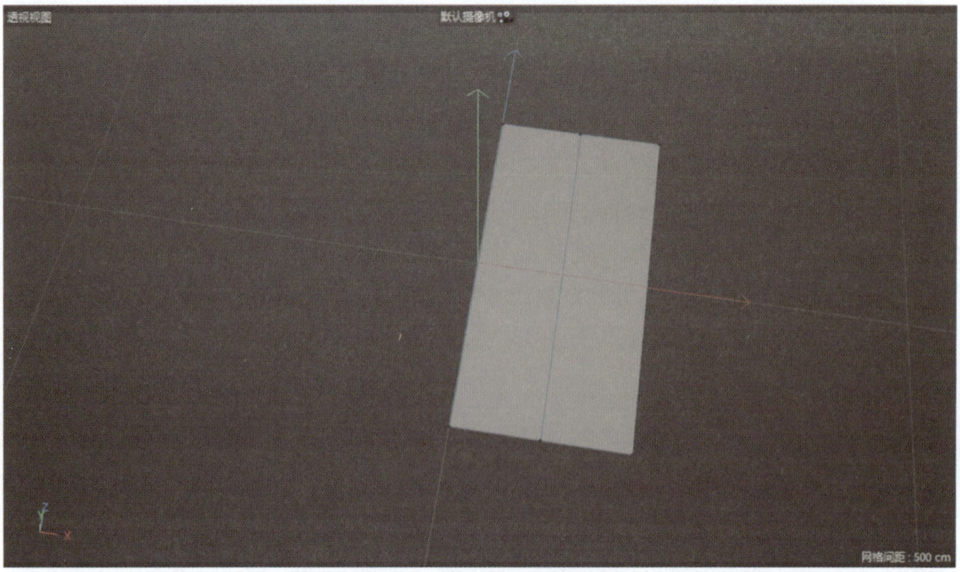

图 8-39　删除点后的效果

3.进入面编辑模式，选择两个面进行旋转，在旋转操作之前，单击“启用轴心”，按“Shift”键将中心移到坐标中轴边缘处，然后取消“启用轴心”，如图 8-40 所示。选择面按“Shift”键旋转 70°，旋转效果如图 8-41 所示。

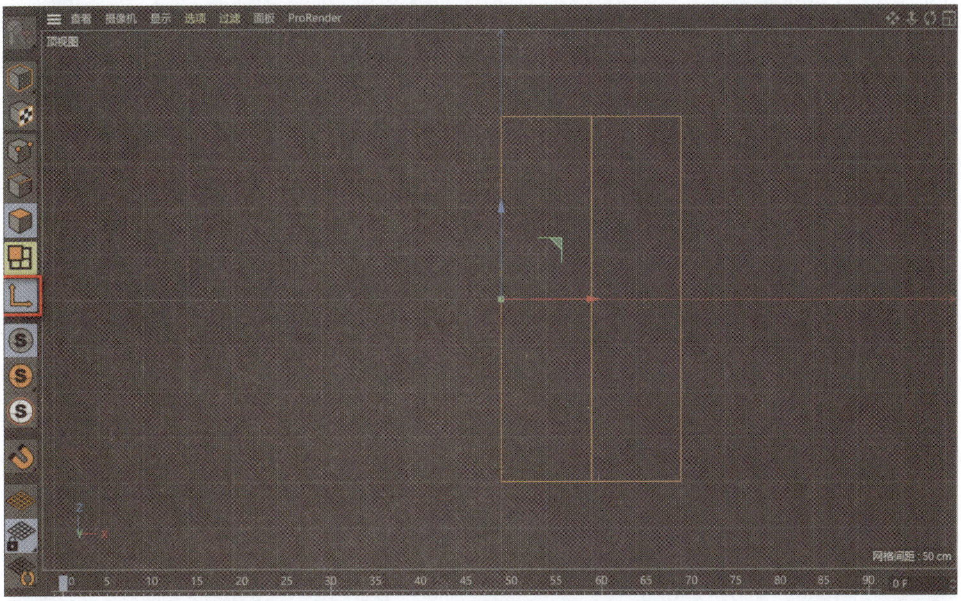

图 8-40　调整轴心位置

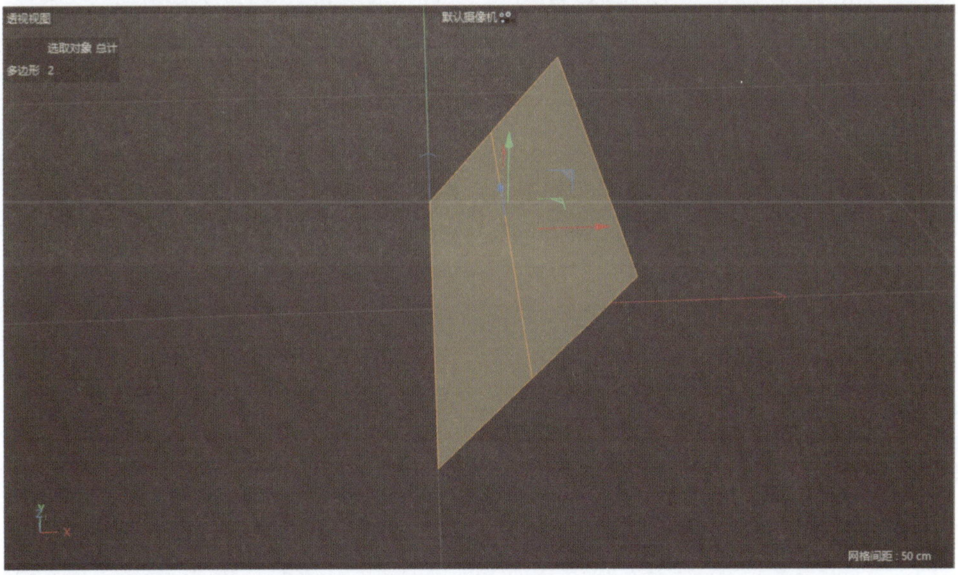

图 8-41　选择面旋转 70°

4.选择外侧面，单击“启用轴心”，按住“Shift”键将中心移到两个面中间，然后取消“启用轴心”，选择外侧面按“Shift”键旋转 70°，旋转效果如图 8-42 所示。

5.在面编辑模式下，按两下“K”键调用切刀工具，在两个面对角线的位置进行切割划线，按“Esc”键退出，再将前端两个点删除，具体操作如图 8-43 所示，效果如图 8-44 所示。

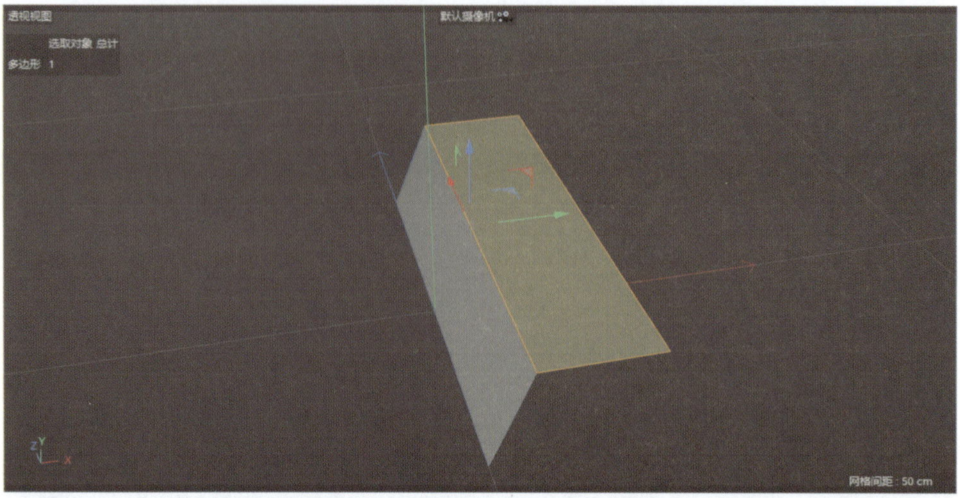

图 8-42　单独选择外侧面旋转 70°

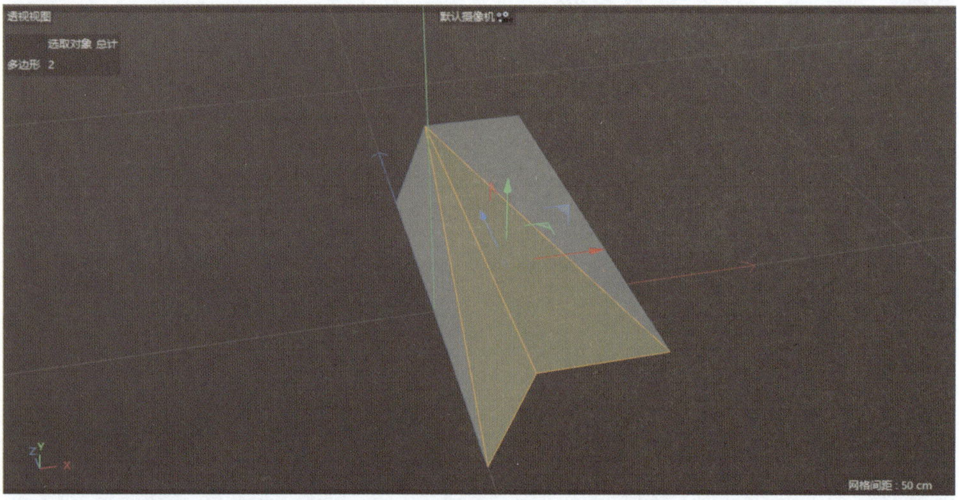

图 8-43　切到工具进行分隔布线

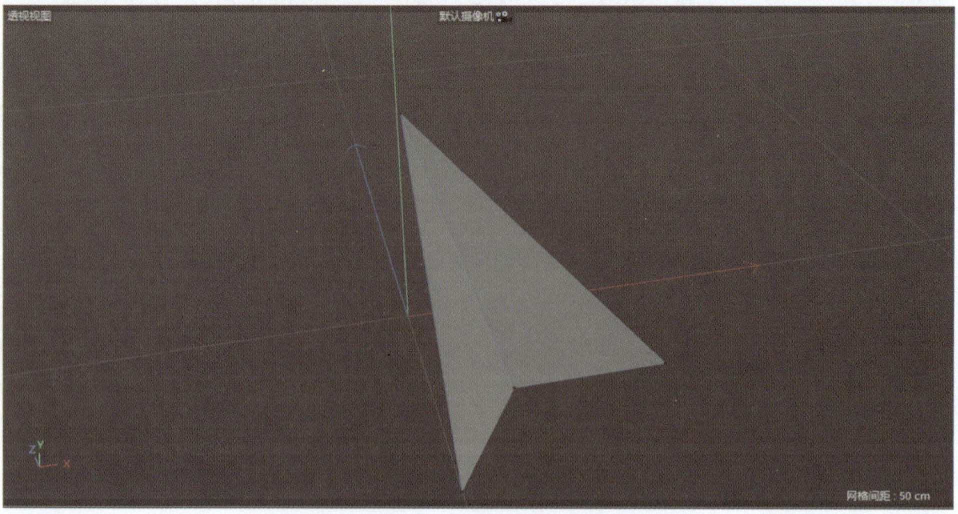

图 8-44　删除多余的点

6.在点编辑模式下，将顶点移到坐标中心轴的位置，在位置 X 属性中输入 0 即可，调整参数如图 8-45 所示。

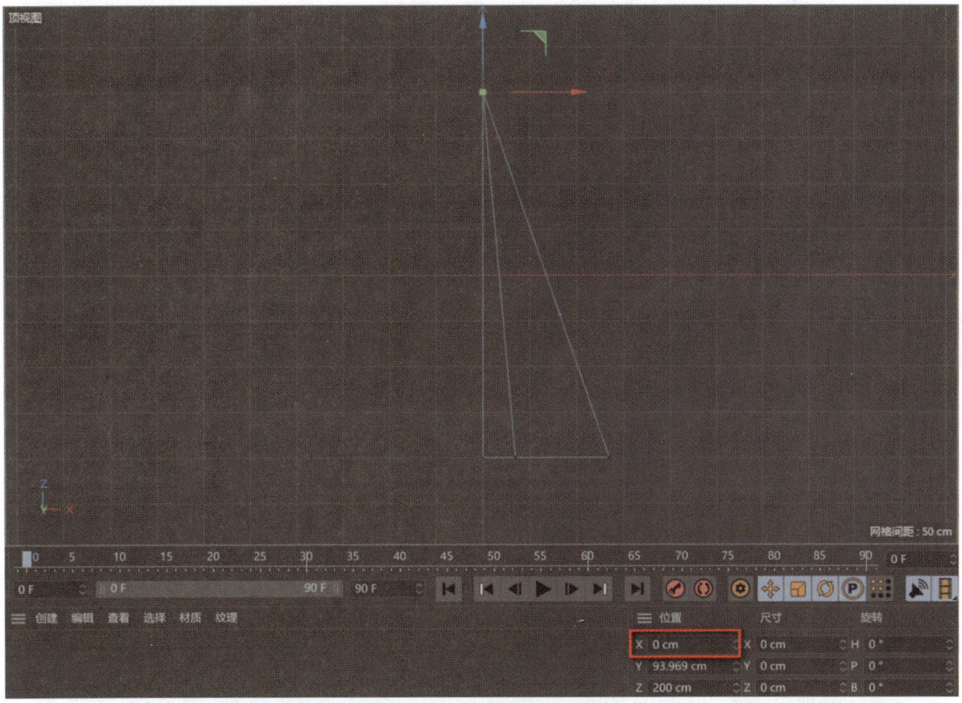

图 8-45　移动点到中心轴

7.选择可编辑对象，对其添加“对称”生成器即可完成物体的对称复制操作，对称效果如图 8-46 所示。

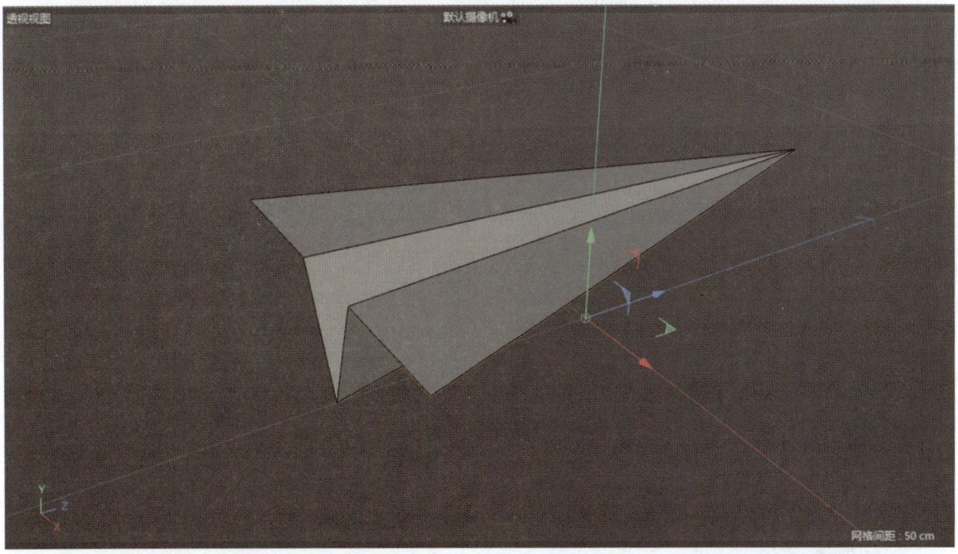

图 8-46　模型对称后的效果

8.在点编辑模式下，对飞机形状进行微调后，按“C”键可将对称物体转换为可编辑多边形。

9.选中对象，菜单栏“网格→轴心→轴对齐”，在窗口面板中选择“轴对齐到对象”，这样移动轴的位置又回到对象中点，移动轴至对象偏后一点的位置，调整参数如图 8-47 所示。

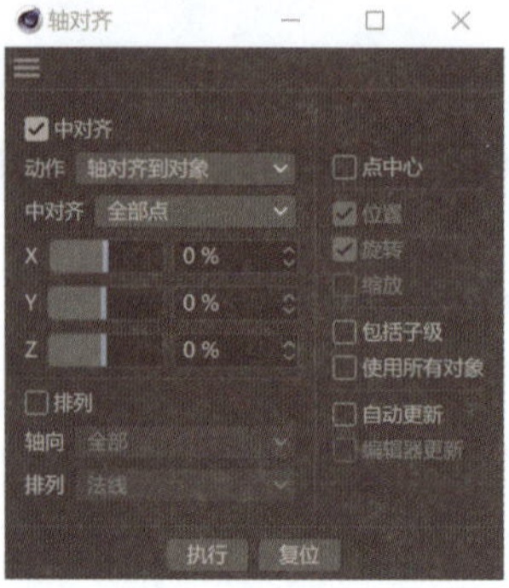

图 8-47　调整轴的位置

步骤二：三维动画制作

1.用样条画笔在右视图中绘制运动路径，如图 8-48 所示。

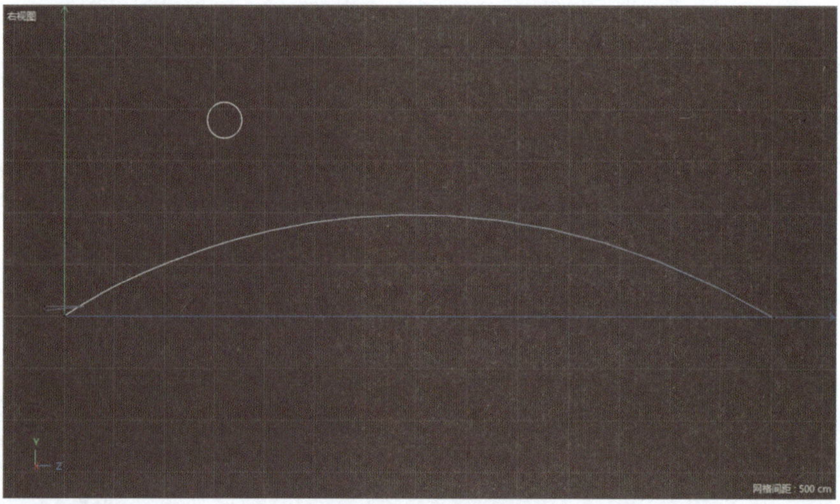

图 8-48　绘制样条曲线

2.在对象面板中选择“飞机”，右键选择“动画标签”下的“对齐曲线”添加标签，如图 8-53所示，并将样条曲线对象拖曳到标签属性中的“曲线路径”，此时路径就赋予了对象，如图 8-50 所示。

图 8-49　添加“对齐曲线”标签

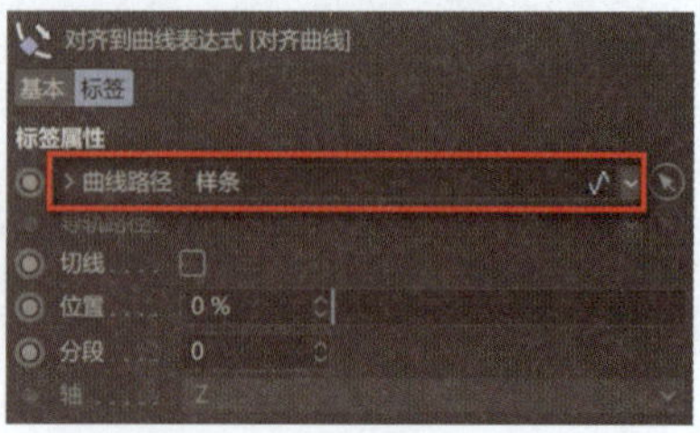

图 8-50　指定“样条”为曲线路径

3.对“位置”属性添加关键帧，第 0 帧，数值设为 0，第 50 帧，数值设为“100”，并勾选“切线”使飞机方向与运动方向一致，具体设置如图 8-51 所示。

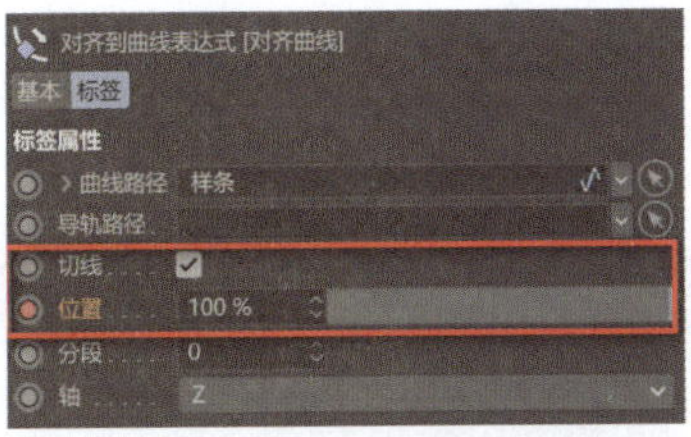

图 8-51　对“位置”属性添加关键帧

4.按“Shift+F3”键弹出时间线窗口，对路径曲线的位置和运动曲率进行调整，使得开始先加速运动，当到达路径中间位置时速度变缓，到结尾的地方再加速，编辑运动曲率效果如图 8-52 所示。

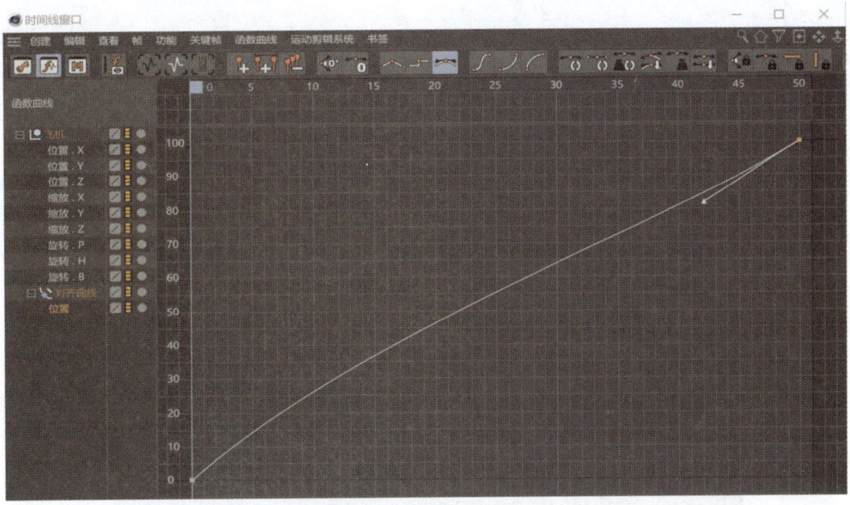

图 8-52　编辑运动曲率

步骤三：对三维模型赋予材质

1.在材质面板空白处双击新建一个材质球，在“发光”通道“纹理”选项卡中添加卡通材质，如图 8-53 所示，将材质球赋予对象。

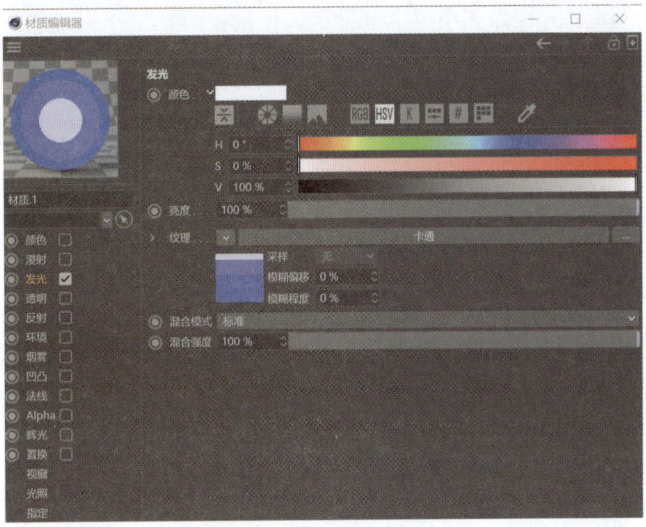

图 8-53　卡通材质球

2.创建远光灯，并且移动旋转其位置，使其从上而下照射飞机，灯光创建如图 8-54 所示。

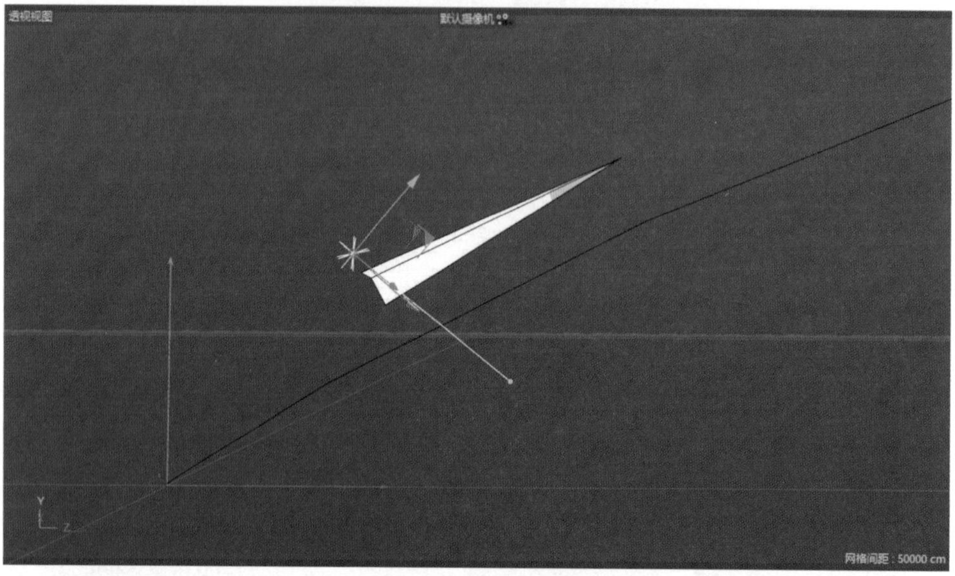

图 8-54　创建远光灯

3.回到材质球设置，对卡通材质漫反射颜色进行设置，亮处设为白色，阴影设为蓝灰色，并且取消选择“摄像机”，勾选“灯光”，让物体颜色的明亮和阴影着色效果跟随灯光角度变化，具体设置如图 8-55 所示，材质添加效果如图 8-56 所示。

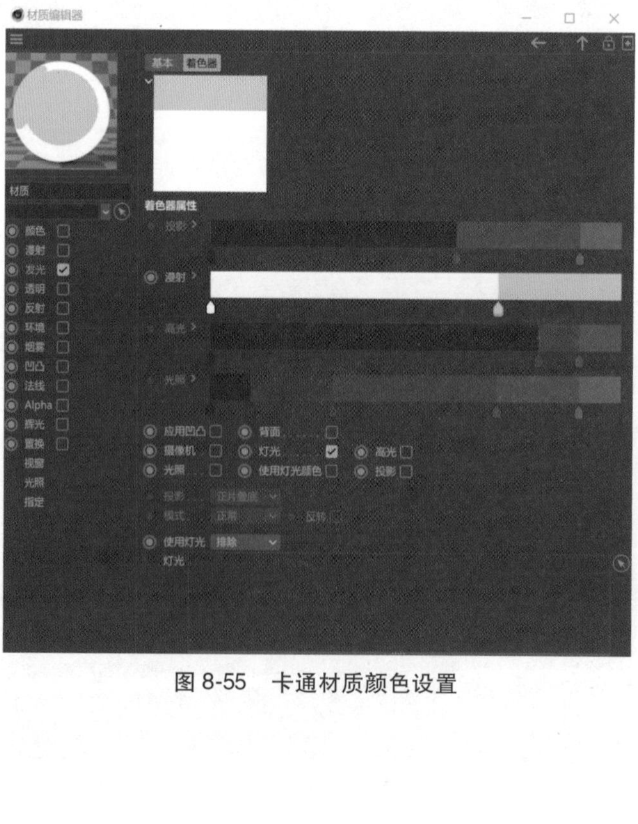

图 8-55　卡通材质颜色设置

图 8-56　模型添加材质后的效果

4.在材质面板中，选择“创建”→“材质”→“新建卡通材质”命令，为对象添加描边，描边效果如图 8-57 所示。

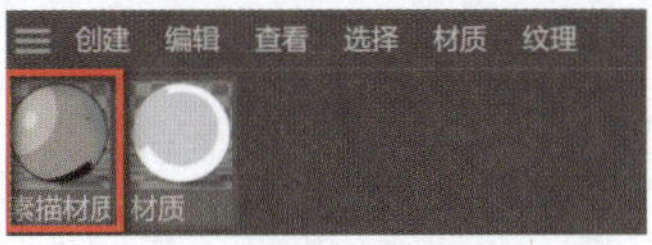

图 8-57　添加描边

5.按“Ctrl+B”键打开渲染设置，会自动勾选“素描卡通”，这样渲染出来的效果就有描边，渲染设置如图 8-58 所示。

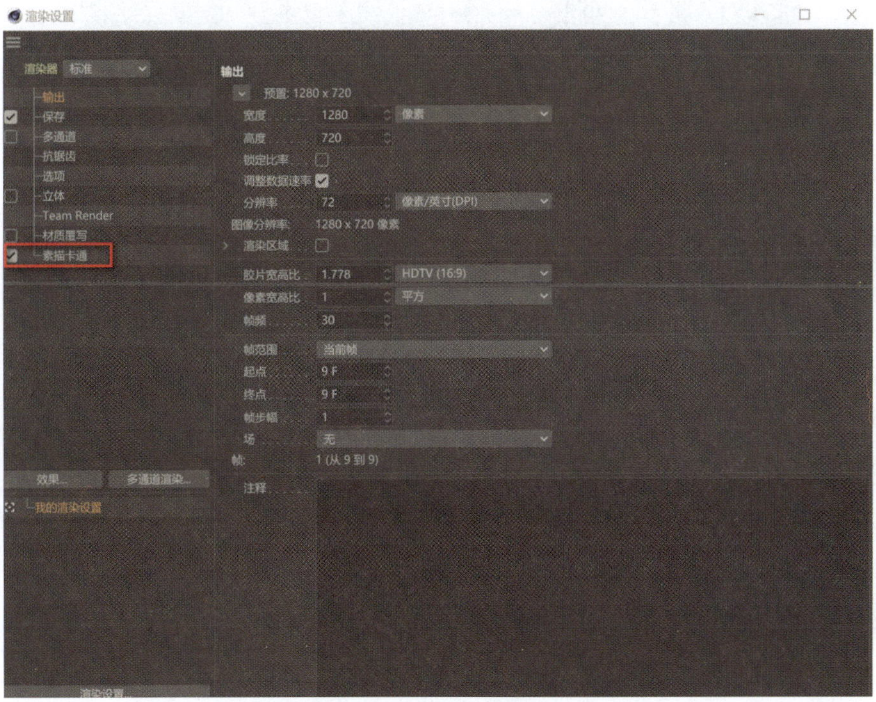

图 8-58　渲染设置勾选“素描卡通”

6.创建一个空对象，首先按 PSR 进行复位，复位工具如图 8-59 所示，将其放置在对象机翼上方，并作为对象的子级跟随对象一起运动，在渲染输出之前为其添加“外部合成”标签，具体做法是先选择空对象，然后单击鼠标右键，在“渲染标签”中选择“外部合成”标签。

图 8-59　PSR 复位工具

7.调整好视图，为对象进行渲染输出设置。其中，抗锯齿设置为“最佳”，输出帧范围设置为“预览范围”，即从第 0 到 50 帧，输出格式设为带有通道的 png 序列，为方便后期在 AE 中合成，“合成方案文件”设置勾选“保存”“相对”“包括 3D 数据”，最后按“Shift+R”键进行渲染输出，渲染设置如图 8-60 所示。

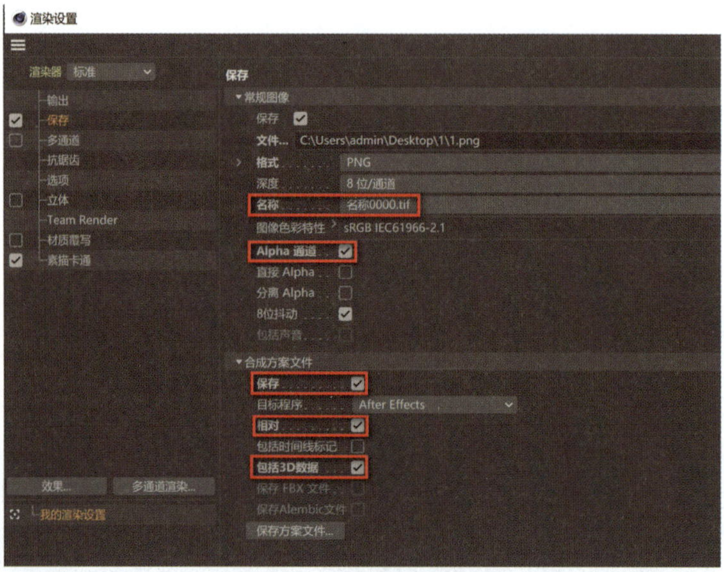

图 8-60　渲染导出设置

任务 2　AE 动画合成

【任务背景】

在任务 1 已经完成了三维动画制作，接下来要将三维动画导入 AE 中，并且保留相关对象便于编辑，进行最后的合成。

【任务要求】

在 AE 中安装 C4D 导入插件，进行三维动画导入，合成天空背景，并添加图形元素跟随三维对象一起运动。

【任务分析】

合成背景相对比较简单，只要三维动画渲染导出时的图像序列保留 Alpha 通道即可，所以在本案例中，使用 PNG 图像序列进行导出。对于跟踪运动来说，需要 AE 能够识别三维场景中对象的运动路径，现已在 C4D 场景中添加了空白对象，所以必须拥有 C4D 导入插件，这样就可以在 AE 中识别对象了。

【重点、难点】

1.C4DImporter 插件安装。

2.AE 合成三维动画技法。

【技术要领】C4DImporter 插件的正确安装。
【解决问题】在 AE 中合成三维动画。
【素材来源】\模块 08\情境 02\任务 2\素材\飞机动画合成文件。
【完成效果】\模块 08\情境 02\任务 2\完成效果\飞机合成动画.mp4。

步骤一：安装 C4D 导入插件

C4D 中提供了 C4D 和 AE 互导的插件，位置在 C4D 安装路径下，只要将 C4DImporter.aex 复制到 AE 插件的目录即可，插件目录路径如图 8-61 所示。

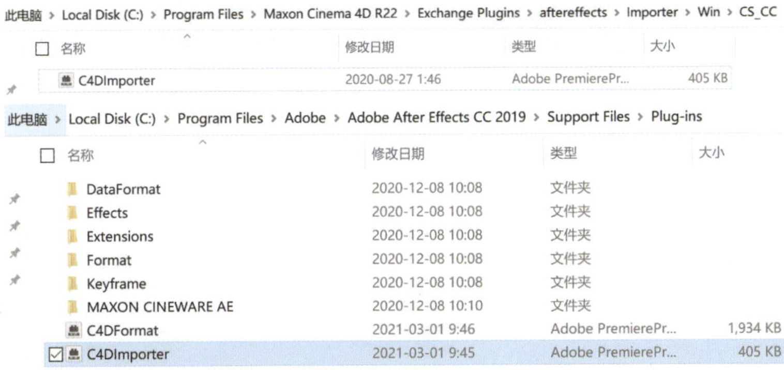

图 8-61　C4DImporter.aex 目录路径

步骤二：AE 动画背景合成

1.在 AE 中导入 AEC 文件，导入之后 C4D 中创建的摄像机、灯光、空白对象，以及导出的 png 序列文件都以图层的方式加载到已创建的合成中。从 C4D 导入 AE 文件如图 8-62 所示。

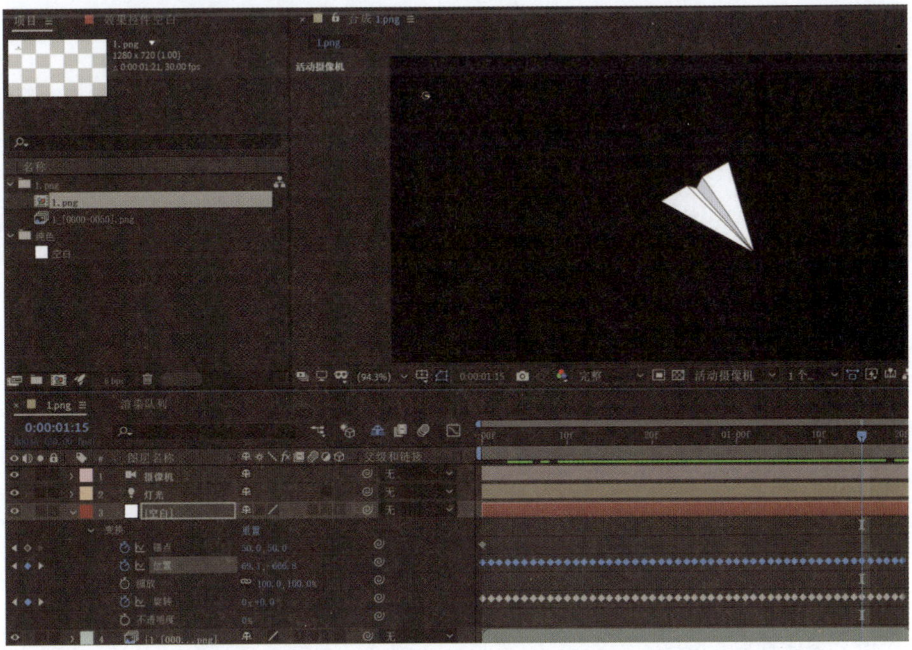
图 8-62　从 C4D 导入的 AE 空白对象

2.接着导入一张“天空”背景图,由于 PNG 序列自带 Alpha 通道,所以背景图叠加在序列层下方,即完成背景合成。最终效果如图 8-63 所示。

图 8-63　合成天空背景

步骤三:跟踪运动对象合成

1.在没有任何图层选择状态下,使用文本工具新建文字图层。

2.输入文字“HI!”,并设置字体和颜色。

3.将文字图层与空白图层进行父子级关联。

4.将文字图层下的位置、锚点、旋转等图层属性数值设置为“0”,使得文字与空白对象重合。

5.根据实际需求,调整文字的位置、旋转、方向等参数,其中文字的位置属性设置参考空白对象的锚点。

文字追踪效果如图 8-64 所示。

图 8-64　文字贴合飞机

6.添加“环境光”,使整个场景没有黑暗处。

7.最终渲染输出为 MP4 格式视频。

◎ 知识点拓展

01.2D 动画和 3D 动画区别

虽然创建 2D 动画的方法很少,但最常见的方法是 2D 矢量动画。2D 矢量动画的帧在相对平坦的表面上制作。这种动画风格在某种程度上采用了传统手绘动画中的一系列方法。因此,除了框架经历手绘和绘画的主要过程之外,它可以被认为是传统的动画。如今,2D 动画师使用计算机图形程序来创建动作序列。在矢量图形程序中,作为几何描述保持的对象和图像彼此独立地存在。这使得动画师可以随时更改图层并定位对象的任何其他方面,从而创建任意组合。2D 动画使用逐帧动画的传统方法。在某些情况下使用补间,这时自动生成中间帧。动画师还可应用变形(一种视觉效果,给人一种物体平滑变换为另一种物体的印象),图像变形,多种光学效果和光的循环变化来对动画进行处理。

3D 动画与涉及计算机图形的其他类型的动画完全不同。要创建一个 3D 动画,动画师不一定需要出色的绘图技巧,但需要较强的三维空间想象能力。3D 动画的制作流程包括三维建模、关键帧动画、灯光摄像机添加、材质赋予到最后渲染导出。3D 图像也称为计算机生成的图像或 CGI,当计算机动画程序创建组合以形成动画的图像流时,动态和静态图像的融合是在计算机图形的帮助下完成的。为了创建逼真的 3D 图像,动画师需要掌握多种技术。艺术家也应用逆运动学和其他动画技术。此外,出现了越来越多的结合视频录制和动画效果的新方法。一般来说,它们可使动画场景和动作更加逼真。

2D 和 3D 动画类型是完全不同的,它们需要不同类型的技能。以下是一些基本区别:第一,2D 和 3D 动画之间的明显差异之一是二维对象表示其高度和宽度特征,而三维模型也具有深度索引。换句话说,2D 动画角色看起来不像 3D 角色。第二,2D 和 3D 动画技术的主要技术差异在于:传统的 2D 动画中,动画师使用单独的帧,而在 3D 动画中,总是有连续的流。即使物体或角色保持在原位,也总会存在持续的帧流,从而产生现实的幻觉。第三,在设计概念方面,最好使用 3D 动画,因为它表明了对象的广泛视图。如果创建 2D 模型,用户将无法查看所生成对象的特定参数,因此无法对其进行调整。第四,如果发生任何错误,则更容易在 2D 动画中修复它们。这样,动画师只需重绘特定的图像或动作。尽管如此,3D 动画为建模和修复对象及角色提供了更多软件可能性。

02.解释素材

导入带有透明通道的素材,在 AE 中合成有两种运算方式,直通 Alpha 和预乘 Alpha。使用直通 Alpha 描述 RGBA 颜色时,颜色的 Alpha 值会存储在 Alpha 通道中。例如,若要描述具有 60%不透明度的红色,请使用:(255,0,0,255×0.6)=(255,0,0,153)。值 255 指示全红,153(255 的 60%)指示颜色应具有 60%的不透明度,是一种纯色。使用预乘 Alpha 描述 RGBA 颜色时,每种颜色都会与 Alpha 值相乘:(255×0.6,0×0.6,0×0.6,255×0.6)=(153,0,0,153),会将背景颜色和对象颜色混合。从成像效果上来说,直通 Alpha 运算对象边缘会有明显的锯齿,而预乘 Alpha 运算对象边缘相对比较平滑。

在显像管电视机时代,由于处理数据运算能力有限,显像管电视机无法在同一时刻呈现所有的像素点,所以会分奇数行和偶数行进行交错扫描,但究竟先扫的是奇数行还是偶数行,需要后期特效师来进行判断,这也会产生在导入视频时出现场和交错帧的问题,使图像出现“拉丝”效果。导入的视频图像的每一帧都包含来自时间上两个点的可视信息。两个表现不同时间点的子图像称为场,视频的大多数单帧由两个场组成。而如今数字影像设备已经实现全覆盖，交错场问题也不复存在，如果源素材没有隔行，如 Flash、网页动画，则必须将 AE 中“分离场”设置为关闭状态，否则将丢失 1/2 的分辨率。

在导入素材时还会涉及图像纵横比之间的转换，将 4∶3 的片段放置在 16∶9 合成中或者相反，使用“图层—变换—适合复合”会使得图像变形，用户可以通过填充空白处、裁剪或者等比例放大缩小来解决这一问题。

03.灯光与摄像机

灯光与摄像机都可作为图层类型在 AE 中使用。光照效果与光源、光源照射对象的角度、摄像机的角度和对象材质都息息相关，灯光和图层之间的角度。正面能够获得最大限度的照明。活动摄像机和图层之间的角度，一个灯光发射出来的光线必然会在一个图层处反射回来，并且朝向摄影机的才是可见的。图层反射灯光的效率是多少，涉及漫反射值。灯光和图层之间的角度会影响漫反射照明的强度，经常引起图层表面出现照明衰减。对图层的反射高光强度大小，也受灯光和图层之间角度的影响，是否有其他图层阻挡了正在观察的图层光线。图层最终亮度是其漫反射、高光和环境光照明的总和。

AE 中灯光光源类型主要有平行光、聚光灯、点光灯、环境光。平行光等同于太阳光，在无限远处，需要控制光线的目标方向，得到一致的照明效果。聚光灯是最常用的一种光源类型，具有方向性，灯光圆锥决定光线发射的宽度，灯光距离图层越远，出现的灯光圆锥就越大。点光灯是一个没有圆锥限制的聚光灯，如同悬挂在空间中的电灯泡，没有灯罩来引导灯光方向。为场景添加广泛照明，当穿过图层表面时它仍能保持亮度上的一些自然衰减。环境光无方向，无阴影，就可将画面变亮。

◎ 独立实践任务

任务 3　国潮上海

【任务背景】

上海的发展就像坐上了火箭一样飞速前进，国潮海报近几年来受到追捧，深受年轻人喜爱，也是比较流行的广告宣传形式，它有趣生动，运用三维合成使得海报更具立体感，现在请以三维合成动画的形式为上海做个广告动画。

【任务要求】

创建火箭三维动画，并在 AE 中合成国潮上海背景。

【技术要领】样条路径绘制和 C4D 渲染导出合成文件。
【解决问题】三维合成。
【素材来源】\模块 08\情境 02\任务 3\素材\相关文件。
【参考效果】\模块 08\情境 02\任务 3\参考效果\国潮上海动画.mp4。

情境03 MG片头动画制作

MG动画常用于影视片头片尾的制作，要完成一个完整的MG动画片头制作，必须掌握MG文字动画制作、角色动画制作和点缀元素动态制作3个重要能力。如今诸多的AE插件和模板为片头制作提供了不少优秀的MG动画效果，掌握常见MG动画插件和模板的使用能够让我们动画制作达到事半功倍的效果。比如Motion2是一款MG动画的插件，里面有11种常用功能，可以节省我们做动效的时间，是一款方便易学的插件。Duik是DuDuF出品的动力学和动画工具，其基本工具包含反向动力学、骨骼变形器、动态效果、自动骨骼绑定、IK、图形学等。文字动画也有诸多脚本预设可以使用，AE自带的文字动画器也能制作出生动有趣的效果。该情境将向大家介绍MG动画片头中三大元素，即文字动画、角色动画、动态点缀元素的制作方法。

【能力目标】

1.掌握MG文字动画制作方法。

2.掌握MG角色动画制作方法。

3.掌握MG动态背景制作方法。

【知识目标】

1.文字动画器的使用原理。

2.人物运动规律。

3.常用MG插件。

【课时分配】

2课时（授课1课时，实践1课时）。

◎ 模拟制作任务

任务1 文字动画制作

【任务背景】

文字动画是MG动画的重要组成部分，往往以片头的形式出现。本任务是为一段微课动画制作一个文字片头，文字通过运用文本动画器实现“打字效果”。

【任务要求】

标题文字中的每个字符按从左到右的顺序依次从下往上跳出来。

【任务分析】

在该任务中，需要用到文字动画器，首先要分析“打字”效果所要用到的动画属性，在动画中字符的位置会发生变化，所以需要位置属性，而从无到有的过程可以通过透明度变化来表现。总之，在这个案例中会用到位置和透明度两个属性。

【重点、难点】

1.设定文字动画器属性参数。

2.通过选择器来创建关键帧动画。

【技术要领】设定文字动画器属性参数。

【解决问题】通过选择器来创建关键帧动画。

【素材来源】请自行在 AE 中输入文字“MG 动画简介”。

【完成效果】\模块 08\情境 03\任务 1\完成效果\文字动画.mp4。

操作步骤

步骤一：创建文本图层，并设置文字属性

1.新建合成，直接在合成面板中输入文字“MG 动画简介”，按“Enter”键确定。

2.对文字设置字体、字体大小、颜色等属性，文字创建界面如图 8-65 所示。

图 8-65　文字创建界面

步骤二：对文本图层创建文字动画器，并添加位置、透明度两个属性

1.单击图层左边“>”出现“文本”，具体操作如图 8-66 所示。

图 8-66　显示文字动画器

2.单击右边“动画”旁的播放符号，如图 8-67 所示选择“位置”命令。

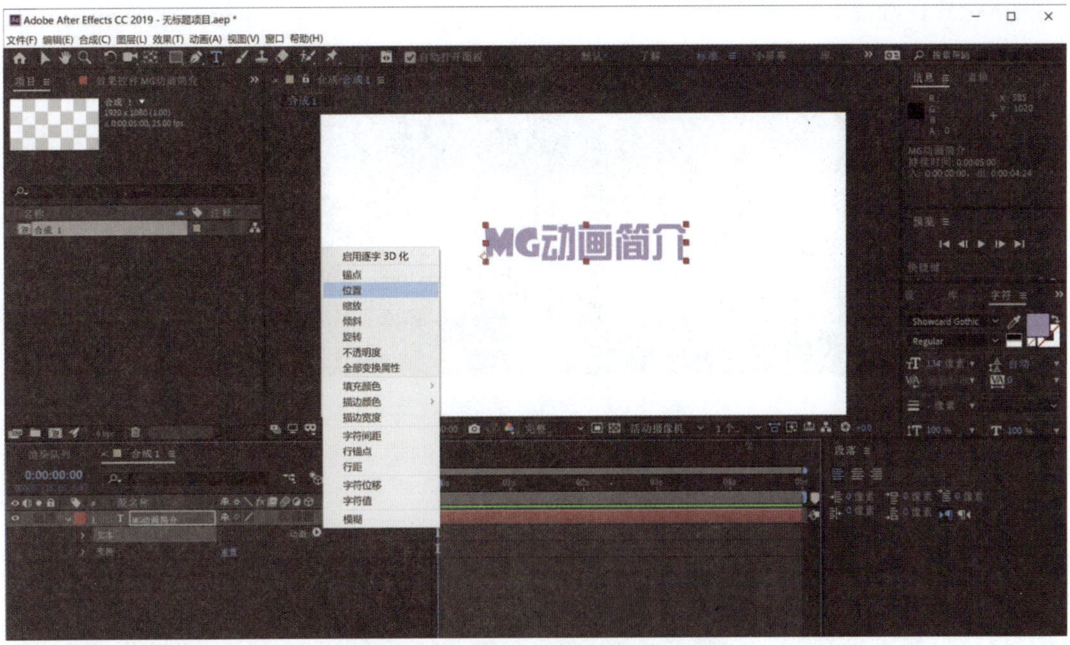

图 8-67　创建文字动画器“位置”属性

3.单击“动画制作工具 1”旁的“添加”按钮，选择“属性”→“不透明度”，如图 8-68 所示。至此两个动画属性已添加完成。

图 8-68　创建文字动画器“不透明度”属性

步骤三：为文字标题创建关键帧动画，实现“打字”效果

1.参照图 8-69 设定“位置”与“不透明度”两个动画属性参数，注意它们不是图层属性中的“位置”与“不透明度”属性，而是当动画器作用于图层时的作用效果值。调整属性参数，

让文本位置在画幅下端,不透明度设为“0”。此时,文本标题已在画幅下方且不显示。

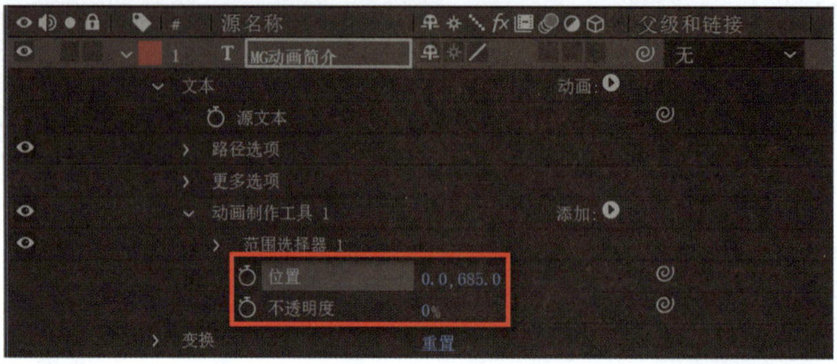

图 8-69　设置文字动画属性

2.接下来通过设定“范围选择器”中的“起始”值来创建关键帧动画,如图 8-70 所示。在第 0 帧,“起始”值设为 0,在 2 s处,“起始”值设为“100%”。文字动画效果如图 8-71 所示。

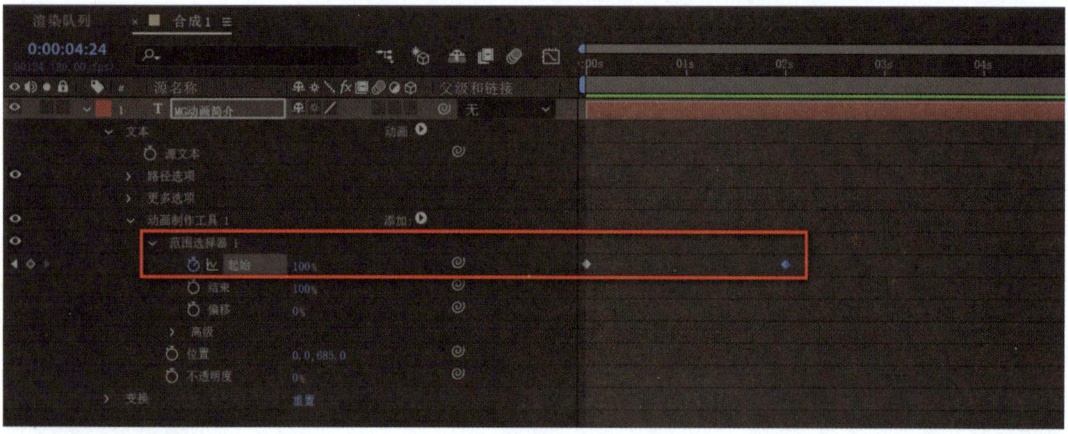

图 8-70　使用“范围选择器”创建动画

图 8-71　文字动画效果

任务 2　背景动画制作

【任务背景】

为“MG 动画简介”打字效果添加一个 MG 动画背景。

【任务要求】

使用“100 FLAT DESIGN TRANSITIONS PACK”模板进行动态背景创建。

【任务分析】

该模板包括100组图形转场动画预设,所有图形的颜色都可以进行修改,支持AE CS6或者更高版本,通过导入模板的aep工程文件直接修改使用,这些预设分辨率都是1 920像素×1 080像素高清像素,操作便捷。用户只需选择合适的预设,并对其参数调节即可。

【重点、难点】

1.AE模板的使用。

2.场景动画与文字动画的配合。

【技术要领】AE模板导入,分析模板文件目录结构。
【解决问题】如何选择需要的预设效果。
【素材来源】\模块08\情境03\任务2\素材\模板.aep。
【完成效果】\模块08\情境03\任务2\完成效果\文字+背景.mp4。

操作步骤

步骤一:导入AE模板,并找到所需的预设合成

1.双击项目面板空白处导入任务素材中"模板" aep文件。新建合成,直接在合成面板中输入文字"MG动画简介",按"Enter"键确定。

2.对模板文件目录结构进行分析,发现第一级目录是根据颜色的数量划分;第二级目录是根据动画类型划分,如位置、旋转、形状、划变等;第三级目录是根据运动方向划分。模板文件目录结构如图8-72所示。

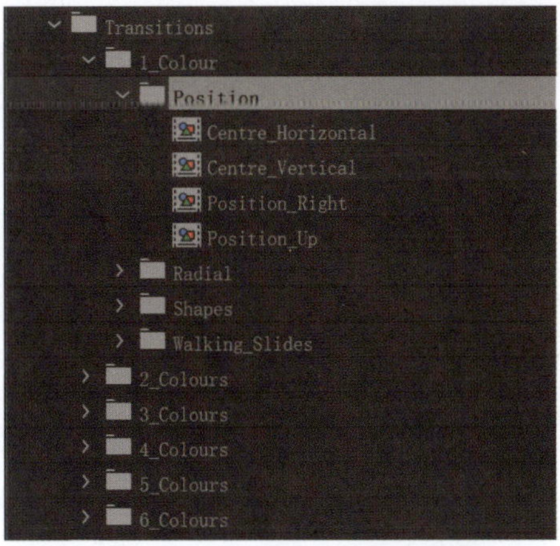

图8-72 模板文件目录结构

3.在此案例中,使用"2-Colours"文件夹"Shapes"中的"Cycle"合成。

步骤二:分析模板图层动画属性

1.将模板合成放置于文字图层之上。

2.双击打开合成,可以看到有3个形状图层,"Shape Layer 3"是作为遮罩图层,"Shape Layer 2"是小圆的图形图层,"Shape Layer 1"是大圆的图形图层。"Shape Layer 3"图层本身

是一个圆放大的关键帧动画，使用“轮廓 Alpha”图层混合模式成为“Shape Layer 2”的遮罩图层，“Shape Layer 2”和“Shape Layer 3”图层都是做了圆放大的关键帧动画，并且 3 个图层都添加了填充和投影效果。

步骤三：对模板图层属性修改参数

1.对图层图形对象颜色进行修改。虽然每个图层都有“填充”效果，但并不能直接在“填充”效果中更改颜色。

2.打开图层下的效果属性，发现“填充”效果的“颜色”值是由表达式来控制的。

3.代码的意思是颜色由一个叫“Transitions”的合成下“CONTROLS”图层效果“Transition_Color_1”进行控制的。

comp(" Transitions"). layer(" CONTROLS"). effect(" Transition_Color_1")(" ADBE Color Control-0001")

4.根据以上路径找到修改颜色的地方，更改颜色。

5.调整文本图层和背景图层的时间前后位置，完成本案例。

任务 3　角色动画制作

【任务背景】

在 MG 动画中常会使用到角色动画，一方面角色在 MG 动画中充当讲解员的角色，会把主要信息通过角色呈现出来，另一方面有了角色的加入会让画面更加生动有趣，若角色是公司形象代言的卡通人物，或是 IP，就能够产生品牌效应，从而加强宣传主体的市场辨识度。所以，近年来角色动画已成为 MG 动画的必要元素，也是 MG 动画师的必备技能。

本情境案例在前两个任务完成之后，虽然已经形成完整的 MG 动画片头，但可在本任务中为其添加一个卡通角色，使画面更加生动活泼。

【任务要求】

为 MG 动画场景添加角色动画，通过 AE 中“布偶”工具的使用，让角色能够做出简单的肢体运动。

【任务分析】

合理对角色矢量文件进行分层是 MG 角色动画的基础，在此基础上运用“布偶”工具添加关节点，关节点的添加对角色动画至关重要，需要在对人体骨骼结构有一定了解的基础上进行操作，最后通过对关节点添加属性关键帧完成角色动画。

【重点、难点】

1.对角色矢量文件进行合理分层。

2.掌握 AE “布偶”工具的使用方法。

【技术要领】角色不同部位的分层，以及“布偶”工具的使用。
【解决问题】如何正确添加关节点。
【素材来源】\模块 08\情境 03\任务 3\素材\角色.rar。
【完成效果】\模块 08\情境 03\任务 3\完成效果\角色动画.mp4。

操作步骤

步骤一:在 AI 角色矢量文件中进行分层

1.打开素材中的 eps 文件,隐藏无须使用的图层,只保留主体角色,并放置在新建图层。

2.在该案例中,只需要对角色的上半身做骨骼动画,所以双腿可以作为一个图层,此外在此目录下的躯干图层需要移出。

3.将所有躯干包括衣服都拖曳到同一个图层目录下,创建躯干图层。

4.以同样的方式创建头、右手臂、右手等其他图层。

5.为了让文件导入 AE 后能呈现分层,需要对“角色”目录下每个部分新建一个图层,放置在目录的最上层,以此去掉目录层级结构。

角色图层整理效果如图 8-73 所示。

图 8-73 角色图层群组

步骤二:导入 AI 文件到 AE

在 AE 中导入 AI 文件,以合成方式导入,可保留分层效果,注意不要勾选序列选项,导入效果如图 8-74 所示。

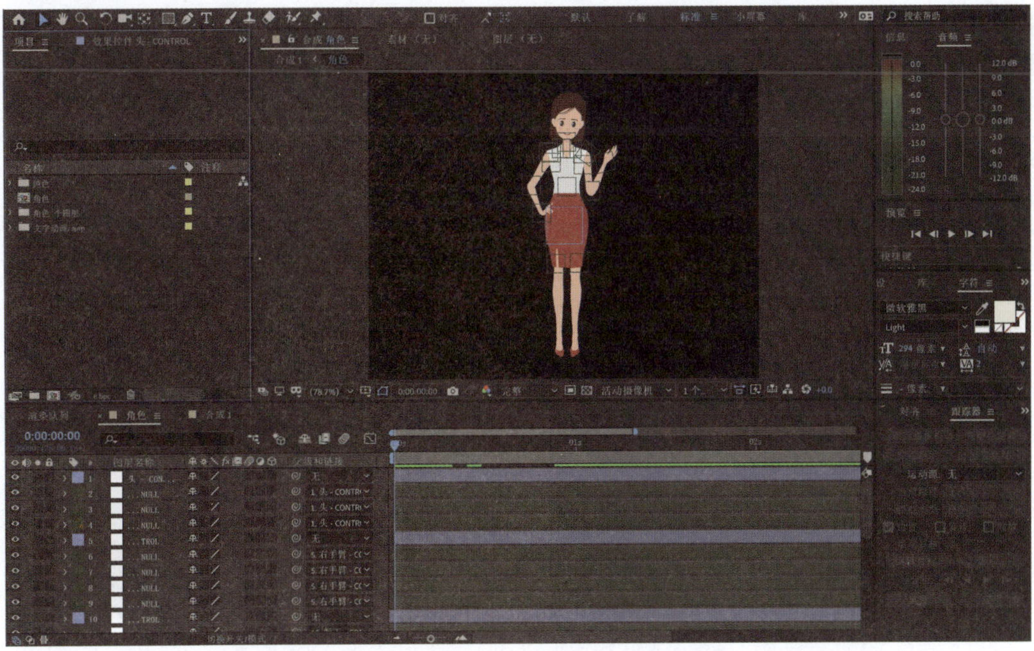

图 8-74 AI 文件导入 AE 界面效果

步骤三:在 AE 中对不同部位添加关节点

1.在 AE 中使用“布偶”工具,为角色左臂添加关节点,在肩膀和腋下的位置分别添加关节点,从而固定肩膀不随手臂运动,另外在手肘和手腕分别添加关节点,并调整“扩展”和“密度”的参数,让三角面覆盖区域比手臂略微大一些,如图 8-75 所示。

2.添加完关节点,在此案例中使用 Motion 动画插件,在“Task Launch”下拉菜单中选择“Pin+”,创建关节点的控制层,这样只需在控制层中创建关键帧动画即可。

3.为躯干添加关节点,考虑到躯干主要运动区域是在腰部和胯部,所以在肩膀和裙子底部的位置设置两个关节点保持肩膀和腿的相对固定。同手臂一样,运用 Motion 插件创建关节点的控制层。节点参考位置如图 8-76 所示。

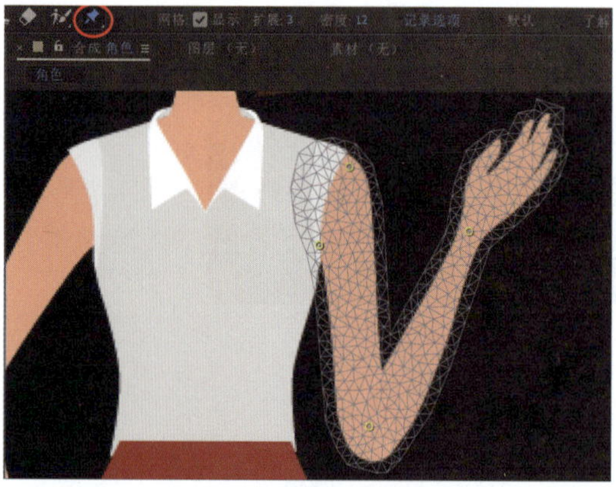

图 8-75　为手臂添加关节点

图 8-76　为躯干添加关节点

4.为右手臂添加关节点,关节点的位置可参考左手臂,并创建关节点控制层,节点位置参考如图 8-77 所示。

5.为头部添加关节点,在颈部底端添加两个关节固定点,在颈部与头的连接处添加一个关节点。颈部节点添加位置如图 8-78 所示。

图 8-77　为右手臂添加关节点

图 8-78　为右手臂添加关节点

步骤四：在 AE 中对关节操控点创建关键帧动画

1.为左手臂关节操作点创建关键帧动画。将第一个控制图层隐藏（它是用来控制所有控制层的），可通过设置手臂、手肘、手腕节点的位置关键帧动画，做出手臂挥动的“打招呼”动画效果。

2.为躯干创建关键帧动画，使腰部和胯部都往左边移动，角色右肩略高左肩略低。

3.为右手臂创建关键帧动画，使其动作跟随躯干运动。

4.为头部创建关键帧动画，使其头部朝挥手的方向倾斜。

步骤五：将角色动画合成到片头

最终角色合成效果如图 8-79 所示。

图 8-79　角色合成效果

◎ 知识点拓展

01.文字动画器原理

在学会使用 AE 文字动画器之前，要区别文本图层和字符这两个概念，在使用文本工具创建文本图层时，虽然是一个字一个字打在合成面板上，但输入完之后创建的是一个文本图层，而图层拥有 5 个基本属性，位置、缩放、旋转、锚点、透明度，都是针对整个图层的，如果是基于图层对文字中每个字符创建动画，需要将每个字符作为单独的图层进行处理，但用文字动画器实现起来就方便得多。也就是说，文字和段落面板属性不能随着时间添加动画，但使用动画器将选择器和属性组合就可以了。在任务 2 中所添加属性的所有引用都是指已添加到动画器组的属性。我们无须对动画器属性添加关键帧，而是用选择器，当选择器不设置关键帧，那落在选择器范围外的文字会返回到它们的初始位置。要为现存的动画器添加另一个属性，就需要从“添加”菜单中选择它，如果没有被现存的动画器选中，“动画”按钮就会添加一个新文字动画器，如果有一个被选中，它的作用就像“添加”按钮一样。若另添加了一个动画器，就多了选择范围。一个动画器下面所有的属性都只受一个选择范围影响。

02.角色动画基本原理

运动规律和角色动作是密不可分的，MG 角色动作设计既要遵循写实的规律又要加入挤压、变形、缓冲等动画运动规律。角色运动规律是 MG 动画制作的基础之一，是动画师必须具备的素质要求。第一，挤压与拉伸。在人物动作传递中，拉伸与挤压都会体现，它会给角色带来瞬间的变形，但这种变形体现人物的质感和重量感，符合物理学中作用力与反作用力原理。运用到 MG 角色动画中，通过对角色做变形处理，从而实现挤压与拉伸的效果，表现出角色力量的感觉与夸张。第二，每个动作都需要有预备动作。比如人们在起跳时会有一个蹲下的动作，投掷物体时手臂会先向后弯曲。预备动作可以让观众推测出角色的行动。只有对角色动作有一个明确的预知，才能更准确地表现动作。第三，夸张。MG 动画属于卡通风格，卡通风格需要夸张的动作表达，才会更加生动有趣。第四，跟随与重叠。角色的每个动作互相影响、重叠，当一个动作发生时，部位之间会形成跟随运动，后发生的运动会对先运动的部分做重叠。当拉住一个人的手时，手臂、肩膀、躯干、头部都会被带着一起运动，但不同部分跟随运动幅度受动作影响不一，必须先理解跟随与重叠这一运动规律，才能准确地把握每个动作产生的时间与幅度。

掌握角色运动规律需要从平时生活中观察，这样才能创造出更好的 MG 角色动画，让其富有艺术价值，使观众获得更好的视觉享受。

03.常用脚本插件

(1)Text Animator

Text Animator 是一款用于在 AE 中制作文字动画效果的脚本，这款脚本可以制作出具有 3D 飞入、旋转、弹出等效果的文字动画，比起用户手动慢慢地制作文字特效，直接运用脚本制作显然更方便。使用此脚本需要在“编辑”→“首选项”→“常规”窗口中勾上“允许脚本写入文件和访问网络”。

当成功安装 Text Animator 后，就可以在“窗口”→“扩展”下找到它，使用时先创建文本图层，然后在 Text Animator 中选择需要的预设效果后双击，就可将效果添加到文本图层中，Text Animator 提供了非常直观的参数界面，不需要自己制作关键帧动画。

(2)Duik Bassel

Duik Bassel 是一个 AE 人物角色骨骼绑定脚本，引入了一个新的角色绑定过程。使(自动)绑定和动画更容易和更强大。其包括自动骨骼绑定、贝塞尔 IK、动力学、图形学、Camera tools 摄像机工具、libDuik 库等，可以快速地对身体、面部、嘴唇、车辆、动物进行绑定和动画制作。Duik 的使用界面友好直观，可以直接给二维角色添加骨骼形式，在 Duik 自动化角色绑定创建过程中，一个简单的控制器就可以在手臂的末端、腿或者肩膀创建 IK，还可以通过改变手或脚的位置来激活整个肢体动画。

Duik Bassel 是专为绑定师和动画师编写的强大的 AE 绑定工具。除了反向运动学之外，它还带来了许多其他工具，包括从最初的 3D 技术到 After Effects 和 2D 剪切动画。

◎ 独立实践任务

任务4 动画 MV 制作

【任务背景】

本任务案例是为 IP 卡通角色制作动画 MV，扁平化的 MG 动画符合“嘟嘟啦”这一 IP 卡通形象，该歌曲是一首家喻户晓的儿歌 *Down by the bay*，歌词的内容由一些生活的小场景构成，整体风格活泼风趣，“嘟嘟啦”是这部 MV 的主角，需要在 MV 中用动画形式表现出角色与生活场景的联系。

图 8-80 动画 MV 效果

【任务要求】

视频分辨率设置为1 920像素×1 080像素，绘制动画角色并制作角色动画，歌词字幕可使用文字动画器来完成，背景元素可自行进行创作。

【技术要领】角色图形分层，布偶工具和文字动画器使用。
【解决问题】字幕跟随歌曲出现。
【素材来源】\模块 08\情境 03\任务 4\素材\MV 动画音乐.mp3。
【参考效果】\模块 08\情境 03\任务 4\参考效果\MV 动画.mp4。

职业技能知识点考核

1.单选题

(1) After Effects 将所有的特效都存放在________文件夹下。

A.Language B.Legal C.Plug-ins D.Scripts

(2)After Effects 中层的编辑操作错误的是________。

A.对层进行自动排序选择菜单命令 Layer→Keyframe

B.Assistant→Sequence layers 嵌套层是将合成作为一个层加入另一个层的方式

C.分裂层的快捷键是 Ctrl+Shift+D

D.在层中设定标记,可以选择 Layer→Add Marker

(3)在 After Effects 中,要使运动对象与其运动路径方向对齐,应该使用________。

A.建立旋转关键帧　　B.应用 Auto Orientation 命令

C.在 Align 面板中设置对齐　　D.修改运动路径

(4)在 After Effects 中,________不能产生阴影。

A.平行光　　B.环境光　　C.点光源　　D.聚光灯

(5)创建预合成的快捷键为________。

A.Ctrl+Shift+A　　B.Ctrl+Shift+B　　C.Ctrl+Shift+C　　D.Ctrl+Shift+N

2.简答题

(1)简述预合成的概念。

(2)简述空对象的概念。

(3)简述布偶工具的概念。

模块 09

三维图文动画设计与制作

三维动画属于动画制作范畴，拥有一个庞大的体系，运用在数字媒体的多个方面。三维图形动画和三维文字动画是三维动画与数字传媒结合的最基本形式。本模块以实例形式分解三维图形动画和三维文字动画的制作步骤，通过基本动画制作、动画设计、实践拓展等形式，培养学生三维动画制作的基本技能，并引导学生把该能力拓展到更为复杂的三维复合动画中。

三维图形动画、三维文字动画、三维场景动画制作任务分别由模拟制作任务和独立实践任务组成，每个任务列出了任务背景、任务要求、任务分析、重点难点等课程学习指引，每个情境都对本单元应掌握的能力目标、知识目标提出了明确的要求，并通过操作步骤详解、知识点拓展和职业技能知识点考核等环节来提高学生对任务所包含职业技能的掌握能力。

广告制作、平面设计、媒体艺术、会展设计、数字出版、电脑编辑、印刷图文等相关专业可以根据专业的特点，对本模块内容进行选择性教学。

素材+完成效果

情境 01　三维文字动画

本情境主要利用 3ds Max 2022 的立体文字生成工具与虚拟摄像机工具，配合时间轴的记录动画关键帧功能来制作三维文字动画。三维文字动画有其强烈的视觉表现力和三维空间视觉效果。

三维文字生成工具经常用于制作三维场景中的立体文字，主要应用在影视和多媒体项目片头和片尾的文字动画以及虚拟场景中的三维文字模型制作等方面。利用三维文字生成工具可以制作多种字体的文字模型，并可生成扭曲、放缩、变形、空间位移等一系列三维空间的文字效果。

虚拟摄像机工具的运用原理与真实摄像机相似，通过镜头的取景、角度的变化、焦距与景深的控制，使三维文字呈现出最佳的视觉效果。

时间轴记录动画关键帧功能用于设定动画的时间长度和运动节奏。在三维文字动画制作过程中，通过设定时间轴上的动画持续时间，记录制作动画的关键帧，导出三维文字动画视频。

【能力目标】

1.能够使用文字生成工具制作三维文字模型并对模型进行参数设置。

2.能够使用多种造型工具对三维文字模型进行扭曲、放缩、变形、空间位移等调整。

3.能够掌握虚拟摄像机的使用与参数设置。

4.能够使用时间轴来记录关键帧和生成动画，并对动画导出进行设置。

【知识目标】

1.理解三维文字模型制作的原理。

2.理解三维文字在虚拟摄像机中的呈现方式。

3.理解使用时间轴来记录关键帧并生成动画的原理。

【课时分配】

2 课时(授课 1 课时，实践 1 课时)。

◎ 模拟制作任务

任务 1　制作三维文字空间位移动画

【任务背景】

为增强文字的可视化效果，需要对文字进行多种艺术化的处理，文字艺术化的处理主要包括给文字加上阴影、颜色、文字变形以及加入许多其他的渲染效果，以增强文字的视觉吸引力，使文字给人以赏心悦目的感觉和艺术感染力。三维文字制作正是对文字艺术处理的综合，可将平面静态文字变为具有动感、立体感和视觉冲击力的3D文字动画。

制作“美丽中国”三维文字空间位移动画，如图9-1所示。

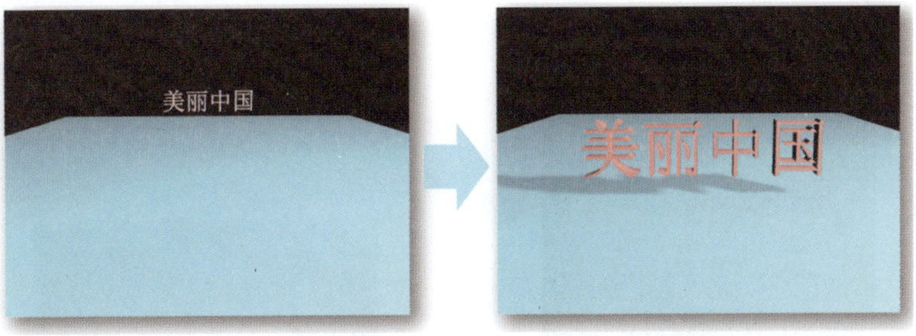

图9-1　完成效果

【任务要求】

三维文字空间位移动画的制作是要求在三维空间中，建立一个透视角度关系的场景，并完成文字由远到近的空间位移的动画制作。

【任务分析】

空间位移是最基本的动画形式，“美丽中国”三维文字动画制作任务由4个部分组成：

1.通过建立透视角度关系的场景来突出立体纵深空间。

2.通过建立三维文字，了解三维造型的建模方法。

3.掌握标准灯光系统的建立与设定，通过文字投影，增强三维空间中的感观定位。

4.通过时间轴关键帧记录并生成动画，掌握动画关键帧的设置。

【重点、难点】

1.创建立体文字模型。

2.时间轴参数选择。

【技术要领】创建文字图形、生成三维文字效果、创建标准灯光、时间轴关键帧设置。

【解决问题】解决三维文字在三维空间中的定位观察、灯光系统的设置与空间位置的调节、时间轴关键帧具体应用等问题。

【素材来源】使用3ds Max软件自带材质和色彩数据。

【完成效果】\模块09\情境01\任务1\完成效果\三维文字空间位移动画.avi。

操作步骤

步骤一：场景基本单位设置

本步骤的目的是把三维场景的基本单位设置为“毫米”，并设置视图窗口中的栅格尺寸。

1.启动3ds Max，在“菜单栏”中选择“自定义(U)”，在下拉菜单中选择“单位设置”。在弹出的“单位设置”窗口中的“显示单位比例”选项中点选“公制”，并从其下拉栏中选择“毫米”，单击“确定”按钮，如图 9-2 所示。

2.在“菜单栏”中选择“工具(T)”，在下拉菜单中选择“栅格和捕捉”，在扩展栏中选择“栅格和捕捉设置(G)”。在弹出的“栅格和捕捉设置”窗口中选择“主栅格”，在“栅格尺寸”的“栅格间距”选项的数据输入框中输入“10 mm”，并按“Enter”键确认后，单击“关闭”按钮，如图 9-3 所示。

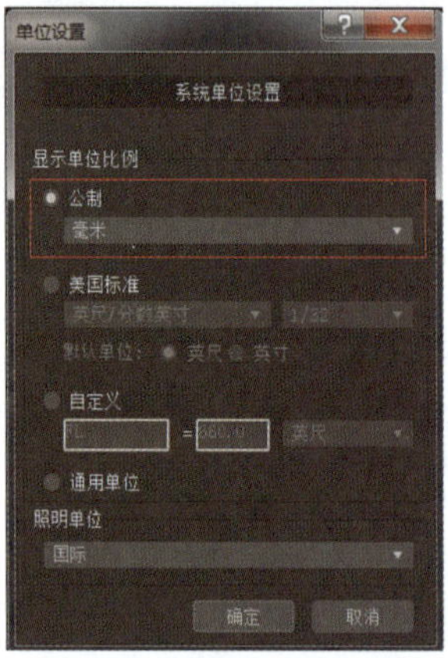

图 9-2　单位设置

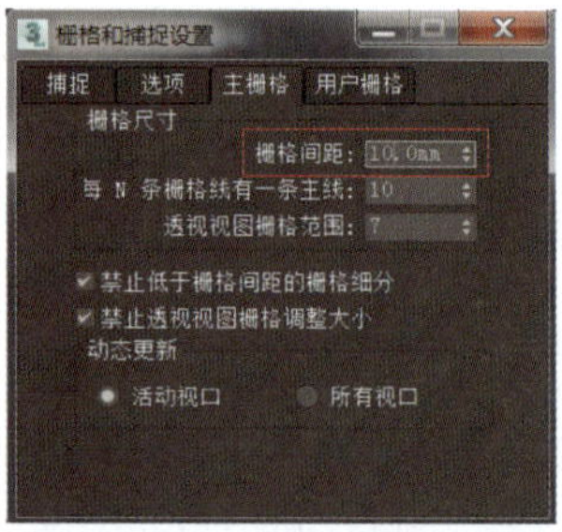

图 9-3　栅格设置

注：在实际运用中的栅格大小一般精确到毫米，因此在数据输入框中输入 10 mm。

步骤二：制作三维场景和三维文字

1.在 3ds Max 的 4 个视图中，点击激活“顶视图”，激活后的视图会以高亮的黄色边框显示。在软件界面右边命令面板栏依次点击“创建”“几何体”“长方体”，如图 9-4 所示。在顶视图中按鼠标左键，并在视图中从左上角向右下角拖动一定的距离，松开鼠标左键并向上移动鼠标一定距离，点击鼠标左键创建一个长方体。在软件右边命令面板栏点击“修改”，在参数栏中修改立方体尺寸：长度6 000 mm；宽度4 000 mm；高度 1 mm，如图 9-5 所示。

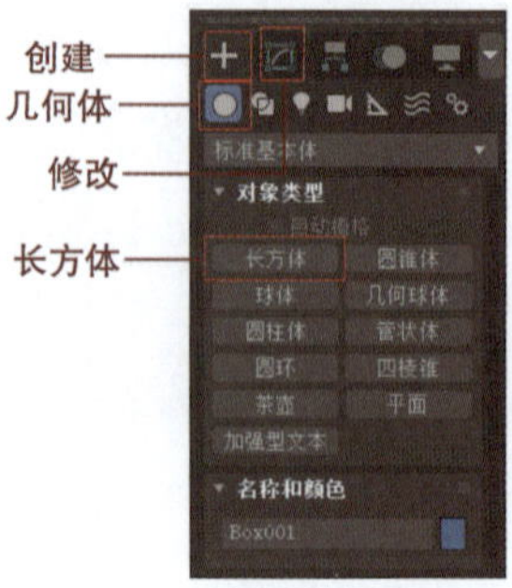

图 9-4　创建长方体

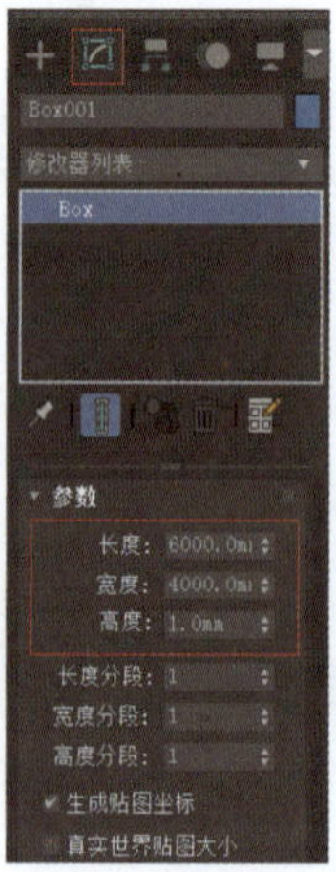

图 9-5　修改参数

2.在“工具栏”中选择“选择并移动”工具，如图 9-6 所示。只有选择了“选择并移动”工具才能激活“状态和提示栏”中的“坐标”工具。

图 9-6　选择并移动工具

在“状态和提示栏”中选择“坐标”工具，输入数据“X = 0，Y = 3 000，Z = 0”，如图 9-7 所示。在顶视图中，长方体以 Y 轴为中心，最下方以 X 轴为起点。

图 9-7　坐标数据设置

3.在软件界面右边命令面板栏依次点击“创建”“图形”“文本”，如图 9-8 所示。在参数栏部分，大小输入“400 mm”，文本输入“美丽中国”，如图 9-9 所示。

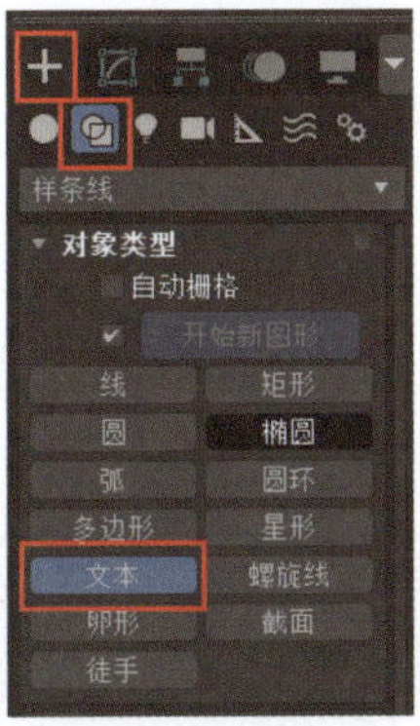

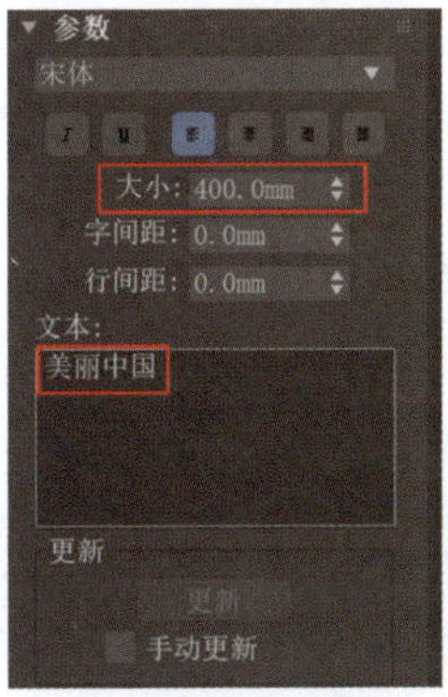

图 9-8　选择创建文字工具　　图 9-9　输入文字

在视图窗口中左键点击“前视图”，“美丽中国”文字以线条形式出现在“前视图”中。

4.在菜单栏中依次选择“修改器”“网格编辑(M)”“挤出”，使线形文字生成三维立体文字，如图 9-10 所示。在命令面板参数栏的“数量”框中输入“100 mm”，调整三维文字的立体厚度，如图 9-11 所示。

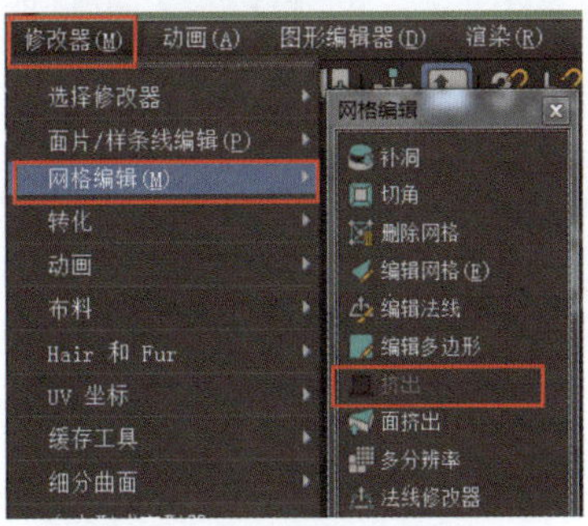

图 9-10　生成三维立体文字　　图 9-11　参数调整

步骤三：制作三维文字位移动画

1.创建摄像机，确定动画制作的镜头角度。在“命令面板”中选择“创建”“摄像机”“目标”，如图 9-12 所示，在“顶视图”中点击鼠标左键拖动后，松开鼠标左键，建立摄像机。选择“选择并移动”按钮，选择摄像机，在坐标栏中分别输入“X＝0，Y＝－900，Z＝500”（注意：Y 为负值，即－900），选择摄像机的“目标点”，在坐标栏中分别输入“X＝0，Y＝1 800，Z＝0”，如图 9-13 所示。

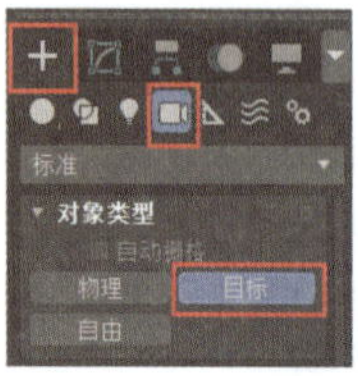

图 9-12　创建目标摄像机

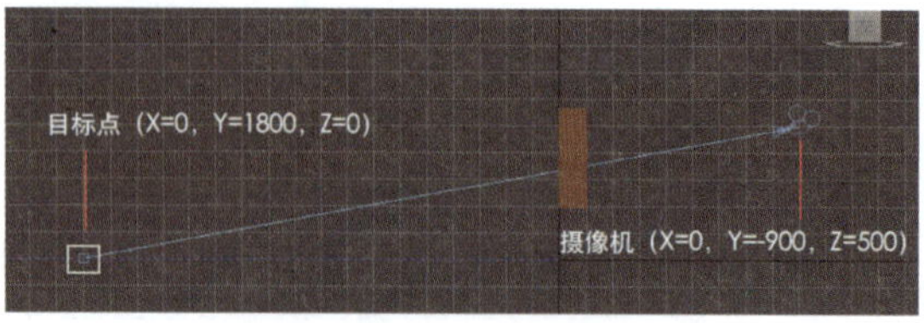

图 9-13　摄像机坐标

2.在 4 个视图窗口中选择右下角的透视视窗，在其左上角“透视”二字的位置，点击鼠标右键，在出现的扩展栏中选择“摄像机”“Camera001”，将透视视图窗口转变为摄像机视图，如图 9-14 所示。

图 9-14　切换摄像机视图

3.在动画控制区，选择“自动关键点”按钮，开始动画关键点的记录，此时，时间轴变为红色显示，表示可以记录动画，如图 9-15 所示。

图 9-15　打开动画记录开关

4.选择“选择并移动”工具，选择“美丽中国”文字，确认“时间轴滑块”在 0/100 的位置，在坐标栏中分别输入“X＝0，Y＝5 500，Z＝50”，如图 9-16 所示。将“时间轴滑块”拖动到 100/100 的位置，在“坐标栏”中分别输入“X＝0，Y＝1 500，Z＝50”，如图 9-17 所示。

图 9-16　设置动画关键帧起点

图 9-17　设置动画关键帧终点

点击激活摄像机视图，点击“自动关键点”按钮，关闭动画记录，点击播放按钮，如图 9-18所示。开始播放动画，“美丽中国”文字位置由远到近，生成位移动画。

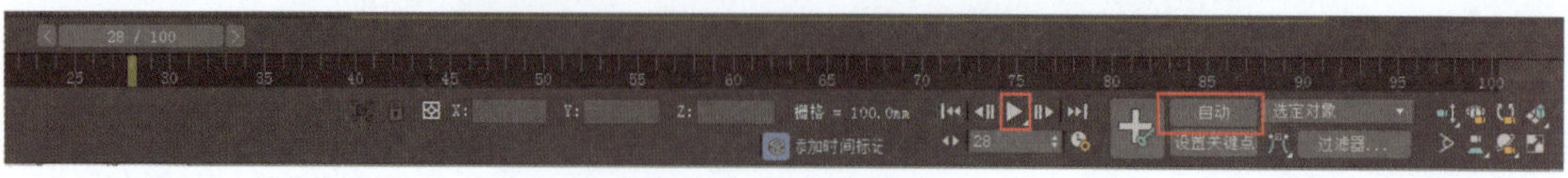

图 9-18　播放文字动画

5.添加灯光效果。在菜单栏中，选择“创建”→“灯光”，选择“标准灯光”，然后在扩展栏中选择“目标聚光灯”，如图 9-19 所示。在“顶视图”中点击鼠标左键拖动后，松开鼠标左键，建立灯光。选择“选择并移动”按钮，选择灯光，在坐标栏中分别输入 X＝2 000，Y＝0，Z＝1 500。选择灯光的“目标点”，在坐标栏中分别输入“X＝0，Y＝2 000，Z＝0”。在“命令面板”中选择“修改”，在“常规参数”栏的阴影选项中，对“启用”选项进行勾选，在“聚光灯参数”栏中，分别在“聚光区/光束”输入“80”，“衰减区/区域”输入“100”，在“阴影参数”栏中的“密度”框中输入“0.5”，调整灯光的各项参数，如图 9-20、图 9-21 所示。

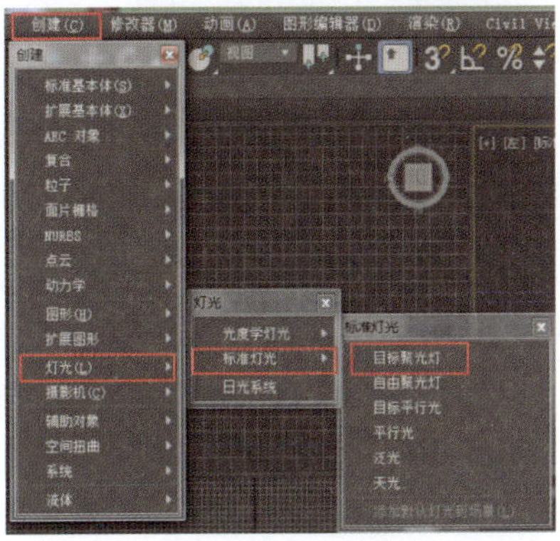

图 9-19　添加灯光

图 9-20　开启阴影与参数调整

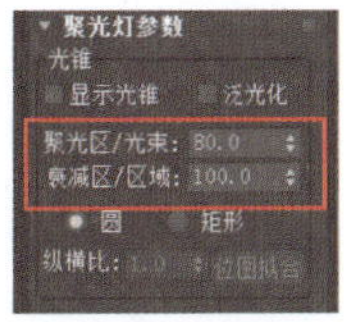

图 9-21　聚光参数调整

6.输出动画格式。在工具栏中，点击“渲染设置按钮”，在“渲染设置对话框”中分别设置：“公用参数”栏中选择活动时间段 0 到 100；输出大小栏中，宽度输入“640”，高度输入“480”；“渲染输出”栏中，选择文件，在出现的“渲染输出文件”窗口中，设置文件保存路径、文件名、格式选择 AVI。点击渲染按钮，出现“AVI 压缩设置”时选择确定，开始渲染动画。渲染完成后请直接点击关闭(注意：请勿再点击保存)，如图 9-22—图 9-27 所示。

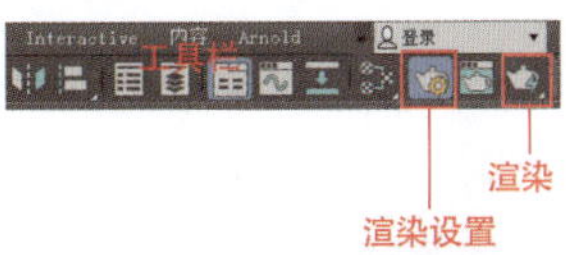

图 9-22　渲染设置按钮

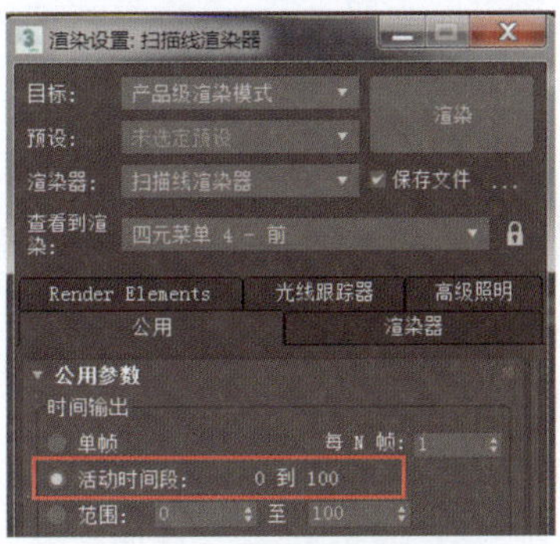

图 9-23　渲染时间段设置

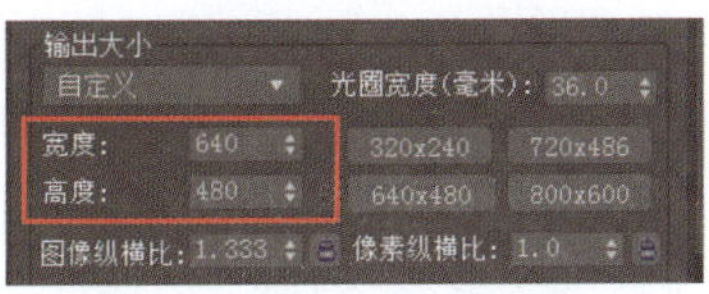

图 9-24　渲染画面设置

图 9-25　渲染输出设置

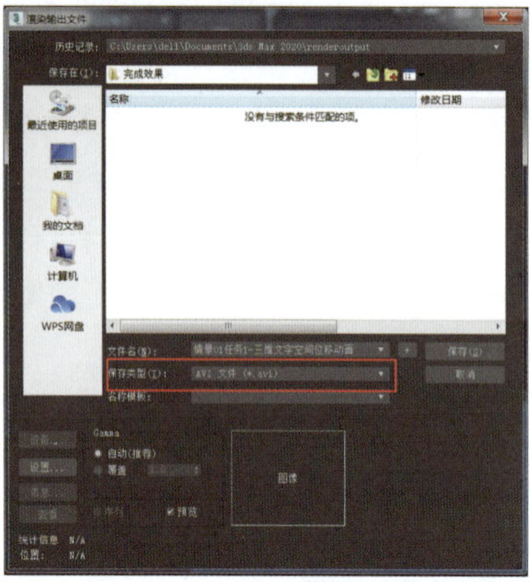

图 9-26　动画文件保存设置

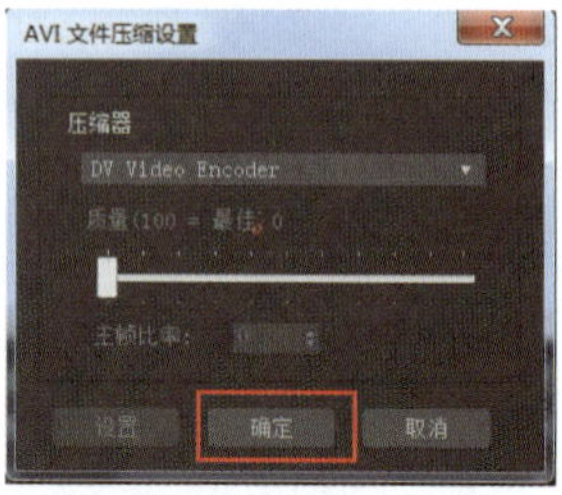

图 9-27　视频压缩设置

在文件保存路径下，点击刚保存的.avi 文件，即可播放查看该文字动画。

◎ 知识点拓展

01.认识三维模型的建立

在 3ds Max 中，常用到一个专业术语“建模”，即使用 3ds Max 软件内的工具建立三维数字模型。3ds Max 软件有多种三维模型的建立方式，根据不同的行业特点，选用的建模方式也不尽相同，例如，在电影特技、工业设计等领域，一般使用 NURBS 建模方式，NURBS 是英文 Non-Uniform Rational B-Splines 的缩写，即“非均匀有理 B 样条曲线”。NURBS 常用于建立圆滑且造型复杂的数字模型，如人物、动物、汽车、飞机等。在建筑设计和展示设计行业，更多的是使用多边形建模方式，这种方式能更好地体现建筑物的结构与棱角。

在选择 3ds Max 建立数字模型时，需要根据学习者的专业背景进行专项学习。印刷图文、媒体传播、广告制作、会展设计、数字出版、电脑编辑等专业使用多边形建模方式一般即可满足制作需求。影视动画专业对三维建模的要求较高，需要更多地拓展学习。

02.认识三维场景

在 3ds Max 建模过程中，通常需要建立一个场景来直观地体现数字模型的空间位置，从而在主体运动过程中表现相对运动关系。建立各场景的同时需要建立虚拟摄像机，通过摄像机镜头取景来建立大透视角度，从而更好地体现空间纵深感。同时也可以通过建立一些其他的虚拟模型作为场景的辅助参照物，体现相对位置移动以及运动感。

03.从位移动画拓展到多形式动画

在 3ds Max 中，只要开启时间轴关键帧控制，则任何操作都可记录为动画。那么我们就可以在位移动画的基础上，组合一些其他动画效果，实现多形式动画。

(1)增加文字变形动画

开启时间轴“自动关键点”按钮，选中“美丽中国”文字，将“时间轴滑块”拖动到

100/100的位置，在“菜单栏”选择“修改器”，在下拉菜单中选择“参数化变形器”，在扩展菜单中选择“弯曲”，在“命令面板”中选择“修改”，在参数栏中弯曲的“角度”输入“120”，“弯曲轴”选择“X”，在文字位移的过程中同时增加了弯曲的效果。如图9-28、图9-29所示。关闭时间轴“自动关键点”按钮，参照任务1，步骤三的第6步，输出动画格式。

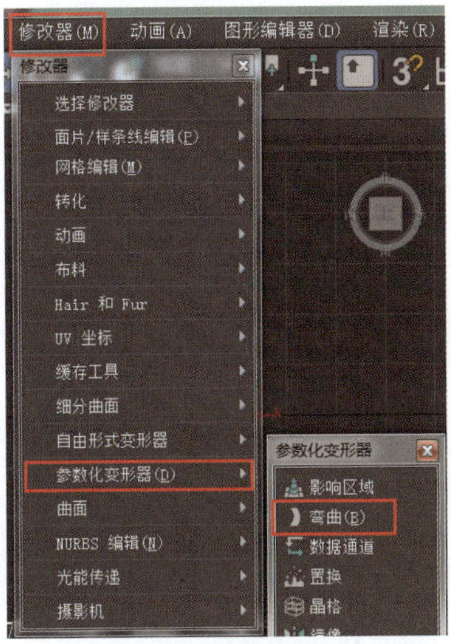

图9-28 添加变形效果

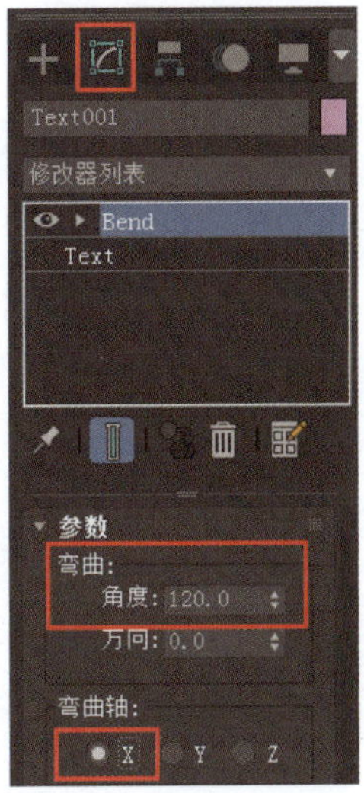

图9-29 修改变形参数

（2）增加文字旋转动画

开启时间轴“自动关键点”按钮，选中“美丽中国”文字，将“时间轴滑块”拖动到100/100的位置，在“工具栏”选择“选择并旋转”按钮，如图9-30所示。

图9-30 给文字添加旋转

在顶视图中，以文字的中心为圆心，分别出现黄色和灰色2个同心圆，将鼠标靠近最外边的灰色的圆，按下鼠标左键向上或向下移动（此时内圈圆显示为蓝色，外圈圆显示为黄色代表被选择），当坐标Z轴数值变为360时，松开鼠标左键，如图9-31所示。文字即添加了360°旋转动画。

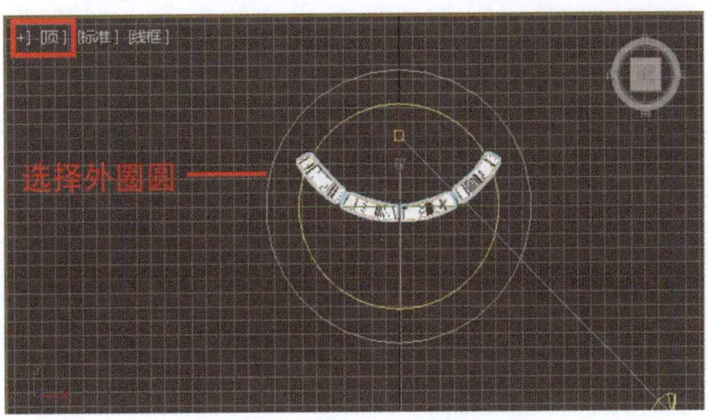

图9-31 制作文字旋转动画

关闭时间轴“自动关键点”按钮，参照任务1，步骤三的第6步，输出动画格式。

◎ 独立实践任务

任务 2　制作三维文字旋转上升动画

【任务背景】

在电视节目、广告、影视、建筑、多媒体制作、游戏等可视化领域中经常会看到三维文字的应用。制作“三维动画设计与制作”三维文字旋转上升的动画效果。

【任务要求】

三维文字动画制作要求在三维空间中，建立一个透视角度关系的场景。输入文字大小为 400 mm，字体为宋体。要求文字环绕形成一个圆，逆时针旋转 360°，并产生向上移动 1 000 mm的位移，如图 9-32 所示。动画完成后，渲染输出成 avi 文件格式。

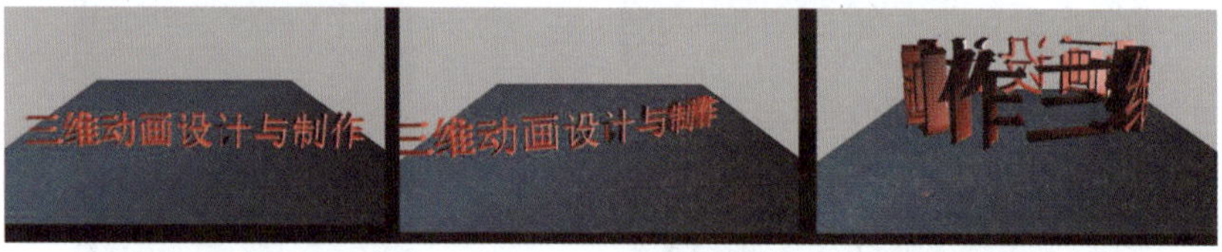

图 9-32　制作三维文字旋转上升动画

【技术要领】关键帧设置，文字变形，旋转及位移。
【解决问题】解决学习者对多形式文字动画各工具的组合和拓展应用能力。
【素材来源】使用 3ds Max 软件自带的材质色彩数据。
【参考效果】\模块 09\情境 01\任务 1\参考效果\三维文字旋转上升动画.avi。

情境 02　修改器动画

本情境主要利用 3ds Max 2022 的三维模型生成工具与修改器下的噪波修改器工具，配合时间轴记录动画关键帧功能来制作三维模型修改器动画。三维模型修改器动画有强烈的画面表现力，有着生动的三维空间视觉效果。

三维模型修改器动画是在三维模型上添加修改器，修改器通过改变其参数和强度以及 X、Y、Z 轴位置的数值、大小、方向并配合虚拟摄像机、三维造型的位移、旋转、变形等操作生成多种动画形式，产生更为丰富的视觉效果，主要应用在影视、多媒体项目片头和片尾的造型动画以及视觉特效制作等方面。

虚拟摄像机工具的运用原理与真实摄像机相似，通过镜头的取景，角度的变化，焦距与景深的控制，使三维贴图动画呈现出最佳的视觉效果。

时间轴记录动画关键帧功能用于设定动画的时间长度和运动节奏。在三维贴图动画制作过程中，设定动画持续时间，记录制作动画的关键帧，导出三维贴图动画视频。

【能力目标】

1.能够使用建模生成工具制作三维模型并对模型进行参数设置。

2.能够使用修改器工具对三维模型添加各种不同类型的修改器。

3.能够掌握虚拟摄像机的使用与参数设置。

4.能够使用时间轴来记录关键帧和生成动画,并对动画导出进行设置。

【知识目标】

1.理解不同修改器工具及其参数的工作原理。

2.理解修改器动画在虚拟摄像机中的呈现方式。

3.理解使用时间轴来记录关键帧并生成动画的原理。

【课时分配】

2 课时(授课 1 课时,实践 1 课时)。

◎ 模拟制作任务

任务 1 水面波浪动画

【任务背景】

我很小的时候就喜欢海,很希望自己是一名海员,能漂游四海,不过呢,天不遂人愿,我只能在自己的动画中实现了。此次模拟的是海面波浪的微小起伏,效果如图 9-33 所示。

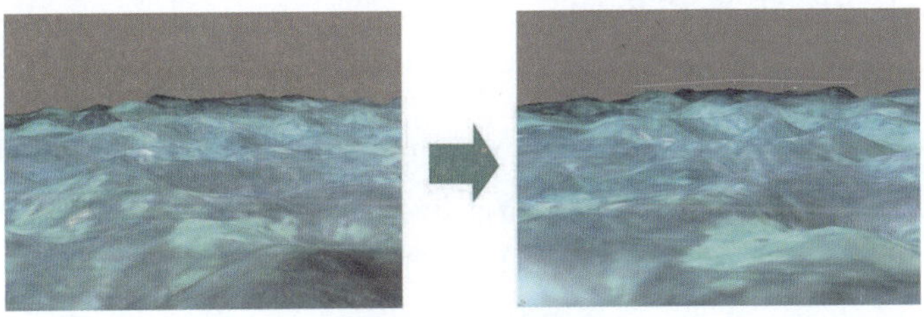

图 9-33 动画效果

【任务要求】

水面波浪动画要求在三维空间中建立一个透视角度关系的场景,添加平面模型,设置一定长宽段数,并为其赋予水面贴图,最后为平面添加噪波修改器,完成平面模型产生类似水面波浪效果的动画制作。

【任务分析】

水面波浪动画是最基本的修改器动画形式,其任务由 5 个部分组成。

1.通过建立透视角度关系的场景来突出立体纵深空间。

2.使用材质编辑器添加贴图。

3.为平面模型添加噪波修改器,并设置其动画参数。

4.掌握标准灯光系统的建立与设定,增强三维空间中的感观定位。

5.通过时间轴关键帧记录并生成动画,掌握动画关键帧的设置。

【重点、难点】

1.材质编辑器参数调整。

2.噪波修改动画参数设置。

【技术要领】创建平面、调整材质编辑器参数、创建标准灯光、时间轴关键帧设置。

【解决问题】解决贴图在立方体中坐标的定位、动画角度与方向设置,灯光系统的设置与空间位置的调节、时间轴关键帧具体应用等问题。

【素材来源】\模块 09\情境 02\任务 1\素材\水表面贴图.gif。

【完成效果】\模块 09\情境 02\任务 1\完成效果\水面波浪.avi。

操作步骤

步骤一:场景基本单位设置

本步骤的目的是设置三维场景的基本单位为“厘米”,并设置视图窗口中的栅格尺寸。

1.启动 3ds Max,在菜单栏中选择“自定义(U)”,在下拉菜单中选择“单位设置”。在弹出的“单位设置”窗口的“显示单位比例”选项中点选“公制”,并从其下拉栏中选择“厘米”,点击“确定”按钮。

2.在菜单栏中选择“工具(T)”,在下拉菜单中选择“栅格和捕捉”,在扩展栏中选择“栅格和捕捉设置(G)”。在弹出的“栅格和捕捉设置”窗口中选择“主栅格”,在“栅格尺寸”中“栅格间距”数据输入框中输入“10 cm”,并按“Enter”键确认后,点击“关闭”按钮。

步骤二:制作三维场景和平面

1.在 3ds Max 的 4 个视图中,点击激活“顶视图”,激活后的视图会以亮黄色边框显示。在软件界面右边命令面板栏依次点击“创建”“标准基本体”“平面”,在顶视图中按下鼠标左键,并在视图中从左上角向右下角拖动一定的距离,点击鼠标左键创建一个平面。修改平面尺寸:长度 150 cm,宽度 150 cm;并设置平面长宽段数:长度分段 60,宽度分段 60;平面创建完成,如图 9-34 所示。选择“选择并移动”工具,在“状态和提示栏”中选择“坐标”工具,输入数据“X=0,Y=0,Z=0”,为平面设定坐标,如图 9-35 所示。

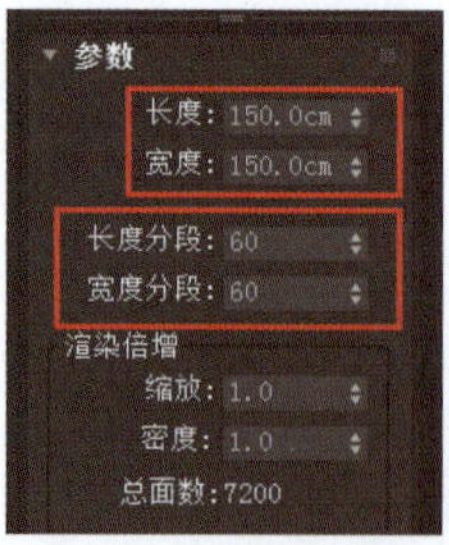

图 9-34　立方体参数设置

图 9-35　立方体坐标参数

2.添加灯光效果。在“命令面板”中,选择“创建”“灯光”选择“标准”“目标聚光灯”,在“顶视图”中点击鼠标左键拖动后,松开鼠标左键,建立灯光。选择“选择并移动”按钮,选择灯光,在坐标栏中分别输入“X=2 000,Y=0,Z=3 000”,如图 9-36 所示。选择灯光的“目标点”,在坐标栏中分别输入“X=0,Y=2 000,Z=0”,如图 9-37 所示。

图 9-36　聚光灯坐标参数

图 9-37　聚光灯目标点坐标参数

在“命令面板”中选择“修改”，在“常规参数栏”的阴影选项中，勾选“启用”选项，在“聚光灯参数栏”中，分别在“聚光区/光束”输入“80”、“衰减区/区域”输入“100”，在“阴影参数栏”中的“密度”框中输入“0.5”，调整灯光的各项参数。

步骤三：为平面添加贴图文件

1.为平面添加材质贴图。在主工具栏中点击“材质编辑器”按钮，如图 9-38 所示。

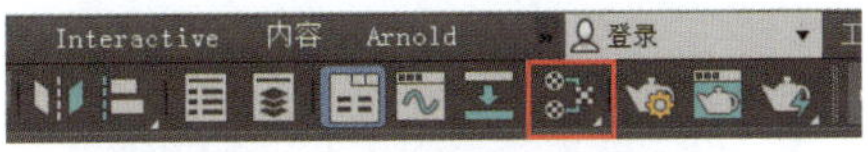

图 9-38　材质编辑器按钮

在弹出的“材质编辑器”窗口中，选择左上角“模式”，在下拉栏中选择“精简材质编辑器”，如图 9-39 所示。选择一个材质球，命名为“水面”。在“Blinn 基本参数”栏中，点击“漫反射”颜色框右边的正方形小方框，如图 9-40(a)所示，准备添加贴图文件。

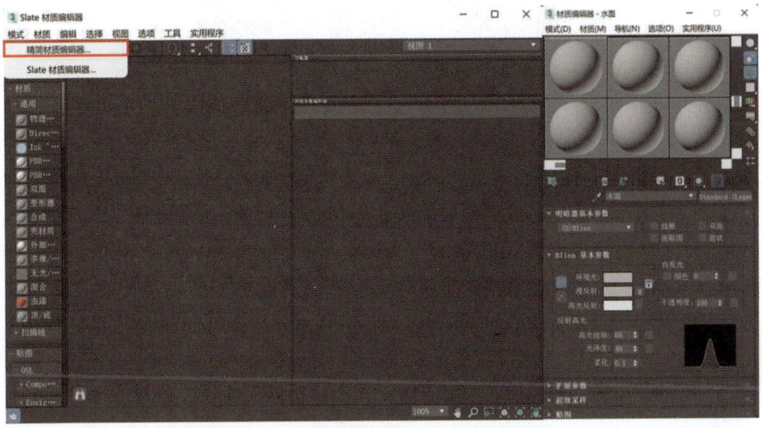

图 9-39　材质编辑器界面并选择材质球

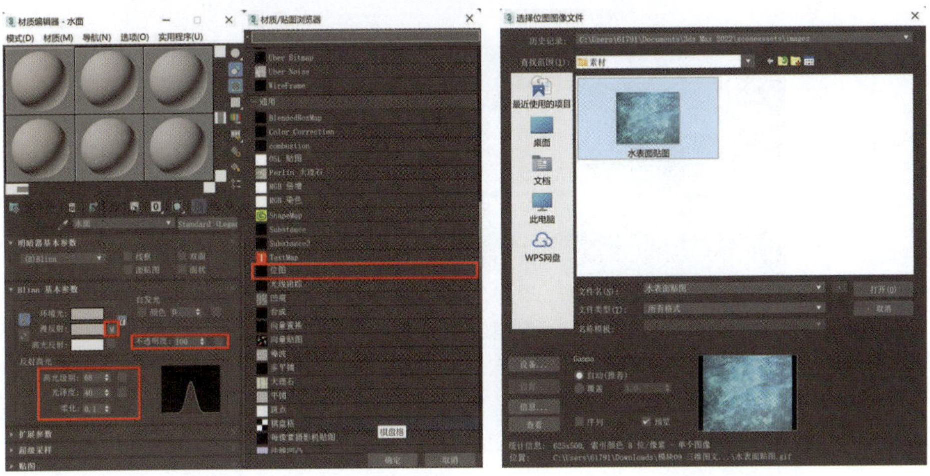

(a)准备添加贴图　　(b)添加贴图文件

图 9-40　添加贴图

在出现的“材质/贴图浏览器”窗口中，选择“位图”项，鼠标左键双击“位图”，在文件路径窗口中选择“水表面贴图.gif”文件，材质球上添加素材画面，设置水面材质的参数，如图9-40(b)所示。

2.将材质球上的材质附加到平面上。在工具栏中选择“选择并移动”工具，在视图窗口中选择立方体。在“材质编辑器”窗口中点击选择已添加材质的材质球，点击“将材质指定给选定对象”按钮，并打开“视口中显示明暗处理材质”按钮。在“瓷砖”的数据栏两项中都输入数据“1”，如图9-41所示。此时平面上都添加了材质图片。

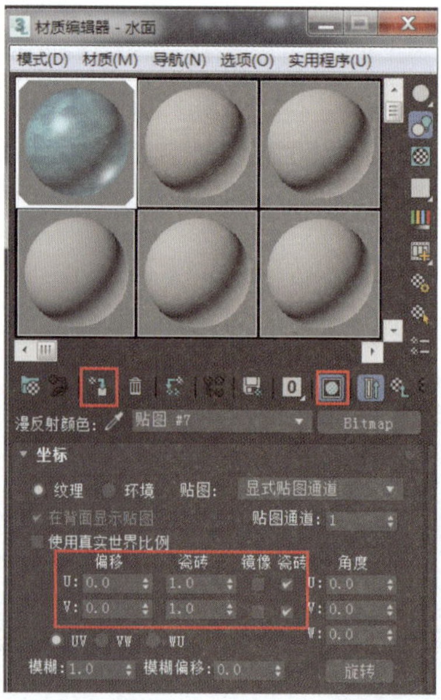

图9-41 附加材质到平面并调整参数

步骤四：制作噪波修改器动画

1.选择平面模型，在修改器面板下拉菜单中找到“噪波”选项，为平面添加噪波修改器，如图9-42所示。

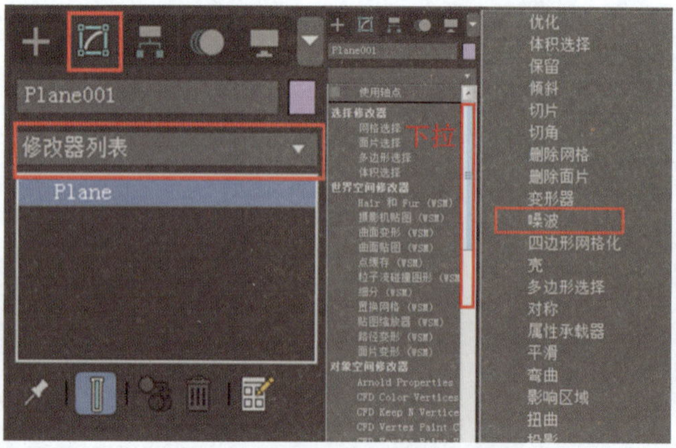

图9-42 添加噪波修改器设置

2.设置噪波修改器参数:“种子:10,比例:10。强度:X;5.0 cm, Y;5.0 cm, Z;5.0 cm”。勾选噪波修改器最下面的“动画噪波”选项,默认参数即可,如图 9-43 所示。选择平面模型,选择“自动关键点”按钮开始动画关键点的记录,此时时间轴变为红色显示,表示可以记录动画。将“时间轴滑块”拖动到 100/100 的位置,选择模型,在噪波修改器选项中,点击噪波修改器附属属性。点击 Gizmo,然后再点击位移工具,在移动变换输入选项中改变绝对:“世界轴的数值:X:-50.0 cm, Y:-50.0 cm, Z:0.0 cm”,如图 9-44 所示。

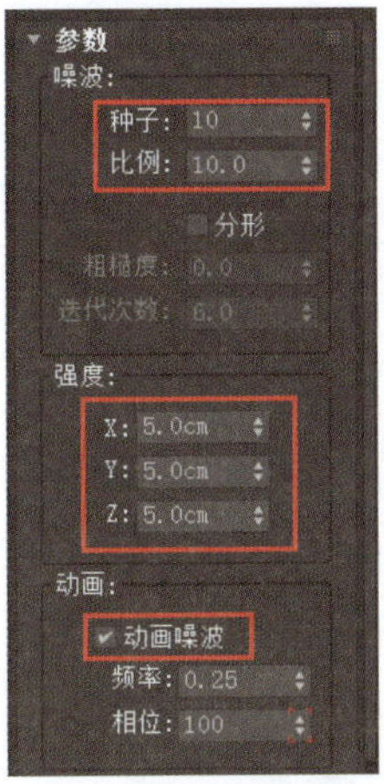

图 9-43 设置噪波修改器参数

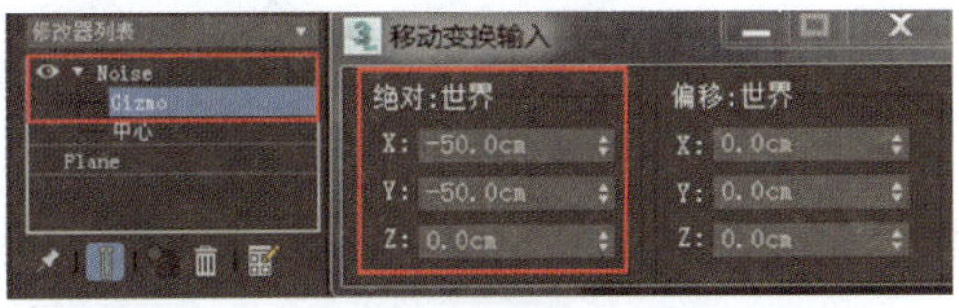

图 9-44 为噪波修改添加位移属性动画

点击激活摄像机视图,点击“自动关键点”按钮,关闭动画记录,点击播放按钮开始播放动画,平面模型上的噪波修改器即产生波动,生成类似水面波浪的动画效果。

3.输出动画格式。在工具栏中点击“渲染设置按钮”,在“渲染设置对话框”中分别设置:“公用参数”栏选择活动时间段 0 到 100;输出大小栏中,宽度输入“640”,高度输入“480”;在“渲染输出”栏中,选择文件,在出现的“渲染输出文件”窗口中,设置文件保存路径、文件名、格式选择 AVI。点击渲染按钮,出现“AVI 压缩设置”时选择确定,开始渲染动画。渲染完成后请直接点击关闭(注意:请勿再点击保存)。

在文件保存路径下,点击“水面波浪.avi”文件即可播放查看该文字动画。

◎ 知识点拓展

01.认识修改器动画的制作原理

在 3ds Max 中,有很多专门针对动画设置的修改器,使用修改器设置动画,能够以调整参数的方法来制作动画效果。更易于操作和编辑。例如表现一个钢筋在弯曲时,可以用修改器中的弯曲修改器,设置其参数可以做出很逼真的弯曲动画。

02.噪波修改器的参数讲解

噪波修改器是修改器面板下一个很简单的修改器,其参数比较少,较为简单。但噪波修改器设置的动画效果却很真实,在三维动画制作中也是常用的一个修改器。其参数有噪波、强度和动画参数面板。通过改变各个面板下的参数可以达到各种真实的三维动画效果。

噪波修改器需要三维模型有一定的面数(本书案例中有7 200个面)。这样才能达到动画中修改器产生变形动画的需求。

03.从噪波修改器动画拓展到水面涟漪修改器动画

在 3ds Max 中,修改器面板下的许多修改器都可以为制作三维动画,不同的修改器有不同的参数和性质。在了解它们各自参数属性后,配合动画面板,就可以为三维模型添加用户所需要的修改器,从而制作出想要的三维动画,效果将更逼真、生动、有趣。

(1)增加水面涟漪修改器动画

首先创建一个平面,并确认平面模型具有一定的段数。选择平面,在修改器面板下,下拉找到涟漪修改器,为平面模型添加涟漪修改器,如图 9-45 所示。在涟漪修改器面板下有振幅 1、振幅 2、波长、相位、衰减。

图 9-45　水面涟漪修改器动画效果

在透视角度视图下,修改涟漪属性参数,调节涟漪振幅 1 : 1.5 cm,振幅 2 : 1.5 cm,波长:15 cm。这样平面就会出现类似水面有涟漪波动的效果。调节以上属性的参数,可以得到不同的水面涟漪效果。

开启时间轴"自动关键点"按钮,选中平面涟漪修改器,将"时间轴滑块"拖动到100/100的位置,在涟漪修改器属性下修改相位和衰退的参数值,即可产生水面涟漪的三维动画,效果也更逼真、生动,如图 9-46 所示。

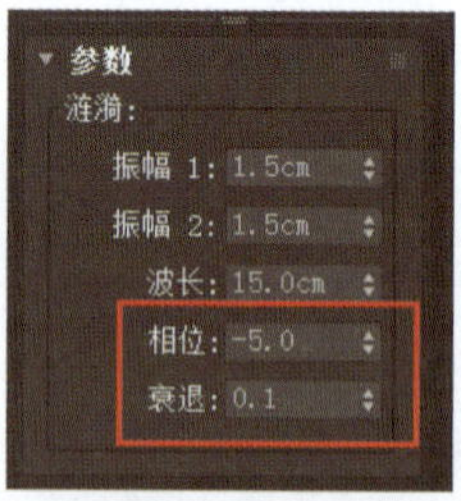

图 9-46　修改相位和衰退的参数值

在涟漪修改器属性面板下,用户可以调节不同的参数来得到想要的水面涟漪的三维动画效果,可以调高属性值,让水面涟漪的效果强烈,如石头落下水面的效果。也可以降低涟漪修改器的参数,让涟漪的效果平缓,如小石头落下水面的效果。

(2)增加水面涟漪修改器动画

关闭时间轴"自动关键点"按钮,参照情境 1,三维文字动画的任务 1 步骤三的第 6 步,输出动画格式,如图 9-47 所示。

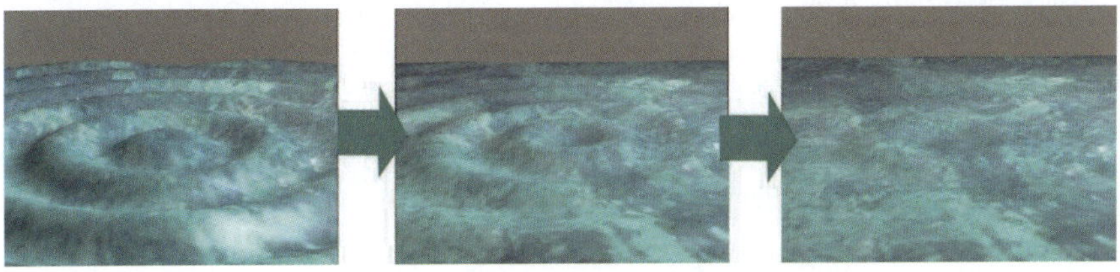

图 9-47　制作立方体旋转位移动画

◎ 独立实践任务

任务 2　彩色小球融化

【任务背景】

在场景中，建立一个小球的模型，设置一定的段数，赋予一个彩色贴图材质。为小球添加融化修改器，开启自动关键字，改变融化修改器参数，产生逼真的小球慢慢融化的三维动画。

【任务要求】

一个小球在添加融化修改器后便会产生小球慢慢融化逼真的三维动画效果，最终效果如图 9-48 所示。

图 9-48　“彩色小球融化”三维文字最终效果

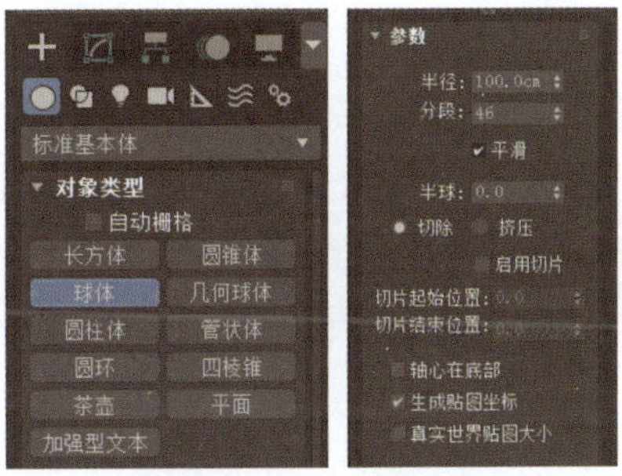

图 9-49　球体参数设置

在前视图中创建一个球体，设置其段数，设置如图 9-49 所示。灯光，摄像机等位置（左视图角度），贴图坐标等设置如图 9-50 所示。

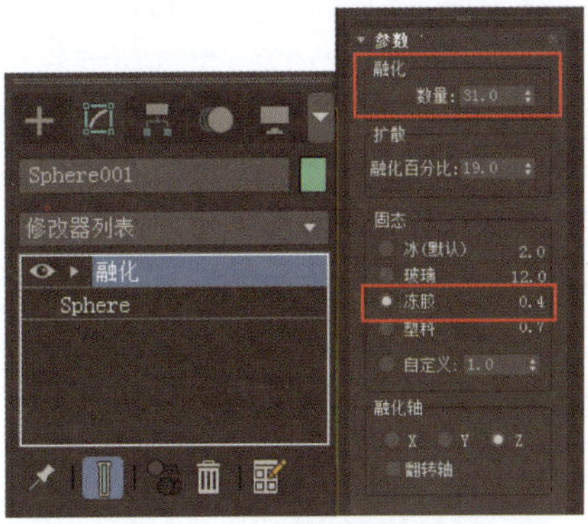

图 9-50　融化修改器设置

在时间轴中完成动画设置，动画设置完成后，渲染输出成 avi 文件格式视频。

【技术要领】关键帧设置，文字、管状体、灯光、摄像机、贴图坐标设置。
【解决问题】解决学习者对多贴图动画各种工具的组合和拓展应用能力。
【素材来源】\模块 09\情境 02\任务 2\素材\彩色小球.jpg。
【参考效果】\模块 09\情境 02\任务 2\参考效果\彩色小球融化.avi。

情境 03　三维图形动画

本情境利用 3ds Max 2022 版的轨迹视图摄影表功能，配合虚拟摄像机以及灯光系统来制作三维图形动画。同时拓展运用材质编辑器、UVW 贴图、旋转及位移、关键帧设置等工具，模拟现实中生物的动态，制作三维图形动画。

三维图形动画是动画制作的基础。利用轨迹视图摄影表工具可以控制对象物体的可见度，生成消失、出现、切换等一系列三维空间的动画效果，增加动画的灵活性。

材质编辑器是 3ds Max 软件中最常用的工具之一，材质可以为场景创造更好的真实感。材质的特性与光特性密切相关，使用光与材质的结合渲染，能够更好地模拟对象在现实世界中的外观。材质编辑器有两个界面，其中 Slate 材质编辑器使用节点式操作，方便管理具有大量材质的场景，精简材质编辑器在操作上更为直观。

时间轴记录动画关键帧功能用于设定动画的时间长度和运动节奏。在三维图形动画制作过程中，通过设定时间轴上的动画持续时间，使用旋转和位移工具模拟动态轨迹，记录制作动画的关键帧，导出三维图形动画视频。

【能力目标】

1.能够创建简单的三维图形。

2.能够使用多种造型工具对三维图形进行扭曲、放缩、变形、空间位移等调整。

3.能够使用轨迹视图摄影表功能控制对象的可见度。

4.能够使用材质编辑器以及 UVW 工具对贴图进行调整。

5.能够使用时间轴来记录关键帧并生成动画，并对动画导出进行设置。

【知识目标】

1.理解三维图形制作的基本原理。

2.理解利用材质编辑器以及 UVW 工具贴图的原理。

3.理解使用摄影表工具来设定关键帧并生成动画的原理。

4.理解使用时间轴来记录关键帧并生成动画的原理。

【课时分配】

2 课时（授课 1 课时，实践 1 课时）。

◎ 模拟制作任务

任务 1　小球消失动画

【任务背景】

在三维动画的实际运用中，根据不同场景，需要控制图形的可见性。通过控制小球的可见度参数，可使小球在动画中呈现朦胧的半透明效果，或像变魔术一样，使小球完全消失，如图 9-51 所示。

本任务中对象图形以小球为例，根据需求，小球可替换为复杂物体、文字等不同对象。

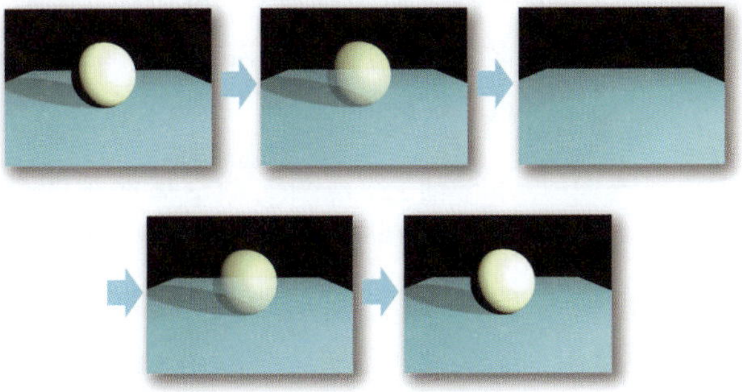

图 9-51　完成效果

【任务要求】

小球消失动画的制作是要求在三维空间中，添加物体“小球”以及平面模型，设置其参数，并建立一个透视角度关系的场景，最后通过对物体“小球”添加可见性轨迹，完成小球消失的动画制作。

【任务分析】

修改图形可见性动画是基本的动画形式，其任务由 5 个部分组成。

1.建立对象并设置参数，通过透视角度关系的场景来突出立体纵深空间。

2.掌握标准灯光系统的建立与设定，增强三维空间中的感观定位。

3.掌握摄像机及其目标点的建立与设定，学会设立视图角度。

4.为对象小球添加可见性轨迹。

5.添加关键点并设置其动画参数，生成动画，掌握可见性轨迹的设置。

【重点、难点】

1.创建可见性轨迹。

2.关键点以及参数的设置。

【技术要领】创建图形、创建标准灯光、创建摄像机、可见性轨迹设置。

【解决问题】解决灯光系统的设置与空间位置的调节、摄像机及其目标点的设置、动画中修改物体可见度具体应用等问题。

【素材来源】使用 3ds Max 软件自带色彩数据。

【完成效果】\模块 09\情境 03\任务 1\完成效果\小球消失动画.avi。

操作步骤

步骤一：场景基本单位设置

本步骤的目的是把三维场景的基本单位设置为“毫米”，并设置视图窗口中的栅格尺寸。

1.启动 3ds Max，在“菜单栏”中选择“自定义(U)”，在下拉菜单中选择“单位设置”。在弹出的“单位设置”窗口中的“显示单位比例”选项中点选“公制”并从其下拉栏中选择“毫米”，点击“确定”按钮。

2.在“菜单栏”中选择“工具(T)”，在下拉菜单中选择“栅格和捕捉”，在扩展栏中选择“栅格和捕捉设置(G)”。在弹出的“栅格和捕捉设置”窗口中选择“主栅格”，在“栅格尺寸”中“栅格间距”数据输入框中输入“10 mm”，并按“Enter”键确认后，点击“关闭”按钮。

步骤二：制作三维场景和对象图形

1.在 3ds Max 的 4 个视图中，点击激活“顶视图”，激活后的视图会以亮黄色边框显示。在软件界面右边命令面板栏依次点击“创建”“标准基本体”“长方体”，在顶视图中按下鼠标左键，并在视图中从左上角向右下角拖动一定的距离，点击鼠标左键创建一个长方体。在软件界面右边命令面板栏点击“修改”，修改长方体尺寸：长度6 000 mm，宽度4 000 mm，高度 1 mm；长方体创建完成后如图 9-52 所示。在“工具栏”中选择“选择并移动”工具，如图 9-53 所示。只有选择了“选择并移动”工具才能激活“状态和提示栏”中的“坐标”工具。在“坐标”工具中输入数据“X = 0 mm，Y = 3 000 mm，Z = 0 mm”，为平面设定坐标，如图 9-54 所示。

图 9-52 长方体参数设置

图 9-53 选择并移动工具

图 9-54 长方体坐标参数

2.创建球体。在软件界面右边命令面板栏依次点击“创建”“标准基本体”“球体”，在顶视图中按下鼠标左键，并在视图中从左上角向右下角拖动一定的距离，点击鼠标左键创建一个球体。在软件界面右边命令面板栏点击“修改”，修改球体尺寸：半径 400 mm；球体创建完成，如图 9-55 所示。在工具栏中选择“选择并移动”工具，在“坐标”工具中，输入数据“X = 0 mm，Y = 2 000 mm，Z = 400 mm”，为球体设定坐标，如图 9-56 所示。

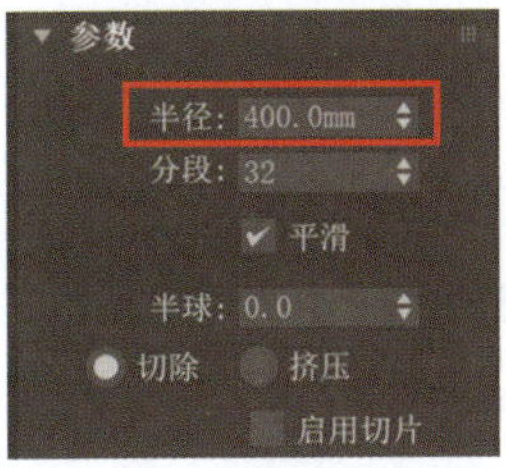

图 9-55　球体参数设置

图 9-56　球体坐标参数

3.添加灯光效果。在“命令面板”中，选择“创建”“灯光”，选择“标准”“目标聚光灯”，在“顶视图”中点按鼠标左键拖动后，松开鼠标左键，建立灯光。选择“选择并移动”按钮，选择灯光，在坐标栏中分别输入“X＝2 000 mm，Y＝0 mm，Z＝1 500 mm”，如图 9-57 所示。选择灯光的“目标点”，在“坐标栏”中分别输入“X＝0 mm，Y＝2 000 mm，Z＝0 mm”，如图 9-58 所示。

图 9-57　聚光灯坐标参数

图 9-58　聚光灯目标点坐标参数

在“命令面板”中选择“修改”，在“常规参数栏”的阴影选项中，勾选“启用”选项，如图 9-59 所示。在“强度/颜色/衰减”中的“倍增”框中输入“2.0”，如图 9-60 所示。在“聚光灯参数”栏中，分别在“聚光区/光束”输入“80”，“衰减区/区域”输入“100”，如图 9-61 所示。在“阴影参数”栏中的“密度”框中输入“0.5”，如图 9-62 所示，调整灯光的各项参数。

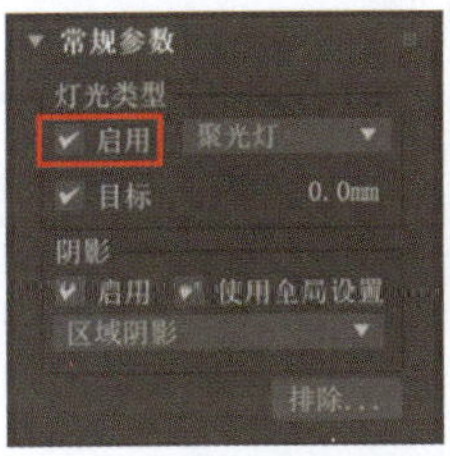

图 9-59　聚光灯常规参数

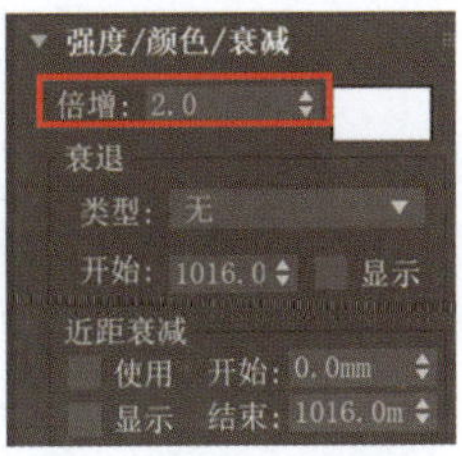

图 9-60　聚光灯强度参数

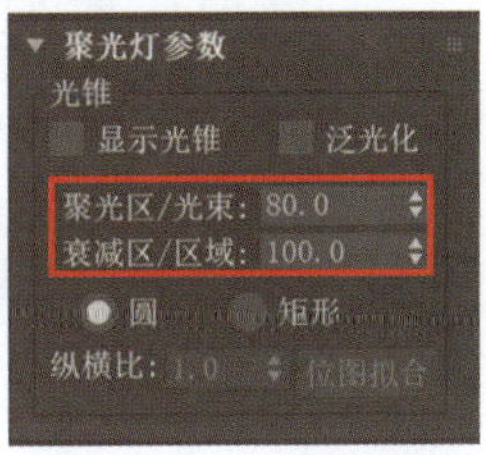

图 9-61　聚光灯参数

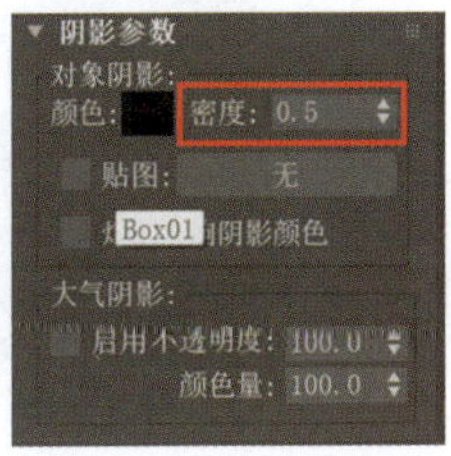

图 9-62　聚光灯阴影参数

4.创建摄像机，确定动画制作的镜头角度。在“命令面板”中，选择“创建”“摄像机”“目标”，如图 9-63 所示。在“左视图”中点按鼠标左键拖动后，松开鼠标左键，建立摄像机。选择“选择并移动”按钮，选择摄像机，在坐标栏中分别输入“X＝70 mm，Y＝－900 mm，Z＝500 mm”，选择摄像机的“目标点”，在坐标栏中分别输入“X＝70 mm，Y＝2 000 mm，Z＝300 mm”，如图 9-64 所示。

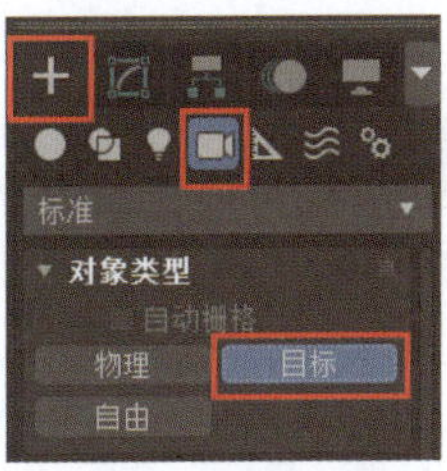

图 9-63　创建目标摄像机

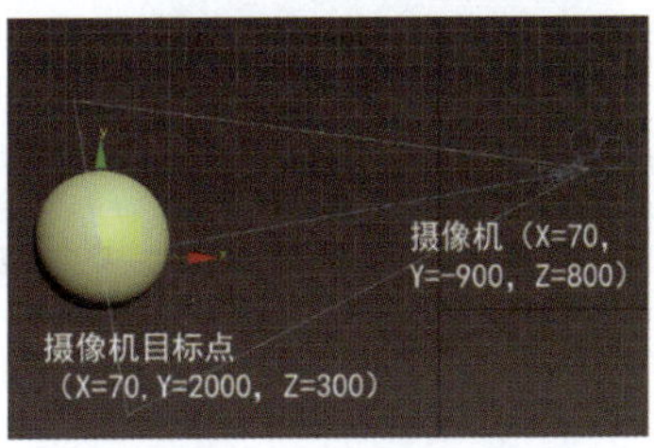

图 9-64　摄像机坐标

在4个视图窗口中，选择右下角的透视视窗，在其左上角的“透视”二字的位置，点鼠标右键，在出现的扩展栏中选择“摄像机”“Camera001”，将透视视图窗口转变为摄像机视图，如图9-65所示。

图9-65　切换摄像机视图

步骤三：制作小球消失动画

1.为小球添加可见性轨迹。选择“选择并移动”工具，选择球体。使用鼠标右键点击球体，在下拉菜单中选择“摄影表...”，如图9-66所示。在弹出的“轨迹视图-摄影表”窗口中，选中世界菜单中的对象球体，如图9-67所示。在菜单栏中选择“编辑”，在下拉菜单中选择“可见性轨迹”，为球体添加可见性轨迹，如图9-68所示。

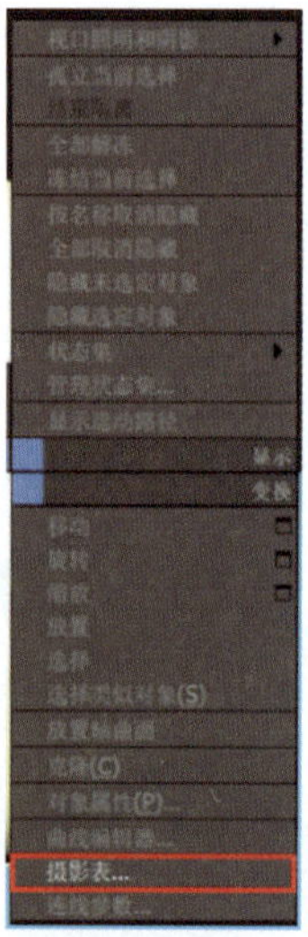

图9-66　打开摄影表

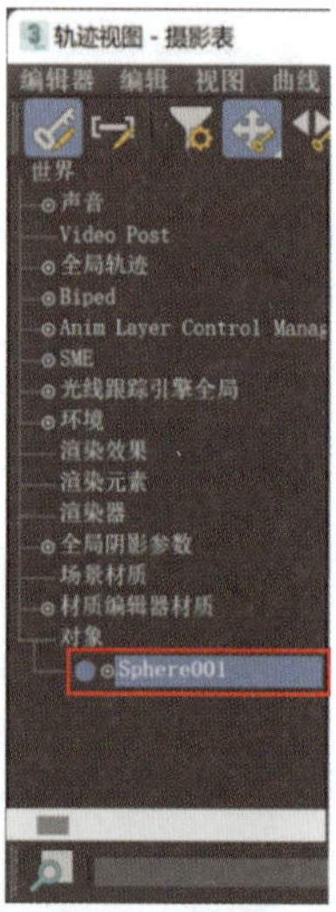

图9-67　选中球体

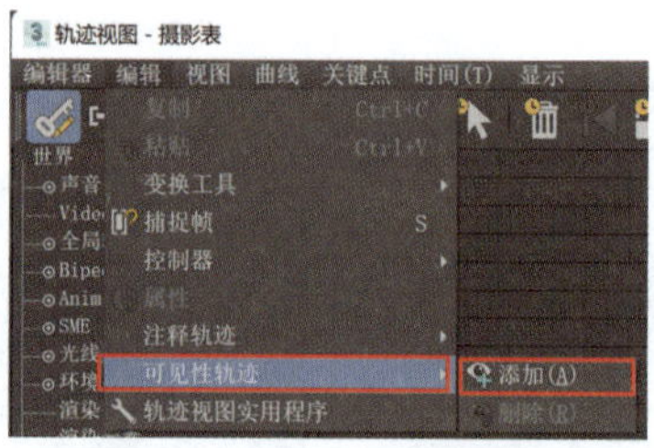

图9-68　添加可见性轨迹

2.添加及设置动画关键点。点击世界菜单中对象球体左边的“⊕”符号，打开下拉菜单，点击“可见性”激活可见性轨迹，如图9-69所示。选择“添加/移除关键点”工具，如图9-70所示。

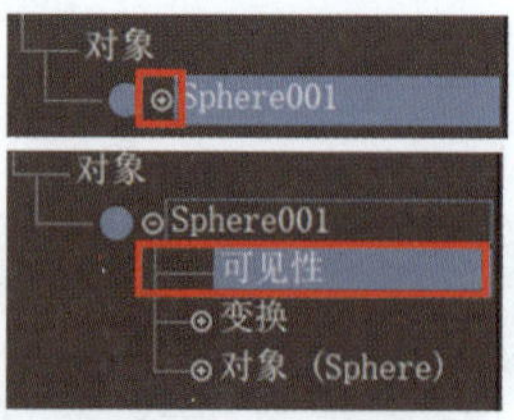

图9-69　打开摄影表

图9-70　选择“添加/移除关键点”工具

3.选择并激活“添加/移除关键点”工具后，在可见性行列上，使用鼠标左键依次点选时间轴上的时间点：“时间：0”“时间：30”“时间：60”以及“时间：90”，添加对应的关键点，如图9-71所示。

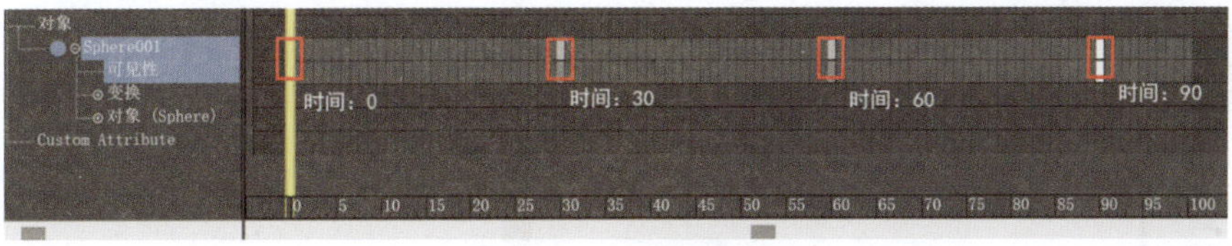

图 9-71　添加关键点

4.使用鼠标左键双击世界菜单中的对象球体的“可见性”，如图 9-72 所示。在弹出的窗口中设置可见性关键点的参数，窗口左上角的数字代表关键点的序号，数字“1”代表第一个关键点，即时间轴上“时间：0”的关键点，“值”代表该时间点上对象的可见度，可见度参数的范围为 0.0~1.0。选择数字“1”左边的“■”符号，切换至第 2 个关键点，并在第 2 个关键点参数栏“值”中输入“0.0”，随后再次选择“■”符号，切换至第 3 个关键点，并在第 3 个关键点参数栏“值”中输入“0.0”，如图 9-73—图 9-75 所示。

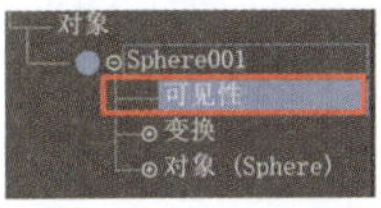

图 9-72　打开可见性参数

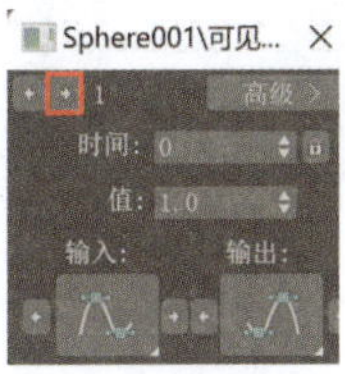

图 9-73　切换关键点

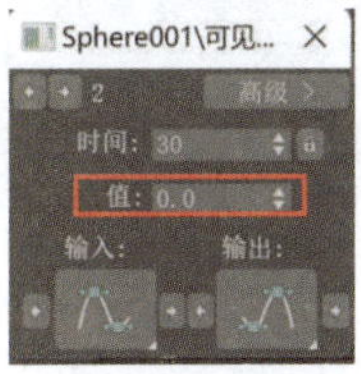

图 9-74　修改关键点参数

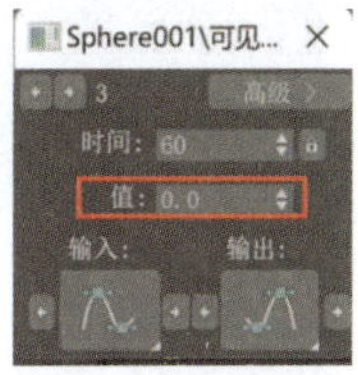

图 9-75　修改关键点参数

激活摄像机视图，点击播放按钮，如图 9-76 所示。开始播放动画，小球渐渐变得透明直至小球完全消失，随后小球又渐渐出现直至完全可见。

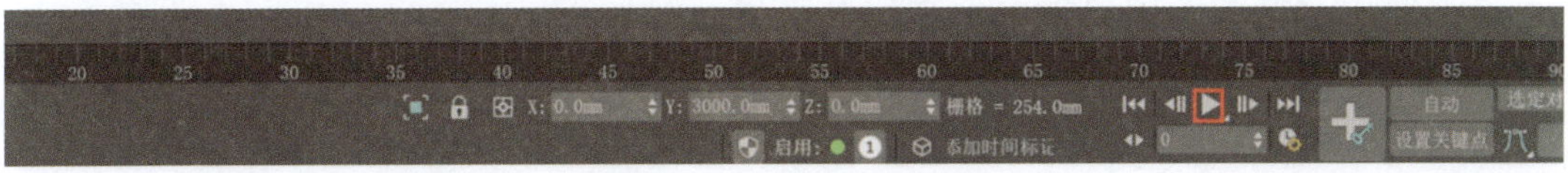

图 9-76　播放小球消失动画

5.输出动画格式。在工具栏中点击“渲染设置按钮”，在“渲染设置对话框”中分别设置：“公用参数”栏中选择活动时间段 0 到 100；在输出大小栏中，宽度输入“800”，高度输入“600”；在“渲染输出”栏中选择文件，在出现的“渲染输出文件”窗口中，设置文件保存路径、文件名、格式选择 AVI。点击渲染按钮，出现“AVI 压缩设置”时选择确定，开始渲染动画。渲染完成后请直接点击关闭，如图 9-77—图 9-82 所示。

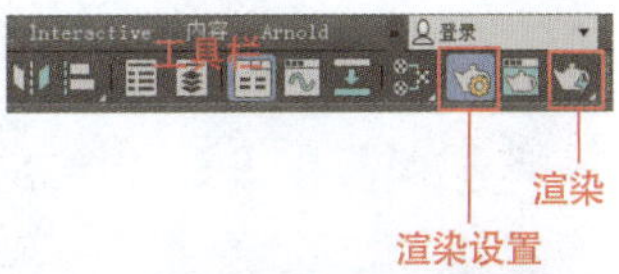

图 9-77　渲染设置按钮

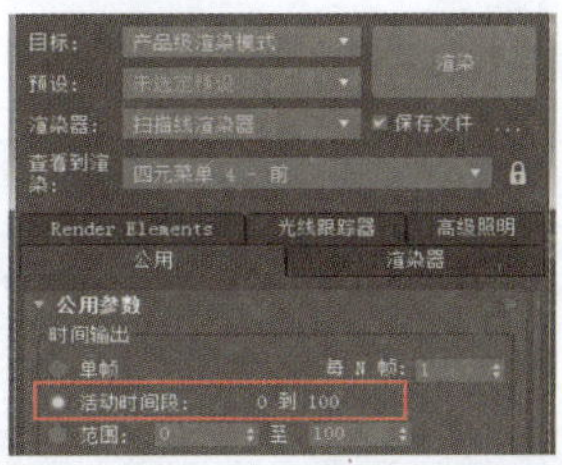

图 9-78　渲染时间段设置

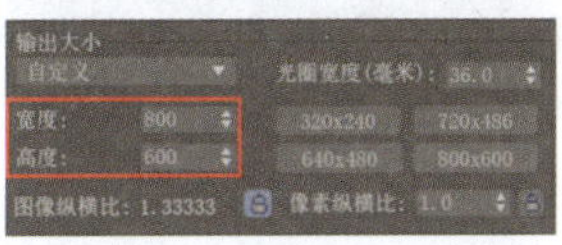

图 9-79　渲染画面设置

图 9-80　渲染输出设置

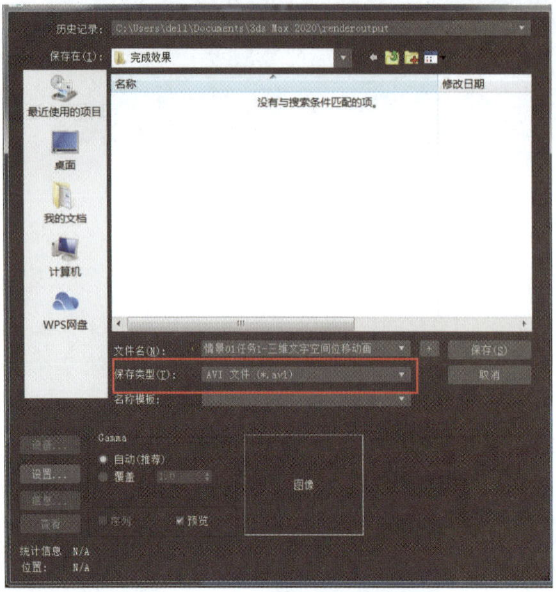

图 9-81 动画文件保存设置

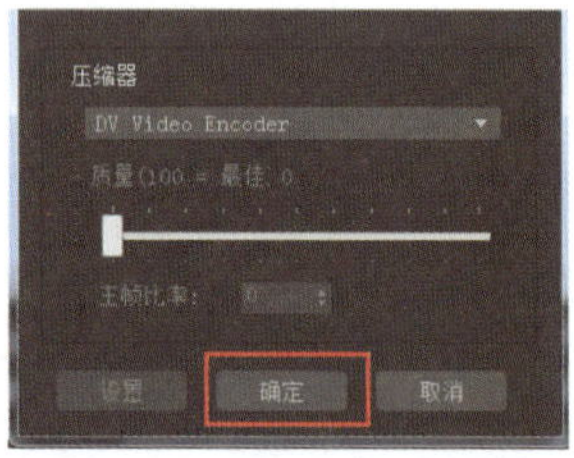

图 9-82 视频压缩设置

在文件保存路径下，点击刚保存的.avi 文件，即可播放查看该文字动画。

◎ 知识点拓展

01.使用三维图形模拟特定形状以及材质

在使用 3ds Max 模拟简易物体建模时，主要利用材质编辑器、创建平面、创建线条等工具，实现模拟对象形状及材质的效果。模拟形状以及材质是动画建模的基础，广泛运用于广告制作、影视动画、媒体传播、游戏设计等场景。

(1)创建平面并将参考图附着于平面上

在 3ds Max 的 4 个视图中，点击激活“顶视图”，创建长度1 000 mm、宽度1 000 mm的平面。参考情境 02 修改器动画任务 1 中水面波浪动画步骤三，使用素材图片“蝴蝶.png”，在材质编辑器中创建并设定材质球(注意打开“视口中显示明暗处理材质”选项)，并将材质指定在所创建的平面上，如图 9-83、图 9-84 所示。

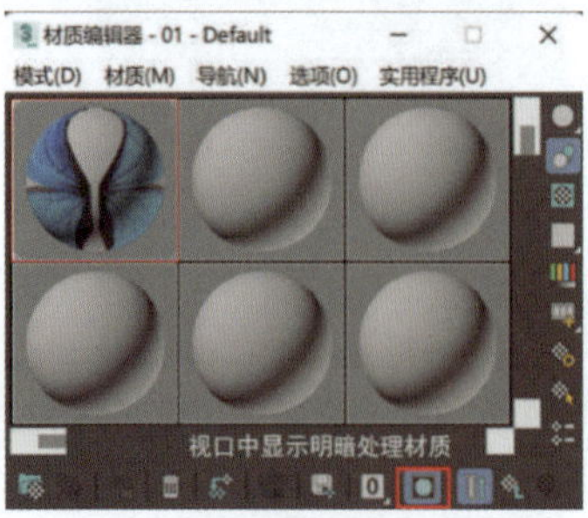

图 9-83 创建并设定材质球

图 9-84 将材质指定在平面上

(2)参考图片外轮廓，勾勒出蝴蝶翅膀的形状

在软件界面右边命令面板栏依次点击“创建”“图形”“线”，如图 9-85 所示。在顶视图

中按下鼠标左键，沿着蝴蝶翅膀的形状创建连续线段，直至完成线条闭合，即勾勒出蝴蝶半边翅膀的外轮廓，如图 9-85 所示。

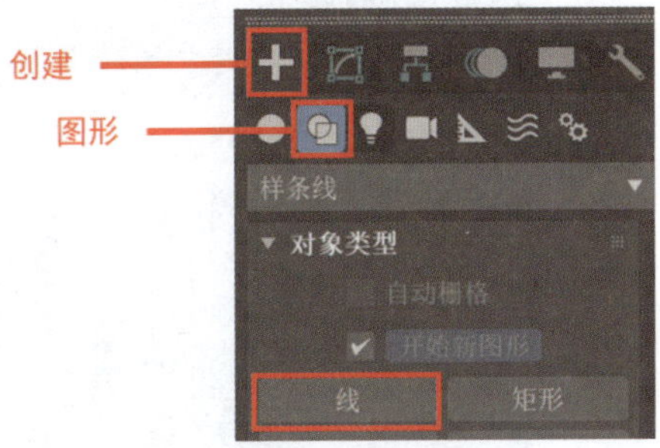

图 9-85　创建线

图 9-86　使用“线”勾勒出蝴蝶半边翅膀的外轮廓

(3)将外轮廓线转换为可编辑多边形

使用“选择并移动”工具选中最初所创建的平面，然后使用鼠标右键点选平面，在菜单中选择“隐藏选定对象”，如图 9-87 所示。使用“选择并移动”工具选中蝴蝶翅膀外轮廓线条，使用鼠标右键点选线条，在菜单中选择“转换为可编辑多边形”，如图 9-88 所示。

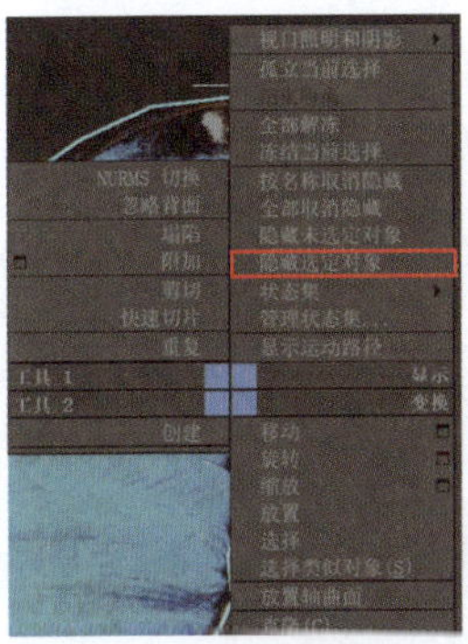

图 9-87　隐藏平面

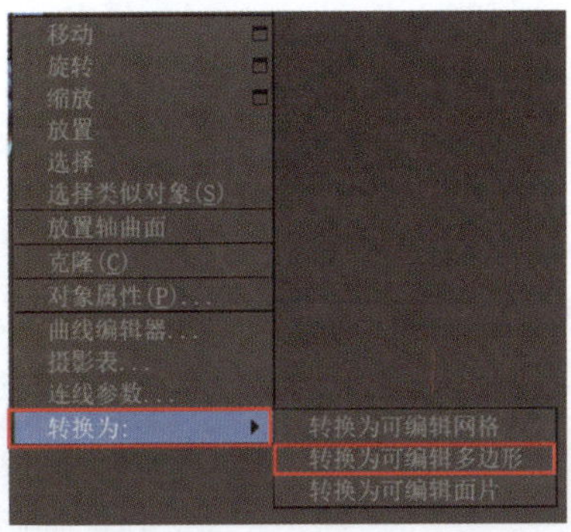

图 9-88　将外轮廓线转换为可编辑多边形

02.运用 UVW 修改器调整材质贴图

使用 UVW 修改器，能够进一步调整贴图，控制贴图的大小、位置等属性。UVW 修改器通过控制贴图坐标，将位图投影至对象上。使用 UVW 修改器中的 UVW 展开，能够将贴图坐标分配给选中的对象和子对象，并通过工具手动调整或设定这些坐标，还可以使用它来解开对象上的现有 UVW 贴图。

(1)使用 UVW 展开调整贴图

使用材质编辑器，将材质指定到由外轮廓线创建的可编辑多边形上。使用“选择并移动”工具选中可编辑多边形，在软件界面右边命令面板栏点击“修改”，展开修改器列表，选择对象空间修改器中的 UVW 展开，如图 9-89 所示。点击“编辑 UV 栏”中的“打开 UV 编辑器...”选项。在弹出窗口的右上角下拉菜单中选择“贴图#0（蝴蝶.png）”，如图 9-90 所示。选择“自由形式模式”工具并选中外轮廓线，使用鼠标左键点选并拖动选框上的顶点，调整贴图的位置以及范围，直至外轮廓线与贴图基本重合后，关闭 UVW 编辑器，如图 9-91 所示。

图 9-89　UVW 展开

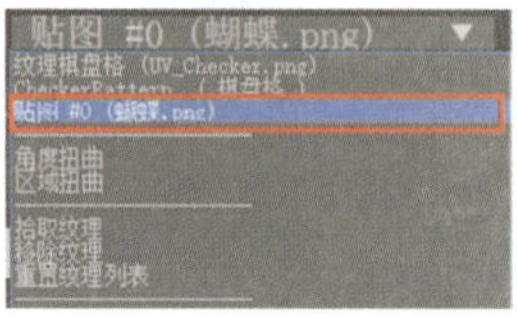

图 9-90　切换至贴图

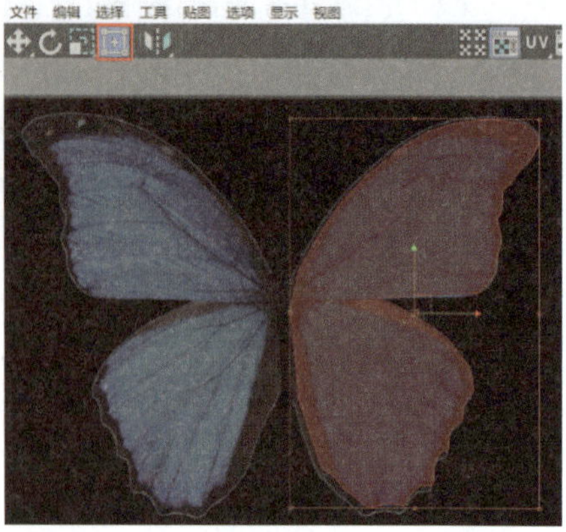

图 9-91　使用“自由形式模式”调整贴图

（2）选中可编辑多边形

在按住“Shift”键的同时使用“选择并旋转”工具向 X 轴旋转，复制一个对称的蝴蝶翅膀。在软件界面右边命令面板栏依次点击“创建”“几何体”“球体”创建球体，使用“选择并非均匀缩放”工具，将球体调整为半径约 50 mm的椭圆形球体，使用选择并移动工具调整至蝴蝶躯干的位置，完成简易蝴蝶模型的制作，如图 9-92 所示。

图 9-92　简易蝴蝶模型

03.利用动画关键帧模拟动态并制作动画

在 3ds Max 中，只要开启时间轴关键帧控制，则任何操作都可记录为动画。根据常识，我们知道蝴蝶飞舞动作主要在于其翅膀扇动的动态以及向前位移的运动。由此可以利用位移以及旋转工具设置动画关键帧，实现模拟蝴蝶飞舞的动画。

（1）制作蝴蝶飞舞动画关键帧

在动画控制区，选择“自动关键点”按钮，开始动画关键点的记录，此时，时间轴变为红色显示，表示可以记录动画，如图 9-93 所示。将“时间轴滑块”拖动到 10/100 的位置，激活“正交视图”，选中一个蝴蝶翅膀多边形，以躯干为轴心，使用“选择并旋转”工具向 X 轴旋转，然后选中另一个蝴蝶翅膀多边形，重复操作，模拟飞行过程中蝴蝶翅膀合拢的状态，如图 9-94 所示。

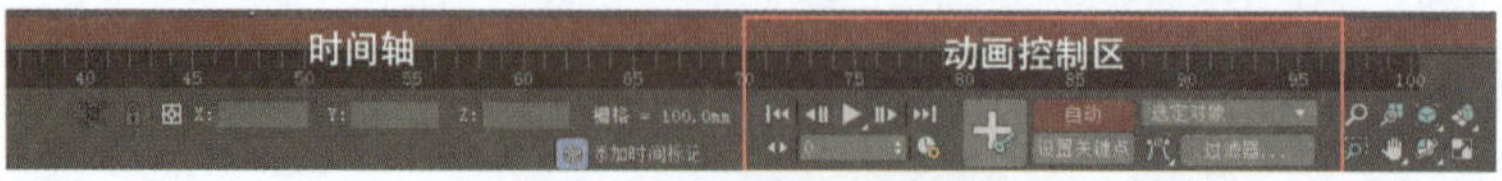

图 9-93　打开动画记录开关

图 9-94　模拟蝴蝶翅膀合拢的状态

(2)复制关键帧重复动态,增加位移动画效果

将"时间轴滑块"拖动到 20/100 的位置,使用"选择并旋转"工具将蝴蝶的动态还原至翅膀展开的状态,模拟飞行过程中蝴蝶翅膀展开的动作。根据动画制作的需要增加蝴蝶动态关键帧的个数,关键帧设置完成后,将"时间轴滑块"拖动到 100/100 的位置,使用"选择并移动"工具选中所有对象,向 Y 轴正方向位移一段距离,其距离可以根据动画制作的需求进行调整。最后关闭时间轴"自动关键点"按钮,参照任务 1,步骤三的第 3 步,输出动画格式。

◎ 独立实践任务

任务 2　蝴蝶飞舞动画

【任务背景】

在影视动画中,人们常常可以见到浪漫的蝴蝶飞舞场景。蝴蝶翩跹,或短暂停留,或徘徊飞舞。看似复杂的动画制作实则并不困难,根据情境 01 及情境 02 中已掌握的材质编辑、关键帧动画制作等技巧,制作简易的蝴蝶飞舞动画。

【任务要求】

蝴蝶飞舞动画制作要求在三维空间中,根据素材贴图,建立一个简易的蝴蝶模型,并制作蝴蝶飞舞动画。要求蝴蝶进行 5 次的扇动翅膀动作,并产生向前移动的位移,如图 9-95 所示。动画完成后,渲染输出成 avi 文件格式。

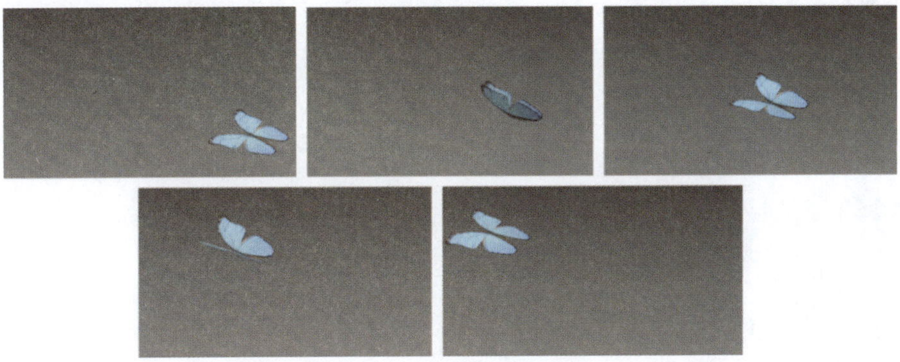

图 9-95　制作蝴蝶飞舞动画

【技术要领】关键帧设置,材质编辑,UVW 贴图,旋转及位移。
【解决问题】解决学习者拓展应用动画工具制作三维图形,模拟动态的能力。
【素材来源】\模块 09\情境 03\任务 2\素材\蝴蝶.png。
【参考效果】\模块 09\情境 03\任务 2\参考效果\蝴蝶飞舞动画.avi。

情境 04　三维场景动画

本情境主要利用草图大师 SketchUp 2020 的场景页面和动画工具来制作三维场景动画,通过合理地安排镜头,三维场景动画可以呈现出生动的三维空间视觉效果。

场景的主要功能是用于保存视图和创建动画,在设计方案初步确定后,会以不同的角度或属性设置不同的存储场景页面。通过“场景”标签的选择,可以方便地进行多个场景页面的切换,方便地对方案进行多角度对比。另外,通过场景页面的设置可以批量导出图片,或者制作展示动画,并可以结合“阴影”或“剖切面”制作出生动有趣的光影动画和生长动画,为实现“动态设计”提供条件。本情境将系统介绍场景页面的设置、图像的导出以及动画的制作等有关内容。

【能力目标】

1.能够使用场景管理器保存视图和创建动画。
2.能够使用动画工具将所创建的场景动画导出视频。
3.能够将 SketchUp 的动画功能与其他功能结合起来生成动画(如阴影动画)。
4.能够根据具体的设计要求制作综合方案展示动画。

【知识目标】

1.理解三维场景的概念和功能。
2.理解三维场景动画的页面转换和时间设置。
3.理解使用多个场景页面来生成动画的原理。

【课时分配】

2 课时(授课 1 课时,实践 1 课时)。

◎ 模拟制作任务

任务 1　制作三维建筑场景动画

【任务背景】

SketchUp 草图大师的优势,不仅表现在创建三维模型方面,在创建动画方案方面也是很出色的。SketchUp 中的动画被称为“幻灯片”,虽然它在动画制作上的功能是无法和大型三维软件相比,但是只要合理使用 SketchUp 为人们提供的一些工具,再加上合理地安排镜头,是可以创作出相当不错的动画方案的。

制作三维建筑场景动画,如图 9-96 所示。

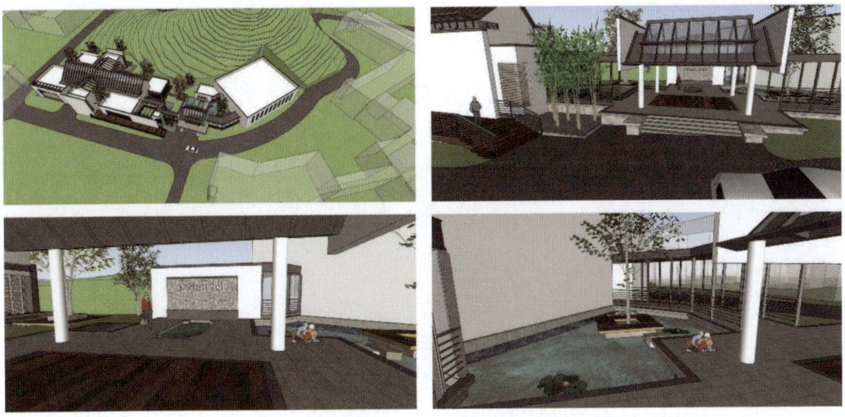

图 9-96　完成效果

【任务要求】

运用 SketchUp 草图大师中的场景页面功能制作一段三维场景动画,要求呈现摄像机由远到近的空间位移动画效果。

【任务分析】

以漫游动画的形式展现三维场景能够更好地体现设计方案,可以先添加若干个关键的场景页面,然后通过合理的时间设置导出动画,在完成该任务时需注意以下几点:

(1)尽量设置好页面

从创建页面到导出动画再到后期合成,需要花费相当多的时间。因此,应尽量利用 SketchUp 的实时渲染功能,先将每个页面的细节和各项参数调整好,再进行渲染。

(2)创建预览动画

在创建复杂场景的大型动画之前,最好先导出一个较小的预览动画以查看效果。把帧画面的宽设为“200”左右,同时降低帧速率为 5~8 帧/s。这样的画面虽然没有表现力,但渲染很快,又能显现出一些潜在的问题,如屏幕高宽比不佳、照相机穿墙等,以便作出相应调整。

(3)合理安排时间

虽然 SketchUp 动画的渲染速度比其他渲染软件快得多,但还是比较耗时,尤其是在导出带阴影效果、高帧率、高分辨率动画时,所以要合理安排时间,在人休息时让计算机进行耗时的动画渲染。

(4)发挥 SketchUp 的优势

充分发挥 SketchUp 在阴影、剖面、建筑空间的漫游等方面的优势,可以更加充分地表现建筑设计思想和空间设计细节。

【重点、难点】

1.合理安排三维场景的关键帧。

2.页面转换和时间设置。

【技术要领】添加场景页面、设置页面转换时间、导出动画、设置动画输出选项。

【解决问题】解决三维场景的定位观察、页面转换时间的调整、动画输出的格式等具体应用问题。

【素材来源】使用 SketchUp 软件自带组件和材质数据。

【完成效果】\模块 09\情境 04\任务 1\完成效果\三维建筑场景动画.mp4。

操作步骤

步骤一:添加场景

首先打开场景文件,然后为场景添加多个场景页面,其操作步骤如下。

1.启动 SketchUp 软件,接着执行“文件 | 打开”菜单命令,打开本实例的场景文件,如图 9-97 所示。

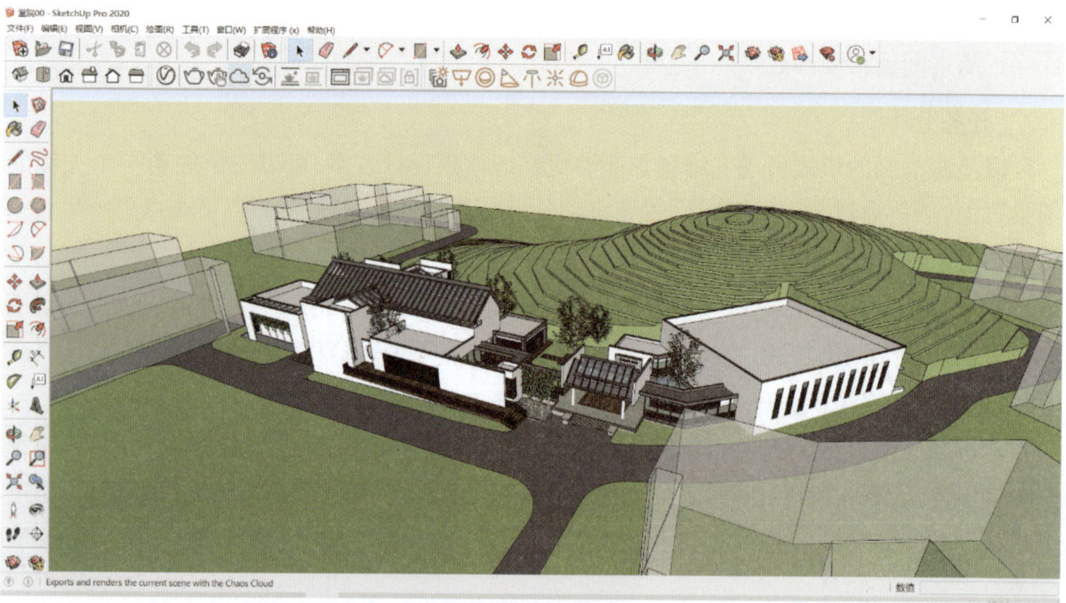

图 9-97　场景文件

2.执行“窗口”→“默认面板”→“显示面板”→“场景”菜单命令,接着在弹出的“场景”管理器中单击“添加场景”按钮,完成“场景号 1”的添加,如图 9-98 所示。

3.使用“环绕观察”工具调整视图效果,重点表达建筑入口的正面效果,再单击“添加场景”按钮,完成“场景号 2”的添加,如图 9-99 所示。

4.采用相同的方法完成其他场景页面的添加,如图 9-100 所示。

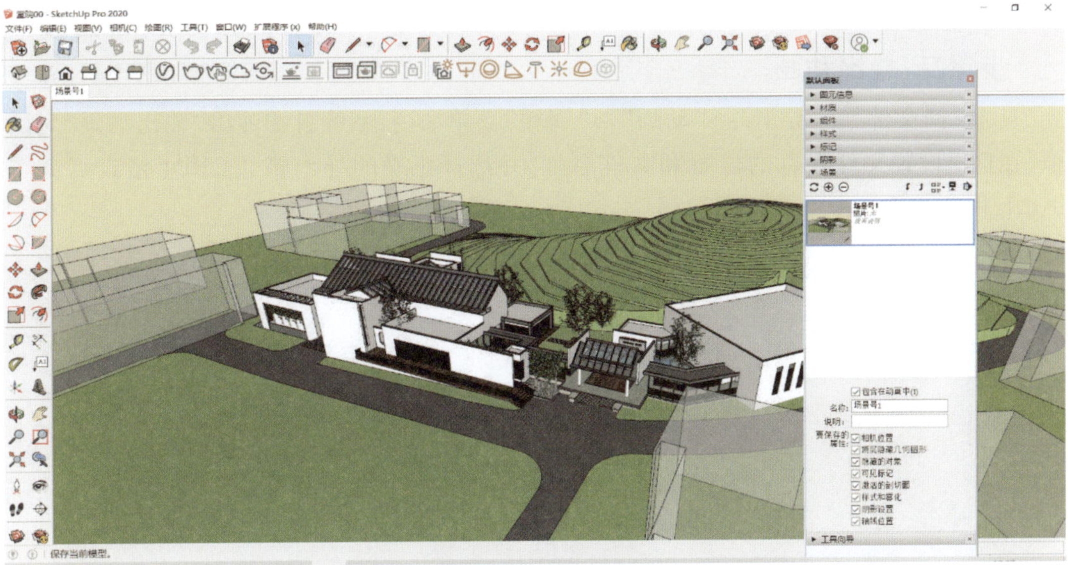

图 9-98　添加场景 1

图 9-99　添加场景 2

图 9-100　添加其他场景

步骤二：导出动画

1.执行“文件”→“导出”→“动画”→“视频”菜单命令，系统自动弹出“输出动画”对话框，在这里设置文件保存的位置和文件名称，并选择正确的导出格式（MP4 格式），如图 9-101、图 9 -102所示。

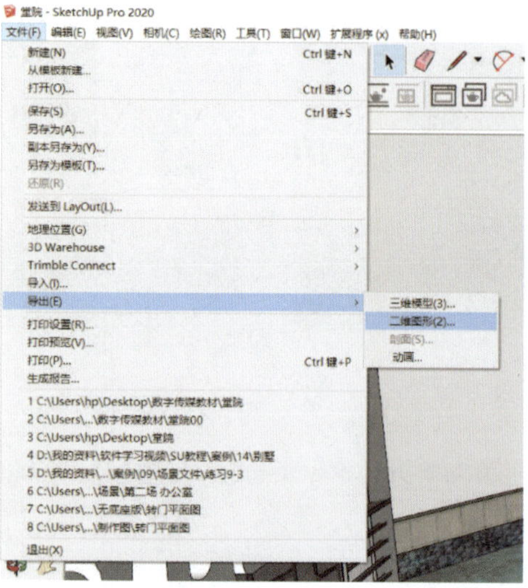

图 9-101　导出动画 1

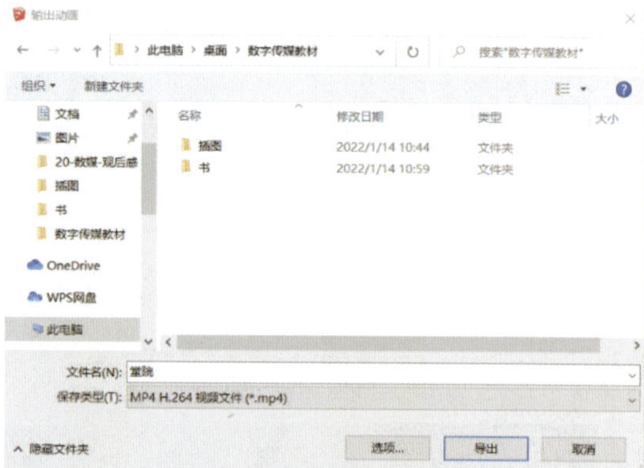

图 9-102　导出动画 2

2.单击“选项”按钮，打开“动画导出选项”对话框，设置“分辨率”为“480p 标准”，“帧速率”为“10”，再勾选“循环至开始场景”和“抗锯齿渲染”复选框，并单击“确定”按钮，如图 9-103所示。

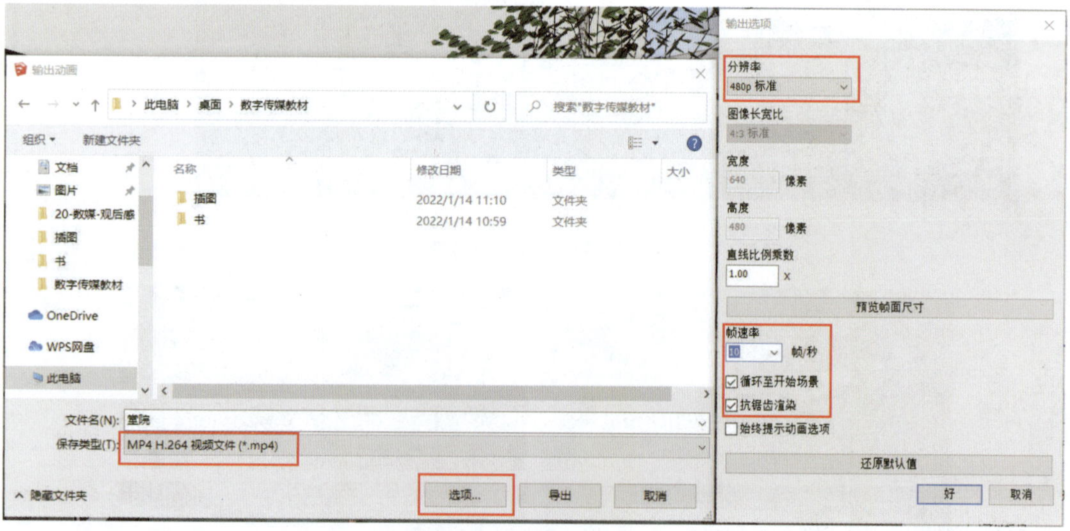

图 9-103　输出选项

3.动画文件被导出，此时将显示导出进度，如图 9-104 所示。

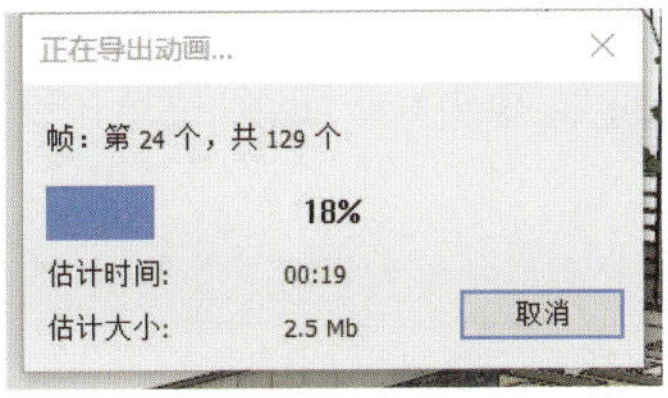

图 9-104　导出进度

步骤三:制作阴影动画

选用“阴影”命令可以使场景更具立体感,并能实时模拟场景的日照效果。下面通过一实例场景来具体讲解阴影动画的讲解及操作技巧,其操作步骤如下。

1.执行“窗口”→“默认面板”→“显示面板”→“阴影”菜单命令,将“日期”设置为“08/01”,将时间滑块拖动至最左侧,然后激活“显示隐藏阴影”按钮,如图 9-105 所示。

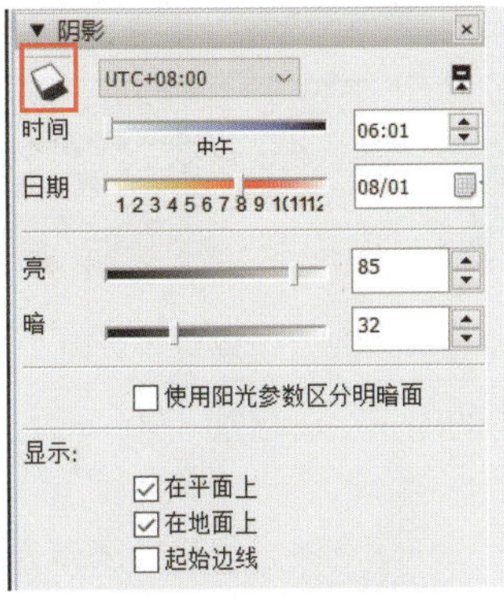

图 9-105　阴影设置

2.执行“窗口”→“默认面板”→“显示面板”→“场景”菜单命令,打开“场景”管理器并创建一个新的场景页面,如图 9-106 所示。

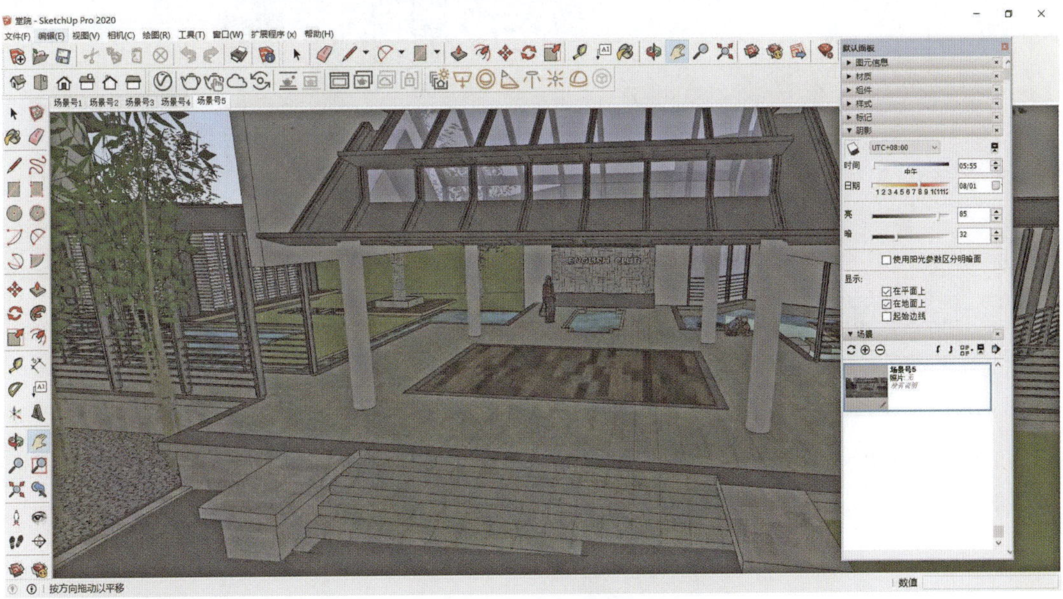

图 9-106　创建场景页面

3.阴影设置:在“阴影设置”对话框中拖动时间滑块,或直接在“时间”栏中调整时间为“09:00”,然后再添加场景6页面,如图9-107所示。

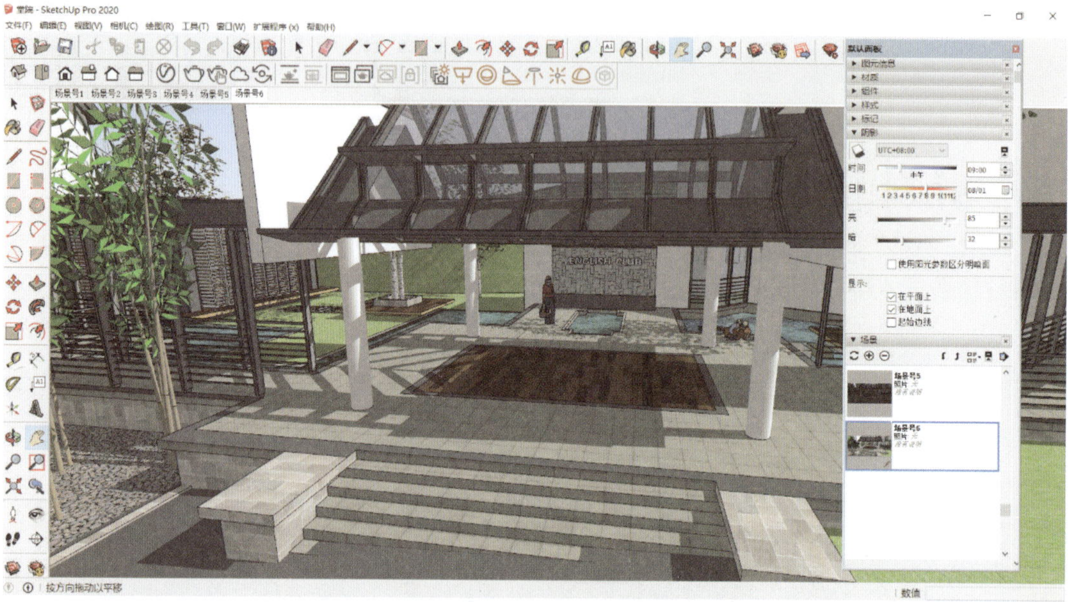

图 9-107　创建场景页面

4.根据同样的方法,调整不同的时间,来添加一些页面,如图9-108所示。

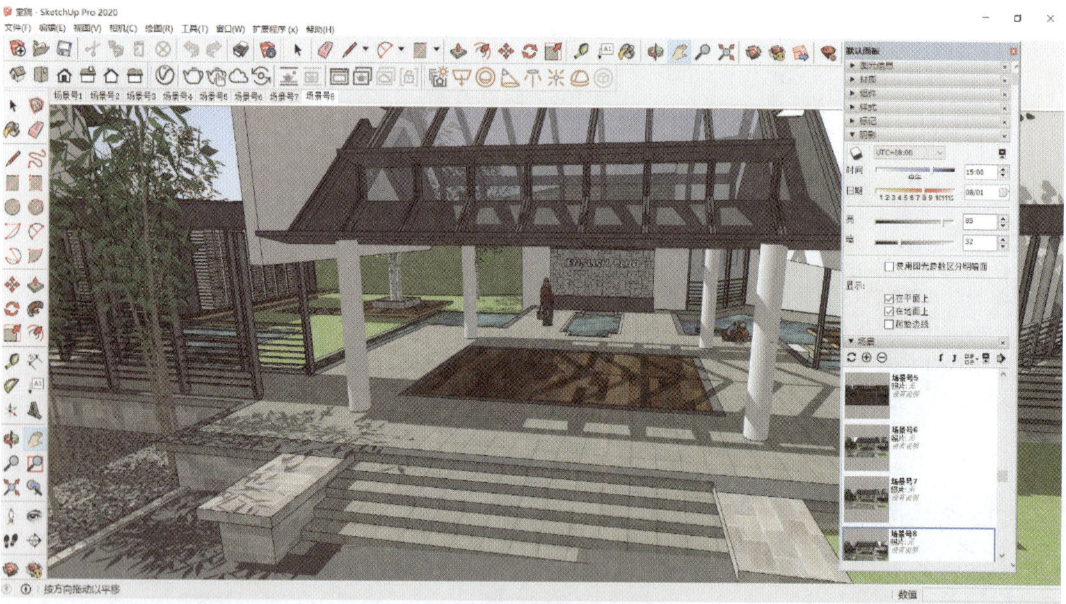

图 9-108　创建场景页面

5.打开“模型信息”管理器,然后在“动画”面板中设置开启场景过渡时间为“1 s”、场景暂停时间为“0 s”,如图9-109所示。

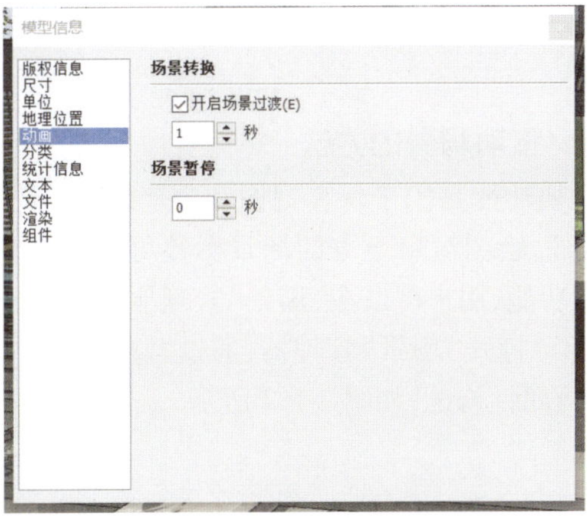

图 9-109　设置动画场景时间

6.完成以上设置后，执行"文件丨导出丨动画"菜单命令导出创建的阴影动画，导出时注意设置动画的保存路径和格式(MP4 格式)，然后单击"输出动画"对话框中的"导出"按钮即可将动画保存到指定的位置，如图 9-110 所示。

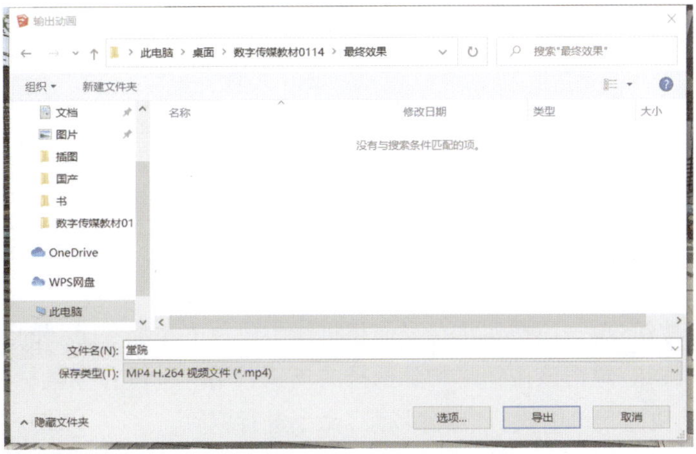

图 9-110　输出动画

7.打开所保存的 MP4 文件，即可对制作的阴影动画效果进行观看，如图 9-111 所示。

图 9-111　最终效果呈现

◎ 知识点拓展

01.添加/删除/更新/移动场景的方法

SketchUp 中场景的主要功能是用于保存视图和创建动画，场景可以存储显示设置、图层设置、阴影和视图等，通过绘图窗口上方的场景标签可以快速切换场景显示。SketchUp Pro 2020 具有场景缩略图功能，用户可以在“场景”管理器中进行直观的浏览和选择。执行“窗口丨场景”菜单命令即可打开“场景”管理器，通过“场景”管理器既可添加和删除场景页面，也可对场景页面进行属性修改，如图 9-112 所示。

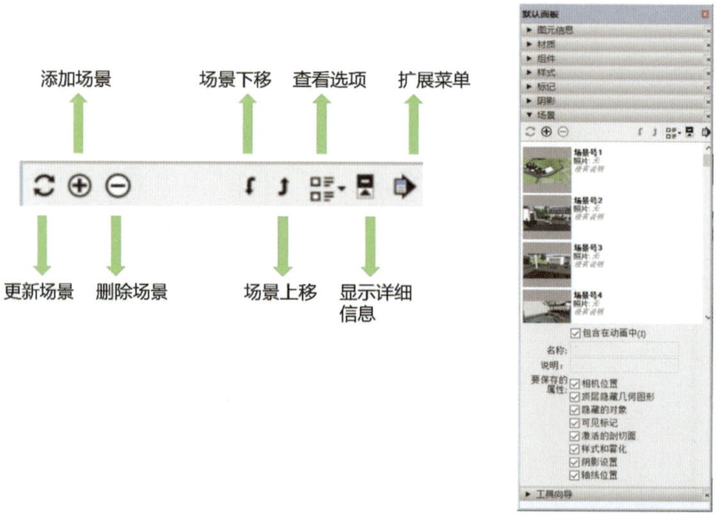

图 9-112　场景管理器设置

“添加场景”按钮：单击该按钮将在当前相机镜头设置下添加一个新的场景。

“删除场景”按钮：单击该按钮将删除选择的场景。用户也可在场景标签上单击鼠标右键，然后在弹出的快捷菜单中执行“删除场景”命令进行删除。

“更新场景”按钮：如果对场景进行了改变，则需要单击该按钮进行更新，也可以在场景号标签上单击鼠标右键，然后在弹出的快捷菜单中执行“更新场景”命令。

“场景下移”按钮/“场景上移”按钮：这两个按钮用于移动场景的前后位置，分别对应于场景号标签右键快捷菜单中的“左移”和“右移”命令。

提示：单击绘图窗口左上方的场景号标签，可以快速切换所记录的视图窗口。右键单击场景号标签，也能弹出场景管理命令，如对场景进行更新、添加或删除等操作，如图 9-113 所示。

图 9-113　场景号标签

02.场景缩略图的使用

从 SketchUp 8.0 开始,“场景”管理器新增加了场景缩略图,可以直观地显示场最视图,使查找场景变得更加方便,也可以右键单击缩略图进行场景的添加和更新等操作,如图 9-114 所示。

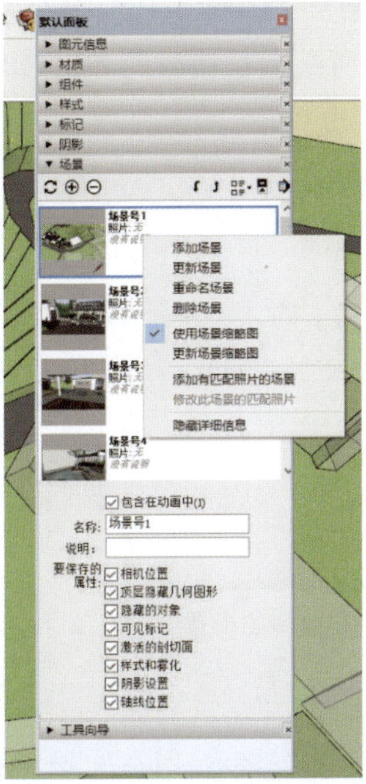

图 9-114　场景缩略图视图

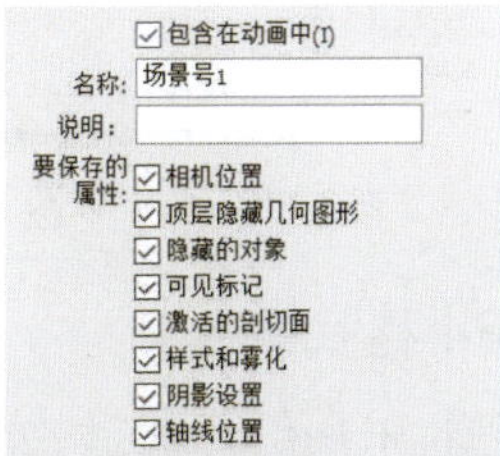

图 9-115　场景缩略图属性

“显示/隐藏详细信息”按钮:每一个场景都包含了很多属性设置,如图 9-115 所示,单击该按钮即可显示或者隐藏这些属性。

包含在动画中:当动画被激活以后,若选中该复选框,则场景会连续显示在动画中。若没有勾选,则播放动画时会自动跳过该场景。

名称:既可以改变场景的名称,也可以使用默认的场景名称。

说明:可以为场景添加简单的描述。

要保存的属性:该选项组包含了很多属性选项,勾选则记录相关属性的变化,不勾选则不记录。在不勾选的情况下,当前场景的这个属性会延续上一个场景的特征。例如取消勾选“阴影设置”复选框,那么从前一个场景切换到当前场景时,阴影将停留在前一个场景的阴影状态下,当前场景的阴影状态将被自动取消;如果需要恢复,就必须再次勾选“阴影设置”复选框,并重新设置阴影,同时还需要再次刷新。

03.幻灯片演示

设置好页面的场景可以用幻灯片的形式进行演示。首先设定一系列不同视角的页面,并尽量使得相邻页面之间的视角与视距相差不太远,数量也不宜太多,只需选择能充分表达设计意图的代表性页面即可;然后执行“视图”→“动画”→“播放”菜单命令打开“动画”对话框,单击“播放”按钮即可播放页面的展示动画,单击“停止”按钮即可暂停幻灯片播放,如图 9-116 所示。

图 9-116　幻灯片播放

场景转换和场景暂停的时间设置：执行“视图”→“动画”→“设置”菜单命令，将打开“模型信息”管理器中的“动画”面板，在此可以设置页面切换时间和定格时间，如图 9-117 所示。为了使动画播放流畅，一般将场景暂停设置为 0 s。

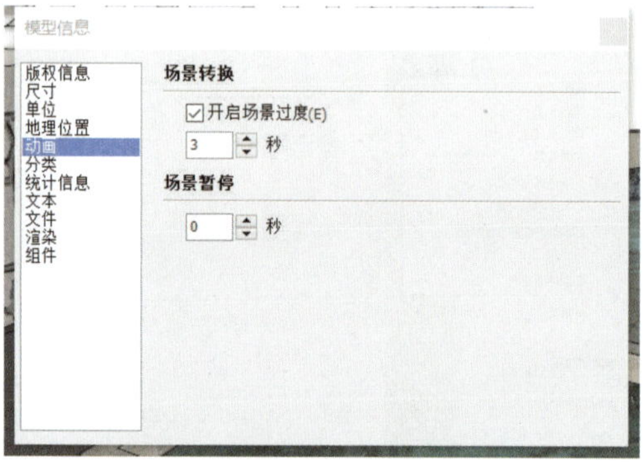

图 9-117　场景转换和场景暂停的设置

04.导出 MP4 格式的动画

对简单的模型，采用幻灯片播放既能保持平滑动态显示，但在处理复杂模型时如果仍要保持画面流畅就需要导出动画文件了。这里因为在采用幻灯片播放时，每秒显示的帧数取决于计算机的即时运算能力，而导出视频文件的话，SketchUp 会使用额外的时间来渲染更多的帧，以保证画面的流畅播放。所以，导出视频文件需要更多的时间。

想要导出动画文件，只要执行“文件”→“导出”→“动画”菜单命令，然后在弹出的“输出动画”对话框中设置导出格式为“MP4 文件（*.MP4 格式）”，接着对导出选项进行设置即可，如图 9-118 所示。

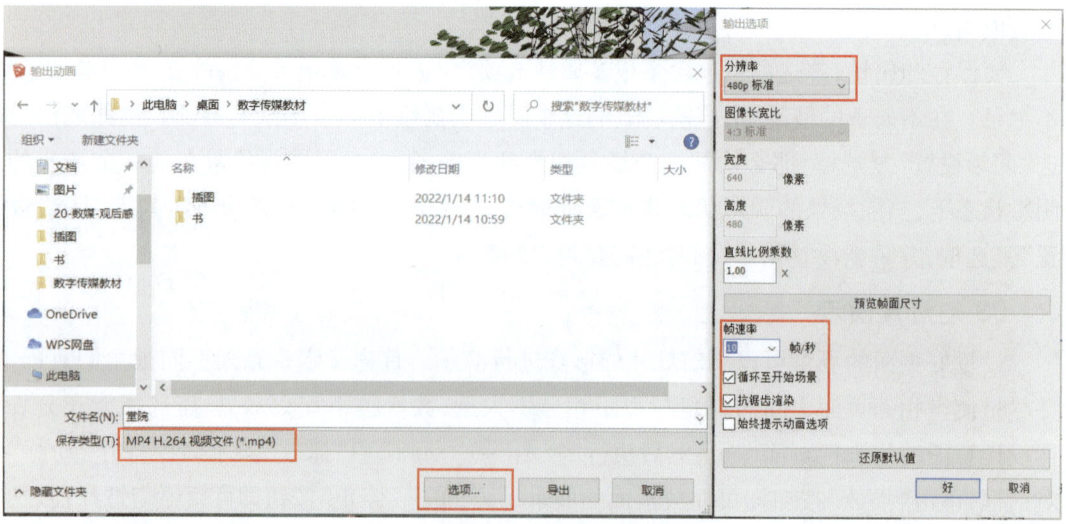

图 9-118　输出选项

分辨率：在该下拉列表框中有4个选项，分别为“1080 p全高清”“720高清” “480 p标准”和“自定义”。分辨率就是图像的精密度，是指视频文件所能显示的像素的多少。分辨率越高，像素的数目越多，感应到的图像就越精密。

图像长宽比：电视机、大多数计算机屏幕和1950年之前电影的标准比例是4∶3；宽银幕显示（包括数字电视、等离子电视等）的标准比例是16∶9。

帧尺寸（宽×长）：该尺寸由选择的“分辨率”来决定。帧尺寸是指每帧画面的长和宽分别占多少像素。像素数目越多，清晰度越高，当然也需要占用更多的存储空间。

帧速率：每秒产生的帧面面数。帧数与渲染时间以及视频文件大小成正比，帧数值越大，渲染所花费的时间以及输出后的视频文件就越大。帧数设置为8~10 f/s是画面连续的最低要求，12~15 f/s既可以控制文件的大小也可以保证流畅播放，24~30 f/s的设置就相当于“全速”播放了。当然，用户还可以设置5 f/s来渲染一个粗糙的动画来预览效果，这样能节约大量时间，并且发现一些潜在的问题，例如高宽比不对、照相机穿墙等。

提示：一些程序或设备要求特定的帧数。例如，有些国家的电视要求帧数为29.97 f/s，欧洲的电视要求为25 f/s、电影需要为24 f/s，我国大陆地区的电视要求为25 f/s等。

循环至开始场景：勾选该复选框后，可以创建无限循环的动画。

抗锯齿渲染：勾选该复选框后，SketchUp会对导出的图像作平滑处理。虽然需要更多的导出时间，但是可以减少图像中的线条锯齿。

始终提示动画选项：在创建视频文件之前总是先显示这个对话框。

◎ 独立实践任务

任务2　制作三维室内场景动画

【任务背景】

在完成三维场景建模后，以漫游的形式能够更好地体现场景的空间透视效果，三维室内场景动画的展现在电视节目、广告、影视、建筑、多媒体制作、游戏等可视化领域中有广泛的应用。

【任务要求】

运用SketchUp草图大师中的场景页面功能制作一段约1 min时长的三维室内场景动画，要求呈现摄像机由远到近的空间位移动画效果。动画完成后，渲染输出成MP4文件格式，参考效果如图9-119所示。

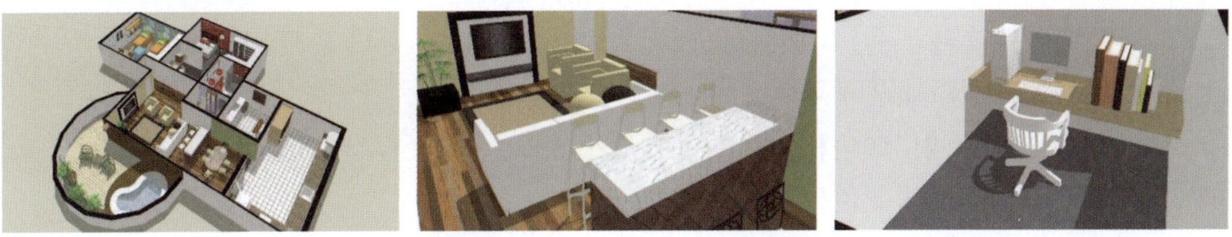

图9-119　制作三维室内场景动画

【技术要领】添加场景页面、设置页面转换时间、导出动画、设置动画输出选项。
【解决问题】解决学习者对三维场景动画的制作能力和拓展应用能力。
【素材来源】使用 SketchUp 软件自带组件和材质数据。
【参考效果】\模块 9\情境 04\任务 2\参考效果\三维室内场景动画.mp4。

职业技能知识点考核

1.单选题

(1)在“栅格和捕捉设置”中的“栅格间距”数据输入框中输入 20 mm的作用是________。

A.以 20 mm为一个 3ds Max 的标准单位

B.栅格向上移动 20 mm

C.视图最小栅格尺寸为 20 mm×20 mm

D.不同大小栅格间的距离为 20 mm

(2)“挤出”工具的作用是________。

A.在三维造型中挤出一个突起　　B.使二位图形变为三维立体造型

C.去除三维造型中的一部分　　D.删除被选择的物体

(3)贴图坐标参数中的 V 方向数据栏中输入 1 代表________。

A.贴图向上翻转一格　　B.贴图向下翻转一格

C.贴图向左翻转一格　　D.贴图向右翻转一格

(4)在使用噪波修改器时,用来调整角度的圆显示________。

A.黄色　　B.灰色　　C.蓝色　　D.红色

(5)在 SketchUp 软件中,“场景”的主要功能是________。

A.黄色　　B.灰色　　C.蓝色　　D.红色

2.多选题

(1)目标聚光灯包含________。

A.目标点　　B.灯罩　　C.聚光区域　　D.360°照明

(2)在顶视图中旋转被选择物体时可能出现的效果是________。

A.顺时针旋转　　B.逆时针旋转　　C.向前翻转　　D.向后翻转

(3)在材质球中添加贴图文件时的正确方式是________。

A.点击“漫反射”颜色框右边的正方形小方框,在路径窗口中选择贴图文件

B.点击“漫反射”颜色框,在路径窗口中选择贴图文件

C.在材质编辑器中的贴图栏,点击漫反射颜色右边的长条按钮,选择贴图文件

D.点击获取材质按钮,在路径窗口中选择贴图文件

(4)在使用噪波修改器时，如要调节噪波效果移动的动画时，应设置________参数。

A.种子　　B.比例　　C.强度　　D.Gizmo

(5)在 SketchUp 软件中，如果对某一场景进行改变，则需要单击________按钮。

A.添加场景　　B.删除场景　　C.更新场景　　D.场景上移

3.判断题

(1)使用旋转工具时，坐标区的 Y 轴数值会随旋转角度而改变。　　(　　)

(2)对多个字组成的立体文字使用弯曲工具时，角度值为“90”，则文字形成 90°直角。　　(　　)

(3)使用旋转工具修改三维造型的角度时，可以在坐标栏输入旋转角度的数值。　　(　　)

(4)三维造型的贴图坐标中的 U 值和 V 值，分别代表三维造型坐标的 X 值和 Y 值。　　(　　)

(5)帧速率是指每秒产生的帧面面数。帧数与渲染时间以及视频文件大小成正比，帧数值越大，渲染所花费的时间以及输出后的视频文件就越大。　　(　　)

模块 10

数字传媒交互设计

Adobe Director 是一套非常理想的多媒体产品创作工具。使用 Adobe Director不但可以创作多媒体教学光盘，而且可以创建活灵活现的 Internet 网页、多媒体的互动式简报以及制作出色的动画。Adobe Director 可被广泛应用于制作交互式多媒体教学演示、网络多媒体出版物、网络电影、网络交互式多媒体查询系统、动画片、企业的多媒体形象展示和产品宣传、游戏和屏幕保护程序等。

本模块通过使用 Adobe Director 的 Lingo 语言来控制各类多媒体元素的交互演示，如图片播放器、滚动文本显示、视频播放器以及数字传媒的交互整合应用。通过典型的数字传媒案例，来展现 Adobe Director 强大的脚本语言功能，使用户能够创建复杂的交互式应用程序。

广告制作、平面设计、媒体艺术、会展设计、数字出版、电脑编辑、印刷图文等相关专业可以根据专业的特点，对本模块内容进行选择性教学。

素材+完成效果

情境 01　图片播放器设计

在数字传媒交互系统中，根据不同的功能，所使用的图片播放器风格也完全不同，由于数字传媒交互系统大多显示在计算机屏幕上，所以图片播放器的长宽比例基本上与 3：4 比例一致、一般构图是将画面主题置于中央。这种构图在数字传媒交互系统制作中会比较稳定。色彩作为数字传媒系统的主体或背景，是可以表达感情的。在表现某一个主题时，要考虑哪一种色彩更能起到烘托、修饰、支持主题和引起共鸣。图片播放器是一个单独的系统，主要用来向观众展示一些照片，在这个系统中，一般建议用黑色的背景来衬托场景的主题，黑色代表庄重、严肃、有力、正派、不轻浮。黑色是静寂无声的色彩，犹如夜晚中的寂静。

【能力目标】

1.掌握 Adobe Director 中控制按钮的 Lingo 代码设计。

2.掌握 Adobe Director 中应用音频、Flash 及特效的使用方法。

【知识目标】

1.了解位图精灵属性的控制方法。

2.了解 Adobe Director 的特效使用方法。

【课时分配】

2 课时（授课 1 课时，实践 1 课时）。

◎ 模拟制作任务

任务 1　精品摄影电子相册

【任务背景】

“世界影响·香城纷享”——上海世博会精品摄影展，将于 12 月 31 日在现代传媒技术与艺术学院“N+艺术中心”拉开序幕。展出作品包含了大多数世博会场馆，犹如用镜头带你“逛世博”。此次展出的精品作品均围绕世博主题，为了营造用镜头带你“逛世博”的效果，主办方还特地挑选了不少世博场馆的作品，让学生在校就能以最直观的方式，感受当年上海世博会的魅力。

图 10-1　完成效果

【任务要求】

为“世界影响 · 香城纷享”设计一个世博电子纪念相册，电子相册的制作要体现图、文、声、像并茂的表现效果，要求采用简洁的画面风格及交互的按钮，完成效果如图 10-1 所示。

【任务分析】

电子相册具有传统相册无法比拟的优越性，集合了书刊图文并茂的特点，并辅以精美的音乐、照片，极具知识性和艺术性。从功能上来看，主要包括的功能有照片翻动、退出、音乐功能、返回首页等。在实际设计中，还要考虑与 Flash 等特效的结合使用。

【重点、难点】

1.控制按钮的脚本语言。

2.精灵图片的变换控制。

【技术要领】相册页面布局、按钮脚本语言设计。
【解决问题】鼠标事件控制电子相册浏览。
【素材来源】\模块 10\情境 01\任务 1\素材\相关文件。
【完成效果】\模块 10\情境 01\任务 1\完成效果\电子相册.dir。

操作步骤

步骤一：电子相册界面布局

1.新建一个 Director 文档，将“\模块 10\情境 01\任务 1\素材”目录下的所有素材导入 cast 列表中，导入的方式设置为 Link to External File 方式，如图 10-2 所示。

2.新建一个内部角色表，将其名称设置为“image”，然后将素材中 image 文件夹下的所有图片导入其中，如图 10-3 所示。

3.打开“Property Inspector”面板，切换到“Movie”选项卡，将舞台大小设置为 800 像素×600 像素，将舞台的颜色为黑色。

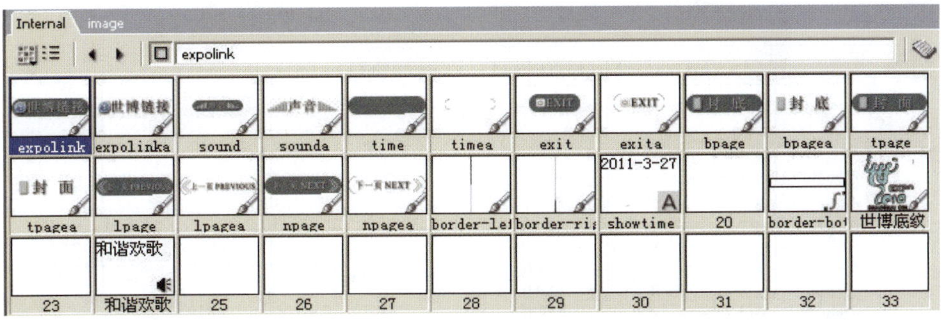

图 10-2　导入素材

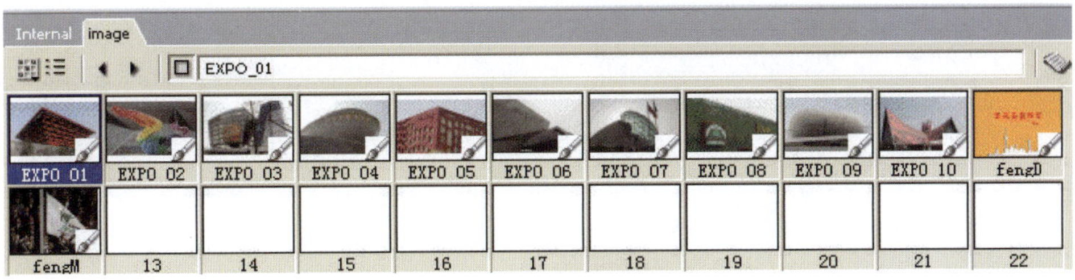

图 10-3　导入图片素材

4.选择第 1 个 Cast 列表,将其中的 Cast 按照如图 10-4 所示的方式进行排列,并使其对齐。

5.新建一个空白文本角色 showtime,将其拖动到舞台上,把文本角色放置到 10 号精灵通道中,打开"Property Inspector"面板,将 Ink 模式设置为"Background Transparent"。

6.将 Cast 列表中的 EXPO-01 添加到 15 号精灵通道中,并在 Stage 窗口中调整它的位置,使其置于舞台中间。

7.使用相同的方法选择 EXPO-02、EXPO-03、EXPO-04、EXPO-05、EXPO-06,分别放置在 16～20 号精灵通道中,并在 Stage 窗口中调整它们的大小和位置。

8.在 14 号精灵通道中添加 Motion-circle 精灵,这是一个 Flash 动画,打开"Property Inspector"面板,将 Ink 模式设置为"Background Transparent"。

9.使用相同方法,在 21 号精灵通道中添加 Motion-fly 精灵,在 22 号精灵通道中添加 Motion-line 精灵,打开"Property Inspector"面板,将 Ink 模式设置为"Background Transparent"。

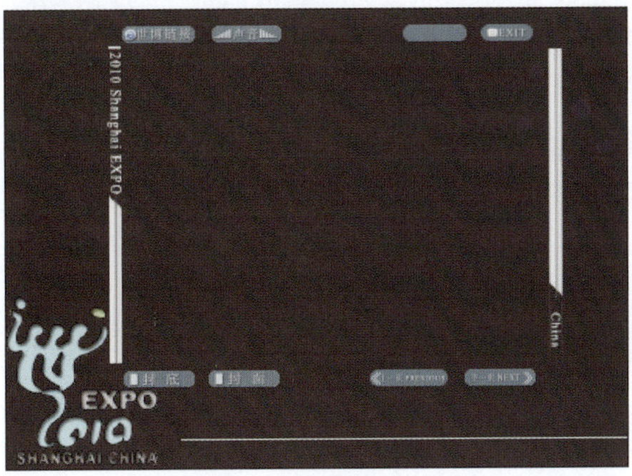

图 10-4　放置 Cast

10.至此，界面的构建操作就完成了。图 10-5 给出了该界面的 Score 列表。

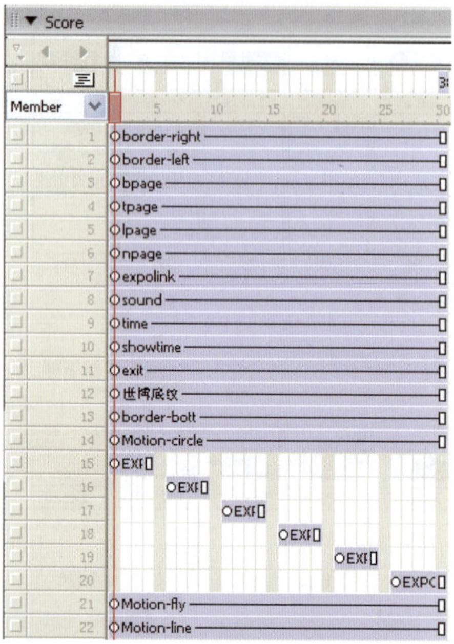

图 10-5　完成特效添加

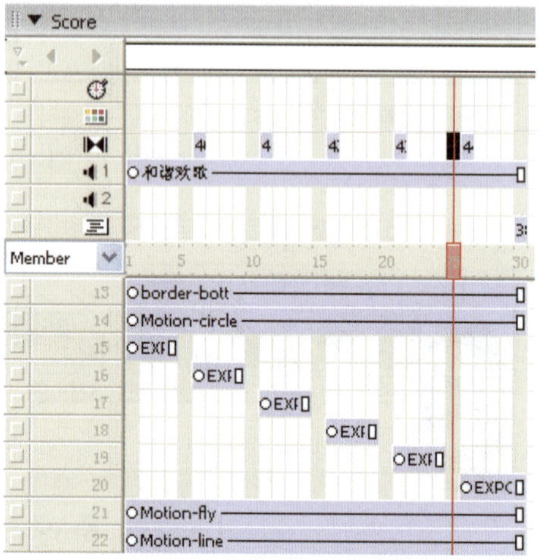

图 10-6　放置 Score 列表

步骤二：实现基本功能

1.选择 Cast 列表中的“和谐欢歌.mp3”角色，将其放置到声音通道 1 中，使其作为整个相册的背景音乐。

2.将时间指针移动到 30 帧处，双击帧脚本通道，在打开的脚本编辑器中输入以下语句，使其在该帧进行循环，如图 10-7 所示。

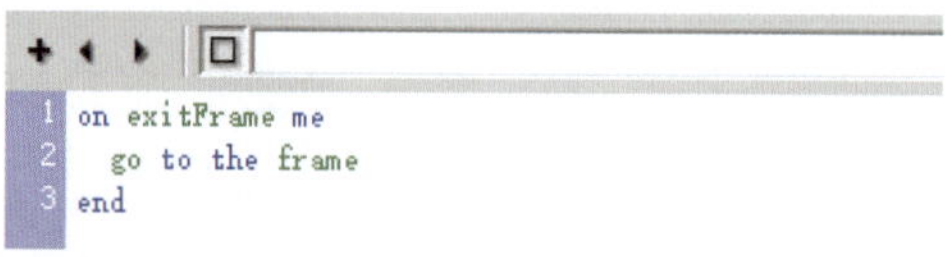

图 10-7　30 帧 Lingo 代码

3.在第 6 帧处双击过渡特效通道，在打开的对话框中选择“Wipe”和“Center Out Horizontal”选项。

4.在 11 帧处双击过渡特效通道，在打开的对话框中选择“Dissolve”和“Dissolve”，“Bits”选项，从而在第二个画面上添加转场特效。

5.使用相同的方法，分别在第 16 帧、第 21 帧和第 26 帧创建过渡特效，为了使过渡效果产生变化，在这里可以选择不同的过渡特效。如图 10-6 所示的是添加完过渡效果后的特效通道。

步骤三：实现 Lingo 控制交互

1.“世博链接”脚本代码，如图 10-8 所示。

```
on mouseenter me
  cursor 280
  sprite(me.spritenum).member=member("expolinka")
end
on mouseUp me
  goToNetPage "http://www.expo2010.cn","_new"      —打开IE并链接到指定网站
end
on mouseleave me
  sprite(me.spritenum).member=member("expolink")
  cursor 0
end
```

图 10-8　世博链接 Lingo 代码

2.“声音”脚本代码，如图 10-9 所示。

```
global soundflag                                  —定义标注位
on mouseenter me
  cursor 280
  sprite(me.spritenum).member=member("sounda")   —重置按钮及指针
end

on mouseUp me
  if soundflag=1 then
    sound(1).play()                               —播放声音
    soundflag=0
  else
    if sound(1).isbusy() then
      sound(1).pause()                            —暂停播放
      soundflag=1
    end if
  end if
end

on mouseleave me
  sprite(me.spritenum).member=member("sound")
  cursor 0
end
```

图 10-9　声音控制 Lingo 代码

3.“显示时间与日期”脚本代码，如图 10-10 所示。

```
on mouseenter me
  sprite(me.spritenum).member=member("timea")
  member("showtime").text=the time               —显示日期信息
  member("showtime").alignment=#center           —设置文本居中
  member("showtime").fontstyle=[#bold]           —设置文本加粗
end

on beginsprite  me
  member("showtime").text=the date               —显示日期信息
  member("showtime").alignment=#center           —设置文本居中
  member("showtime").fontstyle=[#bold]           —设置文本加粗
end

on mouseleave me
  sprite(me.spritenum).member=member("time")
  member("showtime").text=the date               —显示日期信息
  member("showtime").alignment=#center           —设置文本居中
  member("showtime").fontstyle=[#bold]           —设置文本加粗
end
```

图 10-10　显示时间与日期 Lingo 代码

4.“EXIT”脚本代码，如图 10-11 所示。

```
on mouseenter me
  cursor 280
  sprite(me.spritenum).member=member("exita")    —初始化图标状态
end

on mouseUp me
  quit                                            —退出
end

on mouseleave me
  sprite(me.spritenum).member=member("exit")     —还原图标
  cursor 0
end
```

图 10-11　退出 Lingo 代码

5."封底"脚本代码,如图 10-12 所示。

```
global clickflag                              —设置标志位
on mouseenter me
  cursor 280
  sprite(me.spritenum).member=member("bpagea")
end

on mouseUp me
  sprite(20).member=member(11,2)              —指向封底
  sprite(20).rect = rect(148,51,698,461)
  clickflag=1
  sprite(5).visible=1
  sprite(6).visible=0                         —如果已经切换到了封底，则下一页失效
end

on mouseleave me
  sprite(me.spritenum).member=member("bpage")
  cursor 0
end
```

图 10-12　封底 Lingo 代码

6."封面"脚本代码,如图 10-13 所示。

```
global clickflag                              —设置标志位
on mouseenter me
  cursor 280
  sprite(me.spritenum).member=member("tpagea")
end

on mouseUp me
  sprite(20).member=member(12,2)              —指向封面
  sprite(20).rect = rect(148,51,698,461)
  updatestage
  clickflag=2
  sprite(5).visible=0                         —如果已经切换到封面，则上一页按钮不可用
  sprite(6).visible=1
end

on mouseleave me
  sprite(me.spritenum).member=member("tpage")
  cursor 0
end
```

图 10-13　封面 Lingo 代码

7."上一页"脚本代码,如图 10-14 所示。

```
global clickflag,i

on mouseenter me
  cursor 280
  sprite(me.spritenum).member=member("lpagea")
end

on mouseUp me
  if clickflag=1 then
    sprite(20).member=member(10,2)        —如果按下了封底按钮，则指向最后一张图片
    clickflag=0
    i = 0
  end if
  sprite(me.spritenum+1).visible=1
  if sprite(20).membernum<=1 then
    sprite(me.spritenum).visible=0        —如果已显示到第一张图片，则上一页按钮不可用
  else
    if i = 1 then
      sprite(20).member=member(sprite(20).membernum-1,2)
    else
      i = 1
    end if
  end if
end

on mouseleave me
  sprite(me.spritenum).member=member("lpage")
  cursor 0
end
```

图 10-14　上一页 Lingo 代码

8."下一页"脚本代码,如图 10-15 所示。

```
global clickflag,i

on mouseenter me
  cursor 280
  sprite(me.spritenum).member=member("npagea")
end

on mouseUp me
  if clickflag=2 then
    sprite(20).member=member(1,2)        —如果按下了封面按钮，则将显示第一个图片
    clickflag=0
    i = 0
  end if
  sprite(me.spritenum-1).visible=1
  if sprite(20).membernum>=10 then
    sprite(me.spritenum).visible=0        —如果显示到最后一张图片，则下一页按钮不可用
  else
    if i = 1 then
      sprite(20).member=member(sprite(20).membernum+1,2)
    else
      i = 1
    end if
  end if
end

on mouseleave me
  sprite(me.spritenum).member=member("npage")
  cursor 0
end
```

图 10-15　下一页 Lingo 代码

9.按"Ctrl+S"键保存文件,并发布成执行文件。

◎ 知识点拓展

每个 sprite 都具有自己的属性,只要控制这些属性就可以控制 sprite。sprite 属性使用格

式可以写成 sprite(号码).属性。sprite 号码指的是 Sprite 是在什么通道中。

01.控制形状属性

rect 属性主要用于控制图形的形状。它是一个由 4 个数值所组成的数组,分别表示图像和舞台边缘的距离,其中第 1 和第 3 个值用于控制位图的左、右两个边,而第 2 和第 4 个值用于控制位图的上、下两个边,其语句语法为:

```
rect(left, top, right, bottom)
```

源程序 shap.dir 的代码实现了这样一个功能,通过设置位图的 rect 属性,可以达到移动、拉伸和压缩位图的目的。

```
on mouseUp me
  Sprite(1). rect=rect(50,50,100,100)
  updateStage
end
on mouseUpoutside me
  Sprite(1). rect=rect(0,0,480,320)
  updateStage
end
```

02.控制旋转属性

```
sprite(1). rotation=10
```

源程序 rotate.dir 的代码实现了这样一个功能:当鼠标位于位图精灵上时,则图片自动旋转,每次旋转 10°。

```
on mouseWithin
  sprite(me.spritenum). rotation=sprite(me.spritenum). rotation+10
  updateStage
end
```

03.控制翻转属性

使用 Lingo 语句的 flipH 和 flipV 属性,可以控制精灵沿着 X 轴或 Y 轴产生翻转。

```
sprite(1). fliph=True
updateStage
```

下面的程序将根据光标与精灵的相对位置控制精灵的翻转属性。无论什么时候,当鼠标指针跨越位图某个轴时,则产生相应的翻转。

新建一个 Director 文档,影片的舞台大小4 809像素×320 像素,另存为 flip. dir,按“Ctrl+R”组合键,导入 1 张图片,并将其拖动到舞台的适当位置上,双击 Script 通道的第 1 帧,打开 Script 窗口,输入以下 Lingo 语句。

```
on exitFrame me
  go to the frame
End
```

选中舞台上的精灵1,单击鼠标右键,在快捷菜单中选择 Script 命令,打开 Script 窗口为其添加以下的 Lingo 语句。

```
on mouseWithin
  set cloc=the mouseLoc                    —输出鼠标坐标位置
  set sloc=(sprite 1).loc                  —输出精灵坐标位置
  if cloc.locH>sloc.locH then
    (sprite 1). flipH=True                 —控制精灵沿着 X 轴产生翻转
  else
    (sprite 1). flipH=False
  end if
  if cloc.locV>sloc.locV then
    (sprite 1). flipV=true                 —控制精灵沿着 Y 轴产生翻转
  else
    (sprite 1). flipV=False
  end if
end mouseWithin
```

04.控制扭曲属性

```
sprite(1). skew=10
```

源程序 warp.dir 的代码实现了这样一个功能:当鼠标单击精灵时,图片自动倾斜,每次扭曲 10°,当鼠标单击精灵离开时,则反向扭曲 10°。

```
on mouseUp me
  sprite(me.spritenum). skew=sprite(me.spritenum). skew+10
  updateStage
end
on mouseLeave me
  sprite(me.spritenum). skew=sprite(me.spritenum). skew -10
  updateStage
end
```

05.鼠标位置属性

鼠标控制的原理通过检测鼠标的坐标位置,然后将这个坐标值通过变量制订给被控制的精灵,达到修改精灵位置的目的。最终所达到的效果就是在屏幕上单击鼠标,从而受控制的精灵马上移动到鼠标的位置上。

```
The mouseH
mouseH()
The mouseV
mouseV()
```

源程序 followmouse.dir 代码实现的功能是:舞台上的图片可以跟随鼠标的方向进行旋转。

```
on exitFrame
  p=the mouseLoc                  —记录鼠标坐标位置
```

```
    x1=p.loch                      —记录鼠标水平坐标位置
    y1=p.locv                      —记录鼠标垂直坐标位置
    x2=sprite(1). loch             —记录精灵水平坐标位置
    y2=sprite(1). locv             —记录精灵垂直坐标位置
    if x2<>x1 then angle=atan(float(y2-y1)/float(x2-x1))
    if x1<x2 then angle=pi()+angle
    angle=angle * 360/(2.0* pi)
    sprite(1). rotation=angle      —赋值精灵旋转角度
    updateStage
  end
```

◎ 独立实践任务

任务 2　石库门的红色印记

【任务背景】

从 2021 年 5 月现代传媒技术与艺术学院“石库门的红色印记”图片展上获悉，即日起至 6 月 12 日，学院将以“石库门 · 红色印记 · 生态博览群”为主题，为市民和游客诠释那些发生在石库门里红色文化的时代内涵，传承红色文化的历史底蕴，参考效果如图 10-16 所示。

图 10-16　参考效果

【任务要求】

上海创造了多个“红色第一”。非常有趣的是，这些红色故事都发生在上海的一种独特民居——石库门里弄住宅内。现从建筑风格的角度出发，展示上海一些红色革命遗迹的建筑特点。

【技术要领】帧脚本技术、精灵脚本技术、按钮交互控制脚本。
【解决问题】Lingo 语言控制多种媒体的交互演示。
【素材来源】\模块 10\情境 01\任务 2\素材\相关图片 8 张。
【参考效果】\模块 10\情境 01\任务 2\参考效果\redmark.dir 等相关文件。

任务3 “美丽的家乡”多媒体光盘

【任务背景】

为“盛世中华”设计子模块“美丽的家乡”，对我们来说家乡是很美丽的，家乡是生我养我的地方，是建立我们对外界认识的第一个地方，是见证我们成长的地方。为培养大学生的审美情趣和艺术创造力，《版花》电子期刊面向全校学生举办“美丽的家乡”多媒体光盘设计，同学们表达的自己心中的家乡，参考效果如图10-17所示。

图10-17 参考效果

【任务要求】

“美丽的家乡”辽宁，除了展示家乡四季风景，古老的传说、香气扑鼻的小吃外，还可以展示庆祝丰收的传统节日，小城故事。作品的音乐、图片、文字、视频等应布局合理，层次分明，页面美观。

【技术要领】帧脚本技术、精灵脚本技术、按钮交互控制脚本。
【解决问题】Lingo 语言控制多种媒体的交互演示。
【素材来源】\模块10\情境01\任务3\素材\图片及音频文件。
【参考效果】\模块10\情境01\任务3\参考效果\main.dir 等相关文件。

情境02 滚屏文本设计

数字传媒交互系统的一个重点就是向观众传递信息，而信息的常用表现形式有4种，分别是图像、声音、视频和文本。虽然与图像、声音和数字视频文件比起来，文本好像更为基本，它仍然是大多数计算机程序与用户交流信息的主要方法。作为一种重要的信息传递工具,文本在整个媒体设计中占有重要的地位,如何能在有限的界面内最大限度地为用户提供信息,这就要求界面必须单纯、简洁。控制滚屏文本是作为多媒体设计师必须掌握的基本功。

在滚屏文本设计中需要掌握4个原则:一是简单明了原则。用户的操作要尽可能地以直接、形象、易于理解的方式呈现在用户面前。对操作接口,直接点击高于右键操作,文字表示高于图标示意,尽可能地符合用户对类似系统的识别习惯。二是方便使用原则。符合用户习惯为方便使用的第一原则。其他原则还包括:实现目标功能的最少操作数原则,鼠标最短距离移动原则等。三是用户导向原则。为了方便用户尽快熟悉系统,简化操作,应尽可能地提供向导性质的操作流程。四是实时帮助原则。用户需要能随时响应问题的用户帮助。

【能力目标】

1.掌握 Adobe Director 中引入文本的 Lingo 代码设计。

2.掌握控制文本演员的核心方法。

【知识目标】

1.了解滚动文本演员的创建过程。

2.了解控制滚动文本的相关元素设计。

【课时分配】

2 课时(授课1课时,实践1课时)。

◎ 模拟制作任务

任务1　触摸屏界面文本设计

【任务背景】

在2022北京冬奥会宣传触摸屏设计中,需要设计一个主要场馆的滚动文本介绍,完成效果如图10-18所示。

图10-18　完成效果

【任务要求】

用鼠标拖移滑块，触摸屏上的图文混排能跟随滚动。

【任务分析】

实现思路：将文字和图片在其他图形处理软件中根据多媒体画面的布局进行排版，并将各元素输出为位图文件。在 Director 中制作一个图文混排内容可见区域的遮罩层，然后通过拖曳浮标来控制图文混排内容位图成员的垂直注册点，使其上下移动。

【重点、难点】

1.图文混排及相关元素制作、遮罩原理。

2.图文混排及鼠标的交互控制。

【技术要领】文本滚动控制的脚本语言。
【解决问题】鼠标事件触发文本滚动。
【素材来源】\模块 10\情境 02\任务 1\素材\相关文件。
【完成效果】\模块 10\情境 02\任务 1\完成效果\触摸屏文本 2022.dir。

操作步骤

步骤一：创建舞台

1.启动 Adobe Director，按“Ctrl+N”键打开新建文档对话框，将“\模块 10\情境 02\任务 1\素材\图文模板.png”导入 Cast 列表中，并将其放置到舞台上。

2.然后再将素材文件夹中的“杆子.tif”和“浮标.tif”添加到舞台上，并适当调整相互的位置，如图 10-19 所示。

图 10-19　放置控制按钮

3.导入“2022 冬奥会.bmp”，双击“2022 冬奥会.bmp”位图演员成员，在位图编辑器窗口将注册点拖曳到位图左上角位置，如图 10-20 所示，即使位图演员成员的 regPoint 属性值为

Point(0,0)。在演员表中紧接中国馆位图演员成员后面创建一个名称为“遮罩”的位图演员成员(遮罩演员必须在被遮罩图的后一个位置上,才能达到遮罩的作用),其尺寸大小为“2022 冬奥会.bmp”演员成员在舞台窗口中的可视区域,并调整其注册点在偏离左上角水平、垂直方向各 5 像素(具体的像素值可根据图文混排显示的效果来决定),如图 10-21 所示。

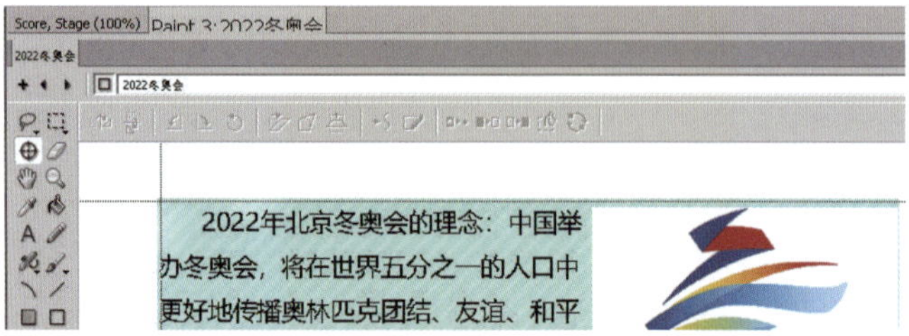

图 10-20　调整位图注册点至左上角

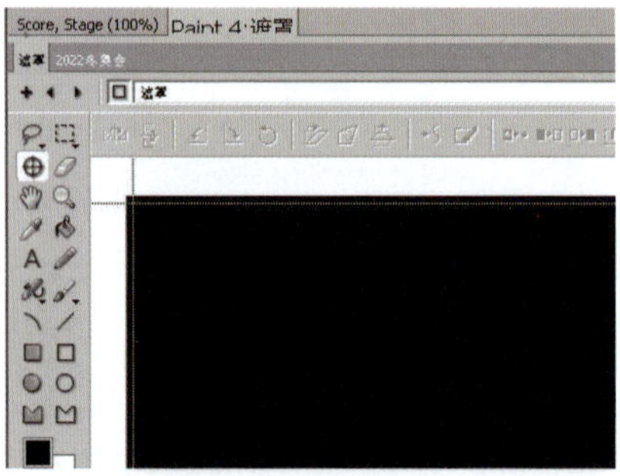

图 10-21　调整遮罩精灵注册点至左上角

图 10-22　将位图精灵 Ink 属性设置为 mask

4.拖曳演员表中除“遮罩”演员成员外的其他演员成员到舞台上相应的位置,选中“2022 冬奥会.bmp”位图精灵,在 Property Inspector 面板中将其 Ink 属性设置为 mask 着色模式(如果设置 mask 着色后,位图精灵的遮罩位置不合适,则需要调整位图精灵的注册点到左上角),如图 10-22 所示。

步骤二:实现图文滚动

1.打开脚本编辑器,并在其中输入如下代码,如图 10-23 所示。

滚动图文行为

```
—定义变量
property pDownMe
property pMember
property pMemberMask
property Toplocv
property bottomlocv

—getPropertydescriptionList函数在一段行为代码中产生一个定义的列表和接收出现在行为参数设置对话框中的参数标签，
—myList 的属性列表，创建一个行为参数对话框，用于接收发出的 Lingo命令 pMember、pMemberMask、Toplocv、bottomlocv
—#comment：描述性字符串，#default：行为参数的初始化设置，#format：行为参数的格式
on getPropertydescriptionList me
  myList=[:]
  myList[#pMember]=[#comment:"滚动的图片演员成员:",#default:"",#format:#bitmap]
  myList[#pMemberMask]=[#comment:"用作遮罩的图片演员成员:",#default:"",#format:#bitmap]
  myList[#Toplocv]=[#comment:"浮标的起始点纵坐标:",#default:0,#format:#integer]
  myList[#bottomlocv]=[#comment:"浮标的最低点纵坐标:",#default:0,#format:#integer]
  return myList
end

on beginsprite me
  —初始化浮标状态
  pDownMe=false
  —初始化浮标位置和被遮罩图与遮罩图的注册点
  sprite(me.spriteNum).locv=toplocv
  member(pMember).regPoint=point(0,0)
  member(pMemberMask).regPoint=Point(5,5)
end

on mousewithin me
  cursor 290
end

on mouseDown me
  pDownMe=true
end

on mouseUp me
  pDownMe=false
end

on mouseLeave me
  cursor 0
end

on mouseUpoutside me
  cursor 0
  pDownMe=false
end

on prepareFrame me
  if pDownMe then
    —限制鼠标拖曳的范围
    if (the mouseV)>=toplocv and (the mousev)<=bottomlocv then
      sprite(me.spriteNum).locv=the mousev
      the floatPrecision=2
      —计算出浮标当前位置与整个拖动范围的比例
      spritePer=float(sprite(me.spriteNum).locv-toplocv)/(bottomlocv-toplocv)
      —根据浮标的百分比求出被遮罩图注册点的纵坐标,10是余量,为了文本内容底不至于太贴边
      memberlocv=(member(pMember).height-member(pMemberMask).height+10)*spritePer
      —定位文本图文演员成员的注册点,达到移动的效果
      member(pMember).regPoint=point(member(pMember).regpoint.loch,memberlocv)
    end if
  end if
end
```

图 10-23　输入代码

2.关闭脚本编辑器窗口，选中脚本演员成员，并在属性检查器的脚本选项卡中将其类型设置为 Behavior，将名称设置为“滚动图文行为”。

3.拖动“滚动图文行为”到滑竿精灵上，在打开的行为参数设置对话框中设置各个参数，各个行为参数的设置如图 10-24 所示。

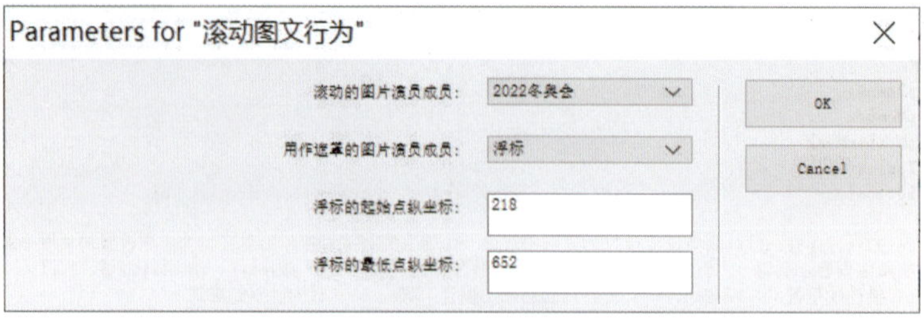

图 10-24　设置“滚动图文行为”参数

4.将时间指针移动到 30 帧处，双击帧脚本通道，在打开的脚本编辑器中输入以下语句，使其在该帧进行循环，如图 10-25 所示。

5.将时间指针移动到“返回”按钮，打开快捷菜单“脚本”，在打开的脚本编辑器中输入以下语句，使其返回，如图 10-26 所示。

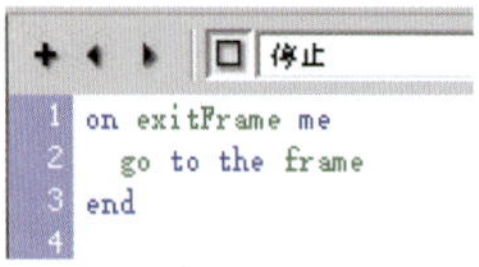

图 10-25　30 帧 Lingo 代码

图 10-26　“返回”按钮 Lingo 代码

6.按“Ctrl+S”键保存文件，将文件保存到“任务 1\完成效果\触摸屏文本 2022.dir”，并发布成执行文件。

◎ 知识点拓展

01.触屏界面的按钮文本设计原则

一幅画可能包含了千言万语，但是一个用户界面却需要用简洁的语句明确地告诉用户该做什么。因此决定哪些文字应该出现，哪些文字应该是界面设计非常重要的一部分。以下是 4 个适用于触摸屏界面的文本添加原则。遵循这些原则有助于提升界面的可用性。

(1)用动词来描述一个按钮是用来做什么

如果不是直接用动词描述，用户可能会感到困惑，并且增加学习的成本。所以“OK”和“Cancel”并不是最佳选择，“Yes”和“No”则更差，如图 10-27 所示。

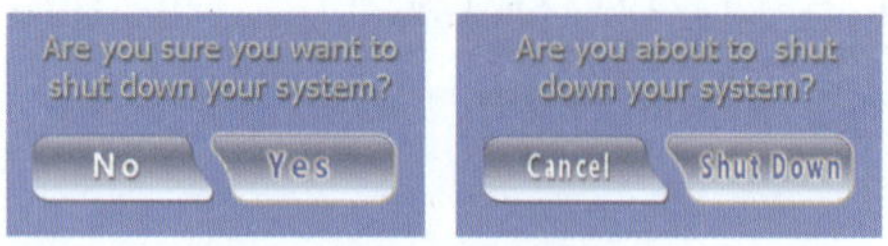

图 10-27　按钮状态

(2)将文本的重点放在最前面的 12 个字符上

12 个字符是英文，对于中文来说可能就是三四个字。人们阅读时总是扫描文字，所以大家可以比较一下这两句话：

“您正要进行关机，确认吗？”

“关机吗？”

同样的意思但是哪一句您阅读得更快呢？如图 10-28 所示。

图 10-28 按钮状态

（3）按钮的文本应该置于按钮本身而不是列在旁边

研究显示多数触摸屏用户会触碰按钮的下半部，所以建议将文字从垂直居中的位置上提一点，这样用户在按下按钮的同时，文本不容易被手指遮挡，如图 10-29 所示。

图 10-29 按钮文本

（4）减少重复

如果在一组按钮中一样的文字不断重复，那就把这些按钮放到一组，用一个标题来简化文本内容。或者有些情况下可以直接去掉这些重复的文字。这有助于帮助用户快速定位他需要进行的操作，如图 10-30 所示。

实际情况中人们不可能永远应用这 4 点，但是完全可以把这些思想灵活运用在界面设计中。

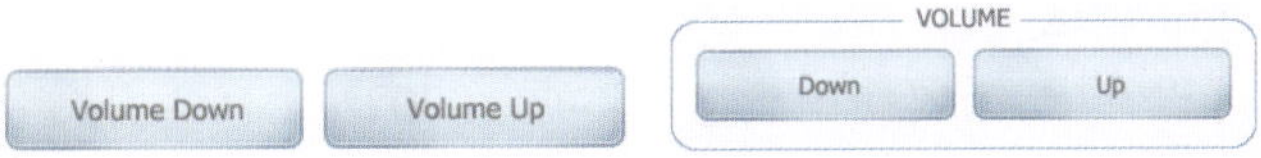

图 10-30 按钮文本

02.旋转的三维文字

在 Director 中制作和使用三维文字会使人们平时使用最多的文本演员更加精彩，对于简单的文字动画用户再也不用去动用 3ds Max 一类非常耗内存的大型软件了（源程序 3D 文字.dir）。

①打开文本编辑器，输入“数字传媒”四个字，设定好间距、字体和文字颜色，这里的字体用的是华文彩云，96 号字，居中对齐。为避免文字旋转时不会有被遮挡，文字的行距大一些，如图 10-31 所示。

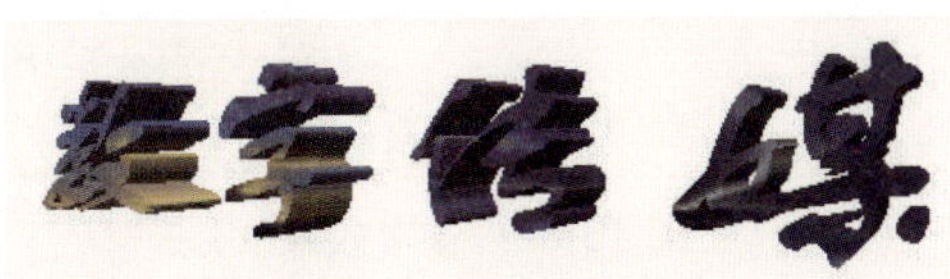

图 10-31 三维文字

②选中文字角色，在属性面板中将 Text 下的 Display 设置为 3D Mode，这时已经可以在舞台上看到文字的三维效果了，但这时文字还显得比较粗糙。下面继续调节文字的显示效果。

③选中文字角色，在属性面板中将 Text 下的 Display 设置为 3D Mode，将属性面板由 Text 页转到 3D Extrude 页，上面两行可以调节三维文字的轴向角度和旋转角度，Front Face 和 Back Face 是指文字的前面和侧面，Tunnel 是指文字是否产生挤出效果。Smoothness 和 Tunnel Depth 分别用来调节文字的光滑程度和挤出值的大小。Bevel Edge 下拉框调节文字的倒角样式，有 Miter、Round 两种样式，Bevel Amount 可调节倒角的大小。

Light、Directional 分别调节文字的光源方向和光源颜色，Ambient 是阴影的颜色，Background 是背景色。Shade Texture 设置文字的材质，可以通过下面的颜色框来设置文字的颜色，甚至可以将导入的位图设成文字的材质。

④要制作简单的三维文字旋转动画，Director 早为用户想好了。打开库面板，选择“3D”→“Actions”，这里预置了很多实用的行为，将“Automatic Model Rotation”行为拖到舞台的三维文字上，在弹出的对话框中选择旋转的速度和旋转轴，这里选择 Y 轴，使用默认的速度。

⑤播放影片，三维的文字旋转起来了。

◎ 独立实践任务

任务 2　自动滚屏文本设计

【任务背景】

纯洁的冰雪，激情的约会。2022 年北京冬奥会，除了国人在期待这场国际盛事的举办，世界也同样在期待着北京这个世界首座“双奥之城”，它又将给世人带来怎样的惊喜。在一个冬奥会宣传触摸屏设计中，需要使用滚动文本展示 2022 北京冬奥会介绍，参考效果如图 10-32 所示。

图 10-32　参考效果

【任务要求】

自动滚屏是数字传媒系统中的一个亮点，通常用来提示用户一些重要的信息，这些信息通常都采用自动滚屏的形式来实现。

【技术要领】帧脚本技术、循环语句。
【解决问题】自动滚屏显示文本。
【素材来源】\模块 10\情境 02\任务 2\素材\滚屏图文模板.png。
【参考效果】\模块 10\情境 02\任务 2\参考效果\自动滚屏文本.dir。

情境 03 视频播放器设计

在数字传媒作品的设计制作中，一般都涉及对数字视频文件的引用和控制。例如，在教学软件中用视频文件来演示某个操作过程，或者用视频文件来展示某次演讲等。如何充分发挥视频文件在多媒体软件中的作用，一方面取决于多媒体软件本身所涉及的内容，另一方面取决于软件中对视频文件的控制设计。对视频文件的播放控制包括播放、暂停、停止于起点、进并暂停、退并暂停、通过滑块拖动自由进退以及通过滑块拖动自由控制音量等。这些控制其实就是人们常见的媒体播放器中的控制面板提供的功能。

视频播放器的影视界面、菜单、按钮及边缘的制作，需要非常细心，播放器有很多细小的部分需要认真处理，尤其是质感部分，要认真把握光线。细节的力量在播放器界面设计中有着无穷的魅力。认真想想那些你认为优秀的设计作品，其中是什么打动了你？真的很多时候就是一种描述不出来的颜色，一些只有 1 像素的高光，或者是一种质感。

【能力目标】

1.掌握 Adobe Director 中引入 AVI 视频的 Lingo 代码设计。

2.掌握 Adobe Director 中引入 Flash 的 Lingo 代码设计。

【知识目标】

1.了解视频播放器界面的创建过程。

2.了解控制视频播放的相关 Lingo 语言。

【课时分配】

2 课时（授课 1 课时，实践 1 课时）。

◎ 模拟制作任务

任务 1 视频播放器的制作

【任务背景】

在一个数字传媒作品设计中，需要设计一个视频播放器，完成效果如图 10-33 所示。

图 10-33　完成效果

【任务要求】

播放器设计要比较简约大方，并具有播放、暂停、快进和快退功能。

【任务分析】

视频播放器的 Lingo 代码设计要简洁，才能更好地被移植，如果视频采用特定压缩格式制作，则必须安装相应的解码器才能正常播放。

【重点、难点】

1.视频进度条的制作。

2.音频进度条的制作。

【技术要领】视频播放器的脚本语言。
【解决问题】对视频的全方位的控制。
【素材来源】\模块 10\情境 03\任务 1\素材\相关文件。
【完成效果】\模块 10\情境 03\任务 1\完成效果\视频播放器.dir。

操作步骤

步骤一：制作播放器界面

1.启动 Director，按“Ctrl+N”键打开新建文档对话框，将“\模块 10\情境 03\任务 1\素材\播放器背景.png”导入 Cast 列表中，并将其放置在舞台上。

2.然后，再将素材文件夹中的“close1.png”“jdt.png”“kj1.png”“kt1.png”“play1.png”“sound1.png”“stop1.png”“yl.png”添加到舞台上，主要是将新导入进来的这些按钮与背景图中的按钮一一对应，可先将按钮放置在舞台的下面，先垂直对齐，再用键盘的上下键慢慢对齐，如图 10-34 所示。

3.新建一个 Filled Rectangle 

，在 Property Inspector 面板中将其 copy 属性设置为 0，将其放置到舞台上，并调整大小（基本与视频进度控制点高度一致，长度与整个播放

图 10-34　完成效果

器相当,位置就放置在视频控制点的下面),特别注意的是,在精灵通道里,进度控制条的NUM 号要比进度控制点的 NUM 号小 1 号;同理新建一个音频控制条。

4.将"\模块 10\情境 03\任务 1\素材\sound.wav"导入 Cast 列表中,将"\模块 10\情境 03\任务 1\素材\video\video.avi"导入 Cast 列表中,并将 AVI 精灵放置到第 20 号通道中,将通道中的精灵帧长度全部延长至 20 帧,将文件保存到"任务 1\完成效果\视频播放器.dir"。

5.在第 1 帧脚本通道双击鼠标左键,打开脚本编辑器,并在其中输入如图 10-35 所示代码。

```
videomove
on enterFrame
  global movietime
  set movietime to the duration of member 33      —获得视频文件总的播放时间，member33演员表中33号演员（视频演员）
  Set the movierate of sprite 11 to 0
  Set the loch of sprite 9 to 8                   ——初始化滑块的位置,8是限制线的左边距
End
```

图 10-35　第 1 帧脚本代码

6.在第 20 帧脚本通道双击鼠标左键,打开脚本编辑器,并在其中输入如下代码。在这段简单的代码中,最终将时间帧停留在第 20 帧处,如图 10-36 所示。

```
On enterframe
  Global movietime
  Global nowtime
  Global nowposition
  Set nowtime to float(the movietime of sprite 20)/movietime    —获得当前时间与总时间的比
  Set nowposition to nowtime*620                                —获得滑块的相对位置，634滑动参照线的长度（这个数值由参照对象的坐标决定）
  Set the loch of sprite 9 to nowposition + the left of sprite 8 —设置滑块的实际位置
  Updatestage
End enterframe

On exitframe me
  Go the frame
End
```

图 10-36　第 20 帧脚本代码

7.添加电影脚本,设定电影的初始状态为停止播放状态,如图 10-37 所示。

```
on startmovie
  global stat
  stat=0
end
```

图 10-37　电影控制脚本代码

步骤二：实现播放效果

1.选择舞台上的“stop1”精灵，选择右键菜单中的 Script 命令，打开脚本编辑器，并在其中输入如下代码，如图 10-38 所示。

```
stop
global stat

on mouseenter me
  sprite(me.spritenum).member=member("stop2")
  puppetsound 1,"sound"
end

on mouseUp me
  sprite(20).movierate=0   — 0表示影片处于停止播放状态，1表示影片处于播放状态
  sprite(20).movietime=0   — 将电影停止在最开始处
  stat=0
end

on mouseleave me
  sprite(me.spritenum).member=member("stop1")
end
```

图 10-38 “stop1”精灵脚本代码

2.选择舞台上的“kt1”精灵，选择右键菜单中的 Script 命令，打开脚本编辑器，并在其中输入如下代码，如图 10-39 所示。

```
kt
on mouseenter me
  sprite(me.spritenum).member=member("kt2")
  puppetsound 1,"sound"
end

on mouseUp me
  sprite(20).movierate=-1        —将影片处于快退状态
end

on mouseleave me
  sprite(me.spritenum).member=member("kt1")
end
```

图 10-39 “kt1”精灵脚本代码

3.选择舞台上的“play1”精灵，选择右键菜单中的 Script 命令，打开脚本编辑器，并在其中输入如下代码，如图 10-40 所示。

```
play
global stat

on mouseenter me          —如果影片处于非播放状态，则当前按钮显示播放键鼠标经过状态，否则显示暂停按钮鼠标经过状态
  if stat <> 1 then
    sprite(me.spritenum).member=member("play2")

  else
    sprite(me.spritenum).member=member("zt2")
  end if
  puppetsound 1,"sound"
end

on mouseUp me
  if stat=0 then          —当影片处于停止播放状态时，播放影片，并且播放按钮变成暂停按钮状态
    sprite(20).movierate=1
    sprite(me.spritenum).member=member("zt2")
    stat=1
  else                    —否则停止播放影片，并且暂停按钮变成播放按钮状态，stat重新赋值0
    sprite(20).movierate=0
    sprite(me.spritenum).member=member("play2")
    stat=0
  end if
  updatestage
end

on mouseleave me
  if stat=0 then
    sprite(me.spritenum).member=member("play1")
  else
    sprite(me.spritenum).member=member("zt1")
  end if
end
```

图 10-40 “play1”精灵脚本代码

4.选择舞台上的“kj1”精灵，选择右键菜单中的 Script 命令，打开脚本编辑器，并在其中输入如下代码，如图 10-41 所示。

```
kj
on mouseenter me
  sprite(me.spritenum).member=member("kj2")
  puppetsound 1,"sound"
end

on mouseUp me
  sprite(20).movierate=2              --将影片处于比正常播放速率快一倍的速度快进
end

on mouseleave me
  sprite(me.spritenum).member=member("kj1")
end
```

图 10-41　“kj1”精灵脚本代码

5.选择舞台上的“sound1”精灵，选择右键菜单中的 Script 命令，打开脚本编辑器，并在其中输入如下代码，如图 10-42 所示。

```
soundenabled
on mouseenter me
  if  sprite(me.spritenum).member=member("sound1") then
    sprite(me.spritenum).member=member("sound2")
    puppetsound 1,"sound"
  end if
end

on mouseUp me
  --当点击小喇叭时，如果小喇叭是正常状态，则把它变成关闭状态，如果小喇叭是处于关闭状态时则把它变成正常状态
  if  sprite(me.spritenum).member=member("sound2") then
    sprite(me.spritenum).member=member("sound3")
   the soundenabled=not the soundenabled
  else
    sprite(me.spritenum).member=member("sound1")
   the soundenabled=not the soundenabled
  end if
end

on mouseleave me
  if  sprite(me.spritenum).member=member("sound2") then
    sprite(me.spritenum).member=member("sound1")
  end if
end
```

图 10-42　“sound1”精灵脚本代码

6.选择舞台上的“close1”精灵，选择右键菜单中的 Script 命令，打开脚本编辑器，并在其中输入如下代码，如图 10-43 所示。

```
close
on mouseenter me
  sprite(me.spritenum).member=member("close2")
  puppetsound 1,"sound"
end

on mouseUp me
  quit              --退出播放器
end

on mouseleave me
  sprite(me.spritenum).member=member("close1")
end
```

图 10-43　“close1”精灵脚本代码

7.选择舞台上的视频控制进度滑块“jdt”精灵，选择右键菜单中的 Script 命令，打开脚本编辑器，并在其中输入如下代码，如图 10-44 所示。

```
videocontroll
on mousedown
  sprite(20).movierate=0
  repeat while the stilldown
    sprite(9).loch=the mouseh          —sprite 9 是控制滑块，使滑块水平可跟随鼠标移动
    F=sprite(9).loch                   —定义F用于保存滑块的水平位置
    if F<=8 then                       —滑块参照线sprite 8 的最小LOCH是8，这里我们是用来限制滑块往左不能超出参照线的左边
      sprite(20).movierate=0
      sprite(20).movietime=0
      sprite(9).loch=8
    else if F>=628 then                —滑块参照线sprite 8 的最大LOCH是628，这里我们是用来限制滑块往右不能超出参照线的右边
      sprite(20).movierate=0
      sprite(20).movietime=0
      sprite(9).loch=628
    else
      G=sprite(9).loch - sprite(8).left
      H=float(G)/float(620)
      I=H*member(33).duration
      sprite(20).movietime=integer(I)  —设置视频的当前播放时间
      updatestage
    end if
  end repeat
end mousedown

on mouseup
  sprite(20).movierate=1
end mouseup
```

图 10-44 “jdt”精灵脚本代码

8.选择舞台上的音频进度滑块“vl”精灵，选择右键菜单中的 Script 命令，打开脚本编辑器，并在其中输入如下代码，如图 10-45 所示。

```
soundcontroll
on mousedown
  repeat while the stilldown
    sprite(11).loch=the mouseh         —sprite 11 是控制滑块，使滑块水平可跟随鼠标移动
    A=sprite(11).loch                  —定义A用于保存滑块的水平位置
    if A<=463 then                     —滑块参照线sprite 10 的最小LOCH是463，这里我们是用来限制滑块往左不能超出参照线的左边
      sprite(20).volume=0
      sprite(11).loch=463
    else if A>=510 then                —滑块参照线sprite 10 的最大LOCH是510，这里我们是用来限制滑块往右不能超出参照线的右边
      sprite(20).volume=255
      sprite(11).loch=510
    else
      B=sprite(10).width               —sprite 10 是滑块参照线，B用来保存它的总长度
      C=sprite(11).loch                —C用来保存滑块的当前位置
      D=float(C)/float(B)              —D用来保存当前位置占总长度的百分比
      E=D*255                          —E用来保存当前音量
      sprite(20).volume=integer(E)     —设置视频的音量
      updatestage
    end if
  end repeat
end mousedown
```

图 10-45 “vl”精灵脚本代码

9.按“Ctrl+S”键保存文件，并发布成执行文件。

◎ 知识点拓展

01.AVI 格式数字视频的 Lingo 语言控制

WMV 和 AVI 这两种格式的视频使用 Windows Media 的控件就可以支持。

```
on mouseUp
  sprite(1). movieRate=1                  —播放
end mouseUp
on mouseUp
  sprite(1). movieRate=0                  —暂停
end mouseUp
on mouseUp
  sprite(1). movieRate=3                  —快进
end mouseUp
on mouseUp
  sprite(1). movieRate=-3                 —快退
end mouseUp
on mouseUp
  sprite(1). movieRate=0.2                —慢速
end mouseUp
on mouseUp
  sprite(1). movieTime=0                  —到最前
end mouseUp
```

02.WMF 格式数字视频的 Lingo 语言控制

```
On mouseUp
  sprite(1). play()                       —播放
end
on mouseUp
  sprite(1). pause()                      —暂停
end
on mouseUp
  sprite(1). stop()                       —停止
end
```

03.SWF 格式数字视频的 Lingo 语言控制

```
on mouseUp
  sprite(1). fixedRate=15
  sprite(1). play()                       —播放
end mouseUp
on mouseUp
  sprite(1). stop()                       —暂停
end mouseUp
on mouseUp
  sprite(1). fixedRate=50                 —快进
end mouseUp
on mouseUp
  sprite(1). frame=1                      —到最前
end mouseUp
```

04.MPEG 格式数字视频的 Lingo 语言控制

Adobe Director 自身基本支持 AVI、QuickTime、DVD、Window Media 等媒体,但对 MPEG 格式不能很好地支持,典型现象是屏幕上显示一个大红叉。播放 MPEG 需要第三方插件 Direct

Media Xtra 的支持。

```
on mouseUp
  sprite(1). setrate(100)
  sprite(1). videoplay()                                    —播放
end
on mouseUp
  sprite(1). videopause()                                   —暂停
end
on mouseUp
  sprite(1). videoseek(0)                                   —停止
end
on mouseUp
  sprite(1). movietime=sprite(1). movietime+30* 60          —前进
  updatestage
end
on mouseUp
  sprite(1). movietime=sprite(1). movietime-30* 60          —后退
  updatestage
end
on mouseUp
  sprite(1). setrate(200)
  sprite(1). videoplay()                                    —快放
end
on mouseUp
  sprite(1). setrate(50)
  sprite(1). videoplay()                                    —慢放
end
```

05.检查 QuickTime 播放器的 Lingo 语言控制

```
on prepareMovie me
  if the quicktimePresent=1 then
    qtVersion=quickTimeVersion()
    if qtversion<5 then
      alert "安装的 quickTime 播放器版本太低"
      open _movie.path & "QuickTimeInstaller.exe"
      quit()
    else
nothing
    end if
  else
    alert "没有安装 quickTime 播放器"
    open _movie.path & "QuickTimeInstaller.exe"
    quit()
  end if
end
```

06.检查 RealPlayer 播放器的 Lingo 语言控制

```
on startMovie me
  ifPlayerInstalled
end
```

```
on ifPlayerInstalled me
  rpVer=realPlayerVersion()
  if value(rpVer.char[1])>0 then
    nothing
  else
    open _movie.path & "RealPlayer10-5GOLD_cn.exe"
  end if
end
```

◎ 独立实践任务

任务2　视频播放特效制作

【任务背景】

设计一个控制avi视频格式的播放器,参考效果如图10-46所示。

图10-46　参考效果

【任务要求】

舞台(stage)设置为640像素×480像素,导入视频角色,放置在舞台中,设置5个按钮控制这段视频,在视频的尾部,能够使用渐隐特效和后面的多媒体元素产生完美的衔接。

【技术要领】AVI视频播放脚本语言。
【解决问题】控制AVI播放问题。
【素材来源】\模块10\情境03\任务2\素材\video.avi。
【参考效果】\模块10\情境03\任务2\参考效果\video-avi.dir等相关文件。

情境04　数字传媒作品制作

本情境通过讲解《美丽上海,精彩世博》多媒体光盘的制作过程,带领学生走进真正的数字传媒项目开发之门。

数字传媒作品是一种集成文字、图形图像、声音、视频动画等多种媒体表现手段于一体的数字化媒体推广模式。而数字传媒所具有的交互性特征将更简单方便地实现产品使用者的虚拟体验，无论在降低企业宣传成本、提高企业形象、加强产品宣传力度等方面都具有很强的优势。

数字传媒作品的制作通常由脚本编创、界面设计、程序开发和发布等过程组成。脚本编创是数字传媒作品的内容脚本，这是制作一部数字传媒作品的前提条件；其次是界面设计及制作作品中相关的动态元素和作品导航，这是具体制作作品中的各个元素；最后是将一部数字传媒作品所需的各个元素在 Adobe Director 中用 Lingo 程序整合起来。

【能力目标】

1.掌握数字传媒作品策划脚本的撰写。

2.掌握数字传媒作品开发设计的原则。

【知识目标】

1.了解数字传媒作品制作的脚本结构。

2.了解数字传媒作品开发的客户需求。

【课时分配】

4 课时（授课 2 课时，实践 2 课时）。

◎ 模拟制作任务

任务 1 《美丽上海，精彩世博》多媒体光盘设计

【任务背景】

为上海世博宣传设计《美丽上海，精彩世博》多媒体光盘，完成效果如图 10-47 所示。

图 10-47　完成效果

【任务要求】

本作品的设计要求表现形式的多样性、方便操作和检索、方便声音控制、多用性和实用

性、开放性和扩展性、文件的规范化。

【任务分析】

作品的设计任务包含以下几个方面：脚本编创、多媒体素材的制作、多媒体的交互控制设计、多媒体作品的发布、素材整理与说明。

【重点、难点】

1.掌握界面设计、动态元素和作品导航制作。

2.掌握数字传媒作品整合设计中的 Lingo 程序。

【技术要领】界面布局、动态元素和作品导航制作。
【解决问题】多种媒体的交互应用与整合。
【素材来源】\模块 10\情境 04\任务 1\素材\相关文件。
【完成效果】\模块 10\情境 04\任务 1\完成效果\2010ShExpo.exe。

操作步骤

步骤一：脚本编创

01.主题说明

《美丽上海，精彩世博》数字传媒光盘设计以纯净的蓝色为主色调，表现出一种美丽、宁静与广阔，又不失沉稳和理智，同时配以橙色，醒目又有活力，将上海世博的专业性及发展力形象化。

02.作品内容

作品主要介绍上海世博会的概况、规划建设情况、上海简介、志愿者风采等情况，提供文字、图片及视频信息。

03.模块设计

模块设计共 7 个功能模块，分别是片头片尾部分、首页部分、规划建设、志愿者风采、视频欣赏、帮助部分、视频部分，作品结构图如图 10-48 所示，模块说明见表 10-1。

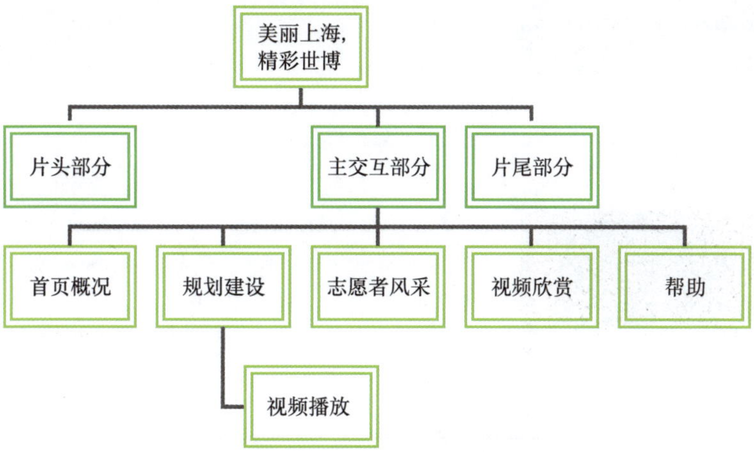

图 10-48　作品结构图

表 10-1　模块说明

模块名称	具体设计
片头片尾	图文、视听结合，可链接到主交互页面
首页	右下方是目录导航，跳转到主页面、各子页面、帮助页面和退出； 主交互页面及各个子页面都具有限时 5 s的屏保，如 5 s内无任何操作即播放屏保； 页面内容为相应内容介绍； 右侧的音浪 Flash 可控制背景音乐的开或关
规划建设	
志愿者风采	
视频欣赏	
帮助	
视频	中间是视频内容，下边是视频控制按钮，同时可以关闭视频窗口返回原窗口

04.界面布局

片头通过 Flash 呈现，视频结束后进入主菜单，可选择跳转某个子页面或直接进入主交互部分；主交互部分通过目录导航交互可以跳转到各个子页面，播放相应内容；片尾部分通过文本呈现，并自动关闭。多媒体作品为交互型，具体界面布局见表 10-2。

表 10-2　界面布局

片头片尾(0.dir)

首页(1.dir)

规划建设(2.dir)

志愿者风采(3.dir)

视频欣赏(4.dir)

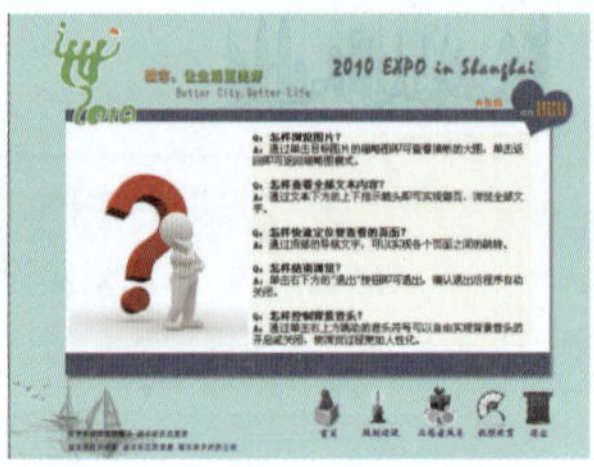

帮助(5.dir)

续表

视频(1-2.dir)	

步骤二:多媒体素材的制作

01.编辑图像素材

图像原素材为网上搜集,使用 Photoshop 进行适当加工,存为 png 文件,存储在“图像”文件夹中。

02.编辑 2D 动画素材

2D 动画使用 Flash 制作,源文件及输出文件存放在“动画”文件夹中。

【片头制作】

片头将遮罩动画与补间动画结合使用,并配合音频,使动画和音频同时进行,具体设置如图 10-49 所示。

图 10-49　片头制作

【背景音乐制作】

背景音乐主要使用两个按钮控制音乐的开与关，放在不同的两帧，按钮上添加动作如图 10-50 所示。

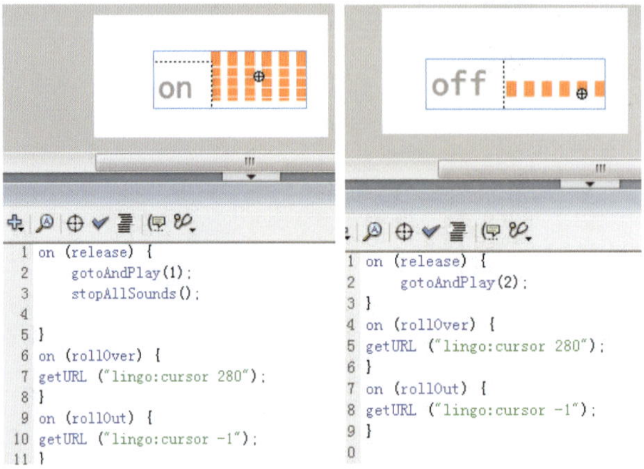

图 10-50　背景音乐制作

【展区规划图制作】

展区规划图采用交互式设计，使用按钮加 ActionScript，点击相应区块自动播放相应录音资料。具体设置如图 10-51 所示。

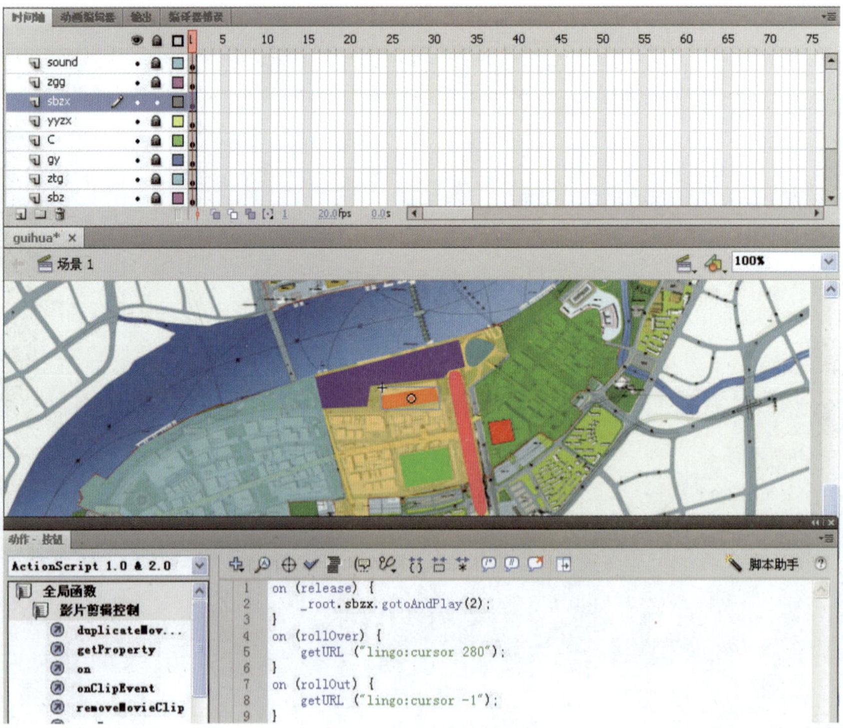

图 10-51　展区规划图制作

03.编辑 3D 动画素材

3D 动画使用 3ds Max 制作,制作立体文字运动效果,效果如图 10-52 所示。

图 10-52　3D 效果

04.编辑音频素材

本作品中包括背景音乐、音乐欣赏、按钮音、视频音乐及配音解说。除配音资料外音频皆为网上搜集,并使用 Goldwave 进行后期处理而成,将其存储在“音频”文件夹中。

05.加工视频素材

视频采用图片与字幕结合的方式,采用了 additive dissolve、iris box、iris points、band slide、sphere、push、venetian blinds、pinwheel、zoom boxes、band wipe、roll away、iris diamond、page roll 等转场效果,输出为 avi 视频文件;涉及的图片、音频素材存放在“视频”——“素材”文件夹中,工程文件及输出视频文件存放在“视频”文件夹中,时间轴设置如图 10-53 所示。

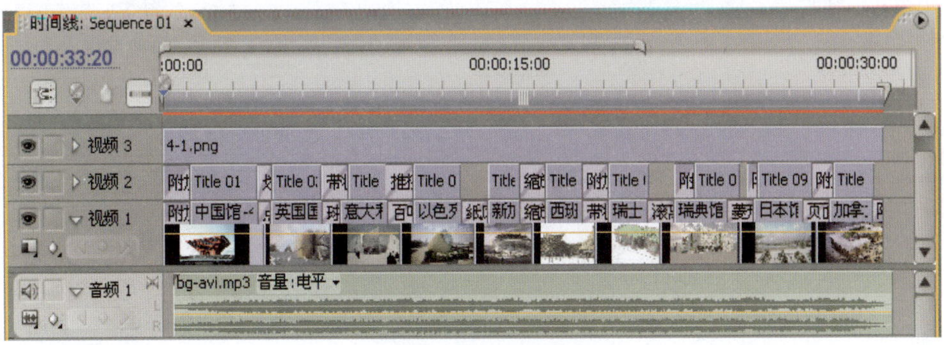

图 10-53　视频时间轴

步骤三:多媒体的交互控制设计

其作品共有 7 个功能模块,分别是片头片尾部分、首页部分、规划建设、志愿者风采、视频欣赏、帮助部分、视频部分。

01.片头片尾

片头片尾见表 10-3。

表 10-3　片头片尾

舞台大小	800 像素×600 像素	程序名称	0.dir
对象布局			
调用关系	单击“首页”按钮打开“1.dir”、单击“规划建设”按钮打开“2.dir”、单击“志愿者风采”按钮打开“3.dir”、单击“视频欣赏”按钮打开“4.dir”、单击“帮助”按钮打开“5.dir”、单击“ENTER”按钮或导航目录跳转到相关页面、单击“EXIT”按钮跳转到退出界面		
多媒体体现	图文信息按顺序直接呈现、片头自动播放 Flash、Flash 播放或停止背景音乐、5 s内没有鼠标或键盘动作自动播放 3D 屏保		

Lingo 代码设计

(1)帧脚本:判断片头 Flash 是否播放完毕并执行下一动作

```
on exitFrame me
  if sprite(1). frame=sprite(1). member.frameCount then
    go to the frame+1
  else
    go to the frame
  end if
end
```

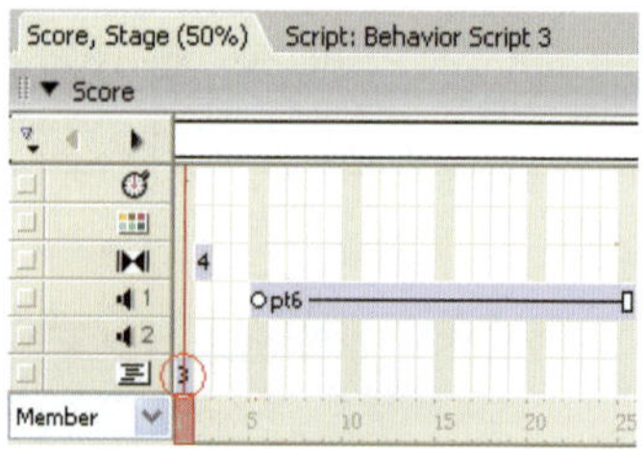

(2)按钮通用脚本:鼠标经过时改变按钮状态、鼠标形态,离开时还原 sprite 18

```
on mouseenter me
  lmembername=sprite(me.spritenum). member.name
  if chars(lmembername, length(lmembername), length(lmembername))<>"x" then
    sprite(me.spritenum). member=member(lmembername & "x")
  end if
  cursor 280
end
on mouseleave me
  lmembername=sprite(me.spritenum). member.name
  if chars(lmembername, length(lmembername), length(lmembername))="x" then
sprite ( me. spritenum ). member = member ( chars ( lmembername, 1, length
(lmembername)-1))
  end if
  cursor 0
end
```

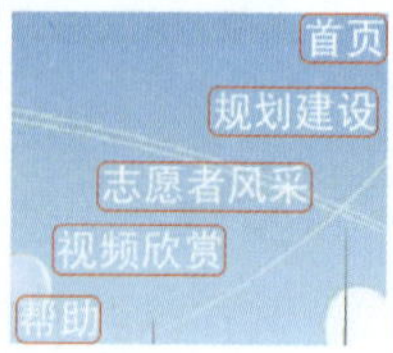

续表

<table>
<tr><td colspan="3">(3)首页脚本</td></tr>
<tr><td>Sprite 26</td><td>Sprite 40</td><td rowspan="2">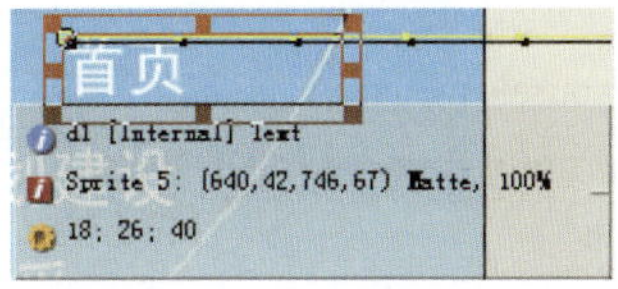
</td></tr>
<tr><td>on mouseenter me
sprite(4). member = member ("pt5")
end
on mouseleave me
sprite(4). member = member ("hh")
end
on mouseup me
puppetsound 1, false
go to movie"1.dir"
end</td><td>on mouseenter me
puppetSound 3,member "aj"
end</td></tr>
<tr><td colspan="3">(4)规划建设脚本</td></tr>
<tr><td>Sprite 27</td><td>Sprite 40</td><td rowspan="2">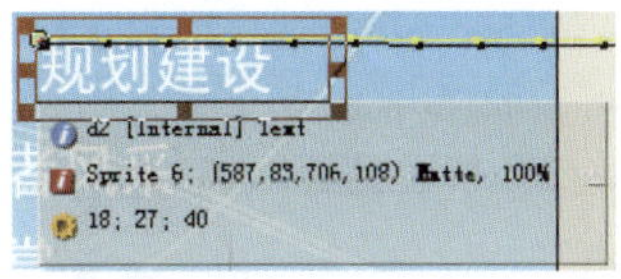
</td></tr>
<tr><td>on mouseenter me
sprite(4). member = member ("ptl")
end
on mouseleave me
sprite(4). member = member ("hh")
end
on mouseup me
puppetsound 1, false
go to movie"2.dir"
end</td><td>on mouseenter me
puppetSound 3,member "aj"
end</td></tr>
<tr><td colspan="3">(5)志愿者风采</td></tr>
<tr><td>Sprite 28</td><td>Spreit 40</td><td rowspan="2">
</td></tr>
<tr><td>on mouseenter me
sprite(4). member = member ("pt2")
end
on mouseleave me
sprite(4). member = member ("hh")
end
on mouseup me
puppetsound 1, false
go to movie"3.dir"
End</td><td>on mouseenter me
puppetSound 3,member "aj"
end</td></tr>
</table>

续表

<table>
<tr><td colspan="3">(6)视频欣赏脚本</td></tr>
<tr><td>Sprite 30</td><td>Sprite 40</td><td rowspan="2">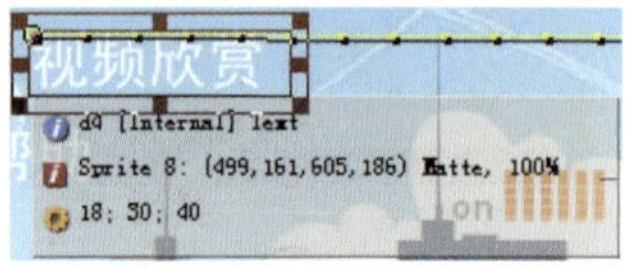
</td></tr>
<tr><td>on mouseenter me
sprite(4). member = member ("pt4")
end
on mouseleave me
sprite(4). member = member ("hh")
end
on mouseup me
puppetsound 1, false
go to movie"4.dir"
end</td><td>on mouseenter me
puppetSound 3,member "aj"
end</td></tr>
<tr><td colspan="3">(7)帮助脚本</td></tr>
<tr><td>Sprite 29</td><td>Sprite 40</td><td rowspan="2">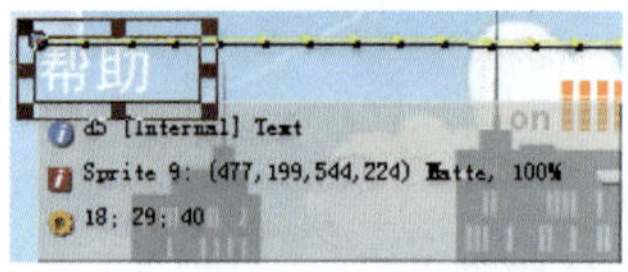
</td></tr>
<tr><td>on mouseenter me
sprite(4). member = member ("pt3")
end
on mouseleave me
sprite(4). member = member ("hh")
end
on mouseup me
puppetsound 1, false
go to movie"5.dir"
end</td><td>on mouseenter me
puppetSound 3,member "aj"
end</td></tr>
<tr><td colspan="3">(8)进入按钮脚本 sprite 33</td></tr>
<tr><td colspan="2">on mouseenter me
cursor 280
sprite(me.spritenum). locv=sprite(me.spritenum). locv-3
end
on mouseleave me
cursor 0
sprite(me.spritenum). locv=sprite(me.spritenum). locv+3
end
on mouseup me
puppetsound 1, false
go to movie"1.dir"
end</td><td>
</td></tr>
</table>

续表

<table>
<tr><td colspan="2">(9)退出按钮脚本 sprite 48</td></tr>
<tr><td>on mouseenter me
  cursor 280
  sprite(me.spritenum). locv=sprite(me.spritenum). locv-3
end
on mouseleave me
  cursor 0
  sprite(me.spritenum). locv=sprite(me.spritenum). locv+3
end
on mouseup me
  go "end"
end</td><td>
</td></tr>
</table>

02.首页概况

首页概况见表 10-4。

表 10-4　首页概况

<table>
<tr><td>舞台大小</td><td>800 像素×600 像素</td><td>程序名称</td><td>1.dir</td></tr>
<tr><td>对象布局</td><td colspan="3">
</td></tr>
<tr><td>调用关系</td><td colspan="3">单击小标题跳转相应帧数、单击“申博回顾”以新窗口打开子窗口视频部分“1-2.dir”并隐藏本窗口</td></tr>
<tr><td>多媒体体现</td><td colspan="3">图文信息按顺序直接呈现、Flash 播放或停止背景音乐、5 s内没有鼠标或键盘动作自动播放 3D 屏保</td></tr>
<tr><td colspan="4">Lingo 代码设计</td></tr>
<tr><td colspan="4">(1)按钮通用脚本:鼠标经过时改变按钮状态、鼠标形态,离开时还原 sprite 37,语句同上 0.dir</td></tr>
<tr><td colspan="4">(2)2010 上海世博主题呈现脚本</td></tr>
</table>

<table>
<tr><td>Sprite 66</td><td>Sprite 70</td><td rowspan="2">
</td></tr>
<tr><td>on mouseup me
  go to "zt"
  cursor 0
end</td><td>on mouseenter me
  sprite(16). member=member("1-2")
end
on mouseleave me
  sprite(16). member=member("1-1")
end</td></tr>
</table>

续表

<table>
<tr><td colspan="3">(3)走进上海脚本</td></tr>
<tr><td>Sprite 67</td><td>Sprite 72</td><td rowspan="2">
</td></tr>
<tr><td>on mouseup me
go to "sh"
cursor 0
end</td><td>on mouseenter me
sprite(16). member=member("1-4")
end
on mouseleave me
sprite(16). member=member("1-1")
end</td></tr>
<tr><td colspan="3">(4)海宝来了脚本</td></tr>
<tr><td>Sprite 69</td><td>Sprite 73</td><td rowspan="2">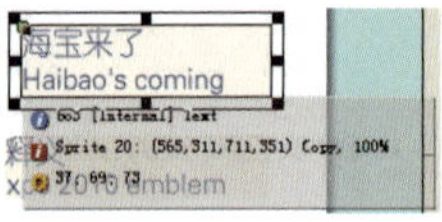
</td></tr>
<tr><td>on mouseup me
go to "hb"
cursor 0
end</td><td>on mouseenter me
sprite(16). member=member("1-6")
end
on mouseleave me
sprite(16). member=member("1-1")
end</td></tr>
<tr><td colspan="3">(5)会徽释义脚本</td></tr>
<tr><td>Sprite 68</td><td>Sprite 71</td><td rowspan="2">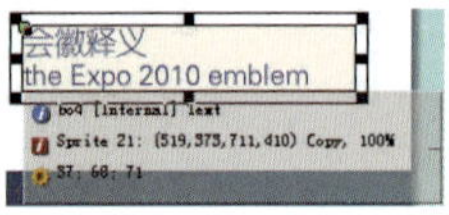
</td></tr>
<tr><td>on mouseup me
go to "hh"
cursor 0
end</td><td>on mouseenter me
sprite(16). member=member("1-3")
end
on mouseleave me
sprite(16). member=member("1-1")
end</td></tr>
<tr><td>(6)帮助脚本 sprite 88</td><td colspan="2">(7)申博回顾脚本 sprite 78</td></tr>
<tr><td>on mouseup me
go to movie"5.dir"
end

</td><td>on mouseup me
sprite(15). member=member("1-8")
test=window().new("1-2.dir") test.appearanceOptions.mask=member("mask")
test.rect= rect(238,230,741,540)
test.open()
——(the stage). visible=false
end
on mouseenter me
cursor 280
sprite(me.spritenum). member=member("ssx")
end
on mouseleave me
cursor 0
sprite(me.spritenum). member=member("ss")
end</td><td>
</td></tr>
</table>

续表

<table>
<tr><td colspan="2">(8)规划建设脚本 sprite 85</td><td colspan="2">(9)志愿者风采脚本 sprite 86</td></tr>
<tr><td>on mouseup me
go to movie"2.dir"
end</td><td></td><td>on mouseup me
go to movie"3.dir"
end</td><td></td></tr>
<tr><td colspan="2">(10)视频欣赏脚本 sprite 87</td><td colspan="2">(11)退出脚本</td></tr>
<tr><td>on mouseup me
go to movie"4.dir"
end</td><td></td><td>on mouseup me
play frame " end" of movie"0"
end</td><td></td></tr>
</table>

03.规划建设

规划建设见表 10-5。

表 10-5 规划建设

<table>
<tr><td>舞台大小</td><td>800 像素×600 像素</td><td>程序名称</td><td>2.dir</td></tr>
<tr><td>对象布局</td><td colspan="3"></td></tr>
<tr><td>调用关系</td><td colspan="3">单击上下箭头浏览文本内容、单击左侧 Flash 区块播放语音介绍、单击“更多场馆”跳转到相应帧数播放图文信息</td></tr>
<tr><td>多媒体体现</td><td colspan="3">图文信息按顺序直接呈现、Flash 播放或停止背景音乐、5 s内没有鼠标或键盘动作自动播放 3D 屏保</td></tr>
</table>

<table>
<tr><td colspan="4">Lingo 代码设计</td></tr>
<tr><td colspan="4">(1)按钮通用脚本:鼠标经过时改变按钮状态、鼠标形态,离开时还原 sprite 38,语句同上 0.dir</td></tr>
<tr><td colspan="2">(2)首页脚本 sprite 67</td><td colspan="2">(3)志愿者风采脚本 Sprite 68</td></tr>
<tr><td>on mouseup me
go to movie"1.dir"
end</td><td></td><td>on mouseup me
go to movie"3.dir"
end</td><td></td></tr>
<tr><td colspan="2">(4)视频欣赏脚本 sprite 69</td><td colspan="2">(5)退出脚本 sprite 71</td></tr>
<tr><td>on mouseup me
go to movie"4.dir"
end</td><td></td><td>on mouseup me
play frame " end" of movie"0"
end</td><td></td></tr>
</table>

续表

<table>
<tr><td colspan="4">(6)更多场馆介绍脚本</td></tr>
<tr><td colspan="2">Sprite 44</td><td colspan="2">Sprite 63</td><td rowspan="2">
</td></tr>
<tr><td colspan="2">global eventcall
on exitFrame me
　if eventcall=true then
　　go to 1
　else
　　go to the frame
　end if
end</td><td colspan="2">on mouseup me
　go to "tu"
end
on mouseenter me
　cursor 280
end
on mouseleave me
　cursor 0
end</td></tr>
<tr><td colspan="4">(7)翻页脚本</td><td colspan="2">(8)帮助脚本 sprite 70</td></tr>
<tr><td>Sprite 40 前翻</td><td>Sprite 41 后翻</td><td colspan="2">Sprite 42</td><td rowspan="2">on mouseup me
　go to movie"5.dir"
end</td><td rowspan="2">
</td></tr>
<tr><td>on mouseup me
　scrollbyline
member(33),5
end</td><td>on mouseup me
　scrollbyline
member(33),-5
end</td><td>on mouseenter me
　cursor 280
end
on mouseleave me
　cursor 0
end</td><td></td></tr>
<tr><td colspan="6">(9)图片按钮脚本</td></tr>
<tr><td colspan="6">
</td></tr>
<tr><td colspan="3">Sprite 58</td><td colspan="3">Sprite 59</td></tr>
<tr><td colspan="3">on mouseup me
　puppettransition random(52)
　sprite(29). member=sprite(me.spritenum). member
　sprite(30). member=member(51)
end
on mouseenter me
　cursor 280
end
on mouseleave me
　cursor 0
end</td><td colspan="3">on mouseup me
　sprite(29). member=sprite(me.spritenum). member
　puppettransition random(52)
　sprite(30). member=member(54)
end
on mouseenter me
　cursor 280
end
on mouseleave me
　cursor 0
end</td></tr>
</table>

续表

<table>
<tr><td colspan="2">Sprite 60</td><td colspan="2">Sprite 61</td></tr>
<tr><td colspan="2">on mouseup me
sprite(29). member=sprite(me.spritenum). member
puppettransition random(52)
sprite(30). member=member(52)
end
on mouseenter me
cursor 280
end
on mouseleave me
cursor 0
end</td><td colspan="2">on mouseup me
sprite(29). member=sprite(me.spritenum). member
puppettransition random(52)
sprite(30). member=member(53)
end
on mouseenter me
cursor 280
end
on mouseleave me
cursor 0
end</td></tr>
<tr><td colspan="4">Sprite 62</td></tr>
<tr><td colspan="4">on mouseup me
sprite(29). member=sprite(me.spritenum). member
puppettransition random(52)
sprite(30). member=member(55)
end
on mouseenter me
cursor 280
end
on mouseleave me
cursor 0
end</td></tr>
<tr><td colspan="2">(10)退出脚本 sprite 71</td><td colspan="2">(11)返回按钮脚本</td></tr>
<tr><td>on mouseup me
play frame "end" of movie"0"
end</td><td></td><td>on mouseup me
go to 1
end
on mouseenter me
cursor 280
end
on mouseleave me
cursor 0
end</td><td></td></tr>
</table>

04.志愿者风采

志愿者风采见表 10-6。

表 10-6　志愿者风采

<table>
<tr><td>舞台大小</td><td>800 像素×600 像素</td><td>程序名称</td><td>3.dir</td></tr>
<tr><td>对象布局</td><td colspan="3"></td></tr>
</table>

续表

<table>
<tr><td>调用关系</td><td colspan="3">单击“试听”按钮播放歌曲并跳至下一标记点、单击“停止”按钮停止歌曲并跳至第一帧</td></tr>
<tr><td>多媒体体现</td><td colspan="3">图文信息按顺序直接呈现、Flash 播放或停止背景音乐、5 s内没有鼠标或键盘动作自动播放 3D 屏保</td></tr>
<tr><td colspan="4">Lingo 代码设计</td></tr>
<tr><td colspan="4">(1)按钮通用脚本:鼠标经过时改变按钮状态、鼠标形态,离开时还原 sprite 30,语句同上 0.dir</td></tr>
<tr><td colspan="2">(2)试听按钮脚本 sprite 42</td><td colspan="2">(3)停止按钮脚本 sprite 43</td></tr>
<tr><td>on mouseup me
  puppetsound 3,"gequ"
  go to "sound"
end
on mouseenter me
  cursor 280
end
on mouseleave me
  cursor 0
end</td><td></td><td>on mouseup me
  puppetsound 3, false
  go to 1
end
on mouseenter me
  cursor 280
end
on mouseleave me
  cursor 0
end</td><td>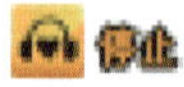</td></tr>
<tr><td colspan="4">(4)图片按钮通用脚本:鼠标经过时改变按钮状态、鼠标形态,离开时还原 sprite 61,语句同上 0.dir</td></tr>
<tr><td colspan="4">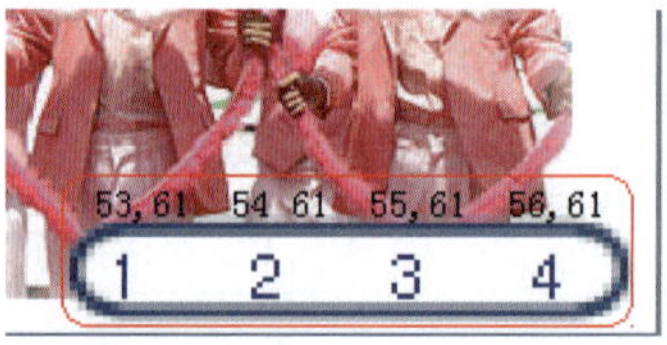
</td></tr>
<tr><td colspan="2">Sprite 53</td><td colspan="2">Sprite 54</td></tr>
<tr><td colspan="2">on mouseup me
  sprite(12). member=member("321")
end
on mouseenter me
  cursor 280
end
on mouseleave me
  cursor 0
end</td><td colspan="2">on mouseup me
  sprite(12). member=member("322")
end
on mouseenter me
  cursor 280
end
on mouseleave me
  cursor 0
end</td></tr>
<tr><td colspan="2">Sprite 55</td><td colspan="2">Sprite 56</td></tr>
<tr><td colspan="2">on mouseup me
  sprite(12). member=member("323")
end
on mouseenter me
  cursor 280
end
on mouseleave me
  cursor 0
end</td><td colspan="2">on mouseup me
  sprite(12). member=member("324")
end
on mouseenter me
  cursor 280
end
on mouseleave me
  cursor 0
end</td></tr>
</table>

05.视频欣赏

视频欣赏见表 10-7。

表 10-7 视频欣赏

<table>
<tr><td>舞台大小</td><td colspan="2">800 像素×600 像素</td><td colspan="2">程序名称</td><td>4.dir</td></tr>
<tr><td>对象布局</td><td colspan="5">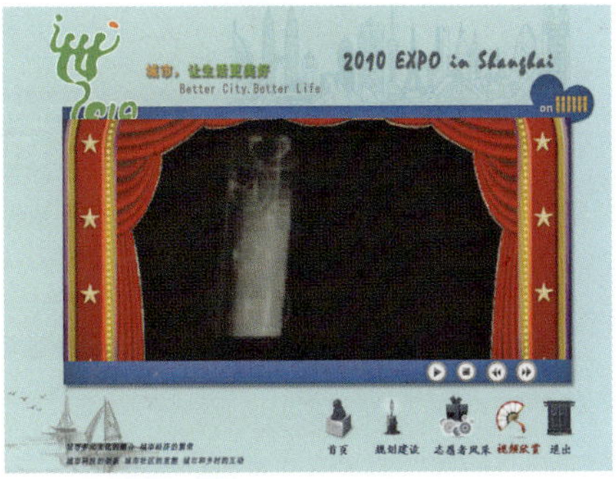</td></tr>
<tr><td>调用关系</td><td colspan="5">播放、停止、快退、快进按钮控制视频播放</td></tr>
<tr><td colspan="6">Lingo 代码设计</td></tr>
<tr><td colspan="6">(1)按钮通用脚本:鼠标经过时改变按钮状态、鼠标形态,离开时还原 sprite 17,语句同上 0.dir</td></tr>
<tr><td colspan="3">(2)首页脚本 sprite 48</td><td colspan="3">(3)规划建设脚本 sprite 49</td></tr>
<tr><td colspan="2">on mouseup me
go to movie"1.dir"
end</td><td></td><td colspan="2">on mouseup me
go to movie"2.dir"
end</td><td></td></tr>
<tr><td colspan="3">(4)志愿者风采脚本 Sprite 50</td><td colspan="3">(5)退出脚本 sprite 52</td></tr>
<tr><td colspan="2">on mouseup me
go to movie"3.dir"
end</td><td></td><td colspan="2">on mouseup me
play frame "end" of movie"0"
end</td><td></td></tr>
<tr><td colspan="3">(6)帮助脚本 sprite 51</td><td colspan="3">(7)播放按钮脚本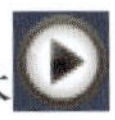</td></tr>
<tr><td colspan="2">on mouseup me
go to movie"5.dir"
end</td><td></td><td colspan="2">on mouseup me
sprite(16). movierate =1
end</td><td></td></tr>
<tr><td colspan="2">(8)停止按钮脚本</td><td colspan="2">(9)快退按钮脚本</td><td colspan="2">(10)快进按钮脚本</td></tr>
<tr><td colspan="2">on mouseup me
sprite(16). movierate=0
sprite(16). movietime=0
end</td><td colspan="2">on mouseup me
sprite(16). movierate=-4
end</td><td colspan="2">on mouseup me
sprite(16). movierate=4
end</td></tr>
</table>

06.帮助(表 10-8)

帮助见表 10-8。

表 10-8　帮助

舞台大小	800 像素×600 像素	程序名称	5.dir
对象布局			
调用关系	单击“首页”按钮打开“1.dir”;单击“规划建设”按钮打开“2.dir”;单击“志愿者风采”按钮打开“3.dir”;单击“视频欣赏”按钮打开“4.dir”;单击“帮助”按钮打开“5.dir”;单击“退出”按钮跳转到退出界面		
多媒体体现	图文信息按顺序直接呈现、Flash 播放或停止背景音乐、5 s 内没有鼠标或键盘动作自动播放 3D 屏保		
Lingo 代码设计			
(1)按钮通用脚本:鼠标经过时改变按钮状态、鼠标形态,离开时还原 sprite 30,语句同上 0.dir			
(2)屏保脚本:5 s内没有鼠标或键盘动作自动播放 3D 屏保			

```
global eventcall, lastmouseloc
on mouseup
   eventcall = true
   starttimer
end
on mousedown
   eventcall = true
   starttimer
end
on keydown
   eventcall = true
   starttimer
end
on idle
   if lastmouseloc<>the mouseloc then
      eventcall = true
      starttimer
      lastmouseloc = the mouseloc
   end if
   if the timer>5 * 60 then eventcall = false
end
```

续表

<table>
<tr><th>Frame script 35</th><th>Frame script 36</th></tr>
<tr><td>global eventcall
on exitFrame me
  if eventcall = true then
    go to the frame
  else
    go to frame 50
  end if
end</td><td>global eventcall
on exitFrame me
  if eventcall = true then
    go to 1
  else
    go to the frame
  end if
end</td></tr>
<tr><td colspan="2">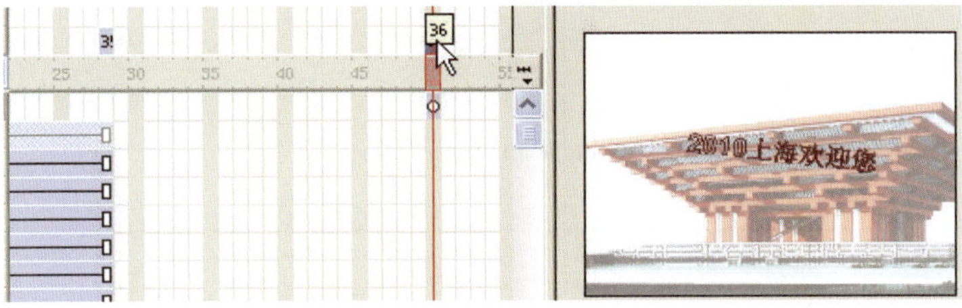</td></tr>
</table>

07.视频部分

视频部分见表 10-9。

表 10-9　视频

<table>
<tr><td>舞台大小</td><td colspan="2">500 像素×330 像素</td><td>程序名称</td><td colspan="2">1-2.dir</td></tr>
<tr><td>对象布局</td><td colspan="5"></td></tr>
<tr><td>调用关系</td><td colspan="5">单击播放、暂停、音量按钮控制视频播放、单击“close”按钮关闭此窗口并显示前一窗口</td></tr>
<tr><td>多媒体体现</td><td colspan="5">视频自动播放</td></tr>
<tr><td colspan="6">Lingo 代码设计</td></tr>
<tr><td colspan="2">(1)播放脚本</td><td>(2)暂停脚本</td><td colspan="2">(3)音量减小脚本</td><td>(4)音量增大脚本</td></tr>
<tr><td colspan="2">on mouseup me
  sprite(4). movierate = 1
end</td><td>on mouseup me
  sprite(4). movierate = 0
end</td><td colspan="2">on mouseup me
  if 0<sprite(4). volume < 255 then sprite(4). volume = sprite(4). volume-30
  end if
end</td><td>on mouseup me
  if 0<sprite(4). volume < 255 then sprite(4). volume = sprite(4). volume+30
  end if
end</td></tr>
</table>

续表

(5)关闭窗口按钮脚本	
on mouseup me test=window( ).new("1-2.dir") test.forget( ) —(the stage). visible=true end on mouseenter me cursor 280 set the member of sprite the currentSpriteNum to member "closex" end on mouseleave me cursor 0 set the member of sprite the currentSpriteNum to member "close" end	

步骤四:多媒体作品的发布

01.制作 ICO 图标

在发布作品之前,需要使用一个和本作品相关的图片作为 ICO 图标,例如公司的 Logo、与作品相关的图片等。

打开 Adobe Photoshop CC 软件,按"Ctrl+N"组合键新建一个 PSD 文件,并将图像的大小设置为 32 像素×32 像素,选择"会徽.png"图像,将其拖动到该文档中,按"Ctrl+T"组合键启用自由变换功能,然后将"会徽.png"大小设置为 32 像素×32 像素,选择"文件"→"另存为"命令,将制作的图像保存为 PNG 格式,完成 Photoshop 的修改。

打开 IconXP 软件,在打开的对话框中将文档大小设置为 32 像素×32 像素,依次选择"File"→"add Images"命令,将制作的 PNG 格式的图片"会徽.png"导入进来,如图 10-54 所示。

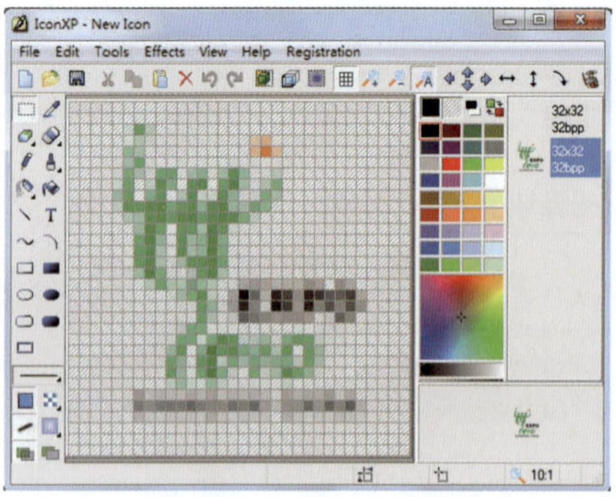

图 10-54　导入 PNG 图片

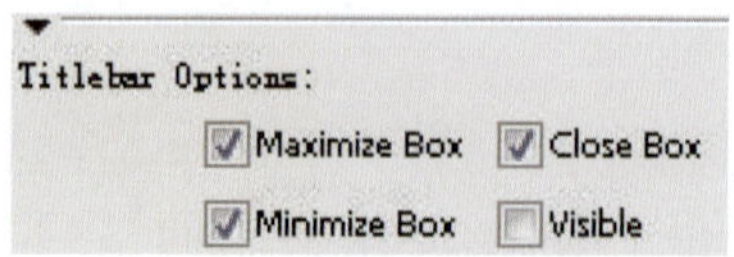

图 10-55　属性检查器 Display Template 选项卡内的标题栏设置

依次选择"File"→"Save as"命令,在打开的对话框中将图片保存为"logo2010.ico"文件即可。

02.发布作品

无论在发布设置对话框中如何设置，都无法将播放器窗口中的标题栏去掉，必须在属性检查器的 Display Template 栏中进行设置，取消“Visible”选项，发布后的播放器窗口中就不会带标题栏了，如图 10-55 所示。

选择“Edit”→“Preferences”命令，打开参数设置对话框。切换到 General 设置面板，并按照如图 10-56 所示的参数进行设置。

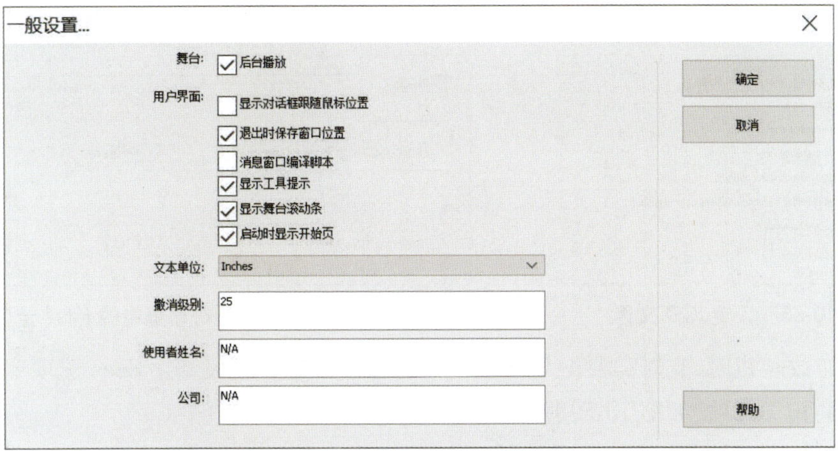

图 10-56　设置基本参数

设置完毕后，选择“File”→“Publish Setting”命令，打开“Publish Setting”对话框，切换到 Formats 选项卡，选中其中的“Windows Projector”复选框，如图 10-57 所示。

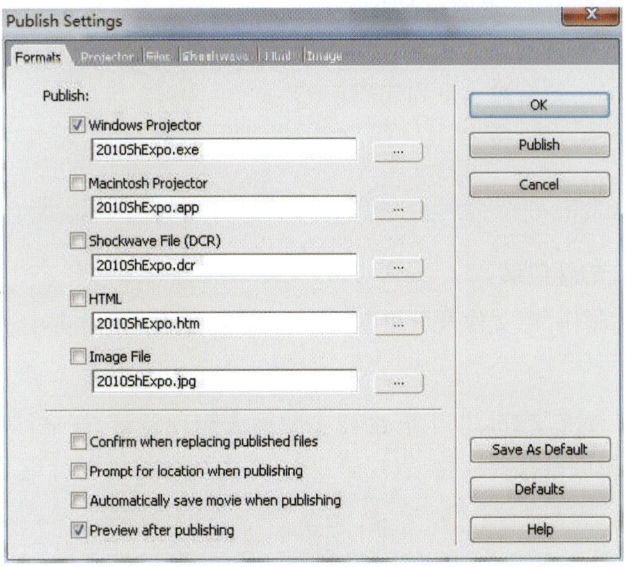

图 10-57　选择发布类型

切换到 Projector 选项卡，选中“Custom Icon for application file”复选框，在打开的对话框中选择前面制作的 ICO 文件，如图 10-58 所示。

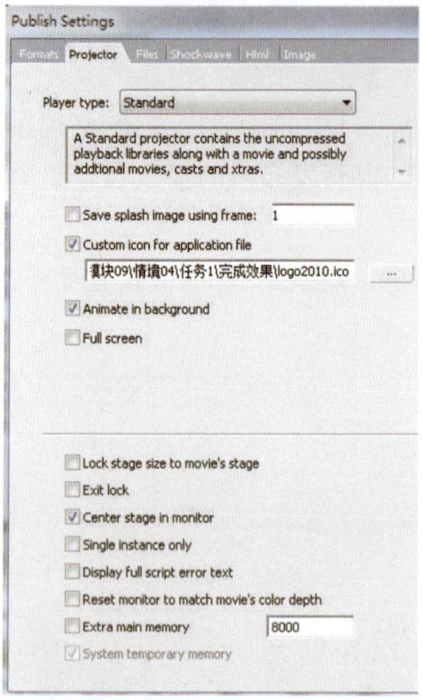

图 10-58　设置 ICO 文件

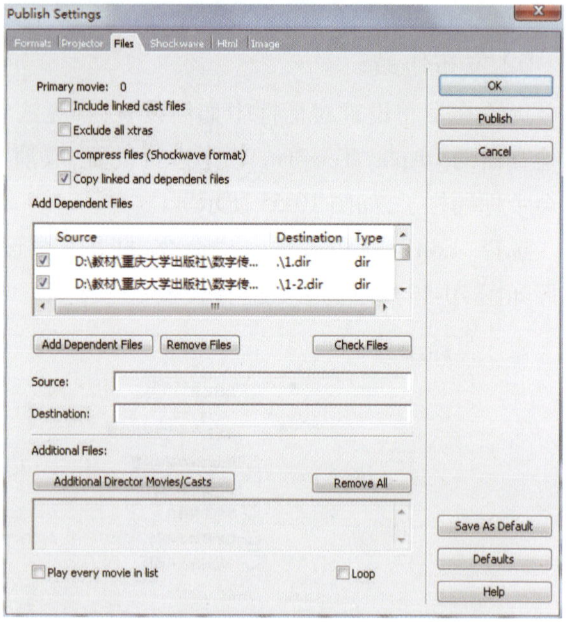

图 10-59　发布设置对话框中的 Files 选项卡

在发布放映机时，有时需要把与电影相关的文件一起打包发布。Files 选项卡用于放置电影附加的相关选项，如图 10-59 所示。

在打包时，如使用插件需要将插件复制到程序所在文件夹同时打包，打包时只需选择 dir 文件即可；另外，所涉及的视频文件要与最后生成的 exe 文件存放在同级目录中，以避免丢失影片。设置完成后，单击"Publish"按钮，即可开始发布作品。

03.添加多媒体光盘自动运行功能

给多媒体光盘添加自动运行的功能非常简单，只需在光盘根目录下创建一个名称为 autorun.inf 的文本文件，然后输入下列代码：

```
[AutoRun]
OPEN=2010ShExpo.exe
ICON=logo2010.ico
```

04.设计、制作光盘包装

使用 Photoshop 制作，源文件及导出图统一存放在"图像"文件夹中。

(1)光盘封面

封面长宽为 12 cm×12 cm，以上海世博主要标志物为背景，在地球上突出显示东方明珠、中国馆、2010世博会徽及吉祥物，表现出 2010 年世博会的中国特色及国际化概念，如图 10-60 所示。

(2)封套

光盘封套长宽为 29 cm×19 cm，以世博主色绿色、黄色为主，采用渐变使过渡更加自然，突出显示2010世博会的主题、标志、吉祥物，背景衬以上海标志性的建筑投影，突出了本次世博会的独特之处，如图 10-61 所示。

图 10-60　光盘封面

图 10-61　封套

步骤五:素材整理与说明

01.原始素材

原始素材主要有网上搜集,包括图形图像、音频、文字等,部分音频及图像文件为原创素材。分类存放在原始素材文件夹中,如图 10-62 所示。

图 10-62　原始素材

02.素材加工

使用 Photoshop 处理原始图片并制作光盘封面,Illustrator 制作图形,Goldwave 处理音频,Flash 制作背景音乐、片头以及展区规划图,3ds max 制作屏保影片,Premiere 制作视频欣赏影片。分类存放在加工后素材文件夹中,文件夹分类与图 10-62 相同。

◎ 知识点拓展

01.触摸屏关机程序设计

由于触摸屏通常放在大厅或者室外等公共场合,为了避免访问者的误操作,导致系统关机,触摸屏系统特别设计了关机保护功能,当输入密码后,才能执行关机,关机界面如图 10-63 所示,极大地方便了用户。

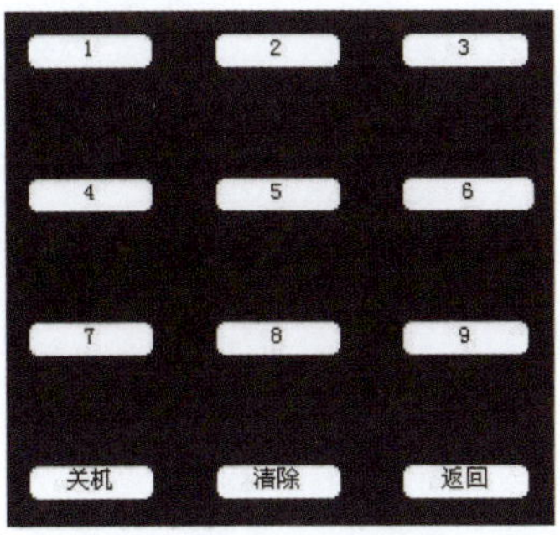

图 10-63　关机界面

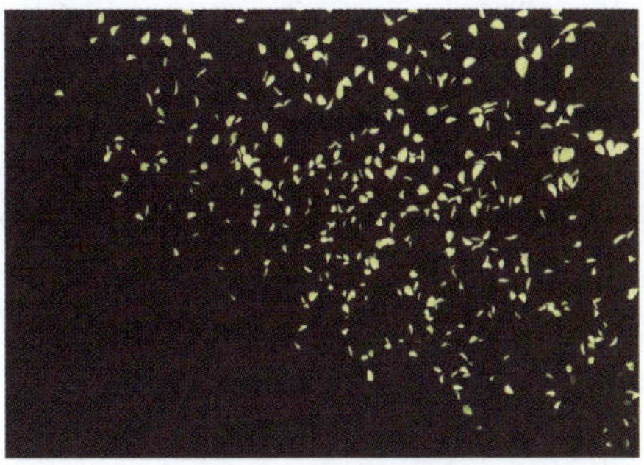

图 10-64　屏保效果

```
global mypass
on mouseUp me
  mypass=mypass & "2"
end
global mypass
on mouseup me
  if mypass="123 456" then
    open "C:\Windows\system32\Shutdown.exe -s -t 1"
  end if
end
```

02.触摸屏屏保程序设计

当触摸屏系统无人使用时,在设定的时间点上,一般应将程序自动返回到触摸屏系统的首页或进行屏保,使后来的查询人员更方便地使用触摸屏,下面是一段屏保程序代码,运行效果如图 10-64 所示。

```
on startMovie
global mypass
the timeoutLength to 36 000
on timeout
  go 1 281                —运行 Flash
end
global EventCall, lastmouseloc
on mouseUp
  EventCall=true
  starttimer
end
on mousedown
  EventCall=true
  starttimer
end
on keydown
  EventCall=true
  starttimer
end
on idle
  if lastmouseloc<>the mouseloc then
    EventCall=true
    starttimer
    lastmouseloc=the mouseloc
  end if
end
```

◎ 独立实践任务

任务2 “新江湾城楼盘规划”触摸屏展示设计

【任务背景】

新江湾城项目规划设计为一个现代化的绿色城市和生态居住区，其具有优美的城市轮廓线，现代化的建筑风格，和谐的空间尺度和生态型景观环境。

【任务要求】

作品设计要求展示新江湾城是上海市区范围内唯一的一块生态“绿宝石”，从环境建设、水系循环、景观架构、城区管理等方面勾勒出一幅国际社区的美丽画卷。作品主要分7个项目内容来介绍，分别是运营主体、项目背景、位置环境、功能布局、熟地开发、土地出让、二级项目开发，主界面如图10-65所示。作品的音乐、图片、文字、视频等应布局合理，层次分明，保证页面美观。

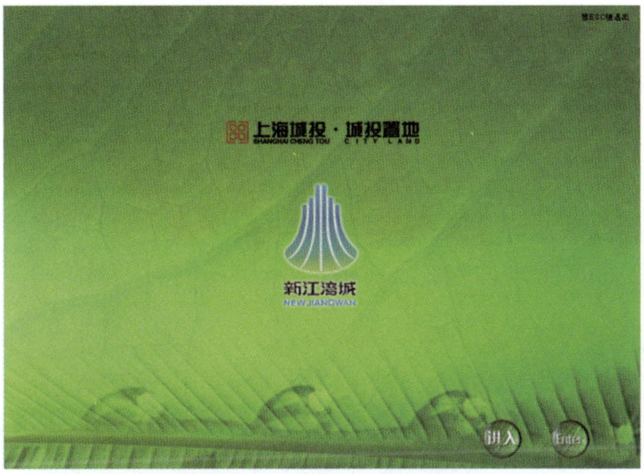

图10-65　新江湾城楼盘规划

【技术要领】帧脚本技术、精灵脚本技术、按钮交互控制脚本。
【解决问题】控制页面的翻页。
【素材来源】\模块10\情境04\任务2\素材\相关文件。
【参考效果】\模块10\情境04\任务2\参考效果\start.exe等相关文件。

职业技能知识点考核

1.单选题

(1)Director中演员被拖到舞台或总谱中时被称为________。

A.精灵　　B.玩偶　　C.临时演员　　D.替身

(2)Lingo 的编辑调试工具包括________。

①脚本编辑窗口　②监视窗口　③消息窗口　④调试窗口

A.①②③　B.①②④　C.②③④　D.全部

(3)利用 Lingo 中的________关键词,可以使舞台上的精灵进行旋转,该属性通常用在文本和位图精灵上。

A.rect　B.rotation　C.flip　D.skew

(4)________是 Director 默认的混合模式,它可以直接将精灵放在舞台上,并覆盖上面的精灵。

A.Copy　B.Matte　C.Transparent　D.Reverse

(5)________选项可以使文本精灵位于所有精灵之上,不会考虑文本的通道大小,并加快文本显示速度。

A.Warp　B.Tap　C.DTS　D.Use Hypertext Styles

(6)在"Publish Setting"对话框中,________格式是 Director 在 Internet 上发布的一种电影格式。

A.放映机程序　B.Protected 电影

C.Shockwave 放映机　D.Shockwave 电影

2.填空题

(1)位图的 rotation 属性是以__________为单位的,其取值范围为 0~360。

(2)语句 sprite(20).rect=rect(148,51,698,461)的作用是__________。

(3)__________也是一类重要的程序功能,利用这种功能可以在媒体交互系统中产生一些更为智能的动作,例如当用户按下了某个键后执行相应的程序。

(4)如果选中视频属性检查器中的__________复选框后,当电影进入包含视频精灵的帧时,舞台上的视频不会自动播放,而是等待 Lingo 命令发出命令。

(5)语句 sprite(1).movieRate=True 的作用是__________ 。